KB190822

은밀하게 위대하게

주기도, 신학과 인문학의 눈으로 탐구하기

세움북스 는 기독교 가치관으로 교회와 성도를 건강하게 세우는 바른 책을 만들어 갑니다.

은밀하게 위대하게

주기도, 신학과 인문학의 눈으로 탐구하기

초판 1쇄 발행 2022년 1월 20일
초판 1쇄 인쇄 2022년 1월 25일

지은이 | 정진호
펴낸이 | 강인구

펴낸곳 | 세움북스
등 록 | 제2014-000144호
주 소 | 서울시 서대문구 연희로 160 3층 연희회관 302호
전 화 | 02-3144-3500
팩 스 | 02-6008-5712
이메일 | cdgn@daum.net

교 정 | 류성민
디자인 | 참디자인

ISBN 979-11-91715-15-6 (03230)

은밀하게

주기도, 신학과 인문학의 눈으로 탐구하기

위대하게

정진호 지음

세움북스

머리말

주기도는 하늘의 기도이자 땅의 기도입니다. 주기도는 하늘과 땅의 경계를 넘어서는 기도입니다. 주기도는 초월적이며 내재적입니다. 이미 하나님이신 말씀이 사람의 몸을 입고서 이 땅에 오신 것 자체가 초월과 내재의 경계가 허물어진 것입니다. 복음은 바로 유대인이냐 헬라인이냐, 남자냐 여자냐, 자유인이냐 종이냐 하는 세상의 경계 자체가 허물어진 것입니다. 그것은 하늘과 땅의 대립이나 반목이 아니라, 화해이며 일치입니다. 예수님의 복음은 주류 유대인들인 대제사장들이나 서기관들, 바리새인들이 볼 때는 불온했습니다. 자기들의 땅의 논리를 벗어나 있었기 때문입니다. 하지만 예수님은 주류 유대인들의 틀에 갇혀 계시지 않았기에 경계를 자유로이 넘나드셨습니다.

이러한 시각으로 본다면 주기도를 좀 더 깊숙이 들여다 볼 수 있지 않을까 합니다. 누군가 이 글을 읽고 앞으로는 지금까지와 좀 다르게 기도를 해야겠다고 마음을 먹게 된다면, 그리고 그 다름을 시도해 가는 용기를 낸다면 이보다 좋을 수는 없을 것입니다.

인문 지리학의 대가인 이-푸 투안(Yi-Fu Tuan, 1930~)이 했던 말 중에서 "정치 세계에서 한 행위가 다른 행위를 이끌어 내는 것처럼 하나의 책

또한 다른 한 권의 책에서 파생됩니다."라는 말에 참으로 공감합니다. 사람은 누구나 빚진 자임에는 분명합니다. 해 아래 새 것이 없다는 말씀처럼 우리는 서로에게 빚을 지고 살아갑니다. 그걸 미처 깨닫지 못하더라도 말입니다. 이 책이 나오게 된 것은 글쓴이보다 더 많은 수고를 아끼지 않은 분들의 덕택입니다. 개인적으로는 신세를 진 것이요 공동체적으로는 서로 사랑의 기쁨입니다.

연암 박지원은 〈여초책(與楚幘)〉에서 "그대는 신령스런 지각과 예민한 깨달음이 있다고 남에게 잘난 척하거나 사물을 업신여기지 말게. 저들이 만약 약간이라도 신령스런 깨달음이 있다면 어찌 스스로에게 부끄럽지 않겠으며, 저들이 만약 신령스런 지각이 없다면 잘난 척하고 업신여긴들 무슨 소용이 있겠는가? 우리는 냄새나는 가죽 부대 속에 문자를 갖고 있는 것이 남들보다 조금 많은 데 불과하다네. 저기 나무에서 매미가 시끄럽게 울고 땅속에서 지렁이가 소리 내는 것이 시를 읊고 책을 읽는 소리가 아니라고 어찌 장담하겠는가?"라고 말합니다.

이 글이 어찌 예수님께서 주신 기도의 전부라 말할 수 있겠습니까. 그저 한여름 한바탕 울고 마는 매미의 울음에도 미치지 못할 수 있습니다. 그저 하늘을 두루마리 삼고 바다를 먹물 삼아도 어림없는 세계에 발을 내딛어 보는 격이 아닐는지요.

픽사 영화사의 애니메이션 〈토이 스토리〉에서, 카우보이 장난감 우디와 우주 비행사 장난감 버즈가 처음으로 만나는 장면이 아주 인상 깊었습니다. 버즈는 자신은 날 수 있다고 말하며 미끄럼틀과 천장에 달린 모빌의 힘과 원심력을 이용해 천장을 돌고 돌다 하늘(?)을 날며 이렇게 외칩니다. "무한한 공간 저 너머로!" 다른 장난감 친구들은 버즈의 폼 나게 하늘을 나는 모습에 감탄하며 환호하죠. 그때 카우보이 우디가 분위기를 깨며 이렇게 말합니다. "그게 무슨 나는 거야. 그건 그냥 폼 나게 떨어지는 거야."

우리는 지구 별의 한 모퉁이에 있을지라도 고립된 상태가 아닌 무한한 공간 저 너머를 강렬하게 열망하는 하늘의 시민권자입니다. 또한 예수 그리스도를 모신 삶이 세상의 중심임을 체득하며 살기를 원하고 있습니다. 비록 남들이 볼 때는 폼 나게(?) 떨어지는 것 같아 보일지라도 말이죠.

주기도를 통해 저 무한한 신앙의 세계로 나아가며, 이 땅에 발을 딛고 사는 법을 또한 잘 배워 나가길 소원해 봅니다. 신앙이 좋다는 것은 하늘에서만이 아니라 이 세상에서 폼 나게(?) 그리스도인으로서의 삶을 사는 것이기도 합니다. 일차적으로 지금 여기, 평상, 일상을 살기 위함인 것이죠.

예수님은 변화산에서 초막 셋을 짓고 여기서 살자는 베드로에게 내려가자고 하셨습니다. 높음의 경험은 일상으로 돌아가기 위함입니다. 거기에 우리의 삶이 놓여 있기 때문입니다. 어느 순간에는 스스로 친 울타리를 걷어 내고 땅 끝까지가 우리의 일상입니다. 단지 공간만이 아니라 전 영역을 아울러서 말입니다.

우리는 성찬식 때 손을 내밉니다. 빈손입니다. 그 빈손에 떡과 포도주를 받습니다. 그리고 그 주님의 살과 피에 참예합니다. 다른 아무 것도 없습니다. 주님 한 분만으로 충분합니다. 우리는 성찬식에서 떡과 잔의 행위로 우리의 신앙을 고백합니다. 그리고 그게 진실입니다.

그리스도인으로 산다는 것은 소극적인 의미로 건물 교회 혹은 제도 교회 안에 머문다는 정도가 아닙니다. 그것은 세상 속으로 들어간다는 의미입니다. 예수님께서 그러하셨듯이 말입니다. 보다 적극적이고 능동적인 의미로서, 우리는 세상의 빛과 소금입니다. 우리가 예수님께서 "너희는 이렇게 기도하라."고 주신 주기도를 살아 내는 영역은 하나님께서 사랑하시는 이 세상입니다.

하늘에계신우리아버지여이름이
거룩히여김을받으시오며나라가
임하시오며뜻이하늘에서이루어
진것같이땅에서도이루어지이다
오늘우리에게일용할양식을주시
옵고우리가우리에게죄지은자를
사하여준것같이우리죄를사하여
주시옵고우리를시험에들게하지
마시옵고다만악에서구하시옵소
서나라와권세와영광이아버지께
영원히있사옵나이다 아멘

　주기도,
　은밀하게
　위대하게
주기도, 은밀하게 위대하게!

추천사

영성이 깊은 사람의 기도에는 그 사람의 인격과 사상이 농축되어 담겨 있습니다. 시가 존재의 집이라면, 기도는 존재의 꽃입니다. 〈주기도〉는 예수님이 누구시며 그분이 무엇을 소망하고 꿈꾸었는지를 보게 해 줍니다. 그리고 그 꿈을 마음에 품게 해 줍니다. 저자는 폭넓은 독서와 깊은 사색을 통해 〈주기도〉에 응축된 예수님의 생각들을 풀어 맛보게 합니다. 간결하지만 강렬한 문장들이 읽는 이의 마음을 사로잡습니다. 글을 읽는 동안 어두워졌던 눈이 맑아지고 좁아졌던 마음이 활짝 피어나는 것을 느낍니다. 예수님처럼 은밀하게 위대한 꿈을 꾸게 만듭니다.

_ 김영봉 목사 (와싱톤사귐의교회)

저자와 매주 화요일 성경으로 토론을 벌입니다. 벌써 19년째, 천 번 넘게 만난 셈입니다. 그동안 지켜본 느낌은 이렇습니다. 저자는 성경에 말을 거는 목사입니다. 분명 종이 위에 인쇄된 활자일 뿐인데 그는 그 속에서 하늘 아버지의 육성을 찾아내는 일을 합니다. 이 책도 그 수고의 연장선상에서 나온 작품일 것이라 짐작합니다. 그는 날마다 성경을 붙들고 외로운 씨름을 합니다. 매일 얍복강 나루터로 출퇴근을 하는 셈입니다. 목사로서 외로운 길이죠. 그만큼 보이지 않는 곳에서 그리스도의 길을 예비하는 사람이고 은휘하는 종입니다. 저자는 좋은 질문을 던질 줄 아는 목사입니다. 나이 오십이 되도록 그런 질문력을 유지하는 것은 그리 쉬운 일이 아닙니다. 그래서 소중한 사역자입니다. 이런 사역자들 덕분에 이 시대에도 여전히 말씀의 운동력들이 촉발될 수 있음에 감사합니다. 그는 또한 누구와도 비교할 수 없는 학문적 인내심을 가졌습니다. 제아무리 깊이 감추어진 진리들도 그는 인내심이라는 자기만의 도구로 결국 조리해 내는 사람입니다.

저에게 이 책은 살기로 작정한 사람의 글이 아니라 죽기로 작정한 사람의 글로 읽혔습니다. 행여 십자가에 못 박히는 대신 이 책을 쓰는 것으로 자신에게 분정된 순교의 몫을 대신하려 한다는 느낌도 들었습니다. 제 느낌이 맞다면, 이 책은 독자 한 사람 한 사람을 순례자로 만들어 줄 만한 감화력을 가진 책입니다. 독자로 하여금 인생의 속도보다 방향을 점검하게 만들고, 광장보다 골방의 기도를 선택하게 만들어 주기 때문입니다. 일단 이런 깊이의 책을 쓰려면 저자는 열댓 번은 죽다가 살아나야 합니다. 어쩌면 아이 열은 낳은 것처럼 톡톡한 산고를 치렀을 수도 있습니다. 그런 희생이 있어야 글에 생명이 움틉니다. 피 흘림이 있어야 죄 사함이 있는 것과 같은 이치입니다. 그런 희생 없이는 하나님을 잃어버린 이 시대에 등불을 밝혀 주기가 어렵습니다. 기도가 메말라서 돌덩이가 되어 버린 교회와 신자들을 깨우려면 누군가는 자기 몸부터 찢어야 했습니다. 이 책이 그런 불쏘시개 역할을 감당할 수 있기를 은밀하게 기도합니다.

_ 이진호 목사 (현 안산 예일교회 담임 목사, 현 브솔영성아카데미 원장, 전 국민일보 기자)

'은밀하게 위대하게'란 제목 앞에 잠시 머물게 됩니다. 이는 동명의 영화를 떠올려서가 아니라 '은밀하게 위대하게'란 말이 주는 원초적인 힘 때문입니다. 이는 겨자씨처럼 세상 속에 흩어져 살아가는 그리스도인의 삶의 태도를 표현한 것으로 생각합니다. 주기도는 한 알의 겨자씨가 땅에 떨어지는 것과 같다고 저자는 말합니다. "한 알의 겨자씨가 썩는 것은 한 알로서는 끝이지만 나무로서는 시작이며, 은밀함의 끝이지만 위대함의 시작이다."라는 저자의 말에 깊은 울림을 얻습니다. 이처럼 우리의 주기도가 우리의 삶에서 체화되고, 우리 각자가 한 사람의 그리스도인으로 우뚝 서게 된다면, 그것이 바로 주님께서 주신 말씀이 이루어지는 것이란 것을 깨닫게 됩니다. 저자는 그리스도인들이 세상에서 살아내는 방법에 대해 예수님이 제자들에게 가르쳐준 '주기도문'으로 하나씩 풀어 나갑니다.

21세기를 사는 우리에게도 예수님께서 가르쳐 주신 기도는 매우 소중합니다. 주기도문이 "이렇게 기도하라"는 지침이 아닌 "이대로 살라!", "살아 내라!" "내일 거기가 아니라 지금 여기를 살아 내라!"는 기도문임을 깨닫게 합니다. 주님께서 가르쳐 주신 기도는 '은밀하며 위대한 기도'입니다. 우리는 사람에게 보이며 기도하기를 좋아하기보다 은밀하게 기도하기를 즐거워해야 합니다. '은밀하고 위대하게'를 통해 기도와 예배의 회복을 경험하길 바랍니다. 작은 씨앗에 담긴 생명력처럼 그리스도인에겐 복음의 능력이 있습니다. 우리 안에 있는 한 알의 영성이 신실하다면, 생명의 싹을 틔워 온 천지에 노란 겨자꽃을 피울 것입니다. 그것은 은밀하고 위대한 주님의 계획 중 하나입니다.

_ 이지현 기자 (국민일보 선임기자)

주기도문은 초대 교회에서 신앙생활에서 가장 핵심이었습니다. 교회가 초신자들에게 가르치는 가장 기본적이면서 핵심적인 내용이 사도신경, 주기도문, 십계명이었습니다. 사도신경은 우리가 믿는 내용이고, 주기도문은 우리에게 기도하는 원리를 가르치고, 십계명은 기독교인들의 살아가는 삶의 원리를 교훈합니다. 그래서 주기도문은 초대 교회에서부터 늘 교회의 교리문답을 가지고 교육하는 내용이었고, 다양한 주기도문에 대한 해설이 전해 오고 있습니다. 대표적으로 아우구스티누스의 주기도문 해설이 있고, 칼뱅도 『기독교강요』 3권 19장에서 주기도문을 종교개혁의 시각에서 설명하고 있습니다. 그리고 루터의 대소교리문답, 하이델베르크 요리문답, 웨스트민스터 대소교리문답에서도 역시 주기도문을 가르치고 있습니다.

이렇게 면면히 교회 역사를 통해 교육된 주기도문을 정진호 목사님이 새로운 세대를 위해 새로운 시각으로 해석하여 『은밀하게 위대하게』라는 책을 출판하게 되었습니다. 처음에 이 제목을 보는 분들은 이 책이 무슨 내용인지 적잖이 궁금하게 여길 것 같습니다. 주기도문을 이러한 제목으로 출판한 경우가 없기 때문입니다. 이 책을 읽으시면 새로운 세대를 위한 파격적인 이 책 제목의 의미가 선명하게 이해될 것입니다.

정진호 목사님은 이 책에서 주기도문의 전통적인 신학 내용을 현대적인 인문학적 시각과 더불어 밀도 있게 종합하고 있습니다. 주기도문을 가르치면서 현대인들이 흥미를 가지고서 있을 수 있도록 유명한 시인들의 시를 적재적소에 배치하여 감칠맛 나게 해설하며 주기도문의 내용을 풀어갑니다. 그와 함께 여러 명의 현대 신학자들과 철학자들, 문명 비평가들, 기독교 역사의 내용들을 종횡무진으로 인용하면서 주기도문의 의미를 현대에 살아 움직이게 만들고 있습니다.

이 책을 읽어 보시면 단락 단락의 제목들을 얼마나 격조 있게 붙였는지 알게 될 것입니다. 저에게는 "하늘로 돌아가리라", "아빠 있는 하늘 아래", "Nothing, Everything" 같은 제목이 아주 인상적입니다. 저자는 오늘날의 다양한 문화 현상들을 인용하면서, 그러한 문화 현상들과 주기도문의 내용의 차이를 대비하며 주기도문을 해설합니다. 우리가 꿈꾸는 유토피아가 아닌 하나님이 꿈꾸시는 하나님 나라의 차이를 설명하며 우리를 사랑하시는 하나님 아빠를 실감 나게 그려냅니다. 이 책을 읽게 되면 오늘날 삶의 현장에 녹아 들어가는 주기도문의 의미를 깊이 있게 이해하면서 그러한 삶을 살아야 하겠다는 결단이 솟아나게 될 것입니다. 여러분 모두를 격조가 있으면서도 은혜가 넘치는 주기도문의 세계로 초대합니다.

_ 이은선 교수 (안양대학교 신학과, 한국개혁신학회 회장)

차례

제2부 : 은혜의 나라에서 영광의 나라로

시작하며

우리가 주기도를 하는 경우는 아마도 그것이 두세 사람이 모여서든, 더 많은 수가 모여서든 대부분 예배를 드릴 때일 것입니다. 그런데 사실 주기도는 골방 기도와의 연결에서부터 나옵니다. 예수님은 기도할 때, 외식하는 자들과 같이 사람에게 보이려 하거나, 사람들이 모여드는 회당 또는 붐비는 큰 거리 어귀에서 기도하지 말라고 하셨습니다(마 6:5). 또, 그렇게 하지 말라고만 하시지 않고 구체적인 대안을 알려 주셨습니다.

예수님은 "너는 기도할 때에 네 골방에 들어가 문을 닫고"라고 하셨습니다. 여기서 "네 골방"은 매우 개인적인 공간을 말씀하시는 것인데, 이는 "회당과 큰 거리 어귀"와 대조되는 곳입니다. 또, "문을 닫고"라는 말씀은 "사람에게 보이려고"와 대조되는 표현입니다. 기도는 사람들 앞에서 어떻게 하면 종교적으로 보일까 하는 것이 아니라는 것입니다. 기도는 하나님 아버지께 하는 것입니다. 사람들의 주목이나 칭찬받음에 의의가 있는 것이 아니라 하나님께 응답받는 것에 의의가 있기 때문입니다. 예수님은 말씀하셨습니다. 외식하는 사람들은 자기 상을 이미 받았지만(마 6:5), 은밀한 중에 계신 아버지께 기도하는 사람은 은밀한 중에 보시는 아버지께서 갚으신다고 말입니다(마 6:6).

그러므로 주기도는 은밀한 중에 계신 하나님 아버지께 '은밀하게 하는 기도'입니다. 또 비록 골방에서 하는 기도이지만 그 기도의 내용은 사사로운 내용이 아니기에 '위대한 기도'이기도 합니다. 하나님을 '아빠'라고 부르며, 하나님 아빠의 뜻이 이 땅에서도 이루어지기를 기도하는 놀라운 간구인 것입니다.

주님께서 가르쳐 주신 기도는 '은밀하며 위대한 기도'입니다. 그러므로 우리는 사람에게 보이며 기도하기를 좋아하기보다 은밀하게 기도하기를 즐거워해야 합니다. 주기도는 한 알의 겨자씨가 땅에 떨어지는 것과 같습니다. 한 알의 겨자씨가 땅에 심기고 썩는 것은 은밀한 일입니다. 물론 천지가 뒤흔들리는 정도의 일은 아닙니다. 하지만 그 한 알의 겨자씨가 썩고 자라서 나무가 되고, 새가 날아와 깃드는 것은 매우 놀랍고 위대한 일입니다. 이와 같이, 우리의 주기도가 우리의 삶에서 체화되고, 우리 각자가 한 사람의 그리스도인으로 우뚝 서게 된다면, 그것이 바로 주님께서 주신 말씀이 이루어지는 것이 아닐까요?(요 14:12)[1]

생명의 원리는 은밀하며 위대합니다. 예수님께서 가르쳐 주신 기도 안에 이 생명의 원리가 담겨 있습니다. 주님을 믿고 따르는 우리 모두가 주기도로 살아 낼 때, 세상은 감당할 수 없는 하나님 나라를 보게 될 것임이 틀림없습니다. 어쩌면 세상과 우리 주변은 우리에게 별로 관심이 없을 수도 있습니다. 이름은 있지만 거의 무명에 가깝습니다. 옷깃만 스쳐도 인연이라는 말이 있지만, 실제 우리가 지나치는 대부분의 사람들은 서로를 알지 못합니다. 우리는 서로에게 그저 3인칭일 뿐입니다. 아니, 서로에게 그저 투명 인간일지도 모르겠습니다. 박찬일 시인의 〈팔당대교 이야기〉 시를 보시죠.

---

1 [요 14:12] 나를 믿는 자는 내가 하는 일을 그도 할 것이요 또한 그보다 큰 일도 하리니

승용차가 강물에 추락하면

상수원이 오염됩니다

그러니 서행하시기 바랍니다

나는 차를 돌려 그 자리로 가

난간을 들이받고

강물에 추락하였습니다

기름을 흘리고

상수원을 만방 더럽혔습니다

밤이었습니다

하늘에 글자가 새겨졌습니다

별의 문자 말입니다

승용차가 강물에 추락해서

상수원이 오염되었습니다

서행하시기 바랍니다

내가 죽은 것은 사람들이 모릅니다

하느님도 모릅니다[2]

　　시인의 상상력이지만, 강물에 추락해서 죽은 '나'보다도 세상은 상수원
이 오염된 것에 더 큰 관심을 가질 것이고, 나의 죽음을 사람들뿐만 아니
라 하나님도 모를 것이라고 말합니다. 시인과 같이 자신이 아무리 외로운
섬과 같을지라도 너무 서운해 하지 마시길 바랍니다. 우리에게는 은밀한
중에 계신 아빠 하나님이 계시니까요. 어쩌면, 우리가 머물고 있는 세상
그 어디라도 우리 자신에게는 골방과 같을지 모릅니다. 하지만 은밀한 중

2　박찬일, 『나는 푸른 트럭을 탔다』 (서울: 민음사, 2002), 92-93.

에 계시는 영이신 아빠가 계신다는 것을 잊지 마십시오. 골방에서 단독자일 때, 아빠를 느껴 보시도록 주기도를 해 보시길 바랍니다.

블레즈 파스칼(Blaise Pasca, 1623-1662)은 우리가 인류 가운데서 목격하는 모든 활동과 사업, 오락과 쾌락은 모두 "그들이 그들 자신의 방에서 조용히 머물러 있을 수 없다는 이 한 가지 사실로부터 생겨난다"고 말합니다.[3]

물론 공동체가 함께 주기도로 기도하는 것이 당연하지만, 주기도는 홀로 있을 때 하는 기도요, 골방에서의 기도라는 점 또한 놓치지 말아야 합니다. 하나님과 단둘이 있을 때 하는 기도라는 것 말입니다. 주기도는 단체의 구호 용도나 기도문을 위한 용도로만 쓰이는 기도가 결코 아닙니다. 주기도는 우리의 정체성을 드러내 주는 기도입니다. 헨리 나우웬(Henri Nouwen, 1932-1996)은 〈고독에서 공동체로, 그리고 사역으로〉라는 글에서 이렇게 말합니다.

기도하는 것은 우리를 "내 사랑받는 딸아", "내 사랑하는 아들아", "내 사랑하는 자녀야"라고 부르시는 분의 음성에 귀를 기울이는 것이다. 기도하는 것은 이 음성에 우리 존재의 중심, 우리의 폐부를 열어 이 음성이 우리 존재 전체에서 울려 퍼지게 하는 것이다. 이 사실을 늘 기억하고 살아가면 막대한 실패뿐 아니라 막대한 성공에도 자신의 정체성을 잃지 않을 수 있다. 왜냐하면, 우리의 정체성은 사랑받는 자이기 때문이다. "내가 변함없는 사랑으로 너를 사랑한다." 아버지와 어머니, 형제자매, 선생님, 교인들을 비롯한 남들이 처음 우리를 사랑으로 대해 주거나 우리에게 상처를 주기 훨씬 전부터, 우리가 누군가에게 처음 거부를 당하거나 칭찬을 받기 훨씬 전부터, 이 목소리는 항상 존재했다. 이 사랑

---

3   헤르만 바빙크, 『믿음의 확신』, 임경근 옮김 (파주: CH북스, 2020), 50-51.

은 우리가 태어나기 전에도 있었고 우리가 죽은 뒤에도 계속해서 있을 것이다.[4]

사람들은 아주 오랜 세월 동안(물론 지금도 여전히) 외계 생명체를 찾고 또 그 외계 생명체와의 소통을 위해 애쓰고 있습니다. 우주로 탐사선을 보내고, 우주로 메시지를 보내기도 합니다. 동물과도 대화하려고 합니다. 코끼리에게 그림을 가르치기도 하고, 문자를 가르쳐 보기도 하고, 오랑우탄이나 침팬지 등의 영장류와 소통하기 위해서도 노력하고 있습니다. 제인 구달(Jane Goodall, 1934~)의 글에 보면, "최근 침팬지가 인간과 꽤 복잡한 방법으로 의사소통을 할 수 있다는 것이 증명되었다. 미국의 과학자 앨런 가드너와 베아트리체 가드너는 한 어린 침팬지에게 수화를 가르쳤다. 가드너 부부는 침팬지의 의사소통에서 몸짓과 자세가 상당히 중요하기 때문에 입으로 하는 말을 가르치는 것보다 신호 언어가 더 적절하다고 생각했다."[5]고 전하고 있습니다. 그런데 우리는 안타깝게도 정작 세상을 창조하신, 그리고 세상을 이처럼 사랑하사 독생자를 주신 하나님과 소통하려는 노력을 거의 하지 않고 있습니다.

하나님의 아들이신 예수님은 사람의 몸을 입고 이 땅에 오셨습니다. 사람이 되셨다는 것은 외계어를 하신다는 것도 아니고, 전혀 다른 신비로운 몸, 히어로 영화에서처럼 죽지 않는 몸을 가진 것도 아닌, 우리와 똑같은 몸을 가지셨다는 것을 말합니다. 다시 말해, 우리와 함께하시기 위해, 대화하시기 위해, 소통하시기 위해 오셨다는 것이죠. 영원에서 지상으로 말입니다.

그렇게 아버지를 아는 아들 예수님께서는 우리에게 아버지께 드리는

4 스카이 제서니, 『종교에 죽고 예수와 살다』, 정성묵 옮김 (서울: 두란노, 2019), 156-157.
5 제인 구달, 『인간의 그늘에서』, 최재천·이상임 옮김 (서울: 사이언스북스, 2017), 384.

기도를 가르쳐 주셨습니다(마 11:27).[6] 우리 모두가 은밀한 중에 보시는 아버지께 나아가 영원토록 함께 머물고 누리는 삶 되기를 원합니다. 도종환 시인의 〈가구〉라는 시가 떠오릅니다.

아내와 나는 가구처럼 자기 자리에

놓여 있다 장롱이 그렇듯이

오래 묵은 습관들을 담은 채

각자 어두워질 때까지 앉아 일을 하곤 한다

어쩌다 내가 아내의 문을 열고 들어가면

아내의 몸에서는 삐이걱 하는 소리가 난다

나는 아내의 몸속에서 무언가를 찾다가

무엇을 찾으러 왔는지 잊어버리고

돌아나온다 그러면 아내는 다시

아래위가 꼭 맞는 서랍이 되어 닫힌다

아내가 내 몸의 여닫이문을

먼저 열어보는 일은 없다

나는 늘 머쓱해진 채 아내를 건너다보다

돌아앉는 일에 익숙해져 있다

본래 가구들끼리는 말을 많이 하지 않는다

그저 아내는 방에 놓여 있고

나는 내 자리에서 내 그림자와 함께

육중하게 어두워지고 있을 뿐이다[7]

---

6 [마 11:27] 내 아버지께서 모든 것을 내게 주셨으니 아버지 외에는 아들을 아는 자가 없고 아들과 또 아들의 소원대로 계시를 받는 자 외에는 아버지를 아는 자가 없느니라"
7 도종환, 『해인으로 가는 길』 (파주: 문학동네, 2014), 118-119.

가구는 서로 말하지 않습니다. 한 공간 안에 있어도 서로가 그저 그늘일 뿐입니다. 시인은 자기 삶을 가구에 투영해서 말하고 있습니다. 시를 읽는 것만으로도 그 어두운 그림자가 짙어집니다. 가슴이 답답해 옵니다. 하나님과 우리 사이가 이렇지 않을까 싶어 아찔합니다.

예수님은 주기도를 통해 우리가 가구가 아닌 존재임을 알게 하셨습니다. 주기도를 한다는 것은 돌아앉는 일에 익숙해지는 것이 아닙니다. 한 공간에 있지만 따로따로인 상태가 아닙니다. 가까이 하기엔 너무 먼 당신도 아닙니다. 주기도를 한다는 것은 아바 아버지의 사랑 안에 머무는 것입니다. 이는 다만 혁신적인 것이거나 혁명적인 것이 아닙니다. '복음'입니다. 아바 아버지의 뜻이 이루어지는 것이고, 자녀인 우리가 먼 나라에서 아바 아버지 집으로 돌아오는 것이기 때문입니다. 그러니 이제 예수님께 기도를 묻고, 기도를 들으며, 누군가는 다시 기도하고, 누군가는 더 기도하는 삶으로 나아가기를 원합니다. 단지 "기도하라"가 아니라 너희는 "이렇게 기도하라"고 말씀하셨기 때문입니다.

제 1 부

영원에서

지상으로

제1강

은밀하게 위대하게

사마리아 성 마술사 '시몬'이라는 사람은 사도들이 안수하여 사람들이 성령받는 것을 보고는 마음에 혹함이 있었습니다. 자신도 무얼 좀 했으면 좋겠다고 생각했습니다. 제자들처럼 안수할 때 능력이 나타났으면 했습니다. 돈을 주고서라도 이걸 배우고 싶었습니다.

그래서 마술사 시몬은 제자들에게 돈을 내밀었습니다. "이 권능을 내게도 주어 누구든지 내가 안수하는 사람은 성령을 받게 하여 주소서"(행 8:19). 감히 돈을 주고서 사려 하다니, 아마 시몬은 마술도 그런 식으로 돈을 주고서 배웠나 봅니다. 그러고서는 사람들에게 마술을 보여 주며 자칭 큰 자라 떠벌리고 다녔던 것입니다. 그러나 어디 언감생심(焉敢生心) 사도들에게 그런 얄팍한 수가 통할 리 있겠습니까. 은과 금이 없어도 나사렛 예수 그리스도의 이름의 능력으로 사는 삶이었는데 말입니다. 베드로 사도는 명확하게 선을 그었습니다. "네가 하나님의 선물을 돈 주고 살 줄로 생각하였으니 네 은과 네가 함께 망할지어다 하나님 앞에서 네 마음이 바르지 못하니 이 도에는 네가 관계도 없고 분깃 될 것도 없느니라 그러므로 너의 이 악함을 회개하고 주께 기도하라 혹 마음에 품은 것을 사하여 주시리라 내가 보니 너는 악독이 가득하며 불의에 매인 바 되었도다"(행 8:20–23).

사도 베드로는 돈으로 안수의 능력을 사서 큰 이름을 얻으려는 것에만 정신 팔고 있는 마술사 시몬을 호되게 꾸짖으며 회개하라고 했습니다. 하나님 나라를 돈으로 사려고 하다니 마음이 바르지 못하고 악했던 것입니다. 그런 방식은 하나님 나라와 관계가 없습니다. 중세 시대에도 그랬습니다. 교회가 면죄부를 팔아 마치 천국을 사고팔 수 있는 것처럼 했고, 성직을 매매하기도 했습니다. 이러한 방식은 이유 불문하고 잘못된 일입니다. 만일 교회를 짓는 비용을 충당하기 위해서라고 변명을 한다 해도 절대 있을 수 없는 일입니다. 베드로 사도는 말했습니다. "하나님 앞에서 네 마음이 바르지 못하니"(행 8:21). 즉, 능력이 중요한 것이 아니라, 마음이 중요한 것입니다. 능력보다 마음입니다. 바른 마음이어야 합니다.

예수님께 꼭 배우고 싶은 것

예수님은 친히 제자들 앞에서 이적과 기사 행하심을 여러 차례 보여 주셨습니다. 풍랑 이는 바다 위를 걸어오기도 하셨고, 각색 병든 자를 고치기도 하셨습니다. 심지어는 죽은 자도 일으키셨습니다. 오병이어의 역사는 또 어떻고요. 군대 귀신도 내어 쫓으셨습니다. 제자들은 이 모든 것들을 3년 내내 보고 듣고 경험했습니다. 그야말로 산 증인들입니다.

그렇다면 제자들은 예수님에게서 배우고 싶은 것이 무엇이었을까요? 위에 나열한 것 이상의 능력을 받고 또 배우고 싶지 않았을까요? 마치 엘리야가 엘리사에게 "나를 네게서 데려감을 당하기 전에 내가 네게 어떻게 할지를 구하라" 하니, 엘리사가 기다렸다는 듯이 "당신의 성령이 하시는 역사가 갑절이나 내게 있게 하소서"(왕하 2:9) 한 것처럼 말입니다.

엘리사가, 회오리바람을 타고 승천한 엘리야의 몸에서 떨어진 겉옷을 주워 가지고 요단 언덕에 섭니다. 그리고는 엘리야의 몸에서 떨어진 그 겉옷을 가지고 물을 치며 "엘리야의 하나님 여호와는 어디 계시니이까"하고 외치니 물이 이리저리 갈라졌던 것처럼, 목회자 입장에서는 예수님의 그런 능력은 말할 것도 없고 예수님의 권세 있는 언변의 능통함도 배우고 싶습니다. 그만큼 사람들은 예수님의 말씀을 들으면 다르다는 것을 알았습니다(막 1:22).[1] 마술사 시몬 같은 부류의 사람이라면 그가 원하는 것은 무엇보다 능력일 텐데, 제자들은 예수님의 삶 속에서 무얼 닮고 싶었을까요?

의아스럽게도 제자들은 예수님께 기도를 가르쳐 달라고 했습니다. 아니! 유대인으로 태어나서 평생 유대 지역에서 유대인으로 살아온 그들이 기도를 가르쳐 달라니요? 어찌 보면 황당한 요청입니다. 유대인으로서 하루에 세 번 기도하는 것은 물론이고, 유대인들이 늘 하는 기도문들도 상당히 알고 있는 제자들이었을 텐데 말입니다. 그러나 그들은 다른 무엇보다도 예수님의 기도를 닮고 싶었습니다. 제자들의 눈에는 예수님이 무엇보다 기도의 사람이기 때문입니다. 앤드루 머리(Andrew Murray, 1828–1917)가 말했듯이 예수님은 기도하는 그리스도이십니다.

> 그리스도의 삶과 사역, 그의 고난과 죽으심은 모두 하나님을 의지하며 그를 신뢰하고 그로부터 인도하심을 받으며 그에게 순종했던 기도의 과정이었다. 성도여, 그대의 구원은 기도와 간구에 의해 이루어진 것이다. 그대의 그리스도는 기도하시는 그리스도이시다.[2]

---

1 [막 1:22] 뭇 사람이 그의 교훈에 놀라니 이는 그가 가르치시는 것이 권위 있는 자와 같고 서기관들과 같지 아니함일러라
2 마가렛 막달렌, 『예수의 기도』, 이석철 옮김 (서울: 요단, 1999), 18.

사도 야고보는 엘리야가 우리와 성정이 같다고 했습니다. 그런데도 엘리야가 하나님의 계시의 말씀을 듣고(왕상 18:1) 기도하여, 3년 6개월 닫혔던 하늘이 열려 비가 왔습니다. 게다가 예수님께서 변화산의 변모된 모습과 같이 느닷없이 하늘에서 내려오셔서 기도를 주신 것이 아닙니다. 예수님은 사람의 몸으로 오셨고 우리와 같은 성정이셨습니다. 지치기도 하시고, 배도 고프시고, 눈물도 흘리셨습니다. 창자가 찢어지는 듯한 고통이 어떤지도 아셨습니다. 그런 예수님께서 우리에게 기도를 가르쳐 주셨습니다. 그러므로 예수님께서 가르쳐 주신 기도는 여전히 성정이 같은 사람으로서 오늘을 사는 우리가 하는 기도입니다. 2000년이 지나도 유효합니다(대하 7:14).[3]

제자들이 기도를 가르쳐 달라고 할 때, 예수님은 이미 중보 기도 대상에 원수와 핍박자까지 포함하셨습니다. "너희 원수를 사랑하며 너희를 박해하는 자를 위하여 기도하라"(마 5:44). 따라서 기도는 나를 사랑하는 사람이나 형제들만을 위해서만 하는 제한적이거나 협소적인 것이 아닙니다. 예수님은 십자가에서 물과 피를 모두 흘리시면서도 용서의 기도를 올리셨습니다. "아버지 저들을 사하여 주옵소서 자기들이 하는 것을 알지 못함이니이다"(눅 23:34).

예수님은 기도할 때의 유의 사항도 알려 주셨습니다. "사람에게 보이려고" 기도하지 않아야 한다(마 6:5), 즉 '외식 기도'를 하지 말아야 한다고 말입니다. 여기에 맞물려 예수님은 기도 장소에 대해서도 언급하셨는데,

---

3   [대하 7:14] 내 이름으로 일컫는 내 백성이 그들의 악한 길에서 떠나 스스로 낮추고 기도하여 내 얼굴을 찾으면 내가 하늘에서 듣고 그들의 죄를 사하고 그들의 땅을 고칠지라

골방에서의 기도를 권유하셨습니다(마 6:6). 외식하는 사람들이 회당과 큰 거리에 서서 기도하기를 즐겨했기 때문입니다. 그들에게는 단지 사람에게 보이고 자신을 드러내어 칭찬과 박수를 받으려는 얄팍함이 있었습니다. 그러나 예수님은 제자들에게 골방에 들어가 문을 닫고 기도하라고 하셨습니다. 기도의 대상이요, 기도를 받으시는 분은 오직 하나님 아버지이심을 분명히 하셨던 것입니다. 그런데 이 당연함이 고작 사람에게 보이고자 하는 심리 때문에 헝클어지다니, 참 안타깝습니다. 기도의 응답(목적)은 기도하는 행위를 사람에게 보여서 사람들로부터 기도의 사람이라 칭찬받고 유명세를 얻는 것에 있지 않습니다. 은밀한 중에 보시는 하나님 아버지께서 갚으신다는 것이 응답의 진수입니다.

그러면서 예수님은 기도의 내용까지 가르쳐 주셨는데, 그게 바로 우리가 아는 '주기도'입니다. 따라서 우리가 주기도를 하는 것은 어디서 하는 기도인가요? 골방에서 하는 기도입니다(마 6:6).[4] 예수님은 때때로 한적한 곳에서 홀로 기도하시는 경우가 있으셨습니다. 습관을 따라서, 매우 정기적이고 규칙적이셨지만, 그 기도의 내용이 기록되지는 않았습니다. 요한복음의 대제사장적 기도와 겟세마네의 기도는 그래도 그 내용을 우리에게 알려 주고 있으나, 대부분 그 내용이 기록되지는 않았습니다. 그렇기에 예수님께서 자주, 홀로, 오랜 시간 어떤 기도를 하셨는지는 잘 알지 못합니다.

아마 제자들도 그랬을 것입니다. 그렇기에 누가복음을 보면 예수님께서 '한 곳'에서 기도를 마치시자마자 제자 중 한 명이 예수님께 기도를 가르쳐 달라고 요청합니다(눅 11:1).[5] 그래서 어떤 이들은 예수님께서 제자들

---

4 [마 6:6] 네 골방에 들어가 문을 닫고 은밀한 중에 계신 네 아버지께 기도하라 은밀한 중에 보시는 네 아버지께서 갚으시리라
5 [눅 11:1] 주여 요한이 자기 제자들에게 기도를 가르친 것과 같이 우리에게도 가르쳐 주옵소서

에게 가르쳐 주신 기도를 '주기도'라 부르는 것보다는 '제자들의 기도'라고 불리는 것이 마땅하다고 말하기도 합니다.[6]

예수님께서 "너희는 기도할 때에 이렇게 하라" 하시며 기도를 가르쳐 주셨습니다. 이것을 통해 우리는 예수님께서 어떤 방향으로 기도하시는지를 알 수 있습니다. 드디어 제자들과 더불어 우리에게 그 비밀의 정원이 공개된 셈입니다.

예수님께서 우리에게 기도를 가르쳐 주신 것은 매우 의미심장(意味深長)한 일입니다. 왜냐하면 이 기도는 바로 예수님 자신의 이름으로 드리는 기도였기 때문입니다(요 14:13; 16:23-24).[7] 게다가 예수님은 이렇게 확실히 보증하셨습니다. "내 이름으로 무엇이든지 내게 구하면 내가 행하리라"(요 14:14). 그러니 예수님께서 기도를 가르쳐 주신다는 것은, 마치 시험 예상 문제를 알려 주시는 정도가 아니라, 시험 문제를 알려 주시고 그 문제의 답을 구할 때 그 해답마저도 해결해 주시겠다는 것과 다름없는 셈입니다. 이 얼마나 경이로운 일입니까. 이 얼마나 감사한 일입니까. 그러므로 사도 바울은 이렇게 말씀합니다. "하나님의 약속은 얼마든지 그리스도 안에서 예가 되니 그런즉 그로 말미암아 우리가 아멘 하여 하나님께 영광을 돌리게 되느니라"(고후 1:20).

---

6 G. I. 윌리암슨, 『소교리문답강해』, 최덕성 옮김 (서울: 개혁주의신행협회, 1997), 323.
7 [요 14:13] 너희가 내 이름으로 무엇을 구하든지 내가 행하리니 이는 아버지로 하여금 아들로 말미암아 영광을 받으시게 하려 함이라
   [요 16:23-24] 내가 진실로 진실로 너희에게 이르노니 너희가 무엇이든지 아버지께 구하는 것을 내 이름으로 주시리라 지금까지는 너희가 내 이름으로 아무 것도 구하지 아니하였으나 구하라 그리하면 받으리니 너희 기쁨이 충만하리라

주기도는 정체성

주기도는 단지 기도의 내용적 측면만이 아니라 기도하는 자의 정체성과도 깊은 관련을 가집니다. 대한민국 헌법 전문의 시작이 이렇게 시작합니다.

유구한 역사와 전통에 빛나는 우리 대한 국민은 3·1 운동으로 건립된 대한민국 임시 정부의 법통과 불의에 항거한 4·19 민주 이념을 계승하고 조국의 민주개혁과 평화적 통일의 사명에 입각하여 정의·인도와 동포애로써 민족의 단결을 공고히 하고, 모든 사회적 폐습과 불의를 타파하며, 자율과 조화를 바탕으로 자유 민주적 기본 질서를 더욱 확고히 하여 정치·경제·사회·문화의 모든 영역에 있어서 각인(各人)의 기회를 균등히 하고, 능력을 최고도로 발휘하게 하며, 자유와 권리에 따르는 책임과 의무를 완수하게 하여, 안으로는 국민 생활의 균등한 향상을 기하고 밖으로는 항구적인 세계 평화와 인류 공영에 이바지함으로써 우리들과 우리들의 자손의 안전과 자유와 행복을 영원히 확보할 것을 다짐하면서…….

대한민국 헌법은 누가 주체입니까? '우리 대한민국 국민'입니다. 그러므로 대한민국 헌법은 대한민국 국민의 정체성입니다. 그렇기에 대한민국 헌법의 명시는 '우리 대한 국민은'입니다. 3·1운동을 시작하면서 민족 대표 33인의 서명이 되고, 낭독이 되었던 독립 선언서는 이렇게 시작합니다.

우리는 여기에 우리 조선이 독립된 나라인 것과 조선 사람이 자주하는 국민인 것을 선언하노라. 이것으로써 세계 모든 나라에 알려 인류가 평등하다는 큰 뜻을 밝히며, 이것으로써 자손만대에 일러 겨레가 스스로 존재하는 마땅한 권리를 영원히 누리도록 하노라.[8]

독립 선언서는 비록 우리가 일본의 제국주의 통치 아래 있지만, 독립된 조선에 속한 조선 사람임을 선언하는 것입니다. "우리는 여기에 우리 조선이 독립된 나라인 것과 조선 사람이 자주하는 국민인 것을 선언하노라". 주기도는 바로 그와 방불합니다. 주기도는 누가 하는 것입니까? 비록 이 세상 가운데 살지만, 하나님 나라 백성임을 선언하고 하나님 나라를 선포하는 사람들이 하는 것입니다.

주기도뿐만 아니라 주기도가 그 중심에 들어가 있는 산상수훈 전체가 바로 그러합니다. 그 성격은 하나님 나라입니다. 그리고 복음입니다. 그러하기에 21세기를 살고 있는 우리에게도 예수님께서 가르쳐 주신 기도는 매우 소중합니다. 기독교 박물관이나 액자에 넣어, 그저 역사적 유물로서의 가치로만 인정할 수는 없습니다. 그런 차원에서 산상수훈, 특히 주기도는 정치적일 수밖에 없습니다. 따라서 그리스도인이 주기도를 한다는 것은 단순히 예배의 순서 용도만이 아닙니다. 매우 중요한 정치적 선언인 것입니다. 물론, 세상에 기독교 독립 국가를 세우겠다는 정치적 선언은 아닙니다. 혁명을 일으킨다거나, 신대륙을 건설하여 그들만의 리그를 하자는 것도 아닙니다. 그러한 정치적 혁명이나 운동이나 선언과는 맥을 달리하는 정치성입니다.

이 정치성의 의미를 잘못 이해한 대표적인 사례의 주인공이 바로 헤롯

---

8 吾等은 茲에 我朝鮮의 獨立國임과 朝鮮人의 自主民임을 宣言하노라. 此로써 世界萬邦에 告하여 人類平等의 大義를 克明하며 此로써 子孫萬代에 告하여 民族自存의 正權을 永有케 하노라

대왕입니다. 헤롯 대왕은 동방박사들이 "유대인의 왕으로 나신 이가 어디 계시냐 우리가 동방에서 그의 별을 보고 그에게 경배하러 왔노라"(마 2:2)고 하는 그 말에 아연실색(啞然失色)하며 기겁을 했습니다. 급기야 헤롯은 박사들에게 자세히 알아 본 그 때를 기점으로 군대를 보내어 베들레헴과 그 모든 지경 안에 있는 사내아이를 두 살부터 그 아래로 다 죽였습니다(마 2:16). 그야말로 끔찍하고 폭력적인 정치 반응을 벌인 것입니다. 잔혹한 피바람이 불었습니다.

로마 총독 빌라도는 어떻습니까? 유대인들에 의해 붙잡혀 넘겨진 예수님께 그가 이렇게 물었습니다. "네가 유대인의 왕이냐". 그리고 이어서 "네 나라 사람과 대제사장들이 너를 내게 넘겼으니 네가 무엇을 하였느냐"(요 18:35). 예수님은 이렇게 답하셨습니다. "내 나라는 이 세상에 속한 것이 아니니라 만일 내 나라가 이 세상에 속한 것이었더라면 내 종들이 싸워 나로 유대인들에게 넘겨지지 않게 하였으리라 이제 내 나라는 여기에 속한 것이 아니니라"(요 18:36).

빌라도 총독이 "네가 유대인의 왕이냐? 네가 무엇을 하였길래 네 나라 사람들이 널 잡아 내게 끌고 왔느냐?"고 물으니, 예수님은 "내 나라는 이 세상에 속한 것이 아니라" 대답하셨습니다. 그래도 빌라도는 분명히 하기 위해 다시 묻습니다. "그러면 네가 왕이 아니냐?" 예수님은 말씀하셨습니다. "네 말과 같이 내가 왕이니라 내가 이를 위하여 태어났으며 이를 위하여 세상에 왔나니 곧 진리에 대하여 증언하려 함이로라 무릇 진리에 속한 자는 내 음성을 듣느니라"(요 18:37). 빌라도의 "네가 왕이 아니냐"는 물음에 예수님께서 "네 말과 같이 내가 왕이라" 대답하셨습니다. 예수님은 유대인만의 민족적인 왕은 아니셨기 때문입니다. 예수님은 유대인들이 바라는 이 땅에서, 이 세상과 같은, 즉 로마 제국과 같은 방식의 왕국을 세우려 하시는 게 아니었던 것입니다.

어쨌든 총독 빌라도는 예수님께서 말씀하시는 의미를 온전히 헤아리지 못했기 때문에 십자가에 "유대인의 왕"이라고 썼습니다. 대제사장들은 받아들일 수 없었습니다. 빌라도에게 강하게 항의했습니다. "자칭 유대인의 왕"으로 바꿔 달라고 말입니다. 그러나 빌라도는 이번엔 의외로 완강했습니다. "나의 쓸 것을 썼다"(요 19:22). 빌라도도 대제사장들도 진리에 속한 자는 아니었기에 예수님의 말씀을 알아듣지 못하였고, '유대인의 왕'이냐 '자칭 유대인의 왕'이냐를 놓고 실랑이를 벌였습니다.

주기도를 하며 세상 방식대로 산다⑦

주님께서 가르쳐 주신 기도를 하면서 주인을 달리하여 산다면, 이는 아담과 하와가 선악을 알게 하는 나무의 실과를 먹고도 에덴 정원에서 계속 살 수 있다고 여기는 것과 다르지 않습니다. 에덴 정원은 하나님께서 거니시는 곳이었습니다. 하나님께서 계신 곳은 거룩한 곳입니다. 다시 말해 성전입니다. 그런데 동시에 이것의 양립이 가능하다 여기는 것은 어불성설(語不成說)입니다.

예수님은 인생의 욕망과 욕심이 투영된 곳을 '성전'이라 하시지 않고 '강도의 소굴'이라고 하셨습니다(마 21:13). 종교, 예배라는 미명 하에 벌어지는 각종 이권 다툼과 종교 놀음 등을 추한 것으로 여기셨습니다. "한 사람이 두 주인을 섬기지 못할 것이니"(마 6:24)라고 하셨듯이, 예수님은 분명하고도 단호하셨습니다. 그러므로 주기도를 하면서도 세상 방식대로 사는 것이 가능하다고 믿는 것은 모래 위에 집을 지어 놓고 강풍이 불고 홍수가 나도, 나는 문제가 없다고 여기는 것과 방불합니다. 선악과를 시도 때도 없이 먹으면서 에덴 정원에서 살 수 있다고 여기는 것과 방불합니다. 만일 주기도를 하면서도 세상 방식대로 산다면, 그것은 주기도가 무슨 기도인 줄도 모르고 그저 예배 순서에 있으니 따라 하는 '앵무새 기도'일 뿐입니다. 만약 그렇다면 이제 여기서 탈출해야 합니다. 주님께서 가르쳐 주신 기도는 '하나님 나라의 선포'이기 때문입니다.

주기도는 기도문인가?

주님께서 가르쳐 주신 기도를 하고 계십니까? 하신다면 언제 하십니까? 그리고 주기도문을 왜 하십니까? 예배 순서에 있으니까? 교회 전통에 속하니까? 기도문을 외우고 나면 왠지 마음이 편해지니까? 마르틴 루터(Martin Luther, 1483–1546)는 주기도로 기도하는 까닭을 이렇게 말합니다.

> 좋은 기도를 드리려면 집중과 마음의 단순함이 요구된다는 사실은 더 말할 나위도 없습니다. 이것이 내가 기도를 할 때 주기도를 사용하는 방식입니다. 지금까지도 나는 마치 어린아이가 젖을 찾듯, 나이가 지긋한 사람이 먹고 마시면서도 질리지 않듯, 주기도를 드리고 있습니다. 바로 이것이 내게는 시편 찬송집보다도 더 소중한 최고의 기도입니다[9]

주님께서 가르쳐 주신 기도의 특징은 장황하지 않고, 미사여구를 총동원하지도 않으며, 매우 간결하다는 사실입니다. 길게 늘여서 기도하고 중언부언하는 기도가 아니라, 간결하게 하나님 아버지께 아뢰는 기도입니다. 어린아이라도 어렵지 않게 기도할 수 있습니다. 제 기억 속에 주님

---

9   마르틴 루터, 『마르틴 루터의 단순한 기도』, 김기석 · 노종문 옮김 (서울: IVP, 2020), 25.

께서 가르쳐 주신 기도는 '기도문'으로 처음 만났습니다. 보통 예배 때마다 주기도문을 합창했기 때문에, 주기도문을 자연스럽게 외우게 되었습니다. 성경이나 찬송가의 겉표지 안쪽에 인쇄되어 있는 기도문을 보고 암송했습니다. 마태복음이나 누가복음 안에서의 예수님께서 가르쳐 주신 기도가 아니라, 특별히 예배를 위해서 따로 뽑아져 있는 기도문으로 말입니다.

어쩌면 이런 경험은 의외로, 우리 자신도 모르는 사이에 적지 않은 이들에게 아주 중요한 인식을 심어 주었는지도 모릅니다. 많은 이들이 예수님께서 "너희는 이렇게 기도해라"고 하신 기도의 내용을 대개 기도문으로 만납니다. 그리고 내용의 의미를 알기보다는 먼저 내용을 암기합니다. 이것은 분명 이점도 있겠지만, 위험도 있습니다. 바로 주님께서 가르쳐 주신 기도가 단지 예배용 혹은 암송용으로만 되어 버릴 수 있다는 것입니다. 존 오웬(John Owen, 1616-1683)은 형식적인 기도문을 사용함에 대해서 이렇게 말하고 있습니다.

> 저는 예배드릴 때 최선을 다해 적합한 기도문을 선택해서 사용하는 사람들에 대해, 그들이 그것을 미신적으로 사용하지만 않는다면, 판단하거나 정죄할 생각은 전혀 없습니다. 다만 기도문을 미신적으로 사용하는 것이 자연의 빛이나 성경의 계시에 비추어 보아도 어리석은 행동이요, 하나님이 자신의 뜻에 따라 각자의 마음속에 주신 빛을 사용하여 기도할 것을 요구하지 않는다고 주장함으로써 결국 무신론으로 전락하게 만든다는 것입니다.[10]

---

10 존 오웬, 『성령이 도우시는 기도』, 박홍규 옮김 (서울: 지평서원, 2010), 196-197.

티베트가 몽골에게 점령당한 후 티베트 불교가 세상 밖으로 알려졌습니다. 나중에는 원나라의 국교까지 됩니다. 티베트의 불교 사원 한쪽에는 원통형으로 만든 통들이 쭉 세워져 있습니다. 이걸 '마니차'라고 하는데, 이 원통들 측면에는 영적 또는 물리적 변형을 일으킬 수 있다고 여겨지는 발음·음절·낱말·구절인 만트라(眞言)가 새겨져 있고, 내부에는 경문이 새겨진 두루마리가 들어 있습니다. 그런데 일반 신자들뿐만 아니라 승려들도 불교 경전을 넣어 놓은 이 마니차 통을 한 바퀴 돌릴 때마다 죄업이 하나씩 사라진다고 믿습니다. 통만 돌리는 의식이기에 그 통 안에 들어 있는 경전이 도대체 무슨 내용인지는 알 수는 없습니다. 그래도 그들은 그 통들을 하나씩 다 돌리고 나면 경전을 다 읽었다고, 그 경전의 능력이 역사한다고 믿습니다.

저는 오늘날 우리에게 주님께서 가르쳐 주신 기도가 티베트 불교의 마니차처럼 되어 버리지는 않을까 하는 염려가 있습니다. 통을 한 바퀴 돌리고 통 안에 든 경전을 다 읽은 것과 같이 여겨 버리는, 주기도문을 한번 암송한 것으로 예수님께서 가르쳐 주신 기도를 한 것으로 여겨 버리는 세태라면, 생각만 해도 끔찍합니다.

예수님은 정말 우리의 예배 순서 용도로서만 이 주기도를 주신 것일까요? 마치 주술적 주문처럼 여겨 주기도를 여러 사람이 합독하면 할수록 가공할 위력이 나타날까요? 혹여 만일 그렇다고 한다면 그것으로 충분할까요? 만약 우리가 그렇게 여기고, 또 그쪽으로 간다면, 이는 분명 예수님께서 기도를 가르쳐 주신 뜻과 목적에서 한참 벗어난 것입니다. 만약 예배 순서 용도와 주문처럼만 사용한다면 우리는 예수님께서 가르쳐 주신 기도를 '화석화'시키고 있는 것이라고 생각합니다. 그러니 점점 더 굳어져서 경화되어 버리기 전에 주님께서 가르쳐 주신 기도를 생활에서 유연하게 해야 합니다. 기도는 살아있음의 대표적인 표징인데, 주님의 기도가 화석화된다면 안 됩니다. 주기도를 마치 지질학자가 화석 연구를 통해 지층의 연대를 연구하는 것처럼, 생물학자들이 화석을 통해 생물학을 연구하는 것처럼, 신학자들이나 성경 연구가들만이 맘먹고 연구할 때 재료로나 쓰는 형국이 되어 버린다면 곤란합니다. 혹여 그랬다면 이제라도 그런 주기도 화석화는 버리십시오. 일주일에 한 번 주일 예배에서 마니차 돌리듯 암송하는 주기도는 신발에 묻은 먼지 털어 내듯이 털어 내십시오. 그리고 진짜 주님께서 가르쳐 주신 기도를 하십시오.

저는 어려서부터 마니차 돌리듯 하던 주기도문을 버렸습니다. 하지만 지금도 여전히 주기도를 암송합니다. 예배 때 빠짐없이 합니다. 앞장서서 합니다. 그러나 어렸을 때의 일은 버렸습니다. 바울 사도의 고백이 제 고백입니다. "내가 어렸을 때에는 말하는 것이 어린 아이와 같고 깨닫는 것이 어린 아이와 같고 생각하는 것이 어린 아이와 같다가 장성한 사람이 되어서는 어린 아이의 일을 버렸노라"(고전 13:11).

알고 싶어요

저는 예수님을 알고 싶어서 주기도로 기도합니다. 또 그래야 한다고 믿습니다. 영생은 하나님과 그 아들 예수 그리스도를 아는 것이라고 했습니다(요 17:3). 교회 다니는 사람들이나 아닌 사람들이나 입에서 '영생'을 언급합니다. 하지만, 정작 영생이 뭔지는 잘 모릅니다. 그저 죽지 않고 오래 사는 것만을 영생이라고 여기기도 합니다. 그래서인지 세상 문명과 생명 과학은 불멸을 연구합니다.

첫 사람 아담은 선악을 아는 일에 하나님과 같이 되려 했습니다. 이제

인류는 하나님께서 "생명 나무의 과실을 먹고 영생할까 하노라"(창 3:22)
했던 우려와 같이, 하나님과 상관없는 '영생'을 향해 브레이크 없는 질주
를 하고 있습니다. 학명으로 호모 사피엔스인 사람이 호모 데우스, 즉 신
적 인간이 되기 위해서 말입니다. 히브리 대학 역사학 교수인 유발 하라
리는 그의 책《호모 데우스》에서 이렇게 말합니다.

> 인간이 행복과 불멸을 추구한다는 것은 성능을 업그레이드해 신이 되겠다는 것
> 이다. 행복과 불멸이 신의 특징이어서가 아니라, 인간이 노화와 비극을 극복하
> 기 위해서는 먼저 자신의 생물학적 기질을 신처럼 제어할 수 있어야 하기 때문
> 이다. …… 인간을 신으로 업그레이드하는 데는 세 가지 방법이 있다. 생명공
> 학, 사이보그 공학(인조인간 만들기) 그리고 비유기체 합성이다. 생명공학은 인간
> 이 유기체로서 지닌 잠재력을 아직 완전히 발휘하지 못했다는 통찰에서 출발한
> 다. …… 사피엔스가 종착역이라고 생각할 근거는 없다. 기껏해야 돌칼 정도를
> 만들 수 있었던 호모 에렉투스를 우주선과 컴퓨터를 만드는 호모 사피엔스로
> 탈바꿈시키는 데는 유전자, 호르몬, 뉴런의 비교적 작은 변화로 충분했다. 그
> 렇다면 우리의 DNA, 호르몬 체계, 뇌 구조를 좀더 바꾸면 무엇이 나올지 누가
> 아는가. 생명공학들은 …… 새로운 신을 창조할 것이고, 그렇게 탄생한 초인류
> 는 우리가 호모 에렉투스와 다른 만큼이나 지금의 사피엔스와 다를 것이다.[11]

하지만 성경은 그걸 영생이라고 하지 않습니다. "영생은 곧 유일하신
참 하나님과 그가 보내신 자 예수 그리스도를 아는 것"(요 17:3)입니다. 영
생이신 예수님을 알고 싶다면 예수님께서 가르쳐 주신 기도를 알아야 합
니다. 예수님께서 가르쳐 주신 기도는 어디서 나온 것입니까? 유대인들

---

11 유발 하라리, 『호모 데우스』, 김명주 옮김 (서울: 김영사, 2019), 69-70.

의 기도 모음집입니까? 아니요. 예수님의 마음입니다(마15:18; 12:35)[12].

우리말에 '말'은 '마알'에서 왔습니다. 마알은 마음의 알갱이입니다. 말은 당연히 사람 마음에서 나옵니다. 그 마음 창고에 쌓인 것이 나오는 법입니다. 착함을 저장하면 좋은 말이, 악함을 저장하면 나쁜 말이 나옵니다. 단지 교양이 아니라 사람 됨됨이에 관련한 것이기 때문입니다.

우리가 즐겨 부르는 찬송 중에 "예수를 닮기 내가 원하네 날 구속하신 예수님을 내 마음 속에 지금 곧 오사 주님의 형상 인치소서"가 있습니다. 그리고 "주님의 마음을 본받는 자 그 마음에 평강이 찾아옴은 험악한 세상을 이길 힘이 하늘로부터 임함이로다 … 주님의 마음 그 마음 본받아 살면서 주님의 그 거룩하심 나도 이루리"도 목소리 높여서 찬송합니다. 성도는 이것이 진짜입니다. 가짜와 거짓이 난무하는 세상에서, 성도인 우리는 예수님의 마음을 알아야 합니다. 그리고 본받아야 합니다. 그것이 바로 신적 생명, 곧 영생을 사는 것입니다. 그냥 오래 살면 뭐하나요. 죄만 더 지을 뿐입니다.

그래서 요한 사도는 "그를 아노라 하고 그의 계명을 지키지 아니하는 자는 거짓말하는 자요 진리가 그 속에 있지 아니하되, 누구든지 그의 말씀을 지키는 자는 하나님의 사랑이 참으로 그 속에서 온전하게 되었나니 이로써 우리가 그의 안에 있는 줄을 아노라"(요일 2:4-5)라고 말했습니다. 사도 요한은 예수님의 육성으로부터 직접 들었습니다. "너희가 나를 사랑하면 나의 계명을 지키리라"(요 14:15). 게다가 이렇게까지 설명하셨습니다. "나더러 주여 주여 하는 자마다 다 천국에 들어갈 것이 아니요 다만 하늘에 계신 내 아버지의 뜻대로 행하는 자라야 들어가리라"(마 7:21).

---

12 [마 15:18] 입에서 나오는 것들은 마음에서 나오나니
[마 12:35] 선한 사람은 그 쌓은 선에서 선한 것을 내고 악한 사람은 그 쌓은 악에서 악한 것을 내느니라

그러므로 예수님의 "이렇게 기도하라"(마 6:9)에는 예수님의 마음이 들어 있습니다. 그렇게 주님의 마음을 알면, 우리가 이 세상에 사는 동안 어떻게 살아야 하는지를 알 수 있습니다. 또한 우리가 어떤 존재감을 나타내야 하는지도 말입니다. "주의 보화를 캐내어 가져갈 자 누구랴"(찬송가, 내 영혼이 그윽히 깊은데서 2절). 우리 모두가 이 보화를 소유하길 바라고 원합니다.

기도는 살아 내는 능력

냉장고가 집에 있으시죠? 세탁기는요? 있으시다면 사용하고 계십니까? 왜 사용하십니까? 그저 실내장식용으로 두고 계신 분이 있다거나, 남들 다 냉장고 하나쯤 가지고 있어서 냉장고를 사신 분은 없으실 것입니다. 다들 필요하고 유용해서 장만하고 사용하시는 것이겠죠? 만약 그만큼의 비용을 지불할 가치가 없었다고 하면 애초 구입하지 않았을 것입니다. 필요하다 여겨서 구입했는데 그 필요가 없어지면, A/S기간이 지나지 않아 고장 난다 해도 고치지도 않을 뿐 아니라, 아마 재차 구매하지 않을 것입니다. 주기도는 어떠십니까? 사용하고 계십니까? 예배 순서에 있기 때문에 하시거나, 혹 남들 다 외우니까 암송용으로만 사용하시는 것 아닙니까? 주기도가 예수님께서 주신 생필품이라고 느끼시면 좋겠습니다. 예수님은 주기도를 기도하라고 주셨습니다. 사용하라고 주셨습니다. 실내장식용도 아니고, 구색 맞추기 용도나 형식적 절차상의 용도도 아닙니다.

기도는 말로 행해지기도 하지만, 말만 잘한다고 해서 기도는 아닙니다. 기도가 자꾸 말만 늘어놓는 형국이 되어 버리면, 우리는 기도의 능력을 알지도 못하고, 기도의 능력도 잃어버리게 되고 맙니다. 기도는 말만이 아닌 능력입니다. 무슨 능력이요? 그리스도인으로서 살아 내는 능력입니다. 예수님께 기도는 하나님의 뜻대로 살아 내는 능력이셨습니다(고전 4:20).[13]

하버드 정신의학 및 의료 인문학 교수 로버트 콜스(Robert Coles)는 〈고등 교육 신문〉에 '지성과 불균형'이라는 기사를 통해 한 여학생과의 인상적인 만남을 소개했습니다. 이 여학생은 경제적으로 어려워 학교 청소를 하며 학업을 유지했는데, 여학생이 경제적 수준이 낮다는 이유로 수업을 듣는 다른 학생들은 그 여학생에게 예의나 존중도 없이 함부로 대했다고 합니다. 특히 한 남학생은 수차례에 걸쳐 성적인 희롱까지도 서슴지 않았다고 합니다. 이 여학생과 그 남학생은 두 개의 '도덕 논리' 과목을 함께 들었는데, 그 남학생은 매번 최고의 성적을 받았습니다. 여학생은 끝내 견디지 못하여 학교를 떠나게 되었고, 로버트 콜스 교수와 최종 면담을 하게 되었습니다. 여학생은 콜스 교수에게 이렇게 질문 아닌 질문으로 말을 맺었다고 합니다. "그동안 철학 과목들을 다 들었습니다. 우리는 무엇이 진실이고 무엇이 중요하며 무엇이 선인지를 얘기하죠. 그러나 정작 사람들이 선하게 되도록 가르치려면 어떻게 해야 되나요? 선한 사람이 되려고 꾸준히 노력하지 않는다면 선을 아는 것이 무슨 의미가 있을까요?"[14]

달라스 윌라드는 "여기서의 문제는 성품과 지성의 연결이라기보다는 지성을 도덕적·영적 실제와 연결시키는 것이라고 할 수 있다. 성품은 이미 지성과 연결돼 있다. 실은 그것이 문제다. 지성 안에 무엇이 들어 있고

---

13 [고전 4:20] 하나님의 나라는 말에 있지 아니하고 오직 능력에 있음이라
14 달라스 윌라드, 『하나님의 모략』, 윤종석 옮김 (서울: 복있는 사람, 2012), 30-31.

들어 있지 않느냐가 문제인 것이다"라고 말했습니다.[15] 즉, 우리가 주기도를 알고, 외우고, 암송하는 것과 주기도로 살아 내는 것은 전혀 다른 차원의 문제라는 것입니다. 어쩌면 우리 주변에는 아니 우리 교회 안에서는 그 여학생과 같이 고통하며 신음하며 말하는 이웃들이 넘칠지도 모릅니다. 심지어 교회를 떠나면서까지 말입니다.

'주기도로 살아 내려고 노력하지 않는다면, 주기도문을 아는 것이 무슨 의미가 있나요?' 그 여학생의 말은 덴마크 철학자 키르케고르(S. A. Kierkegaard, 1813~1855)의 말을 떠올리게 합니다.

> "시대가 필요한 것은 천재가 아니다. 그들은 항상 넘쳐났다. 시대가 진정으로 필요로 하는 것은 순교자, 즉 사람들로 하여금 하나님께 복종하도록 가르치기 위해 자신이 먼저 죽기까지 복종할 수 있는 사람이다. 시대가 필요로 하는 것은 각성이다. 하나님께서 나를 어떻게 도우셨는지 결코 잊지 않기에, 내 마지막 바람은 모든 영광을 주님께 돌리는 것이다."

예수님은 하나님의 말씀을 하시고, 하나님의 일을 하시고, 하나님의 뜻이 이루어지기를 기도하셨습니다. "아버지여 만일 아버지의 뜻이거든 이 잔을 내게서 옮기시옵소서 그러나 내 원대로 마시옵고 아버지의 원대로 되기를 원하나이다"(눅 22:42). 예수님의 기도는 "내 뜻은 이 잔을 옮기는 것입니다."가 아니었습니다. 놀랍게도 예수님의 기도는 "아버지의 뜻이어든"입니다. 오해하지 말아야겠습니다. 예수님은 십자가를 지기 싫으면서, 살고 싶으면서, 억지로 어쩔 수 없이 따랐던 것이 아니었습니다. 아버지의 뜻을 구하기 위해 땀방울이 핏방울이 되기까지 기도하셨던 것

---

15 위의 책, 32.

입니다. 회피하거나, 면하거나, 하나님 아버지의 뜻을 바꾸기 위한 것이 아니란 말입니다.

이 겟세마네 기도 이후에 사람들이 칼과 몽치를 들고 예수님을 잡으러 오자, 베드로가 칼집에서 칼을 빼어 휘두릅니다. 일을 저지르죠. 제사장의 종 말고의 귀를 베어 버립니다. 예수님은 말고의 귀를 붙여 주시고 베드로에게 말씀하십니다. "검을 집에 꽂으라 아버지께서 주신 잔을 내가 마시지 아니하겠느냐"(요 18:11). 이 말씀은 예수님께서 아버지의 뜻이 곧 내 뜻이라 말씀하심과도 같습니다. 그렇기에 바울 사도의 아멘은 또한 우리의 아멘일 수밖에 없습니다. "그리스도께서 하나님 곧 우리 아버지의 뜻을 따라 이 악한 세대에서 우리를 건지시려고 우리 죄를 대속하기 위하여 자기 몸을 주셨으니 영광이 그에게 세세토록 있을지어다 아멘"(갈 1:4-5)

담대한 기도, 주기도

미국 성공회 예배에서 주기도를 할 때, 특이하게도 주기도에 앞서 사제가 이 말을 회중에게 한다고 합니다. "이제 담대히, 우리 주님 그리스도께서 가르쳐 주신 기도를 드립시다." 예배 중에 '담대히'? 교회가 주기도를 하는데 용기와 담력이 필요할까요? 당최 들어 보지 못한 모습입니다. 혹여 신앙의 핍박이 심각한 수준의 형국이라면 모를까, 대통령이 취임할 때 성경에 손을 얹기까지 하는 미국의 교회에서 '담대히'는 그다지 어울리지 않는 말로 느껴집니다. 하지만 그 성공회 사제의 말이 그냥 하는 말이 아닐 것입니다. 그렇다면 주기도를 하면서 왜 담대함이 필요할까요?

군대에 가면 군사 훈련을 받습니다. 예전에 육군은 여름만 되면 유격 훈련을 받았습니다. 그중에 훈련의 꽃(?)이라 불리는 '막타워'(Mock Tower, 모형탑)가 있습니다. 이 막타워를 타기 전까지 'PT 체조'를 정말 죽을 만큼 합니다. 이 막타워의 높이는 사람이 가장 공포감을 느낀다는 11m입니다. 막타워에서 기본적인 공수 교육을 받은 다음에 기구 강하, 전술 강하를 합니다. 아마 TV 예능 프로그램에서라도 보셨을 것입니다. 남들이 뛰는 것을 영상으로 보는 것이라면 우리가 굳이 담력이 필요할까요? 그렇지 않습니다. 하지만, 막상 내가 11m 막타워 위에서 뛰어내린다면? 당연히 뭐가 필요합니까? 담력 혹은 용기가 필요합니다. 그것이 내가 직접 뛰어내려야 하는 실제이기 때문입니다.

우리가 주기도를 하면서 아무런 느낌이 없다면 주기도가 매우 익숙해 졌다기보다는, 주님께서 "이렇게 기도해라" 하신 의미를 전혀 이해하지 못하거나 관심이 없기 때문일 수 있습니다. 왜 담대함이 필요한가요? 예수님은 "세상에서는 너희가 환난을 당하나 담대하라"(요 16:33)고 하셨습니다. 예수님은 하나님의 뜻대로 살아내기 위해 십자가를 지셨습니다. 그래서 빌라도 총독 앞에서 심문을 받으실 때에도 당당하셨습니다. 십자가에 달리셨어도 고개를 꼿꼿이 세우고 계셨습니다(요 19:30 참조).

다니엘을 잡기 위해 혈안이 되어 있던 총리들과 방백들이 꾀를 내어 다리오 왕에게 한 금령을 내리도록 했습니다. 삼십 일 동안 누구든지 왕 외에 어느 신이나 사람에게 무엇을 구한다면 사자 굴에 던져 넣기로 말입니다. 다리오는 그들의 꿍꿍이를 전혀 눈치채지 못하고 조서에 어인을 찍어 버립니다. 하지만 다니엘은 집으로 돌아가 예루살렘을 향하여 전에 행하던 대로, 열린 창에서 하루 세 번씩 무릎을 꿇고 하나님께 감사 기도를 드립니다(단 6:6-10). 이 어처구니없는 조서에 다리오 왕의 어인이 찍힌 것을 알고도 말입니다. 이 내용을 읽는 우리에게 담대함이 필요한가요? 그렇지 않습니다. 하지만 다니엘은 어떨까요? 내가 다니엘이라면?

　기도는 단지 말뿐만 아니라 '살아 내기'입니다. 예수님께서 "너희는 이렇게 기도하라" 말씀하심은 단지 기도문 암송이 아닌, '이대로 살라!', '살아내라!'인 것입니다. 예수님은 자신이 살아내고 있는 기도를 우리에게 주셨습니다. 모세의 자리에 앉은 바리새인들처럼, 말만 하면서 행치 않고 무거운 짐을 묶어 사람의 어깨에 지우면서, 자기 자신은 한 손가락도 움직이려 하지 않았던 것이 아니라, 예수님은 그야말로 직접 살아 내셨습니다(마 23:3-4). 예수님은 자신의 삶을 우리에게 기도로 주셨습니다. "누구든지 나를 따라오려거든 자기를 부인하고 자기 십자가를 지고 나를 따를 것이니라"(막 8:34). 그 삶의 진수가 바로 예수님께서 친히 주신 기도 안에 있다는 것입니다. 암송으로 다 된 것이 아닙니다. 내용을 살펴야 합니다. 즉 살아 내는 삶의 고백이 본질적 기도이고, 그리 살려고 몸부림치는 게 우리의 기도여야 합니다. 이제 우리가 주기도 막타워를 탑니다. 이제 우리는 그리스도인으로 살아 내야 합니다. "세상에서는 너희가 환난을 당하나 담대하라 내가 세상을 이기었노라"(요 16:33).

1. 우리 각자가 예수님에게서 꼭 배우고 싶고, 닮고 싶은 것은 무엇인가요?

2. 우리는 주로 어느 때 기도를 하나요? 공중 예배 때인가요, 홀로 있을 때인가요?

3. 우리가 주기도로 기도한다는 것은 어떤 의미를 갖는 것일까요? 내적으로, 그리고 외적으로.

4. 영생과 불멸은 같은 말일까요, 다른 말일까요? 그렇다면 그 이유는 무엇인가요?

5. 기도를 잘한다는 것은 무슨 의미인가요? 오랜 시간 기도한다는 것인가요? 미사여구를 휘황찬란하게 사용하며 기도한다는 것인가요?

제2강

하늘에 계신 우리 아버지여

십자가에 달린 유대인

역사를 기원전(B. C. – Before Christ)과 기원후(A. D. – Anno Domini)로 나뉘게 하는 중심에는 한 유대인이 있었습니다. 그 유대인은 기원후 30년(33년), 30대의 젊은 나이로 십자가에 달렸습니다. 유대인의 신분으로서 나무에 달렸으니, "나무에 달린 자마다 저주 아래 있는 자라"(갈 3:13, 참조; 신 21:23; 요 19:31)고 하는 율법에 따라 그는 하나님의 심판을 받은 것임에 틀림없습니다. 또 로마 속국의 백성으로서 극악한 죄인에게 내려지는 십자가형을 당한 것이니, 그는 젊어서 헛된 꿈을 꾸다가 객사한 실패자일 뿐이었습니다. 지나가는 자들은 머리를 흔들며 십자가에 달린 이 청년을 모욕했습니다. "성전을 헐고 사흘에 짓는 자여 네가 너를 구원하여 십자가에서 내려오라"(마 27:40). 대제사장들과 서기관들 또한 희롱하며 "그가 남은 구원하였으되 자기는 구원할 수 없도다 이스라엘의 왕 그리스도가 지금 십자가에서 내려와 우리가 보고 믿게 할지어다"(막 15:31–32)라고 하며, 그 날 십자가형에 처했던 강도들까지도 이 청년을 향해 비아냥거렸습니다.

이 유대인의 이름은 예수입니다. 나사렛 출신이며 떠돌이 전도자일 뿐입니다. 당시 유대 땅이 세상의 정치 · 경제 · 문화 · 종교적 중심지는 아니었습니다. 중심지는 "모든 길은 로마로 통한다."는 그 로마 제국이었습니다. 이 유대 땅에서 젊은 유대인 한 사람이 십자가형을 당한다고 해서 특별히 세상이 주목할 일은 아니었습니다. 그런데 놀랍게도 2천여 년이 지난 지금까지 이 유대 청년과 그의 십자가는 여전히 중요한 사건이 되고 있습니다. 이 예수를 '퀴리오스'(Κύριος), 즉 주님(Lord)이라 믿고 따르는 무리가 역사 내내 있어 왔습니다. 그리고 바로 우리가 이 나사렛 예수를 나의 주님이라고 고백합니다.

예수님의 제자인 베드로는 예수가 십자가에 달린 사건을 두고 이렇게 말합니다. "친히 나무에 달려 그 몸으로 우리 죄를 담당하셨으니 이는 우리로 죄에 대하여 죽고 의에 대하여 살게 하려 하심이라"(벧전 2:24).

내 사랑하는 아들이라

그렇다면 정작 그 30대의 젊은 유대인 예수님 본인은 자기 자신을 어떻게 생각하고 있었을까요? 다시 말해, 이 유대 청년 예수님의 자기 인식은 어떠했을까요? 그 유대인 예수님의 자기 인식이 명백히 드러나는 곳은 바로 십자가입니다. 예수님은 십자가에 달려 운명하시면서조차, 살 소망까지 끊어지면서조차 "아버지여 내 영혼을 아버지 손에 부탁하나이다"(눅 23:46)라고 기도하셨습니다. 이런 기도를 어찌 그런 상황 가운데서 할 수 있을까요?

우리는 대개, 삶이 평안할 때는 괜찮다가도 삶이 추락하고 곤두박질

칠 때, 자기 자신에 대해 어떻게 생각하죠? 유대인 예수님은 "나의 하나님 나의 하나님 어찌하여 나를 버리셨나이까"(막 15:34)라고 외치며 아파하셨습니다. 하지만, 십자가에 달려 추락하는 자신을 어떻게 받아들이고 계십니까? 예수님은 십자가라는 극형에 처하셨어도 "아버지여 내 영혼을 아버지 손에 부탁하나이다"(눅 23:46). 즉, 하나님을 아버지라 부르고 하나님 아버지께 의지하십니다. 이게 어찌 가능할까요? 게다가 "아버지여 저들의 죄를 사하여 주옵소서 자기의 하는 것을 알지 못함이니이다"(눅 23:34)라고 청원하십니다. 죽어 가시면서 어찌 이게 가능하단 말입니까? 예수님께서 십자가에서 하나님의 숨으심, 감추심에도 이러실 수 있는 까닭을 찾아가 볼 필요가 있겠습니다.

예수님은 공생애 사역 직전에 세례를 받으십니다. 그때 하늘에서 음성을 듣습니다. "너는 내 사랑하는 아들이라 내가 너를 기뻐하노라"(눅 3:22). 예수님은 지나가는 자들, 대제사장들 그리고 서기관들이나 십자가에 못 박힌 죄인들이 자기 인식의 근거가 아니었습니다. 사람들의 환호의 크기와 질량이 자기 인식의 근거나 확인도 아니었습니다. 게다가 그들의 환호가 금방 뒤집혀 비난이 될지라도 그다지 개의치 않으셨습니다. 그것이 결코 자기 존재 인식에 아무런 영향을 주지 않는다는 것을 아셨던 것입니다 (요 2:24-25).[1] 헨리 나우웬은 그의 책 《상처 입은 치유자》에서 이렇게 말합니다.

우리는 자신이 가지고 있는 목적 때문에 다른 사람에게 주의를 집중하기 매우 어렵습니다. 우리의 목적이 개입되자마자 문제는 '그가 누구인가?'가 아니라

---

1 [요 2:24-25] 예수는 그의 몸을 그들에게 의탁하지 아니하셨으니 이는 친히 모든 사람을 아심이요 또 사람에 대하여 누구의 증언도 받으실 필요가 없었으니 이는 그가 친히 사람의 속에 있는 것을 아셨음이니라

'그로부터 내가 무엇을 얻을 수 있는가?'가 됩니다. 그러면 우리는 그가 말하는 것에 더 이상 귀를 기울이지 않고, 그가 말하는 것을 가지고 우리가 무엇을 할 수 있는가에 신경을 씁니다. 긍휼, 우정, 명성, 성공, 이해, 돈, 경력 등 인식하지 못했던 우리의 필요를 충족시키는데 관심을 갖습니다. 그리고 우리는 다른 사람에게 주의를 집중하는 대신 참견 어린 호기심을 가지고 사람을 대합니다.[2]

탕자는 자신의 목적 때문에 아버지로부터 무얼 받아 내는 데만 열중했습니다. 하지만 아버지와 아들의 관계는 별다른 사심의 목적이 없어져야 진정한 부자 관계인 것입니다. 다시 말해, 아버지에게서 내가 보여야 하는 것입니다. 그렇게 되면 아버지와 아들의 관계로서 먼저인 '안정감'을 누리게 됩니다.

나는 누구

르네 지라르(Rene Girard, 1923~2015)는 헨리 나우웬보다 좀 더 강하게 말합니다. 르네 지라르는 "인간 문명이라는 것은 결국 집단 폭력 속에 들어 있는 자신의 기원을 계속 감추려는 방향으로 나아가고 있다고 결론 내리게 된다."라고 말하며, 성경에 나타난 예수님의 수난 시 드러난 군중들의 태도에 대해서 이렇게 말합니다.

예수의 수난 시 군중들도 예수에 대한 비난을 맹목적으로 받아들이고 있다. 그들이 보기에 예수는 그런 징계, 즉 십자가형을 받을 만한 원인 제공자로 보인

---

2   헨리 나우웬, 『상처 입은 치유자』, 최원준 옮김 (서울: 두란노, 2001), 121.

다. …… 박해자들은 항상 그들의 명분이 합당하다고 믿고 있지만, 실은 그들은 희생양들을 '아무런 이유도 없이 미워하고 있다'. 그러나 희생양에 대한 그들의 비난이 아무런 명분이 없다는 것을, 정작 그 박해자들은 전혀 알지 못한다.[3]

흉년에 헤롯 아그립바는 교회를 잔혹하게 해하는 일을 했습니다(행 12:1-3). 비록 자연재해일지라도 원성은 왕에게, 통치자에게 가는 법입니다. 그러나 헤롯 아그립바는 이러한 정치적 위기와 이 모든 해악이 누구 때문이라고 화살을 돌리나요? 교회입니다. 정치적 위기인 흉년을 도리어 자신의 통치를 견고히 하는 기회로 삼는 것입니다. 헤롯 아그립바는 유대인들이 이 처사를 너무 가혹하다 여기지 않고 환영하자, 교회와 예수님 믿는 사람들을 더 해하려고 했습니다. 희생양을 찾는 것은 어제오늘 일이 아니었습니다. 로마 황제 네로도 로마 대화재의 책임을 예수 믿는 사람들에게 돌리기도 했었습니다. 한나 아렌트(Hannah Arendt, 1906-1975)는 선동하는 폭민과 국민을 동일시하며, 지도자의 임무는 이 선동의 소리를 따르는 것이자, 이것이 이 시대의 일반적인 믿음이라고 말하기도 합니다.

선동으로 모든 것을 이룰 수 있으며 큰 소리로 또는 교활하게 이야기함으로써 사람을 설득하여 어떤 일이라도 시킬 수 있다고 생각하는 것이 우리 시대의 일반적인 오류라고 한다면, "인민의 목소리가 신의 소리이다"라는 생각과 클레망소가 매우 냉소적으로 표현했듯이 지도자의 임무는 영리하게 이 소리를 따르는 것이라는 생각이 이 시대의 일반적인 믿음이었다. 이 두 관점 모두 폭민을 국민의 풍자로 보기보다는 오히려 동일시하는 근본적인 오류에서 기인한다.[4]

---

3 르네 지라르, 『희생양』, 김진석 옮김 (서울: 민음사, 2018), 167-175.
4 한나 아렌트, 『전체주의의 기원』, 이진우 옮김 (파주: 한길사, 2017), 242.

미셸 투르니에(Michel Tournier, 1924-2016)의 소설 『방드르디, 태평양의 끝』은 다니엘 디포(Daniel Defoe, 1660-1731)의 소설 『로빈슨 크루소』에서 착안한 소설입니다. 그렇다고 단순한 아류작이 아닙니다. 대단히 깊은 철학적 통찰이 담긴 소설입니다. 다니엘 디포는 로빈슨을 중심으로 이야기를 전개한다면, 미셸 투르니에는 로빈슨이 아니라 원주민 방드르디를 중심으로 해서 이야기가 전개됩니다.

로빈슨은 무인도에서 방드르디를 만납니다. 아니 방드르디는 섬에서 표류된 로빈슨을 만납니다. 방드르디라는 이름은 사실 로빈슨이 지어 준 이름입니다. 프랑스어로 금요일이라는 뜻입니다. 로빈슨이 방드르디를 구해 준 요일인 방드르디(금요일)로 작명한 것입니다. 로빈슨은 영국인으로서, 청교도로서, 문명인으로서 원주민 방드르디를 이 모든 자신의 구조로 끌어들이려고 했습니다. 섬의 이름을 스페란차(희망의 섬)으로 명명하고, 헌장도 반포하고, 자신을 초대 총독으로 임명했습니다. 하지만 방드르디는 로빈슨이 생각하는 대로 구조화되지 않았습니다. 무인도에서는, 그리고 방드르디에게는 너무 이질적인 행태였기 때문입니다.

천진한 방드리드가 로빈슨 앞에서 터트리는 웃음은 매사에 진지한 로빈슨이 통치하는 구조인 스페란차 섬의 모든 외식을 폭로하는 역할을 합니다. 우리의 일그러진 영웅(?) 로빈슨은 자신의 실체가 발각되는 느낌이라 불안하고 초조하고요. 방드르디가 조금도 로빈슨화되려 하지 않았기 때문입니다.

나의 유일한 동반자에게서 나는 마치 일그러진 모습으로 비쳐 보이는 거울 속에서처럼 일종의 괴물 모양으로 변한 자신의 얼굴을 보기 때문이다. [5]

---

5 미셸 투르니에, 『방드르디 태평양의 끝』, 김화영 옮김 (민음사, 2017), 190.

다음 상황은 어떨 것이라고 그려지시나요? 맞습니다. 원주민 방드르디가 로빈슨에게 죽도록 맞습니다. 구타를 당합니다. 방드르디가 구타 유발자가 된 것입니다. 하지만 로빈슨은 알아야 했습니다. 정작 자신이 무엇에 대해 그렇게 화가 났는지, 그리고 자신을 그토록 분개하게 만든 이유가 무엇인지를 말입니다. 하지만 로빈슨은 방드르디에게 구타와 폭력을 선사합니다.

로빈슨이 방드르디를 구타한 사건은 일종의 저항이었습니다. 하지만 그 폭력은 자신의 불안함, 즉 자신이 세운 구조에 대한 불안함이 작동한 것이었습니다. 스페란차 섬에서 자신을 지탱해 준 문명 세계의 물건들이 폭발과 함께 날아가 버렸듯이 자신의 미래도 날아가 버렸다고 믿기 때문이었습니다.

> 그는 발길로 방드르디를 걷어차 일으켜 세우고는 주먹으로 후려갈겨 또다시 풀밭에 쓰러뜨렸다. 그리고 나서 그는 백인의 전 중량을 다하여 그 위에 타고 올라앉았다. …… 귀먹은 사람처럼, 아닌 게 아니라 방드르디의 터진 두 입술에서 새어 나오는 신음 소리 같은 것은 들리지도 않는다는 듯 그는 맨주먹으로 마구 후려쳤다.…로빈슨이 살갗이 벗겨진 주먹으로 다시 한번 후려쳤지만 이번에는 어떤 마음속의 거리낌 때문에 저지당한 듯 자신이 없는 손길이었다.[6]

그런데 로빈슨이 이처럼 자신이 영국에서 가졌던 삶의 태도를 여전히 무인도라는 섬에서 구현해 내려고 했던 이유, 가능할 거라고 여기게 했던 까닭이 무엇일까요? 로빈슨에게 무인도, '탄식의 섬'이 '스페란차'(희망의 섬)이 될 수 있을 거라 여겼던 까닭은 자신이 타고 가다가 난파된 '버지니

---

6 위의 책, 218.

아호'에서 꺼낸 물건들 때문이었습니다. 자신이 살던, 그리고 자신의 세계를 존재케 하던 물건과 돈, 이 문명의 물질적인 재료들이 무인도임에도 불구하고 로빈슨을 다시 희망하게 하는 것이었습니다. 물론 버지니아호에서 건진 것들은 로빈슨을 다시 문명 세계로 돌아가게 할 힘이 없었습니다. 하지만 로빈슨이 이 무인도에서 다시 문명의 삶을 살 수 있다고 하는 꿈을 갖게 하는 재료들이었습니다. 로빈슨의 희망은 여전히 물질적 토대에 놓여 있었던 것입니다.

그렇게 희망적인 로빈슨의 꿈이 한순간에 날아가 버렸습니다. 아니 폭발해 버렸습니다. 일순간에 쑥대밭이 됩니다. 무인도에서 만난 혼혈 원주민 방드르디가 그 모든 것이 보관되어 있는 동굴에서 로빈슨의 파이프 담배를 몰래 피우다 화약에 불을 붙이고 말았습니다. 누군가 슬픈 예감은 틀린 적이 없다고 했던가요? 로빈슨은 아마도 자신이 구축하고 지키려고 했던 스페란차 섬의 구조가 이 방드르디로 인해 무너질지도 모른다고 예감했을지도 모릅니다. 아니 그걸 바랐는지도 모릅니다. 자신이 세운 이 얼토당토하지 않은 체계를 방드르디가 무너뜨려 주기를 바랐을지도 모르고 말입니다. 그렇긴 하더라도 이 폭발은 단지 문명의 이기들이 재로 바뀐 것만이 아니라, 로빈슨의 희망이 산산조각난 것이기도 했습니다. 그가 희망의 토대로 여긴 조건들이 한순간에 물거품이 되어 버렸습니다.

유대 종교 지도자들은 로마 제국 아래서도 희망의 찬가를 부를 수 있었습니다. 그들은 여전히 자신들이 누릴 수 있는 것들을 고스란히 가지고 있었기 때문입니다. 종교와 지위와 재산을 말입니다. 하지만 예수님께서 등장하셔서 그들이 주장했던 모든 것들이 실은 허상임을 고발하셨습니다. 그러자 유대 종교 지도자들은 분개하고 혈기를 부렸습니다. 급기야는 예수님을 십자가에 매달았습니다. 폭력을 행사한 것이죠. 사실 유대 종교 지도자들은 로마 당국자들에게 극도로 분노와 적개심을 드러내진 않았습니다. 마치 로빈슨이 버지니아호를 난파시킨 바다에 대해서가 아니라, 자기의 구조와 체계에 동화되지 않는 방드르디에게 적개심을 드러내고 폭력을 행사한 것처럼 말입니다.

사실 유대 종교 지도자들이 토대로 삼고 있는 것은 하나님 사랑이 아니라 자기 사랑이었기 때문입니다. 자신들의 기득권을 여전히 보장받는 한 그들은 로마와 등질 이유도 없고 적개심을 표출할 이유가 없었습니다. 자신들의 희망은 거기에 있기 때문이었습니다. 그런데 나사렛 출신의 예수는 그들 자신들의 희망이 사실은 희망이 아니라는 것을 자꾸 들키게 한다는 사실입니다. 이러다가는 자신들의 미래가 아예 사라져 버릴지도 모른다는 공포가 그들에게 엄습했습니다. 그렇다고 그들 스스로 희망의 물존(物存)을 포기할 수는 없었습니다. 그 자체가 그들에게는 미래이고 희망이었기 때문입니다. 그렇다면 예수가 사라져야 합니다. 그들의 물존(物存) 세상에서, 그들만의 리그에서 말입니다.

우리 자신의 신앙의 토대도 마찬가지입니다. 만약 우리의 토대가 여전히 물존적 토대에서 희망을 논하고, 장밋빛 꿈으로 물들이고 있다면, 정말 멈칫해야 합니다. 그것은 허상적 희망이기 때문입니다. 결국 모래 위에 지은 집과 같이 바람이 불고 창수가 나면 무너질 수밖에 없습니다. 분개와 분노 그리고 적개심으로 충천할 수도 있습니다. 세상은 평화를 원하는데, 왜 전쟁과 분쟁과 다툼이 끊이지 않겠습니까? 다들 물존에서 희망을 여전히 꿈꾸고, 거기에만 미래가 있다고 믿기 때문입니다. 하지만 예수님은 말씀하십니다. "내가 곧 길이요 진리요 생명이니 나로 말미암지 않고는 아버지께로 올 자가 없느니라"(요 14:6). 우리가 말하는 미래가 미래일 수 있는 것은 오로지 과거·현재·미래 시제에 제한받지 않으시는 하나님 아버지 외에는 없습니다.

　사울의 경우는 좀 다릅니다. 그도 자신의 세계를 받아들이지 않고, 다른 세계를 말하는 그리스도인들을 폭력으로써 대응했습니다. 스데반 집사가 유대인들의 돌에 맞아 죽을 때도 당연하다고 여겼습니다. 게다가 교회를 잔해하려고 나서기도 했습니다. 하지만 다메섹으로 가던 도중 강한 빛 가운데 예수님을 만나고서는 그의 세계가 무너졌습니다. 그동안 그를 지탱해오던 토대가 송두리째 흔들렸습니다. 그리스도인들이 무지하고, 어리석고, 심지어 유대교를 배반한 이단자들이었던 것이 아니라, 진리를 만난 사람들이라는 그들의 정체성을 이해하기 시작한 것입니다. 눈에 비늘 같은 것이 떨어지기까지 사울은 앞을 보지 못한 채로 있었습니다. 하나님께서 보내신 아나니아가 안수할 때, 그 비늘 같은 것이 떨어져서 비로소 보게 됩니다. 마치 로빈슨이 동굴이 폭발되어, 자신을 탄식의 섬이 희망의 섬인냥 꿈꾸게 했던 지탱들이 물거품이 되고 나서야, 방드리드의 실제가 눈에 들어왔던 것처럼 말입니다. 무식하고 무지하고 미개한 원주민 방드리드가 아니라, 존재 그대로를 바라보게 되는……

　이것을 신앙에서는 회개요 회심이라 말합니다. 사울이 바울이 되는 사건이 바로 그것입니다. 로빈슨이라는 인물은 그대로지만 그 속사람이 이제는 전혀 달라졌습니다. 이전에 희망의 토대와 이후의 소망의 토대는 완전히 달라졌습니다. 그러니까 사실, 그리스도인들이 무지한 게 아니라 핍박하는 사울 자신이 무지했던 것입니다. 로빈슨이 무인도에 들어온 지 28년 만에 드디어 영국으로 돌아갈 수 있는 배, '화이트 버드호'가 옵니다. 화이트 버드호의 선장 헌터와 식사를 하며 로빈슨은 이렇게 생각합니다.

　그들은 모두 목적을 추구하고 있었고, 그 목적이란 어떤 획득, 어떤 부, 어떤 만

57
제2강 · 하늘에 계신 우리 아버지여

족 따위였다. 그렇지만 무엇 때문에 그 획득, 부, 만족을 추구한다는 말인가? …… "너는 뭐 하러 살고 있는 거지?"하고 그는 선장에게 물어볼 수 있을 것이다. 헌터는 물론 뭐라고 대답해야 할지 모를 것이다. 그가 빠져나가는 유일한 방법은 같은 질문을 이 고독한 인간에게 되돌려 보내는 것이리라. 그러면 로빈슨은 왼손으로는 스페란차의 대지를 가리켜 보이고 오른손으로는 태양 쪽으로 쳐들어 보일 것이다.[7]

헌터와 선원들을 만나면서 로빈슨은 더욱 선명하게 알게 되었습니다. 과거 자신의 삶을 그들에게서 보게 된 것입니다. 반면교사(反面教師). 눈에서 비늘 같은 것이 떨어진 사울은 이제 동족 유대인들의 양태를 보면서 과거 자신의 모습을 적나라하게 알게 되었습니다. 그렇기에 다니엘 디포의 로빈슨은 반란선의 선장을 구출하고 영국으로 돌아갔지만, 투르니에의 로빈슨은 화이트 버드호를 타고 돌아가지 않았습니다. 이제야 말로 진짜 스페란차에, 아니 지금을 만끽하게 된 스페란차에 남으려 합니다.

바울은 어땠나요? 물론 바울은 그리스도교에서 다시 유대교로 돌아가지 않았습니다. 그렇다고 동족 유대인들과 떨어져 그들을 회피하며 살지도 않았습니다. 그들에게로 갔습니다. 그들에게 복음을 전했습니다. 자신의 눈에 비늘이 떨어졌듯이 그들의 눈을 덮고 있는 비늘이 떨어지도록 말입니다. 동족에게 살해 위협을 받고 죽을 고비를 넘기고 고소 · 고발을 당해도 바울이 된 사울의 행로를 막을 수는 없었습니다. 바울의 마음은 자신이 버림을 받을지라도 동족의 얼마간이라도 구원을 얻게 하고 싶었기 때문입니다(롬 9:3).[8] 자신이 만난 주님을, 복음을 동족들도 그토록 알

---

7 미셸 투르니에, 앞의 책, 303-304.
8 [롬 9:3] 나의 형제 곧 골육의 친척을 위하여 내 자신이 저주를 받아 그리스도에게서 끊어질지라도 원하는 바로라

기를 원했습니다.

여기서 바로 소명 의식과 헌신 그리고 희생이 솟아납니다. 자기 자신만 독야청청(獨也靑靑)이 아니라, 자신이 나온 유대교 속으로 들어가 진리를 전합니다.

하지만 이 땅의 물존을 우상과 토대로 삼는 이들은 바울과는 다른 방식을 택하고 자신들과 다른 결인 바울과 교회를 핍박하는 것으로 반응합니다. 이는 그들이 이미 예수님께 행했던 폭력의 방식입니다. 예수님을 죽이기로 작정하고 공모한 유대 종교 지도자들과 정치 지도자들 그리고 군중들은 한 방향으로 몰려들어 결국 폭력적 발화를 일으킵니다. 하지만 예수님은 대동단결하여 폭력적 발화로 십자가에 못 박게 하는 자들, 그리고 자기들이 채색한 의미를 강요할 수 있는 자들에게서가 아니라, 오롯이 하나님과의 관계에서 여전히 자기 인식을 구축하고 있다는 사실입니다. 바로 하늘에서 "너는 내 사랑하는 아들이라 내가 너를 기뻐하노라"(막 1:11)라고 하는 소리가 예수님 자신이 어떠한 현실 가운데서도 설 수 있는 근간이 되었던 것입니다.

그러므로 추락하는 자에게 '아빠'가 있습니다. 우리가 삶을 사는데 있어 자신이 여전히 하나님 사랑을 받는 자로 느껴지는 때가 몇 번이나 있을까요? 우리의 실상은 넘어지기 일쑤, 의심의 안개와 구름에 싸이기 일쑤, 같은 죄에 여전히 힘들어 하기 일쑤, 지독한 열등감과 자기혐오에 휩싸이기 일쑤입니다. 대적 마귀는 우는 사자와 같이 삼킬 자를 두루 찾아 다닙니다(벧전 5:8). 그런 마귀에게 자비, 은혜가 있을까요? 잔혹할 따름입니다. 게다가 마귀의 주특기는 '거짓말, 사기'입니다. 그렇다면 그의 강력한 울음소리는 뭐겠습니까? 바로 하나님에 대한 우리의 의구심입니다. '너 따위가 하나님의 자녀라고?', '하나님도 그리 생각하실까?', '너 사는

꼴을 네 자신을 보면 몰라?', '참으로 인두겁이 두껍구나!'

예수님의 광야 40일 금식 기도 후 찾아온 마귀는 "네가 만일 하나님의 아들이어든"으로 시험합니다. 마귀의 전략과 전술이 어떠하다 감이 오십니까? 그렇다면 우리도, 자신이 어떤 존재인지를 인식해야 자신의 못남도 이해하고 인정하며, 그런 자신을 스스로 용납할 수 있습니다. 그래야 자신이 무엇을 해야 할지도 분명해집니다.

하나님 바로 알기

유대인들에게 하나님은 여호와 한 분뿐이었습니다(신 6:4).[9] 모세가 가시떨기 불꽃 가운데서 말씀하시는 하나님께 이렇게 여쭈었습니다. "내가 이스라엘 자손에게 가서 이르기를 너희의 조상의 하나님이 나를 너희에게 보내셨다 하면 그들이 내게 묻기를 그의 이름이 무엇이냐 하리니 내가 무엇이라고 그들에게 말하리이까"(출 3:13). 하나님께서 이름을 밝히셨습니다. "나는 스스로 있는 자이니라 …… 너희 조상의 하나님 여호와 곧 아브라함의 하나님, 이삭의 하나님, 야곱의 하나님께서 나를 너희에게 보내셨다 하라 이는 나의 영원한 이름이요 대대로 기억할 나의 칭호니라"(출 3:14, 15). 즉, 유대인들에게 하나님은 거룩한 분이십니다. 하나님은 인생이 아니십니다.

십계명에 "너는 네 하나님 여호와의 이름을 망령되게 부르지 말라 여호와는 그의 이름을 망령되게 부르는 자를 죄 없다 하지 아니하리라"(출 20:7)라고 했듯이, 유대인들은 하나님의 이름조차 부르기를 꺼렸습니다. 유대인들은 그것을 철두철미하게 지켜내기 위해, 성경을 읽을 때마다 하

---

9 [신 6:4] 이스라엘아 들으라 우리 하나님 여호와는 오직 유일한 여호와시니

나님의 이름 '여호와(יְהוָה)'가 나오면, '아도나이(אֲדֹנָי)' 즉 '나의 주님'이라고 읽었습니다. 세월이 지나 세대를 거쳐 가며 급기야는 하나님의 이름을 읽는 법마저 잃어버릴 정도였습니다. 그렇게 하나님의 백성, 선민의식으로 엎치락뒤치락 살아온 유대인들에게 예수님께서 가장 혁명적(?)으로 전환해 주고 싶은 인식이 바로 하나님 바로 알기였던 것입니다. 좀 더 정확히는 하나님과의 관계이고요.

하나님께서 모세를 애굽에 보내시면서 바로에게 이렇게 말하라고 하셨습니다. "너는 바로에게 이르기를 여호와의 말씀에 이스라엘은 내 아들 내 장자라 내가 네게 이르기를 내 아들을 보내 주어 나를 섬기게 하라 하여도 네가 보내 주기를 거절하니 내가 네 아들 네 장자를 죽이리라 하셨다 하라"(출 4:22, 23). 가히 혁명적(?)이지 않습니까? 강력한 바로 밑에서 대대로 노예였으니, 이제는 더 강력한 하나님 아래에서 노예일 뿐인 줄 알았는데, 하나님의 소유된 백성이라니 말입니다. 그게 다가 아닙니다. 이제는 백성을 넘어 더 나아가, 아버지와 아들, 기가 막히게도 아버지와 장남의 관계라고 하셨습니다. 그러니까 이것은, 바로 밑에서 정치적 독립이 주된 목적이 아닌 하나님과의 관계 선언입니다. 말하자면 모세는 바로 앞에서 하나님과 이스라엘의 관계인 부자선언(父子宣言)을 선포하라고 사명을 받은 것입니다.

기도 비밀의 문:아빠

예수님의 기도의 비밀 가운데 가장 우선은 하나님을 '아빠'라고 부르는 사실입니다.[10] 유대인들은 그토록 하나님의 이름을 거룩히 여겨 이름조

---

10   비슬리-머리는, 예수님께서 제자들에게 하나님을 아바('Aββα)라고 부르도록 가르쳤다는 것은 누가

차 부르지도 읽지도 않았습니다. 그래서 하나님의 이름을 읽는 대신 '아도나이'로 바꾸어 읽다 보니 오랜 세월이 흘러 하나님 이름의 발음조차 잊어버렸지만, 예수님은 그 하나님께서 바로 우리의 아빠라는 사실을 제자들에게 상기시켜 주셨습니다.

구약에는 수없이 하나님께서 아버지가 되신다는 이 분명함을 말씀하고 있고, 예수님은 이보다 '아빠'라는 호칭으로 부르도록 말씀하셨습니다. 본래 아빠(abba)와 엄마(imma)는 어린아이들이 주로 사용하는 호칭입니다. 하지만 예수님 시대에 이르러서는 아바(Ἀββᾶ)가 어린아이들의 언어에서 벗어나 보다 폭넓게 사용되었습니다. 아들이나 딸 할 것 없이 이제 청소년들도 아버지를 아바(Ἀββᾶ)로 불렀습니다.[11]

서른 살이 넘은 예수님은 바로 이 아바(Ἀββᾶ)라는 호칭을 하나님의 호칭으로 사용하시고, 또 다 큰 제자들에게도 쓰도록 하십니다. 그래서 요아킴 예레미아스(Joachim Jeremias, 1900-1979)는 "아바(Ἀββᾶ)는 예수의 육성이다"[12]라고 하면서, 또 이렇게 말합니다.

의 판으로부터 명백하다고 말합니다. 그리고 마태의 "우리 아버지"는 하나님의 가족 속에서 아이들의 공동의 발화로 되는, 공동체적 사용을 위한 아바의 역어(譯語)라고 말합니다. G. R. 비슬리-머리, 『예수와 하나님 나라』, 박문재 옮김 (고양: 크리스챤다이제스트, 1998), 263.

    마가복음 14장 36절이 명백하게 보여 주고 있습니다. "καὶ ἔλεγεν , Ἀββᾶ , ὁ Πατήρ , πάντα δυνατά δυνατά σοι ; παρένεγκε τὸ ποτήριον τοῦτο ἀπ' ἐμοῦ." 초기 교회 내에서도 예수님의 가르침을 하나님을 아바(Ἀββᾶ)라고 부르는 것은 당연한 것이었습니다. [롬 8:15] 너희는 다시 무서워하는 종의 영을 받지 아니하였고 양자의 영을 받았으므로 아바 아버지라 부르짖느니라 [갈 4:6] 너희가 아들인 고로 하나님이 그 아들의 영을 우리 마음 가운데 보내사 아바 아버지라 부르게 하셨느니라

    요아킴 예레미아스는 예수님께서 하나님을 "내 아버지"라고 불렀다면, 이것은 아주 특별한 일이라고 말합니다. 예수님이 아람어 형태인 아바(Ἀββᾶ)를 사용하셨다면, 이것은 훨씬 더 그렇다고 말합니다.

    예레미아스는 단호하게 말하길, 유대주의에서 하나님을 Ἀββᾶ라고 부른 예가 단 하나도 없는 반면, 예수님은 그의 기도에서 하나님을 언제나 이렇게 부르셨다는 것입니다. 단 하나의 예외는 십자가상의 외침인데(막 15:34 그 병행구, 마 27:46), 그 이유는 이것이 인용문이라는 데 있습니다. 요아킴 예레미아스, 『신약신학』, 정광욱 옮김 (서울: 엠마오, 1992), 102-105.

11 요아킴 예레미아스, 『신약신학』, 정광욱 옮김 (서울: 엠마오, 1992), 105.

12 위의 책, 106.

예수님은 아바(Ἀββᾶ)를 신성하게 생각하셨다. 제자들에게 "땅에 있는 자들을 아비라 하지 말라 너희 아버지는 하나이시니 곧 하늘에 계신 자시니라"(마 23:9)고 가르치실 때, 육신의 아버지를 '아버지'로 부르지 말라고 금지하실 의도는 분명히 아니었다. 오히려 예수님이 생각하신 것은 저명인사들, 특히 연장자들을 아바(Ἀββᾶ)라고 부르던 그 당시의 관습이었다. …… 예수님은 '아버지'라는 존귀한 이름을 하나님만을 위해 남겨 두기를 원하셨던 것이다. 이 금지는 예수님이 느끼기에 아바(Ἀββᾶ)라는 호칭이 얼마나 존경받아야 하는지를 보여 준다.[13]

예수님은 공생애를 시작하시기 직전에 요단강에서 세례를 받으시고, 성령님께서 비둘기같이 내려오시는 그때, 그제야 깨달으신 것이 아닙니다. 예수님은 이미 12살 때 자신을 찾아서 예루살렘 성전까지 되짚어 온 엄마 마리아에게 이렇게 대답하셨습니다. "내가 내 아버지 집에 있어야 될 줄을 알지 못하셨나이까"(눅 2:49).

또 이런 말씀도 하셨습니다. "어린아이들의 내게 오는 것을 용납하고 금하지 말라"(막 10:14). 이 말씀을 하신 사연은 이렇습니다. 사람들이 예수님께서 자기 어린아이들을 만져 주시기를 바라고 데리고 왔습니다. 제자들은 예수님께서 이런 아이들을 상대할 시간이 없으시다고 '애들은 가라'며 박대했습니다. 그런데 예수님은 군중의 질서를 잡느라 애쓰는 제자들에게 도리어 분을 내십니다. "어린아이들의 내게 오는 것을 용납하고 금하지 말라 하나님의 나라가 이런 자의 것이니라 내가 진실로 너희에게 이르노니 누구든지 하나님의 나라를 어린아이와 같이 받들지 않는 자는 결단코 들어가지 못하리라"(막 10:13-16). 그리고는 그 어린아이들을

---

13 위의 책, 107.

한 명 한 명 안고 안수하시면서 축복해 주십니다. 예수님은 은연중에 하나님과 우리의 관계에서 우리가 이런 어린아이와 같아야 한다는, 즉 어린 자녀와 같다는 사실을 인지시켜 주셨습니다. 마가렛 막달렌(Magdalen Margaret, 1480-1550)이 말했듯이, 예수님께서 제자들에게 가장 알려 주고 싶었던 기도는 하나님과의 관계입니다. 그 관계는 아빠와 자녀이고요.

> 예수님께서 기도에 대해서 그의 제자들에게 제일 먼저 가르치고자 했던 것은 기도란 어떤 관계를 포함한다는 사실이다. 따라서 그는 자신의 기도 생활의 비밀에 싸인 창문을 제자들에게 활짝 열어 보이신 것이다.[14]

관계보다 도리(?)

예수님 당시에도 로마로부터 이스라엘의 독립을 쟁취하기 위한 무리들이 있었습니다. 대표적으로는 열심 당원들이었습니다. 예수님은 이스라엘 나라를 회복하는 것에 관심을 두고 있는 유대인들과는 달리 하나님과의 관계를 선포하셨습니다. 그러나 이스라엘은 스스로 이 부자 관계를 희미하게 만들어 버리고 말았습니다. "하늘에 계신"을 물리적 거리보다 심리적으로 훨씬 더 먼 거리로 고착화시켜 버렸습니다. 바로 그들의 신앙이 다만 종교적이었기 때문입니다. 다른 표현으로 율법적이었다는 말입니다. 이제 그들의 신앙은 하나님과의 관계보다 그저 자신들의 할 도리를 다하고 있느냐의 여부만을 따지는 경향으로 퇴색되었습니다.

그런 바리새인들을 향해 예수님은 말씀하십니다. "화 있을진저 너희

---

14 마가렛 막달렌, 『예수의 기도』, 이석철 옮김 (서울: 요단, 1999), 80.

바리새인이여 너희가 박하와 운향과 모든 채소의 십일조는 드리되 공의와 하나님께 대한 사랑은 버리는도다 그러나 이것도 행하고 저것도 버리지 말아야 할지니라"(눅 11:42). 그리고 예수님은 "사람들이 너희를 출교할 뿐 아니라 때가 이르면 무릇 너희를 죽이는 자가 생각하기를 이것이 하나님을 섬기는 일이라 하리라"(요 16:2)고 하십니다. 이런 까닭이 무엇이냐면 그들이 "아버지와 나를 알지 못함이라"는 것이죠(요 16:3). 아버지와 아들을 알지 못하면, 자신들이 핍박을 하고도 하나님을 잘 섬긴다고 여길 수 있습니다. 바울이 되기 전 사울의 '열심'이 바로 그렇습니다.

종교성이라는 것은 참으로 무서운 것입니다. 사울은 스데반 집사가 돌에 맞아 죽을 때 그것이 마땅하다 여겼습니다(행 8:1). 경악스러운 '인종청소'라는 말이 나오는 까닭도 인간의 욕망이 종교성을 입고 나와 벌이는 폭력일 뿐입니다. 유대인들이 회당에서 드리던 카디쉬(Kaddish) 기도는 이렇습니다.

> 그분의 위대한 이름이 높여지고 거룩히 여겨지이다
> 그분이 그분의 뜻에 따라 지으신 나라 안에서,
> 그분이 자신의 나라 또는 다스리심이 다스리게 하시길
> 너희들의 생애에 그리고 너희들의 날들에 그리고
> 이스라엘 집안 전체의 생애에, 신속히 그리고 조만간.
> 그분의 위대한 이름이 영원부터 영원까지 찬양되소서
> 이에 대해 말하라. 아멘.[15]

그리고 유대의 회당 예배 마지막에 사용된 송영(doxology)을 보세요.

그분의 뜻을 따라 만드신 세상 속에서

---

15 김세윤, 『주기도문 강해』 (서울: 두란노, 2000), 20.

그분의 크신 이름이 찬양을 받으시며 거룩히 여김을 받으소서

당신의 생애와 당신의 날들과 이스라엘의 모든 집의 생애 내에

속히 그리고 빠른 시일에

그분의 나라가 이루어지기를[16]

혹시 눈치채셨습니까? 유대인들은 하나님을 3인칭 '그분'이라고 부릅니다. 2인칭도 아니고 3인칭으로 말입니다. 또 하나, 하나님을 3인칭으로 지칭한다면 하나님은 여기 계십니까, 안 계십니까? 안 계십니다. 유대인들의 사고방식이 그런 정점에 있을 때 예수님께서 등판하셔서 하나님을 아빠라 부르신 것입니다. 마태복음은 예수님께서 얼마나 이 부분에 집중하셨는지를 알려 줍니다. 특히 산상수훈이라 불리는 마태복음 5-7장에서 집중적으로 "하늘에 계신 너희 아버지"라고 귀에 못이 박히도록 반복해서 들려 주십니다.

한 번은 예수님께서 수전절 솔로몬 행각에서 "나와 아버지는 하나이니라"(요 10:30)고 말씀하시자 유대인들이 난리가 났습니다. 심지어 돌로 치려고까지 했습니다(요 10:33).[17] 굉장히 격분한 유대인들과 달리 예수님은 의아스럽다는 반응이셨습니다. "너희 율법에 기록된 바 내가 너희를 신이라 하였노라 하지 아니하였느냐 성경은 폐하지 못하나니 하나님의 말씀을 받은 사람들을 신이라 하셨거든 하물며 아버지께서 거룩하게 하사 세상에 보내신 자가 나는 하나님의 아들이라 하는 것으로 너희가 어찌 신성모독이라 하느냐"(요10:34-36).

16　G. R. 비슬리-머리, 『예수와 하나님 나라』, 박문재 옮김 (고양: 크리스챤다이제스트, 1998), 261.

17　[요 10:33] 선한 일로 말미암아 우리가 너를 돌로 치려는 것이 아니라 신성모독으로 인함이니 네가 사람이 되어 자칭 하나님이라 함이로라

예수님은 하나님과 자기 자신의 관계 누림을 우리에게도 누리게 하고 싶으셨습니다. 예수님은 그 많은 하나님의 이름의 별칭들과 형용사들을 제쳐 두고 단 하나를 택하셨는데, 바로 '아빠'. 하나님의 그 놀라운 이름들을 다 이기고(?)도 남는 이름, '아빠'입니다. 여호와 하나님을 부르는 세상에 있는 말을 다 지우니(?) 하나 남습니다. '아빠'.

피터 엔스 교수(Peter Enns, 1961~)는 자신이 하버드대 신학 박사 과정 신입생 때, 복사실에서 만난 석사 과정의 한 여학생과의 이야기를 들려 줍니다. 좁은 복사실에 복사기 두 대와 두 사람, 피터 엔스는 어색함을 깨기 위해 열심히 복사하고 있는 여학생에게 말을 건넵니다. "안녕, 난 피터라고 해. 넌 무슨 연구를 하고 있니?" 그녀의 시뻘건 눈은 곁눈질하며 피터 엔스에게 대답했습니다. "하나님을… 아버지라 생각하면… 안 되는… 이유에… 대해… 논문을… 쓰고… 있어요."[18] 어찌 그녀만이 '하나님을 아버지라 생각하면 안 되는 이유'에 대해 석사 논문을 쓰고 있겠습니까. 어제와 오늘 수많은 사람들이 삶 속에서 몸으로 쓰고 있을지도 모를 일입니다.

'오래 달리기'는 다리로 뛰기 때문에 다리가 중요합니다. 하지만 다리뿐만 아니라 심폐 기능이 아주 중요합니다. 단거리도 그렇지만 오래 달리기는 더더욱 강한 지구력을 필요로 합니다. 많은 사람들이 달립니다. 지금까지 달립니다. 하나님을 등지고 계속해서 달립니다. 하나님으로부터 멀어질 수 있는 만큼 멀어지기 위해 달립니다. 살면서 그토록 오래 달린 적이 있었던가 싶을 정도로 달리고 달리기를 거듭합니다. 허나 하나님

---

18 피터 엔즈, 『확신의 죄』, 이지혜 옮김 (서울: 비아토르, 2018), 190-191.

을 등지고 달리다 보면 어느새 하나님 앞에 도달한 나를 보게 됩니다. 마치 출발할 때 결승선이 원래부터 하나님인 것처럼 말입니다. 왜요? 지구는 둥글기 때문입니다. '지구는 둥그니까 자꾸 걸어 나가면'. 바로 '둥근 은혜'입니다. 은혜는 모나지 않고 둥급니다. 뛰어 봤자 (벼룩이 아니라) 은혜 안에 거할 뿐입니다. 그러니 은혜는 은혜로 마칠 수밖에 없습니다. 인생의 강력한 지구력보다 더 강력한 지구력이 바로 하나님의 은혜입니다. 결국 은혜가 승리하고야 맙니다. 얼마만큼 달리셨습니까? 이제 저 앞에 하나님이 어렴풋하게 보이지 않으십니까?

하나님이 아빠시면 당연히 우리는 누구입니까? "영접하는 자 곧 그 이름을 믿는 자들에게는 하나님의 자녀가 되는 권세를 주셨으니"(요 1:12). 예수님은 또한 우리가 무슨 자격과 어떤 신분으로 하나님께 기도하는가를 알려 주십니다. 하나님의 자녀인 줄을 아는 것과 모르는 것은 천양지차(天壤之差)로도 부족합니다. 장 칼뱅(Jean Calvin, 1509–1564)은 하나님을 아버지라 부를 때, 이미 그리스도의 이름으로 말하고 있는 것이라고 말합니다.

하나님을 우리 아버지라 부름으로써 이때 우리는 벌써 그리스도의 이름으로 말하고 있는 것이 확실하다. 이 세상에서 하나님 앞에 나아가 그분의 면전에 설 수 있는 자격을 가진 사람은 단 한 사람도 없다. 좋으신 하나님 아버지께서는 우리가 당연히 받아 마땅한 이러한 속수무책의 상태로부터 우리를 구해내시기 위해 당신의 아들 예수를 중재자요 변호인으로 우리에게 주셨다. 예수님의 인도하심을 통해 우리는 담대히 하나님께 나아갈 수 있게 되었다. 이 중재자의 이름으로 구하는 그 어떤 것도 거부되지 않으리라는 확신을 가질 수 있게 되었다.[19]

19 장 칼뱅, 『칼뱅의 요리문답』, 한인수 옮김 (전주: 경건, 1995), 75-76.

예수님은 왜 이토록 하나님과의 관계를 부자 관계로 표현하셨을까요? 예수님께서 말씀하십니다. "너희 중에 누가 아들이 떡을 달라 하는데 돌을 주며 생선을 달라 하는데 뱀을 줄 사람이 있겠느냐 너희가 악한 자라도 좋은 것으로 자식에게 줄 줄 알거든 하물며 하늘에 계신 너희 아버지께서 구하는 자에게 좋은 것으로 주시지 않겠느냐"(마 7:9-11). 바로 이것입니다. "악한 이라도 자식을 사랑한다. 좋은 것으로 주려 한다. 자식을 포기하는 부모는 없다." 예수님은 구약 성경의 이 말씀을 본문으로 설교해 주셨습니다. "여인이 어찌 그 젖 먹는 자식을 잊겠으며 자기 태에서 난 아들을 긍휼히 여기지 않겠느냐 그들은 혹시 잊을지라도 나는 너를 잊지 아니할 것이라 내가 너를 내 손바닥에 새겼고"(사 49:15-16a).

하나님께서 문신까지 하셨다(?). 보통 손바닥에는 문신 안 하는 법인데 말입니다. 혹시 펜은 있고 종이가 없어서 중요한 정보를 손바닥에 써 본 적이 있으십니까? 예전에는 공중전화 박스 안에서 상대방이 불러 주는 전화번호나 간단한 정보를 손바닥에 쓰기도 했습니다. 대개 잊으면 안 되는 걸 손바닥에 급히 썼습니다. 하나님께서 기억하지 못하신다는 것은 상상할 수도 없습니다. 그만큼 하나님께서 자녀인 우리를 잊지 않으시고, 우리를 잊을래야 잊을 수 없음을 우리로 알아듣기 원하셨던 것입니다.

다윗은 알았습니다. "내 부모는 나를 버렸으나 여호와는 나를 영접하시리이다"(시 27:10). 하나님은 그런 분입니다. 자식에게 좋은 것을 줄줄 아는 아빠. 아빠가 아빠 노릇을 하심입니다. 자식을 잊지도 포기하지도 않는 아빠이십니다. 흔히 탕자의 비유라고 불리는 누가복음 15장의 비유에서 기다리는 아버지의 그림을 지워서는 안 됩니다. 돌아온 탕자에게 묻지도 따지지도 창피해 하지도 않으시는 아버지. 이보다 더 좋을 수는 없습니다.

이사야 57장 15절 말씀을 보시면, 하나님의 지존무상(至尊無上)함과 다정다감(多情多感)함의 어우러짐에 그저 놀라울 따름입니다. "지극히 존귀하며 영원히 거하시며 거룩하다 이름하는 이가 이와 같이 말씀하시되 내가 높고 거룩한 곳에 있으며 또한 통회하고 마음이 겸손한 자와 함께 있나니 이는 겸손한 자의 영을 소생시키며 통회하는 자의 마음을 소생시키려 함이라"(사 57:15). 고려 후기 문신인 이조년의 시조 '다정가(多情歌)'를 아십니까?

> 이화(梨花)에 월백(月白)하고 은한(銀漢)이 삼경(三更)인 제
> 일지춘심(一枝春心)을 자규(子規)야 알냐마는
> 다정(多情)도 병(病)인 양하여 잠 못 들어 하노라.

지존무상하신 하나님께 만약 병이 있다고 말할 수 있다면, 그 병은 '다정도 병인 양하여'가 아닐까 싶습니다. 하나님은 무시무시한 공포의 대상이시거나 계속 달래고 만족시켜야 하는 분이 아닙니다. 도리어 오래 참으시고 인내심이 광활한 분이신 사랑꾼 아빠이십니다. 그렇기에 요한 사도는 "하나님은 사랑이시라"(요일 4:16)라고 말합니다. 아더 핑크(Arthur W. Pink, 1886-1952)도 구약의 성도들이 고난의 때에 하나님과 무슨 관계로써 호소하고 있었는지 말합니다.

> 구약의 성도들이 고난의 때에 어떻게 이 관계를 하나님께 탄원하였는지를 보는 것은 복된 일이다. 그들은 "주께서 강림하사 우리가 생각하지 못한 두려운 일을 행하시던 그 때에 산들이 주 앞에서 진동하였사오니"라고 말씀드리고 "무릇 우리는 다 부정한 자 같아서 우리의 의는 다 더러운 옷 같"다고 자백한다. 또한 그

들은 "주께서 우리에게 얼굴을 숨기시며 우리의 죄악으로 말미암아 우리가 소멸되게 하셨음이니이다"고 자인한 후에 "그러나 여호와여, 이제 주는 우리 아버지시니이다"라고 호소한다(사 64:3-8). "우리가 비록 아버지께 불충실하고 배은망덕하게 행동하였을지라도 그러나 우리는 당신의 사랑하는 자녀이옵니다. 비록 아버지께서 우리에게 쓰라린 벌을 내리신다 해도 당신은 여전히 우리의 아버지시옵니다. 그러므로 이제 우리는 아버지께 회개하며 돌아서서 온 마음을 다하여 기도를 드립니다. 과연 당신은 위험에서 우리를 구원하시는 분이시니, 아버지가 아니시면 우리가 누구를 찾겠나이까!" – 바로 이것이 믿음의 말인 것이다.[20]

사실 세상을 바꾸는 혁명(?)은 총·칼과 돈이 아니라, 바로 하나님을 '아빠'라 부르게 하신 일입니다. '우리 아빠야!' 아이의 이 한 마디가 얼마나 강력합니까. 아빠 있음의 자랑과 자부심 말입니다. 강아지도 주인이 옆에 있으면 덩치 큰 셰퍼드를 몇 미터 앞에다 두고도 카랑카랑 짖어댑니다. 대적 원수 마귀 앞에서 하나님은 우리 아빠입니다. 다윗은 노래합니다. "주께서는, 내 원수들이 보는 앞에서 내게 상을 차려 주시고, 내 머리에 기름 부으시어 나를 귀한 손님으로 맞아 주시니 내 잔이 넘칩니다."(시 23:5, 표준새번역)

자수성가 vs 신수성가

아빠를 잃어버린 세상은 '미아'입니다. 아빠가 없는 세상은 '고아'입니다. 아빠가 '존재'한다는 사실은 그것도 '살아 계신다'는 사실은 자녀에

---

20 아더 핑크, 『산상수훈 강해』, 지상우 옮김 (고양: 크리스챤다이제스트, 2018), 211.

게 힘이요 능력입니다. 정서적이면서 심리적인 안정감입니다. 예수님은 "내가 너희를 고아와 같이 버려두지 아니하고 너희에게로 돌아오리라"(요 14:18)고 말씀하셨습니다. 그리고 또 다른 보혜사, 성령 하나님을 보내 주셨습니다.

하나님의 자녀 된 우리는 집을 잃고, 길을 잃고, 부모를 잃어버린 미아도 아니요, 고아도 아닙니다. 하지만 세상은 아빠 없이 자기 스스로 우연히 행운에 의해 존재하게 되었다고 비약적인 논리를 폅니다. 즉 세상은 스스로를 가리켜 '자수성가형(自手成家形)'이지 '신수성가형(神手成家形)'은 아니라고 말하는 것입니다. 리처드 도킨스(Richard Dawkins, 1941~)는 자신의 책 《만들어진 신》(*The God Delusion*)에서 이렇게 말합니다.

> 인본 원리는 생물들의 잡다하고 세세한 사항들을 제대로 설명하지 못한다. 지구 생명의 다양성과 설계라는 설득력 있는 환각을 설명하려면 다윈의 이론이 진정으로 필요하다. 반대로 생명의 기원은 그 이론이 닿지 않는 곳에 놓여 있다. 자연 선택은 생명의 기원이 없이는 진행될 수 없기 때문이다. 바로 이 부분에서 인본 원리가 끼어든다. 우리는 행성의 수를 볼 때 가능성이 엄청나게 많다고 가정함으로써 생명의 기원이라는 독특한 문제를 다룰 수 있다. 일단 행운이 한 번 주어지면 자연 선택이 나머지 일을 떠맡는다(행운을 우리에게 주는 것은 인본 원리이다). 그리고 자연 선택은 결코 행운과의 관계가 없다.[21]

도킨스의 말대로 인본 원리가 개입해 행운이 한 번 주어지면, 그 행운은 어떻게 일어난다는 말인가? 그 한 번이 불가능하다는 것을 정말 몰라서 하는 주장인가? 그도 알고 있음이 분명합니다.

---

21 리처드 도킨스, 『만들어진 신』, 이한음 옮김 (서울: 김영사, 2009), 218.

다윈의 진화는 생명이 출현하기만 하면 신나게 진행된다. 그런데 생명은 어떻게 시작되었을까? 생명의 기원은 화학적 사건 또는 그 사건들의 연쇄였고, 그 결과 자연 선택의 핵심 조건들이 처음으로 출현했다. 주요 구성 요소는 유전이었다. DNA든 DNA처럼 복제되나 정확성은 떨어지는 유사 분자인 RNA든 말이다. 일단 핵심 구성 요소(일종의 유전분자)가 자리를 잡으면 진정한 다윈의 자연 선택이 뒤따를 수 있고, 복잡한 생명이 최종 결과물로서 출현한다. 하지만 최초의 유전 분자가 우연히 자연적으로 발생한다는 것은 개연성이 없어 보인다. 아마도 그것은 아주 있을 법하지 않은 일일 것이며······.[22]

도킨스도 생명이 자연 발생하지 않는다는 것을 너무 잘 알고 있기에, 그 간극을 뛰어넘는 '인본 원리'를 끼워 넣고 있습니다. 인본 원리가 행운을 제공하는 것입니다. 물론 전혀 과학적이지 않습니다. 그는 자신이 가진 하나의 신념 때문에 이런 무리수를 두고 있습니다. 바로 하나님이 없다는 주장을 하기 위해 이런 일련의 주장들을 쏟아 놓고 있는 것입니다. 분자 생물학 박사이자 신학 박사인 알리스터 맥그라스(Alister E. McGrath, 1953~)는 이렇게 말합니다.

과학은 우리가 세계를 이해하기 위해 가지고 있는 신뢰할 만한 유일한 도구다. 그것은 한계가 없다. 우리는 어떤 것을 지금은 모를 수 있지만, 미래에는 알게 될 것이다. 단지 시간의 문제일 뿐이다. 도킨스의 저서들 전반에 걸쳐 발견되는 이러한 견해는 자연 과학들의 보편적인 영역과 개념적 우아함에 관하여 강력한 변호를 제시하는 《만들어진 신》에서 더욱 강조되었다. 이런 견해는 도킨스만 특별히 가지고 있는 것은 아니다. ······ 논점은 간단하다. 하나님이 숨을 수 있

---

22 리처드 도킨스, 『만들어진 신』, 이한음 옮김 (서울: 김영사, 2009), 213-214.

는 '틈새들'은 없다. 과학은 사람들이 왜 여전히 신과 같은 우스꽝스러운 개념을 믿는지와 같은 것도 포함하여 모든 것을 설명할 것이다. 그러나 이것은 과학 공동체의 대표적 입장으로도, 혹은 그 공동체가 그것을 어떻게 판단하는지와 상관없이 자명하게 옳은 입장으로서도 계속 유지될 수 있는 접근법이 전혀 아니다.[23]

유전학자 프랜시스 콜린스(Francis S. Collins, 1950~)는 《신의 언어》라는 책에서 과학자들을 향한 간곡한 부탁을 하고 있습니다.

과학이라는 도구가 중요한 질문에 충분히 답을 주지 못한다는 견해를 받아들이기가 영 불편한가? 현실을 실험으로 평가하는 데 일생을 바친 과학자들이 특히 이러한 불편함을 느낀다. 이들의 관점에서 보면, 과학이 모든 질문에 답할 수 없다는 사실을 인정할 경우 지적 자존심에 큰 타격이 될 수 있다. 그러나 우리는 그 타격을 인정하고, 내면화하고, 그것에서 교훈을 얻어야 한다.

하나님이 내 삶의 계획과 활동에 새로운 자리를 요구할 것 같은 느낌에, 영성에 관한 토론이 마냥 불편하기만 한가? 나도 '적극적 묵인'의 시기를 보낼 때는 그런 반응을 보였지만, 지금은 하나님의 사랑과 은총을 깨닫는다면 삶에 제약이 아니라 큰 힘이 되리라고 감히 장담할 수 있다. 하나님은 구속이 아닌 해방에 관여한다.[24]

23 알리스터 맥그라스·조애나 맥그라스, 『도킨스의 망상』, 전성민 옮김 (파주: 살림, 2008), 58-59.
24 프랜시스 S. 콜린스, 『신의 언어』, 이창신 옮김 (서울: 김영사, 2015), 232-233.

〈하나님 아버지〉라는 찬양이 있습니다. 가사가 참 마음에 와 닿습니다.

> 하나님 제겐 참 두려운 게 많습니다.
> 잘 모르는 것도 너무 많습니다.
> 부끄러운 일은 헤아릴 수도 없고
> 지치고 힘든 때에도 그때도
> 의연한 척 해야 할 때도 있습니다.
> 그래도 하나님 아버지
> 하나님을 아버지라 부를 수 있어서
> 난 참 좋습니다.
> 오 나의 하나님 아버지 하나님을
> 아버지라 부를 수 있어서
> 난 참 다행입니다.
> 오 나의 하나님 아버지
> 하나님을 아버지라 부를 수 있어서
> 난 참 좋습니다.

칼뱅의 기도에 "아버지, 당신은 자녀들에 대해서 풍성하고 위대한 애정을 품으셨고, 언제든지 그들을 용서하시고자 하십니다. 이러한 아버지를 가질 가치가 없는 저희들이지만, 당신께서는 우리를 향해 아버지로서의 애정만을 품으신 것을 확신하며 아무것도 의심하지 않으시기에, 당신의 자식들인 저희는 당신을 부르며 기도를 드리나이다."[25]

그러므로 자녀 된 우리는 그 안정감으로 세상을 살아 내야 합니다. 사람들에게 보이는 것은 하나님이 아니라 하나님의 자녀인 '우리'이기 때문입니다. 사도행전 2장 46-47절에 초대 교회에서 '우리'의 모습을 이렇게 증언합니다. "날마다 마음을 같이하여 성전에 모이기를 힘쓰고 집에서 떡을 떼며 기쁨과 순전한 마음으로 음식을 먹고 하나님을 찬미하며 또 온 백성에게 칭송을 받으니 주께서 구원 받는 사람을 날마다 더하게 하시니라".

베드로 사도는 말합니다. "아내 여러분, 이와 같이 여러분도 남편에게 순종하십시오. 그렇게 하면 비록 말씀에 순종하지 않는 남편이라 할지라도 아내의 말없이 행하는 행실을 통하여 구원을 얻게 될 것입니다. 그들은 여러분의 경건하고 순결한 행실을 지켜보고 있습니다."(벧전 3:1, 2 표준새번역) 꼭 아내로만 국한할 이유는 없습니다. 하나님은 영이십니다 (요 4:24; 고후 3:17).[26] 그러므로 하나님의 자녀인 우리가 하나님의 자녀답게 살아야 하나님을 보여 주지 않겠습니까. 그래서 예수님은 말씀하십니다. "하물며 하늘에 계신 너희 아버지께서 구하는 자에게 좋은 것으로 주시지 않겠느냐" 하시고, 이어서 "그러므로 무엇이든지 남에게 대접을 받고자 하는 대로 너희도 남을 대접하라 이것이 율법이요 선지자니라"(마 7:11, 12).

빌립이 예수님에게 아버지를 보여 달라고 하자, 예수님은 이렇게 말씀하시죠. "나를 본 자는 아버지를 보았거늘 어찌하여 아버지를 보이라 하느냐"(요 14:9). 교회 안팎으로 빌립과 같이 말하는 사람들은 여전히 있습

---

25 존 칼빈, 『기독교 강요(中)』, 김종흡 외 옮김 (서울: 생명의 말씀사, 2001), 473.
26 [요 4:24] 하나님은 영이시니 예배하는 자가 영과 진리로 예배할지니라
  [고후 3:17] 주는 영이시니 주의 영이 계신 곳에는 자유가 있느니라

니다. '하나님을 보여 달라' 그때 우리가 예수님과 같은 대답을 해야 하지 않겠습니까? 하지만 그 대답을 하려면 먼저 우리의 삶이 하나님의 인격과 성품을 나타내는 삶을 보여 줄 수 있어야 할 것입니다.

예수님은 "나는 내 아버지의 이름으로 왔다"(요 5:43)라고 말씀하십니다. 즉 예수님은 하나님의 인격과 성품으로 오셔서 아버지의 이름을 영화롭게 하신다는 사실입니다. 주님은 아버지의 방법대로 성취될 때에 아버지를 영광스럽게 한다는 것을 잘 아셨습니다. 그러므로 "아버지께서 내게 하라고 주신 일을 내가 이루어 아버지를 이 세상에서 영화롭게 하였사오니"(요 17:4)라고 기도하실 수 있으며, "죽기까지 복종"(빌 2:8)하셨고, 십자가에서 "다 이루었다"고 선언하실 수 있는 것입니다(요 19:30).

요한 사도는 "어느 때나 하나님을 본 사람이 없으되 만일 우리가 서로 사랑하면 하나님이 우리 안에 거하시고 그의 사랑이 우리 안에 온전히 이루어지느니라"(요일 4:12)고 말했습니다. 그러면 '우리'가 하나님의 아바타란 말인가요? 아닙니다. 아바타가 아니라 자녀입니다. 하나님의 형상으로 지음받은 하나님의 자녀입니다. 그러므로 예수님은 그 독특한 "나는 너희에게 이르노니" 화법의 절정에서 이렇게 말씀하십니다.

"또 눈은 눈으로, 이는 이로 갚으라 하였다는 것을 너희가 들었으나 나는 너희에게 이르노니 악한 자를 대적하지 말라 누구든지 네 오른편 뺨을 치거든 왼편도 돌려 대며 또 너를 고발하여 속옷을 가지고자 하는 자에게 겉옷까지도 가지게 하며 또 누구든지 너로 억지로 오 리를 가게 하거든 그 사람과 십 리를 동행하고 네게 구하는 자에게 주며 네게 꾸고자 하는 자에게 거절하지 말라 또 네 이웃을 사랑하고 네 원수를 미워하라 하였다는 것을 너희가 들었으나 나는 너희에게 이르노니 너희 원수를 사랑하며 너희를 박해하는 자를 위하여 기도하라 이같이 한즉 하늘에 계신 너희 아버지의 아들이 되리니 이는 하나님이 그 해를 악인과 선인에게 비추시며 비를 의로운 자와 불의한 자에게 내려주심이라 너희가 너희를 사랑하는 자를 사랑하면 무슨 상이 있으리요 세리도 이같이 아니하느냐 너희가 너희 형제에게만 문안하면 남보다 더하는 것이 무엇이냐 이방인들도 이같이 아니하느냐 그러므로 하늘에 계신 너희 아버지의 온전하심과 같이 너희도 온전하라"(마 5:38-48)

예수님의 이 산상수훈 말씀의 성경 본문은 레위기 19장입니다. 중심 구절은 18절. "원수를 갚지 말며 동포를 원망하지 말며 네 이웃 사랑하기를 네 자신과 같이 사랑하라 나는 여호와이니라". 그리고 레위기 19장에서 하나님의 독특한 화법은 "나는 여호와니라"입니다. 그런데 이걸 누구에게 살아 내라고 하십니까? 바로 하나님의 자녀인 이스라엘에게, 그리고 새 이스라엘인 우리를 향해 말씀하시는 것입니다. 이 살아냄이 공감, 동일시 없이 얼마나 지속적일 수 있겠습니까? 동병상련(同病相憐)을 넘어, 진정성이 있을까요?

프랑스 왕 루이 16세의 왕비 마리 앙투아네트(Marie Antoinette, 1755~1793)의 일화가 있습니다. 어느 날 파리 시민들이 잔뜩 화가 나서 시위를 하자 앙투아네트가 그 연유를 시종에게 물었습니다. 시종이 "시민들이 먹을 빵이 없어서 그렇습니다."라고 대답하자, 앙투아네트가 "그러면 빵 대신 케이크를 먹으면 되지 않는가?"라고 반문했다고 합니다. 앙투아네트가 정말 그 말을 했는지는 알 수 없지만, 분명한 것은 앙투아네트의 삶은 날 때부터 죽을 때까지 풍요로웠기에 시민들의 일용할 양식에 대해 잘 공감하지는 못했을 것입니다. 그럼 하나님의 자녀가 할 일이 무엇이겠습니까? 마리 앙투아네트와 같은 삶은 아니겠지요?

야고보 사도는 말씀합니다. "만일 형제나 자매가 헐벗고 일용할 양식이 없는데 너희 중에 누구든지 그에게 이르되 평안히 가라, 덥게 하라, 배부르게 하라 하며 그 몸에 쓸 것을 주지 아니하면 무슨 유익이 있으리요 이와 같이 행함이 없는 믿음은 그 자체가 죽은 것이라"(약 2:15-17).

선물이 되기

라이너 마리아 릴케(Rainer Maria Rilke, 1875-1926)는 《젊은 시인에게 보내는 편지》에서 이렇게 말합니다.

> 너를 위로하려는 내가 시름도 없이 살면서 가끔씩 쉽고 조용한 말로 네게 도움을 준다고는 믿지 말라. 내 삶에는 어려움과 슬픔이 많고 네 삶보다 훨씬 뒤쳐져 있다. 그렇지 않다면 나는 절대 이런 말을 찾을 수 없었을 것이다[27]

릴케는 어려움과 슬픔 그리고 자신의 못남에서 '이런 말'을 찾았습니다. 시인의 시어는 고통과 못남을 마주 대함에서 길어 올려진 것입니다. 윤동주 시인(1917-1945)은 〈쉽게 씌어진 시(詩)〉에서 이런 고백을 합니다.

창밖에 밤비가 속살거려
육첩방(六疊房)은 남의 나라
시인이란 슬픈 천명(天命)인 줄 알면서도
한 줄 시를 적어 볼까
땀내와 사랑내 포근히 품긴
보내 주신 학비 봉투를 받아

---

27 브레넌 매닝, 『아바의 자녀』, 윤종석 옮김 (서울: 복있는 사람, 2012), 37.

대학 노-트를 끼고

늙은 교수의 강의 들으러 간다.

생각해 보면 어린 때 동무를

하나, 둘, 죄다 잃어버리고

나는 무얼 바라

나는 다만, 홀로 침전(沈殿)하는 것일까?

인생은 살기 어렵다는데

시가 이렇게 쉽게 씌어지는 것은

부끄러운 일이다.

육첩방은 남의 나라

창 밖에 밤비가 속살거리는데,

등불을 밝혀 어둠을 조금 내몰고,

시대처럼 올 아침을 기다리는 최후의 나,

나는 나에게 적은 손을 내밀어

눈물과 위안으로 잡는 최초의 악수.[28]

　"인생은 살기 어렵다는데 시가 이렇게 쉽게 씌어지는 것은 부끄러운 일이다." 그렇습니다. 어쩌면 우리는 너무 쉽게, 아니 이상적으로 생각하고 있는지도 모릅니다. 〈쉽게 씌어진 시〉에서 조금 더 주목해서 보고 싶은 부분은 마지막 연입니다. "나는 나에게 적은 손을 내밀어 눈물과 위안으로 잡는 최초의 악수." 이는 자기기만이나 타협이 아닙니다. 윤동주 시인은 이런 자신이 자기가 아니라고 부정하거나 회피하거나 기만하지도 않습니다. 그게 자기임을 인정하고 받아들임입니다. 이러한 자신의 못남

28　윤동주, 『하늘과 바람과 별과 시』 (서울: 미래사, 1997), 110-111.

까지도 인정하고 받아들이기에 "인생은 살기 어렵다는데 시가 이렇게 쉽게 씌어지는 것은 부끄러운 일이다."라는 자기 고백이 단지 말이 아닐 수 있는 것입니다.

조르주 베르나노스(1888–1948)의 《어느 시골 신부의 일기》에서 그는 신부 서품을 받은 이후 고뇌의 날들을 보낸 후에 이렇게 쓰고 있습니다. "이제 다 끝났다. 나 자신의 존재에 대해 품어왔던 이상한 의혹이 내가 믿기로는 영원히 걷혔다. 갈등이 사라졌다. 나는 나 자신과, 나 자신의 한 없이 초라한 내면과 화해했다. 인간은 얼마나 자신을 미워하기 쉬운가!……"[29]

바울은 이렇게 고백합니다. "그러므로 도리어 크게 기뻐함으로 나의 여러 약한 것들에 대하여 자랑하리니 이는 그리스도의 능력이 내게 머물게 하려 함이라"(고후 12:9) 바울은 육체의 가시로 인해 하나님께 세 번 간구합니다. 하나님의 응답은 거절(?)입니다(고후 12:9).[30] 하나님의 일은 모양새가 좋고 폼 날 때가 아니라 도리어 시궁창에서 박박 길 때, 바로 그 때 그리스도의 능력이 머무릅니다. 이 비밀이 크도다!

조지 매더슨(George Matheson, 1842~1906)은 "고난 가운데서만 배울 수 있는 노래들이 있다. 어떤 예술적 기교도 그것을 가르칠 수 없고, 어떤 발성법도 그것이 완벽해지도록 도울 수 없다. 그 음악은 마음속에 있는 회상의 노래이자 개인이 겪은 일에 대한 노래이다. 아버지께서는 천사들이 노래하지 못하는 부분을 맡기시기 위해 당신을 단련하신다. 그 훈련 규정은 '슬픔'이다. …… 우리를 보이지 않는 찬양대에 넣으시기 위해, 슬픔을 통해 시험하시고 가르치시고 단련하시는 것이다."라고 말했습니다.

---

29 브레넌 매닝, 『아바의 자녀』, 윤종석 옮김 (서울: 복있는 사람, 2012), 38.
30 [고후 12:9] 내 은혜가 네게 족하도다 이는 내 능력이 약한 데서 온전하여짐이라

또, 찰스 스펄전(Charles H. Spurgeon, 1834~1892)은 "인생의 암담한 시기를 돌아보며 나는 기꺼이, 내 주님의 일터에 있는 그 어떤 것들보다 불과 망치와 줄에 큰 신세를 지고 있음을 분명히 말할 수 있다. 나는 가끔, 회초리를 안 맞았다면 도대체 하나라도 배운 게 있을까 질문해 보곤 한다. 교실이 어두워질 때 나는 가장 많이 본다."라고 말했습니다.

예수님께서 만약 채찍에 맞으시지 않고, 모욕당하시지 않고, 옷도 벗겨지시지 않고, 십자가에 피 흘려 죽지 않으셨다면, '하나님의 아들이 알긴 뭘 알아!'라고 하는 이런 냉소와 냉대를 받는 것이 당연할 수 있습니다. 아예 그리스도가 아닐 것입니다. 그리스도는 고난 받는 종입니다. 이사야 53장은 우리에게 잘 보여 주고 있습니다. "그는 멸시를 받아 사람들에게 버림 받았으며 간고를 많이 겪었으며 질고를 아는 자라 마치 사람들이 그에게서 얼굴을 가리는 것 같이 멸시를 당하였고 우리도 그를 귀히 여기지 아니하였도다"(사 53:3).

베드로 사도는 그의 유명한 설교, 유대인 3천 명이 주께로 돌아온 그 설교의 대미를 이렇게 선포합니다. "그런즉 이스라엘 온 집은 확실히 알지니 너희가 십자가에 못 박은 이 예수를 하나님이 주와 그리스도가 되게 하셨느니라"(행 2:36). 그리고 히브리서가 밝히듯이 "우리에게 있는 대제사장은 우리의 연약함을 동정하지 못하실 이가 아니요 모든 일에 우리와 똑같이 시험을 받으신 이로되 죄는 없으시니라"(히 4:15). "그러므로 우리는 … 은혜의 보좌 앞에 담대히 나아갈 것이니라"(히 4:16).

이 큰 비밀을 안고 사는 하나님의 자녀가 할 일이 무엇이겠습니까? 우리가 부르는 찬송 가운데 이런 가사(3절)가 있습니다. "이 세상에 죄악 된 일이 많고 참 죽을 일 쌓였구나." (제목: 이 세상에 근심된 일이 많고) 아! 정말 이 찬송을 어찌 깊은 탄식 없이 길어 올릴 수 있단 말입니까? 그럴 수는 없습니다.

성동혁 시인은 시 〈리시안셔스〉에서 "나는 이 꽃을 선물하기 위해 살고 있다"고 썼습니다. 이 구절이 자꾸 맘에 와 걸립니다. 시인은 시 〈6〉에서 "그녀가 현관 밖에 사 일 동안 서 있고 나는 현관 안에서 죽었다 (이 아이가 죽은 것이 아니라 잔다 하시니 왜 맨날 나만 잔다하시니) 살았다 어제 …… 여섯 번째 일들이 오고 있다"[31]고 합니다. 성동혁 시인은 큰 수술을 여러 차례 받으면서 자신의 존재 이유를 끊임없이 모색했습니다. 그리고 그는 자신의 시를 통해 드러납니다. "나는 이 꽃을 선물하기 위해 살고 있다." 왜 6번 태어나야 하는가? 왜 내 몸을 열고 닫고 해야 하는가?

> 나는 이 꽃을 선물하기 위해 살고 있다
> 내가 나중에 아주 희미해진다면
> 내가 나중에 아주 희미해진다면
> 화병에 단 한 번 꽃을 꽂아 둘 수 있다면[32]

당신에게 '선물'이 되기 위해서 과한 시 읽기일까요? 리시안셔스(꽃도라지)의 꽃말이 '변치 않는 사랑'입니다. 변치 않는 사랑을 선물하기 위해 시인은 그렇게 6번을 태어나야 했나 봅니다. 한 송이 국화꽃을 피우기 위해 봄부터 소쩍새가 그렇게 울었던 것처럼, 그토록 성도의 고생과 인내의 날들이 짙었었는가 봅니다. 찬송 "이 세상에 근심된 일이 많고"의 3절 가사 전체는 이렇게 됩니다.

---

31 성동혁, 『6』 (서울: 민음사, 2018), 20-21.
32 위의 책, 75.

이 세상에 죄악 된 일이 많고 참 죽을 일 쌓였구나

내 주 예수 날 건져 주시오니 곧 평안히 쉬리로다

주 예수의 구원의 은혜로다 참 기쁘고 즐겁구나

그 은혜를 영원히 누리겠네 곧 평안히 쉬리로다(3절)

우리 "아빠", 그 아버지 안에 담긴 성품의 모두를 아우르는 말은 '사랑'입니다. 요한복음은 "하나님이 세상을 이처럼 사랑하사 독생자를 주셨으니 이는 그를 믿는 자마다 멸망하지 않고 영생을 얻게 하려 하심이라"(요 3:16)라고 했고, 바울 사도도 "내가 확신하노니 사망이나 생명이나 천사들이나 권세자들이나 현재 일이나 장래 일이나 능력이나 높음이나 깊음이나 다른 어떤 피조물이라도 우리를 우리 주 그리스도 예수 안에 있는 하나님의 사랑에서 끊을 수 없으리라"(롬 8:38, 39) 고 강렬하게 말씀합니다. 아멘입니다.

1. 예수님은 자기 자신을 어떻게 이해하고 계신지를 살펴보고, 우리는 자기 자신의 이해를 어디로부터 하고 있는지를 생각해 봅시다.

2. 우리가 하나님께 기도할 때 하나님과 어떤 관계로서 기도하는 것이 가장 좋을까요?(창조주와 피조물, 심판자와 죄인, 주인과 종, 강한 자와 약한 자, 아빠와 자녀)

3. 예수님은 왜 하나님을 아빠라 부르시고, 우리에게도 하나님을 아빠라 부르라고 하실까요?

4. 하나님의 자녀인 우리가 하나님을 세상과 이웃에 보여 줄 수 있나요? 그렇다면 어떻게 보여 줄 수 있을까요?

5. 우리는 우리 자신을 용서하고 용납하고 있나요? 혹 내 자신을 받아들일 수 없는 것이 있다면 무엇인가요?

제3강

하늘에 계신 우리 아버지여

참된 삶은 만남

예수님은 "하늘에 계신 너희 아빠"(막 11:25)라고 말씀하십니다. '너희'라고 하시니까 이는 단수가 아닌 복수입니다. 그러니 하나님 아빠는 '우리' 아빠입니다. 우리는 무엇으로 구성됩니까? '나'와 '너'입니다. 만약 나와 너로 연결되지 않았다면 '우리'일 수는 없습니다. 그저 '나와 그, 나와 그녀, 나와 그들'일 뿐입니다. 나에게 그저 제3자일 뿐, 우리일 수는 없습니다. 하지만 그와 그녀가 나와 관계를 맺는다면 더 이상은 제3자가 아니라 '나와 너'의 관계가 됩니다. 그리고 그 관계 맺음이 '우리'가 되게 합니다. 그러므로 '우리'는 나랑 너랑 관계 맺음으로 구성되는 것입니다. 김춘수 시인(1922-2004)의 〈꽃〉을 감상해 보겠습니다.

내가 그의 이름을 불러 주기 전에는

그는 다만

하나의 몸짓에 지나지 않았다.

내가 그의 이름을 불러 주었을 때

그는 나에게로 와서

꽃이 되었다.

내가 그의 이름을 불러 준 것처럼

나의 이 빛깔과 향기에 알맞은

누가 나의 이름을 불러다오.

그에게로 가서 나도

그의 꽃이 되고 싶다.

우리들은 모두

무엇이 되고 싶다.

너는 나에게 나는 너에게

잊혀지지 않는 하나의 눈짓이 되고 싶다.[1]

시인은 "내가 그의 이름을 불러 주기 전에"와 "내가 그의 이름을 불러 주었을 때"의 존재가 다르다고 말합니다. 이름을 불러 주기 전에는 "그는 다만 하나의 몸짓"이었지만, 이름을 불러 주었을 때 "그는 내게로 와서 꽃이 되었다"고 노래합니다. 더 이상 제3자 '그'가 아닌 '너'가 되었다고, '몸짓'이 아닌 '꽃'이 되었다고, 그리고 나도 제3자로서의 누군가인 '그'에게 의미 있는 '너', '눈짓'이 되고 싶다고 노래합니다. 마르틴 부버(Martin Buber, 1878~1965)는 이렇게 말합니다.

신은 – 우리는 이제 이렇게 말할 수가 있다 – 사람에 대한 관계에 들어설 때. 그 관계 속에 자신의 절대성을 함께 끌어들인다. 그러므로 신에게로 향하는 사

---

1   김춘수, 『꽃을 위한 서시』 (서울: 미래사, 1998), 55.

람은 다른 어떤 '나 – 너 – 관계'를 떠날 필요가 없다. 어엿이 그는 모든 '나 –
너 –관계'를 신에게 가져오며 '신의 면전에서' 빛나게 할 수가 있다.[2]

하나님은 말씀하십니다. "너는 두려워하지 말라 내가 너를 구속하였고
내가 너를 지명하여 불렀나니 너는 내 것이라"(사 43:1). "너를 위하여 네
이름을 불러 너는 나를 알지 못하였을지라도 네게 칭호를 주었노라"(사
45:4). 마르틴 부버는 "근원어 '나–너'는 오직 온 존재를 기울여서만 말할
수 있었다. 온 존재로 모이고 녹아지는 것은 결코 나의 힘으로 되는 것이
아니다. … '나'는 너로 인해 '나'가 된다. '나'가 되면서 '나'는 '너'라고 말한
다. 모든 참된 삶은 만남이다."[3]라고 말했습니다.

송창식 작사 작곡의 〈우리는〉의 노랫말도 참 아름다운데, 그 가운데
이런 노랫말이 있습니다.

기나긴 하세월을 기다리어 우리는 만났다
천둥치는 운명처럼 우리는 만났다
오 바로 이 순간 우리는 하나다
이렇게 이렇게 이렇게 우리는 연인

한자(漢字)의 사람 인(人)은 두 사람이 서로 기대어 있는 모습입니다.
한 사람으로는 넘어지는 기울기이기에 서로 만나 서로에게 기댈 때 비로
소 사람인 것입니다. 〈인생은 미완성〉이라는 노랫말을 들어 보면, "사람
아 사람아 우린 모두 타향인 걸 외로운 가슴끼리 사슴처럼 기대고 살자"

---

2   마르틴 부버, 『나와 너』 표재명 옮김 (서울: 문예출판사, 2018), 190.
3   위의 책, 21.

고 합니다. 영어 단어 person(사람)의 어원은 라틴어 페르소나(persona)이고, 페르소나는 헬라어 프로소폰(πρόσωπον)에서 나왔는데 '얼굴을 맞대고'란 의미를 지니고 있습니다. 즉, 사람은 홀로 있는 존재가 아닌 함께 하는 존재인 것입니다. 아담과 하와가 한 몸을 이루듯이 말입니다. 서로에게 도움이 되어 주는 것, 서로 기대는 것입니다. 이 말은 때론 서로에게 짐이 되기도 한다는 것입니다. 그래서 사도 바울은 "너희가 짐을 서로 지라 그리하여 그리스도의 법을 성취하라"(갈 6:2)고 말합니다. 그것은 이상한 것이 아니라 당연한 것입니다. 그것이 사람입니다.

사람을 사회적 동물이라고 명명하기도 합니다. 성경은 동물과 사람의 창조가 엄연히 구분되어 있지만, 세상은 사람을 굳이 동물의 범주에 넣고 싶어 합니다. 동물학자 데즈먼드 모리스(Desmond Morris, 1928~)는 사람을 동물의 범주에 넣는데, 앞장서서 《털 없는 원숭이》라는 책을 내기도 했습니다. 그는 이를 인간 본성에 대한 새로운 고찰이라고 하며 말합니다.

오늘날 지구상에는 193종의 원숭이와 유인원이 살고 있다. 그 가운데 192종은 온몸이 털로 덮여 있고, 단 한 가지 별종이 있으니, 이른바 '호모 사피엔스'라고 자처하는 털 없는 원숭이가 그것이다. …… 나는 동물학자이고, 털 없는 원숭이는 동물이다. 따라서 원숭이는 내 글감으로 나무랄 데가 없다. 그의 양동 양식이 약간 복잡하고 인상적이라고 해서, 그를 연구 대상으로 다루는 것을 더 이상 회피하지 않겠다. '호모 사피엔스'는 아주 박식해졌지만 그래도 여전히 털 없는 원숭이이고, 숭고한 본능을 새로 얻었지만 옛날부터 갖고 있던 세속적인 본능도 여전히 간직하고 있기 때문이다. [4]

---

4   데즈먼드 모리스, 『털 없는 원숭이』, 김석희 옮김 (서울: 문예춘추사, 2006), 13.

아프라카 곰비에서 야생 침팬지 연구로 동물 행동학 박사 학위를 받은 제인 구달은 그녀의 책《인간의 그늘》에서 먼저 인간과 침팬지의 차이를 알아야 한다고 말합니다.

나는 아주 최근에 와서야 문득 침팬지와 인간의 행동이 얼마나 비슷한가를 보이기 위해서는 먼저 인간과 침팬지의 차이를 알아야 한다는 사실을 깨달았다. 그런 후에야 비로소 우리는 생물학적으로나 정신적으로 인간의 고유성을 충분히 이해할 수 있게 될 것이다.

인간은 침팬지와 매우 다른 방법으로 자아를 인식한다. 인간은 단지 거울에 비친 모습이 '자신'이라는 것, 머리털과 발가락이 '자신의' 몸에 붙어 있다는 것, 그리고 만일 무슨 일이 일어났을 때 두렵거나 기쁘거나 또는 슬프다고 느끼는 것이 '자신'이라는 사실을 아는 정도에 그치지 않는다. 인간의 자아 인식은 육체만을 인식하는 원시적 단계를 넘어선다. 인간은 존재의 신비와 그 주위 세계 및 우주의 경이로움에 대한 해답을 얻으려 한다. 그래서 인간은 수세기 동안 신을 숭배해 왔고, 과학 연구에 힘써 왔으며, 신비의 베일에 가려진 수수께끼들을 해결하려고 노력해 왔다. 인간은 자아 이외의 다른 것에 몰두할 수 있는 거의 무한의 능력을 지녔다. 인간은 이상을 위해 자신을 희생할 수도 있고, 다른 이의 기쁨이나 슬픔을 함께할 수도 있고, 깊고 이타적으로 사랑할 수도 있으며, 온갖 형태로 미를 창조하거나 감상할 수도 있다. 침팬지가 거울 속의 자신을 알아본다는 것은 결코 놀랄만한 일이 아니다. 그러나 만약 침팬지가 성당 오르간으로 웅장하게 연주되는 바흐의 곡을 들으며 눈물을 흘린다면 어떨까?[5]

현대 진화론 성립에 큰 기여를 한 진화생물학자 에른스트 마이어(Ernst

5   제인 구달, 『인간의 그늘에서』, 최재천, 이상임 옮김 (서울: 사이언스북스, 2017), 385-386.

Mayr, 1904-2005)는 과학의 영역이 다룰 수 없는 문제가 끝도 없다는 사실을 말하고 있습니다.

> '무엇'이나 '어떻게'와 관련된 대부분의 질문은 적어도 원리적으로는 과학적으로 접근이 가능하다. 또는 과학적으로 설명이 가능하다. 하지만 '왜'라는 물음의 경우는 사정이 다르다. 즉 많은 '왜' 물음, 특히 그 가운데서도 분자의 기본적인 성격에 관한 물음은 대답할 수 없는 성격의 것들이다. 왜 금은 금빛을 띠는 것일까? 왜 특정한 파장의 전자기파는 우리 눈을 통해 빨간색의 감각을 불러일으키는 것일까?…왜 우리의 몸은 중력의 영향을 받는 것일까? 원자핵이 소립자들로 구성되어 있는 것은 무슨 까닭인가?
>
> 이상의 물음들 가운데 일부는 아마도 화학과 양자역학 그리고 분자생물학으로 대답할 수 있는 것이다. 그렇지만 결코 대답할 수 없는 또 다른 '궁극의 물음'이 존재한다. 특히 가치에 관한 물음이 여기에 속한다. 그런 물음 가운데는 과학의 문외한인 사람이 묻곤 하는 질문이 포함되어 있다. '나는 왜 존재하는 것인가?' '이 세계가 존재하는 목적은 무엇인가?' 그리고 '우주가 시작되기 전, 그때는 무엇이 있었을까?' 이런 물음은 끝도 없이 많고, 이것들은 하나같이 과학의 영역 바깥쪽에 위치한 문제들을 다루고 있다.[6]

과학이 다룰 수 없는 영역에 대한 의문과 생각을 가진다고 과학의 문외한이라고 단정 지을 수는 없을 것입니다. 그리고, 사람이 자신의 존재와 자신이 머무는 지구별에 대한 기원을 탐구한다는 것도 이상한 것은 아닐 것입니다. 오랑우탄이나 침팬지에게 맡겨 둘 수는 없는 노릇이니 말입니다. 하나님은 여섯째 날 "땅은 생물을 그 종류대로 내되 가축과 기는 것

---

6 에른스트 마이어, 『이것이 생물학이다』, 최재천 옮김 (서울: 바다출판사, 2016), 153-154.

과 땅의 짐승을 종류대로 내라"(창 1:24) 하시고, "하나님이 땅의 짐승을 그 종류대로, 가축을 그 종류대로, 땅에 기는 모든 것을 그 종류대로 만드시니 하나님이 보시기에 좋았더라"(창 1:25) 하셨습니다. 그리고 남자와 여자를 창조하셨습니다. 하나님은 "우리의 형상을 따라 우리의 모양대로 우리가 사람을 만들고"(창 1:26)자 하셨고, "자기 형상 곧 하나님의 형상대로 사람을 창조하시되 남자와 여자를 창조"(창 1:27)하셨습니다. 즉, 사람은 땅의 짐승 가운데 하나로 창조되지 않았습니다. 하나님은 사람을 털 없는 원숭이 별종 하나를 만드셔서, "모든 생명을 다스리라"(창 1:28) 하시지는 않았습니다. 하나님의 형상대로 지음을 받은 사람에게, 남자와 여자에게 "생육하고 번성하여 땅에 충만하라, 땅을 정복하라, 바다의 고기와 공중의 새와 땅에 움직이는 모든 생물을 다스리라" 말씀하셨습니다.

우리는 만남을 타고

아담은 하와를 만나고 고개를 갸우뚱거리며 '털 없는 원숭이'라 부르지 않고 또박또박 말합니다. "내 뼈 중의 뼈요 살 중의 살이라 이것을 남자에게서 취하였은즉 여자라 부르리라"(창 2:23). 이샤(אִשָּׁה, 여자)가 없다면 이쉬(אִישׁ, 남자)도 없습니다. 아담은 하와를 만나기 전에 그저 '그 사람'(하아담, הָאָדָם, 창 2:5)일 뿐이었습니다.

마르틴 부버가 "모든 참된 삶은 만남"이라고 했던 것은 창세기 2장 18절과 2장 24절을 주석한 것과도 같습니다.[7] 하나님은 그 사람(하아담)에게서 취하신 그 갈빗대로 여자(이샤)를 만드셨고 그 여자를 아담에게로 이

---

7 [창 2:18] 여호와 하나님이 이르시되 사람이 혼자 사는 것이 좋지 아니하니 내가 그를 위하여 돕는 배
   필을 지으리라
   [창 2:24] 이러므로 남자가 부모를 떠나 그의 아내와 합하여 둘이 한 몸을 이룰지로다

끌고 오셨습니다. 첫 만남입니다. 이제 남자로서의 인생이 시작된 것입니다. "둘이 한 몸을 이룰지로다". '나', 이쉬(남자)와 '너', 이샤(여자)가 만나 '우리'가 되어 가인과 아벨이 태어납니다. 가인과 아벨이 태어나니 이제 이쉬와 이샤는 아빠와 엄마가 되었습니다. 이샤(여자)가 하아담(그 사람)에게 오니, 하아담(그 사람)이 이샤(여자)에게 이쉬(남자)가 된 것처럼, 가인과 아벨이 이쉬(남자)와 이샤(여자)에게 오니, 그 자녀들로 인해 이쉬(남자)는 아빠, 이샤(여자)는 엄마가 되었습니다. 가인과 아벨이 태어나지 않았다면 엄마도 아빠도 없습니다. 이제 더 확대된 '우리'라는 가족이 탄생하게 된 것입니다.

그런데 이 '우리'를 깨는 사건이 벌어졌습니다. 형 가인이 동생 아벨을 죽이는 형제 살인을 저지르죠. 가인에게 아벨이 왔기 때문에 가인은 형이 되고 아벨이 동생이 되었습니다. 형과 동생이 '우리'였는데 가인이 아벨을 죽임으로 다시 가인은 형도 아니고, 우리도 아니고, 그저 가인일 뿐입니다.

왜 그토록 바울 사도가 당 짓는 문제와 분쟁과 시기와 분냄과 분리함과 이단(갈 5:20)에 강력하게 반응하였을까요? 하나님 나라를 유업으로 받지 못하니까? 그것만이 다가 아닙니다. "우리"를 쓸 수 없게 되기 때문입니다. 우리란 분열입니까, 하나입니까? 우리는 성령이 하나 되게 하셔서 '우리'입니다. 세상 정치 성향이 같기 때문이 아닙니다. 다만 직업이, 고향이, 학교가 같아서 우리인 것도 아닙니다. 교회는 예수 그리스도를 믿음으로 우리요, 성령으로 말미암아 양자의 영을 받아서 '아빠 아버지'라 부르게 되었기에 우리입니다.

가인은 동생인 아벨 '너'를 죽임으로 '우리'에서 '나'를 주장합니다. 철학자 잠바티스타 비코(Giambattista Vico, 1668~1744)는 사람들이 서로 운명의 끈으로 묶여야 할 이유를 더는 찾지 못했을 때, 즉 '상호 존재'의 개념이 사라졌을 때 사회는 붕괴한다고 말했습니다. 여호와 하나님께서 "네 아우 아벨이 어디 있느냐"고 물으시자, 가인은 "내가 알지 못하나이다 내가 내 아우를 지키는 자니이까"(창 4:9)라고 말대꾸를 합니다. 이 장면은 단지 시꺼먼 속과 죄를 감추는 가인의 모습일 뿐만 아니라, 가인이 대놓고 하나님의 섭리인 '우리'를 부정하는 태도입니다. 말하자면 "나는 나일뿐이에요. 나와 아우를 한 몸으로 생각하지 마세요."라며 대드는 격입니다.

집 나갔다가 돌아온 동생에 대해서 형은 아버지에게 "아버지의 살림을 창녀들과 함께 삼켜 버린 이 아들이 돌아오매 …"(눅 15:30)라고 하며 강변합니다. 아버지 집의 어느 한 종은 형에게 "당신의 동생이 돌아왔으매 …"(눅 15:27)라고 말했고, 아버지도 "이 네 동생은 죽었다가 …"(눅 15:32)라고 말했지만, 형의 반응은 "노하여 들어가고자 하지 아니하거늘 …"(눅 15:28) 이었습니다. 맏아들인 형은 '우리'에 들어가기를 거절했던 것입니다. 그러나 아버지는 맏아들에게 '우리' 안으로 들어오라고 요청합니다. "우리가 즐거워하고 기뻐하는 것이 마땅하다"(눅 15:32)

구별 짓기와 허영

바리새인들은 외식하는 자로 대표되곤 합니다. 바리새인들은 왜 외식할까요? 그것은 구별 의식이 뚜렷하기 때문이기도 합니다. '난 너희와 달라. 너희는 나를 따라올 수 없어.'입니다. 이런 구별 의식에 따른 구별 짓기는 역사 내내 이어져 왔습니다. 오늘날도 인종 차별의 문제가 끊이지 않고 일어나고 있잖아요. 거기에는 특정 피부색에 대한 우월감과 비하감이 있고, 특정한 민족에 대한 우월감과 상대적 비하감도 여전히 있습니다. 어디 이뿐만이겠습니까. 도처에 수많은 다양한 구별 의식이 상존하고, 이로 인해 때로는 폭력과 억압마저 일어나고 있습니다.

현대 세계의 불평등에 대해 의문을 품은 생태학자 재레드 다이아몬드(Jared M. Diamond, 1937~) 교수는 《총, 균, 쇠》라는 책을 썼습니다. 그런 의문을 품게 된 계기가 있었는데, 그가 1972년 7월 뉴기니 섬 해변에서 뉴기니 정치가인 얄리의 간단한 질문을 듣고서 부터였습니다. "당신네 백인들은 그렇게 많은 화물을 발전시켜 뉴기니까지 가져왔는데 어째서 우리 흑인들은 그런 화물을 만들지 못한 겁니까?"[8] 이 질문에 대한 답은 그리 간단하지 않습니다. 다이아몬드 교수는 얄리의 질문에 대한 답을 위해 인류의 진화, 역사, 언어 등 다른 여러 측면에 대해서 연구했습니다. 집필한 지 25년 후에야 비로소 답해 보려고 쓴 책이 바로 《총, 균, 쇠》입니다.

> 얄리의 질문은 뉴기니인과 유럽 백인의 대조적인 생활 양식에 국한되어 있었지만 이 문제를 확대하면 현대 세계에 존재하는 규모가 더 큰 현저한 불균형도 내포하게 된다. 유라시아에서 발원한 여러 민족, 특히 아직도 유럽과 동아시아에서 사는 사람들과 북아메리카로 이주한 사람들이 현대 세계의 부와 힘을 독점하고 있다. 반면 대부분 아프리카인을 포함한 다른 민족들은 비록 유럽의 식민 통치에서 벗어나기는 했지만 부와 힘에서는 여전히 훨씬 뒤쳐져 있다. 또 다른 민족들, 가령 오스트레일리아, 남북아메리카, 아프리카 남단 등의 원주민은 자기네 땅을 모조리 빼앗기고 백인 이주민들 손에 살해되거나 예속되었으며 심한 경우에는 아예 몰살당하기까지 했다. … 유럽의 식민지 확장이 막 시작된 1500

---

8   재레드 다이아몬드, 『총, 균, 쇠』, 김진준 옮김 (파주: 문학사상, 2010), 15.

년, 각기 다른 대륙들은 과학 기술과 정치 조직에서 이미 크나큰 차이를 나타냈다. 유럽, 아시아, 북아프리카 대부분 지역은 쇠붙이를 사용하는 국가 또는 제국을 이루었으며 그중 일부는 산업화 문턱까지 도달했다. 한편 아메리카 원주민 중 아즈텍과 잉카족 두 민족은 각각 석기를 사용해서 제국을 다스렸다. 아프리카에서도 사하라사막 이남은 철기를 사용하는 수많은 소국이나 부족으로 분열되어 있었다. 그 밖의 민족들은 대부분─오스트레일리아와 뉴기니, 태평양의 수많은 섬, 아메리카 대륙의 대부분 지역, 그리고 사하라이남 아프리카의 일부 지역 등─석기를 사용해 농경 부족을 이루거나 심지어는 수렵 채집민으로 살아갔다. 물론 1500년의 그와 같은 기술적 정치적 차이가 바로 세계의 불평등을 낳은 직접적 원인이었다. 철제 무기를 갖춘 제국들은 돌과 나무로 만든 무기밖에 없는 부족들을 정복하거나 몰살할 수 있었다. 그렇다면 1500년의 그러한 세계 상황은 어떻게 빚어지게 되었을까?[9]

재레드 다이아몬드 교수가 가진 그 질문의 가장 흔한 설명은 명시적이든 암묵적이든 여러 민족 사이에 생리학적인 차이가 있다, 즉 선천적인 능력의 차이가 있다는 것입니다. 그런 생각이 다윈의 자연 선택과 진화적 유전 개념에 의해 공고한 믿음으로까지 자리를 잡았습니다. 원시적인 상태로 있는 사람들은 인류가 진화했다는 증거가 되고, 산업화된 이주민들이 그런 원시적 삶을 사는 사람들을 쫓아내는 것은 적자생존으로 간주되었습니다. 거기에 바로 유전적 차이가 있다고 하여 유럽인은 유전적으로 아프리카인보다 지능이 훨씬 높다는 것입니다. 그런 이유로 공식적이지는 않지만 여전히, 그리고 공공연히 인종 차별과 인종 차별적 차원의 설명에 설득과 종용을 당하고 있다는 사실입니다. 다이아몬드 교수는 그와

9　위의 책, 16-17.

같은 인종주의적 설명이 전적으로 잘못되었다고 말합니다.

> 인간의 기술적 차이에 병행하는 지능적 차이가 존재한다는 확실한 증거는 없
> 다.…사실상 현대의 '석기시대' 사람들은 대체로 산업화된 사람들에 비해 지능
> 이 낮기는커녕 오히려 더 높은 편이라고 해야 한다.…더구나 오스트레일리아
> 와 뉴기니의 원주민들처럼 최근까지 기술적인 면에서 원시적이었던 사람들도
> 기회만 주어진다면 얼마든지 산업 기술을 숙지할 수 있다.[10]

미셸 투르니에(Michel Tournier, 1924~2016)는 소설 《방드르디, 태평양의
끝》을 쓰게 된 동기에 대해서 이렇게 말합니다.

> 내가 볼 때 1719년에 나온 디포의 《로빈슨 크루소》에는 충격적인 두 가지 문제
> 점이 있습니다. 우선 그 소설에는 방드르디(프라이데이)가 있으나마나 한 존재로
> 취급되어 있어요. 그는 단순히 빈 그릇일 뿐이지요. 진리는 오로지 로빈슨의 입
> 에서만 나옵니다. 그가 백인이고 서양인이고 영국인이고 기독교인이기 때문입
> 니다. 나의 의도는 방드르디가 중요한 역할을, 아니 심지어 끝에 가면 가장 핵
> 심적인 역할을 맡는 소설을 써보자는 데 있었어요. 그렇기 때문에 그 소설의 제
> 목을 로빈슨이 아니라 방드르디로 해야 된다고 생각했던 것이죠.[11]

미셸 투르니에는 로빈슨이 방드르디를 문명인으로 교육시켰던 것이
아니라, 방드르디가 로빈슨으로 하여금 새로운 세계의 깊은 의미를 깨닫
게 했다고 말합니다. 바리새인들의 외식, 구별 짓기에 대해 말하다 멀리

---

10 위의 책, 22.
11 미셸 투르니에, 『방드르디 태평양의 끝』, 김화영 옮김 (서울: 민음사, 2017), 323-324.

갔지만, 이 구별 짓기가 단지 성경 속의 한 특정 시기에만 있는 것이 아니라 실제 지금도 우리 삶에서 벌어지고 있고, 우리도 그 안에서 때로는 여러 측면에서의 가해자이기도 하고 때론 피해자이기도 하다는 사실입니다. 부르디외(Pierre Bourdieu, 1930-2002)의 말을 빌려 보자면, 바리새인들의 구별 짓기가 가능한 것은 세 가지의 자본이 있기 때문입니다. 첫째는 문화 자본, 둘째는 학력 자본, 셋째는 사회 관계 자본입니다. 이 자본들 바탕에는 경제적 자본이 토대를 이룹니다.

예수님께서 고향에 가셔서 회당에서 가르치실 때 고향 사람들이 깜짝 놀라며 이렇게 반응합니다. "이는 그 목수의 아들이 아니냐 그 어머니는 마리아, 그 형제들은 야고보, 요셉, 시몬, 유다라 하지 않느냐 그 누이들은 다 우리와 함께 있지 아니하냐 그런즉 이 사람의 이 모든 것이 어디서 났느냐"(마 13:55-56). 그리고는 예수님을 배척합니다. 빌립이 나다나엘에게 예수님에 대해서 "모세가 율법에 기록하였고 여러 선지자가 기록한 그이를 우리가 만났으니 요셉의 아들 나사렛 예수니라"(요 1:45)라고 말하자, 나다나엘은 대뜸 이렇게 반응합니다. "나사렛에서 무슨 선한 것이 날 수 있느냐"(요 1:46).

관원과 장로와 서기관과 대제사장 안나스와 가야바와 요한과 알렉산더 그리고 대제사장 문중 앞에서 베드로가 술술 말함을 듣더니 놀랍니다. 왜냐하면 모두들 베드로가 본래 배운 것이 없는 천한 사람인 줄로만 알았는데, 담대하게 말하는 뜻밖의 모습에 깜짝 놀란 것입니다. 유대인들, 특히 유대교 지도자들의 구별 짓기의 실상은 본래적인 것이 아닙니다. 하지만 이런 구별 짓기가 가공할 폭력성을 내재하기도 합니다. 바로 예수님과 베드로, 제자들이 이런 구별 짓기의 가공할 폭력성에 노출된 것입니다. 부르디외의 다음 글을 확대 적용해 본다면, 우리에게 좀 더 생각해 볼 여지를 줍니다.

> 미적 불관용은 가공할만한 폭력성을 갖고 있다. 다른 생활 양식에 대한 혐오감
> 은 각 계급을 갈라놓고 있는 가장 강력한 장벽이라고 할 수 있다. 계급내의 동
> 족 결혼은 이것을 분명하게 보여 주는 증거이다. 스스로 정통 문화를 소유하고
> 있다고 자부하는 사람들에게 가장 참을 수 없는 일은 취향에 따라 분리하지 않
> 으면 안 되는 취향들을 모욕적으로 재결합시키는 일일 것이다. … 예술을 둘러
> 싼 투쟁에서는 항상 특정한 생활 양식에 대한 강요가 핵심적인 요구로 자리 잡
> 고 있다. 즉 하나의 임의적인 생활 양식을 정통적인 생활 양식으로 변형시키고
> 나머지 다른 모든 생활 양식을 자의적인 것으로 만들어 버리려고 한다.[12]

바울은 자신이 바울되기 전 사울로서 이런 자신의 구별 짓기에 대해 "유대교를 지나치게 믿어 내 조상의 전통에 대하여 더욱 열심"(갈 1:14)이었다고 말합니다. 그래서 이 정통이라고 하는 유대 종교 생활 양식이 결국 어떤 폭력성으로 발화하는지, 스데반 집사를 집단으로 살해하는 현장에서 폭로되고 있습니다. 유대인들은 스데반의 설교에 마음이 찔리자 이를 갈며, 귀를 막고, 성 밖에 내치고서 집단적으로 돌로 쳐 죽이기에 이르렀습니다. 그 현장에서 청년 사울은 적극적으로 나서서 돌로 치지는 않았으나, 스데반 집사의 죽음을 마땅하게 여겼습니다(행 8:1). 물론, 훗날 그는 자기 자신을 가리켜 "죄인 중에 내가 괴수니라"(딤전 1:15) 고백했지만 말입니다.

바리새인적인 외식은 '허영'이라는 면에서도 지나칠 수 없습니다. 예수님은 그 부분을 "외식하는 자와 같이 하지 말라 저희는 사람에게 보이려

---

12 삐에르 부르디외, 『구별 짓기 (하)』, 최종철 옮김 (서울: 새물결플러스, 2006), 115-116.

고"(마 6:5)한다고 말씀하십니다. 기도, 금식, 구제 등등 모든 것이 사람에게 보이려 하다 보면 실체는 사라지고 허영만 남게 되기 때문입니다. 허영에 대해 깊은 통찰을 한 파스칼(Blaise Pascal, 1623~1662)은 허영의 속성을 이렇게 간파합니다.

> 허영은 사람의 마음속에 너무나도 깊이 뿌리박혀 있는 것이어서 병사도 상것도 요리사도 인부도 자기를 사랑하고 자기를 찬양해 줄 사람들을 원한다. 심지어 철학자도 찬양자를 갖기 원한다. 이것을 반박해서 글 쓰는 사람들도 훌륭히 썼다는 영예를 얻고 싶어 한다. 이것을 읽는 사람들은 읽었다는 영광을 얻고 싶어 한다. 그리고 이렇게 쓰는 나도 아마 그런 바람을 가지고 있는지 모른다. 그리고 아마도 이것을 읽을 사람들도…….[13]

파스칼은 모든 사람의 내면에 자리 잡고 있는 허영의 뿌리가 '자기 사랑'에 있음을 말하고 있습니다. 이 자기 사랑은 다른 신을 섬기는 우상 숭배와 관련이 됩니다. 게다가 사람에게는 누군가에게 인정받고 싶은 '인정 욕구'가 있는데, 이 인정 욕구에 의해 나의 행위를 사람에게 보이려고 하거나 나에게 없는 것을 있는 것처럼 행동하다 보면 그것은 곧 '외식'으로 고착화될 수밖에 없다는 것입니다. 이것은 악순환의 반복이 될 수밖에 없습니다.

외식은 아무리 해도 그 내면이 채워지거나 성장하질 않습니다. 그러니 외양만을 더욱 화려하게 치장할 뿐입니다. 그럴수록 외식적 행동이 더욱 심화될 수밖에 없고, 그렇게 자신들의 외적인 형태를 따라오지 못하는 사람들을 향해 정죄하고 비난하기에 이릅니다. 그런 차원에서 허영은 인정

---

13 블레즈 파스칼, 『팡세』, 이환 옮김 (서울: 민음사, 2017), 66-67.

욕구가 꽃을 피운 것인데, 결국에는 공허할 뿐입니다. 아무런 내적인 성숙도 내공도 쌓이지 않기 때문입니다. 그러하기에 예수님은 제자들에게 "바리새인과 사두개인들의 누룩을 주의하라"(마 16:6)고 말씀하셨습니다.

바리새인들로 대표되는 이런 바리새인적 구별 짓기와 허영으로 인해 도리어 그들은 스스로 자신들의 신앙이 잘못되었음을 드러내고 있는 셈입니다. 예수님은 그런 이들에게 말씀하십니다. "화 있을진저 외식하는 서기관들과 바리새인들이여 너희가 박하와 회향과 근채의 십일조는 드리되 율법의 더 중한 바 정의와 긍휼과 믿음은 버렸도다 그러나 이것도 행하고 저것도 버리지 말아야 할지니라"(마 23:23). 그렇게 보여지기를 원하고, 보여지기를 위해 행하는 것이 중요한 것이 아닙니다. 하나님을 사랑하고 이웃을 사랑하면 우리에 대한 평가는 때가 되어 자연스럽게 흘러넘치는 법입니다. 은밀한 중에 보시는 아버지가 계심을 잊지 말고, 아버지께서 우리를 아신다는 것이 무엇보다 소중한 삶이기를 바랍니다.

우리는 사랑으로

예수님은 제자들에게 기도의 시작, 하나님 부름에 있어서 '나의 아버지'가 아니라 '우리 아버지'라 부르도록 하십니다. 바로 나와 그가 우리가 될 수 있는 단 하나의 이유는 그분이 바로 우리 모두의 아빠이시기 때문입니다. 그가 내게로 와서 '너'가 되고, 그에게 내가 가서 '너'가 되는 그 연결 고리는 바로 사랑뿐입니다. 그 사랑은 다른 어떤 것이 아니라 "하나님은 사랑이시라"(요일 4:16)로 말미암습니다. "하나님이 세상을 이처럼 사랑하사 독생자를 주셨으니 이는 그를 믿는 자마다 멸망하지 않고 영생을 얻게 하려 하심이라"(요 3:16). 그 연결 고리로 인해 '우리'가 탄생합니다. 다음은 김광섭(1904-1977) 시인의 시 〈저녁에〉의 일부입니다.

> 저렇게 많은 별 중에서
> 별 하나가 나를 내려다본다
> 이렇게 많은 사람 중에서
> 그 별 하나를 쳐다본다[14]

그 무수한 별 중에서, 그 한 별과 그 무수한 사람 중에서 나 한 사람의 만남이 어찌 우연일 수 있겠습니까? 어찌 "이렇게 정다운 너 하나 나 하나"가 될 수 있단 말입니까? 예수님께서 "너희가 서로 사랑하면 이로써 모든 사람이 너희가 내 제자인 줄 알리라"(요 13:35)고 말씀하신 것처럼, '너와 나 우리가 서로 사랑하면 우리가 하나님의 자녀인 줄 알리라'인 것입니다. 프란시스 쉐퍼(Francis Schaeffer, 1912-1984)는 "정직한 질문"에는 "정직한 대답"이 주어져야 한다며 말합니다.

> 참된 그리스도인들이 서로에게 가시적인 사랑을 보여 주지 않는다면, 그리스도께서는 우리가 적절한 답을 줄 때조차 세상이 우리의 말에 귀를 기울일 것이라 기대해서는 안 된다고 말씀하신다. 모든 사랑이 아니라 오직 "견실한 실재적 사랑"만이 성부에 의해 보내심을 받은 예수님의 진정성을 증거할 수 있다.[15]

아담은 하와를 "내 **뼈** 중의 **뼈**요 살 중의 살이라"(창 2:23)고 침을 튀며 말하더니, 하나님께서 "누가 너의 벗었음을 네게 알렸느냐 내가 네게 먹

---

14 김광섭, 『성북동 비둘기』(서울: 미래사, 1996), 114
15 윌리엄 에드거, 『쉐퍼가 말하는 그리스도인의 삶』, 김광남 옮김 (서울: 아바서원, 2015), 227-228.

지 말라 명한 그 나무 열매를 네가 먹었느냐"(창 3:11)는 물음에, **뼈** 중의 **뼈** 하와를, 살 중의 살 하와를, 지금 바로 아담 옆에 있음에도 불구하고 "여자 그가"(הָאִשָּׁה)라고 부릅니다(창 3:12). 아담은 하와가 더 이상 자기와 '한 몸'이 아니요, '우리'도 아니라고 선을 그은 것입니다. 이런 아담에게 김남조 시인의 시 〈그대 있음에〉를 들려 주고 싶습니다.

그대의 근심이 있는 곳에

나를 불러 손잡게 하라

큰 기쁨과 조용한 갈망이

그대 있음에

내 맘에 자라거늘

오, 그리움이여

그대 있음에 내가 있네

나를 불러 손잡게 해

그대의 사랑 문을 열 때

내가 있어 그 빛에 살게 해

사는 것의 외롭고 고단함

그대 있음에

사람의 뜻을 배우니

오, 그리움이여

그대 있음에 내가 있네

나를 불러 그 빛에 살게 해

마르틴 부버는 한 여자를, 그리고 그 여자의 생명을 자기의 생명 속에서 현재화시키면서 사랑하는 사람은 그 여자의 눈에 비치는 '너'를 통해서 영원한 '너'의 한 줄기 빛을 볼 수가 있다고 말합니다.[16] 아담에게 이 말을 들려 준다면 애써 못 들은 채 하겠죠? 아담과 가인은 '우리'를 깨는 자였으나 예수님은 '우리'가 되게 하신 분이십니다. 그러하기에 사도 바울은 말합니다. "이방 사람과 유대 사람 양쪽 모두, 그리스도로 말미암아 한 성령 안에서 아버지께로 나아가게 되었습니다. 그러므로 이제부터 여러분은 외국 사람이나 나그네가 아니요, 성도와 같은 시민이요, 하나님의 가족입니다. 여러분은 사도와 예언자의 터 위에 세워진 건물이요, 그리스도 예수 스스로가 그 모퉁잇돌이십니다. 그리스도 안에서 건물 전체가 서로 연결되어서, 주님 안에서 성전으로 자랍니다. 여러분도 그리스도와 연결되어서 함께 건물을 이루어 하나님께서 성령으로 거하실 곳이 되어 갑니다"(엡 2:18-22, 표준새번역).

우리와 형제는 같은 말

예수님은 특이하게도 이렇게 말씀하십니다. "두세 사람이 내 이름으로 모인 곳에는 나도 그들 중에 있느니라"(마 18:20). 보통 유대인들의 굴 무덤은 한 사람의 시신만을 장사하는 것이 아니라 공동으로 사용합니다. 말하자면 다인 실이죠. 시신은 아무리 많이 있어도 '우리'가 아닙니다. 사망이 가로놓여 있기 때문입니다. 하지만 사망에서 생명으로 옮겨진, 두세 사람이 예수님의 이름으로 모이면, '우리'가 됩니다. 신앙생활을 개인주의로 하고 있는 세태 속에서, 즉 "바리새인은 서서 따로 기도하여 이르되 하나님이여 나는 다른 사람들 곧 토색, 불의, 간음을 하는 자들과 같지 아니

---

16   마르틴 부버, 『나와 너』, 표재명 옮김 (서울: 문예출판사, 2018), 154.

하고 이 세리와도 같지 아니함을 감사하나이다"(눅 18:11)라고 하는 분위기 속에서 바울 사도는 말합니다. "그에게서 온 몸이 각 마디를 통하여 도움을 받음으로 연결되고 결합되어 각 지체의 분량대로 역사하여 그 몸을 자라게 하며 사랑 안에서 스스로 세우느니라"(엡 4:16).

예수님은 마태복음의 산상수훈에서 '형제'라는 말씀을 많이 사용하셨습니다.[17] 예수님께서 사용하신 이 '형제'라는 말은 '우리'와 동의어인 셈입니다. 마태복음 23장 8절에서 예수님이 "그러나 너희는 랍비라 칭함을 받지 말라 너희 선생은 하나요 너희는 다 형제니라"고 하셨기 때문입니다. 게다가 예수님께서 부활하신 후에 막달라 마리아에게 이렇게 말씀하셨습니다. "나를 붙들지 말라 내가 아직 아버지께로 올라가지 아니하였노라 너는 내 형제들에게 가서 이르되 내가 내 아버지 곧 너희 아버지, 내 하나님 곧 너희 하나님께로 올라간다 하라"(요 20:17).[18] 부활하신 예수님께서 내 형제들에게 가서 이르라고 하면, 막달라 마리아는 누구에게로 가야 할까요? 예수님의 친형제인 야고보와 요셉과 시몬과 유다와 누이들(마 13:55)에게로 가서 말을 전해야 할 것 같은데, 막달라 마리아는 예수님의 제자들에게 가서 "내가 주를 보았다"(요 20:18)하고 예수님의 말씀을 전합니다. 막달라 마리아는 누가 예수님의 형제요 자매인지를 알았습니다. 그리고 언젠가 한 번은 예수님의 모친과 동생들이 찾아옵니다. 밖에 서서 사람을 보내 예수님을 부릅니다. "보소서 당신의 모친과 동생들과 누이들이 밖에서 찾나이다"(막 3:32). 예수님은 둘러앉은 사람들에게 말씀하십니다. "내 모친과 내 동생들을 보라 누구든지 하나님의 뜻대로 하는 자는 내 형제요 자매요 모친이니라"(막 3:34, 35).

---

17 마 5:22-24, 47; 7:3-5을 보세요.
18 마 25:40; 28:10을 함께 읽어 보세요.

프란시스 쉐퍼는 그리스도께서 말씀하시기를 그리스도인들 서로 간에 진정한 사랑이 없이는, 비록 우리가 아무리 정당한 대답을 한다 할지라도 세상이 믿어 주기를 기대할 수 없다고 합니다. 따라서 그리스도인들이 주위에 있는 사람들에게 대답하기 위하여 시간을 들여 배우는 것은 좋은 일입니다 또한 그는 "우리가 최선을 다하여 타락한 세상에 설명한 후에라도 예수님이 명하신 최종적 변증은 진정한 그리스도인들이 진정한 그리스도인들에게 행하는 가견적 사랑임을 잊어서는 안 된다"라고 설득합니다.[19] 그렇습니다. 쉐퍼의 말과 같이 우리의 진정성을 담은 대답은 정당한 말에 있는 것이기 보다는 공동체의 관계에서 자연스럽게 드러나는 사랑의 체득과 구현인 것입니다(요 13:34-35).[20]

교회의 토대

론 하워드 감독의 영화 〈분노의 역류Backdraft, 1991〉를 보다 보면 가슴 뭉클해지고 먹먹해지는 대사가 나옵니다. 불길 속으로 떨어지는 소방대원 동료를 구하기 위해 '황소(bull)'라는 별명을 가진 소방관이 손을 내밀어 간신히 붙드는데, 자기 손에 붙들려 있던 동료가 말합니다. 자신을 그냥 죽게 내버려 두라고 말입니다. 하지만 동료의 손을 안간힘을 쓰며 붙잡고 있던 불(bull)이 말합니다. "You go, We go(네가 가면 우리도 간다)."

우리 모두는 주기도가 '우리'로 시작한다는 것을 꼭 마음에 새겨야 합니다. 성도는 아빠가 있다는 사실 외에도 형제가 있다는 사실을 알고, 기도할 때 역시 늘 '우리'라는 실존을 염두에 두어야 합니다. 하지만, 오늘

---

19 프란시스 쉐퍼, 『기독교 교회관』, 김재권 (서울: 생명의 말씀사, 2006), 274.
20 [요 13:34-35] 새 계명을 너희에게 주노니 서로 사랑하라 내가 너희를 사랑한 것 같이 너희도 서로 사랑하라 너희가 서로 사랑하면 이로써 모든 사람이 너희가 내 제자인 줄 알리라

106
은밀하게 위대하게

우리의 현실은 이 부분에서 오해와 결손이 큽니다. '공교회' 의식이 결핍된 증상들이 두드러지고 있습니다. 헨리 나우웬은 그리스도인 공동체의 토대에 대해서 이렇게 말합니다.

공동체란 상호 일치성과는 거의 무관합니다. 교육 배경, 심리 상태, 사회 신분 따위의 유사성은 사람들을 한 데 모아 놓을 수는 있으나 결코 공동체의 기반이 될 수는 없습니다. 공동체의 기반은 사람끼리 서로 끌리는 매력에 있는 것이 아니라, 우리를 함께 나란히 부르시는 하나님께 있습니다.

자기들 이익을 보호하고 지위를 옹호하고 자기들 주장을 내세우기 위해 결성된 단체가 많이 있지만, 그 어느 것도 그리스도인 공동체는 아닙니다. 이런 단체는 두려움의 벽을 허물고 하나님께 새로운 공간을 만들어 드리는 것이 아니라, 오히려 현실의 혹은 가상의 침입 세력에 대비하여 자신들의 문을 꼭꼭 걸어 잠급니다.

정확히 말해서, 공동체의 신비는 아무리 제각각 다른 사람일지라도 모든 사람을 다 품어 그리스도의 형제자매로, 하늘 아버지의 아들딸로 함께 살게 하는 데 있습니다.[21]

윌리엄 에드거(William Edgar, 1944~)는 쉐퍼에 대해서 말하며, 우리에게 필요한 것은 하나님의 거룩하심과 사랑의 요구 두 가지 모두를 지지하는 것이라고 말합니다. 우리는 과연 옳은 것에 대해 타협하는 것과 그리스도 안에서 우리의 하나됨을 무시하는 것 모두 똑같이 잘못된 것임을 확신합니까? 쉐퍼는, 이런 균형이 없다면 세상은 성부께서 성자를 보내셨다는

---

21   헨리 나우웬, 『모든 것을 새롭게』, 윤종석 옮김 (서울: 두란노, 2017), 79-80.

것을 알지 못한다고 했습니다.[22] 그러면서 에드거는 쉐퍼가 제시한 감동적인 사례를 말합니다.

> 제2차 세계대전 상황에서 플리머스 형제단 안에서 일어났다. 히틀러가 모든 종교 단체들에 국가에 등록할 것을 요구했을 때, 형제단의 절반은 그 명령을 따랐고 나머지 절반은 따르지 않았다. 물론 국가에 등록한 이들은 그 시절을 좀 더 쉽게 보낼 수 있었다. 하지만 그로 인해 그들은 자유주의적 프로테스탄트에 가까워졌고 얼마간 교리를 훼손할 수밖에 없었다. 등록을 거부했던 이들 중 많은 이들은 나치 수용소에서 큰 상실과 고통을 경험했다. 전쟁이 끝난 후, 양측의 화해가 절실히 요구되었다. 그래서 두 그룹이 여러 날 동안 함께 모였고, 자신들의 영적 상황을 다 드러내고, 서로의 마음을 살폈다. 그리고 마침내 한 증인의 말에 따르면 "우리는 하나가 되었다."[23]

복수(複數)를 넘어서

기도는 같이 합심하여 할 때도 있지만, 홀로 할 때도 있습니다. 홀로 할 때, 예수님은 '골방 기도'를 추천하십니다. 게다가 그 골방의 문을 꽉 닫으라고 하십니다. 단독으로 기도할 때이니까 '나의 아버지'라고 하나님을 부르는 것이 자연스럽다고 여길 수 있겠지만, 예수님은 여기서도 하나님을 '우리 아버지'라고 가르치십니다. 우리가 홀로 주님께서 가르쳐 주신 기도를 할 때 '하늘에 계신 나의 아버지'라고 기도하지 않고, "하늘에

22 윌리엄 에드거, 『쉐퍼가 말하는 그리스도인의 삶』, 김광남 옮김 (서울: 아바서원, 2015), 230-231.
23 위의 책, 231.

계신 우리 아버지"라고 기도하는 까닭이 바로 그것입니다. 주기도의 문자에 얽매이는 게 아니라 그 의미에 묶여 있기 때문입니다. 즉, 이 '우리'는 '복수(複數)'를 넘어선 의미입니다. 서로 이방인, 낯선 사람, 남남이 아니요, 한 아버지의 형제라는 사실입니다. '우리'는 곧 '형제'입니다.

그러므로 교회 공동체의 어떤 기도자도 '홀로' 있지 않습니다. 엘리야 선지자는 갈멜산에서 이스라엘 백성들에게 "여호와의 선지자는 나만 홀로 남았으나"(왕상 18:22)라고 말합니다. 그리고 호렙산에서도 하나님께 "오직 나만 남았거늘"(왕상 19:10, 14)이라 말하지만, 하나님은 "그러나 내가 이스라엘 가운데에 칠천 명을 남기리니 다 바알에게 무릎을 꿇지 아니하고 다 바알에게 입맞추지 아니한 자니라"고 말씀하십니다(왕상 19:18). 만약 우리가 그 자리에 엘리야와 함께 있었다면 어떤 노래를 불러 주고 싶으십니까? 저는 〈누군가 널 위해 기도하네〉를 부르겠습니다. 분위기를 다잡고 일단 1절을 부를 것입니다.

당신이 지쳐서 기도할 수 없고 눈물이 빗물처럼 흘러내릴 때
주님은 아시네 당신의 약함을 사랑으로 돌봐 주시네
누군가 널 위하여 누군가 기도하네
네가 홀로 외로워서 마음이 무너질 때 누군가 널 위해 기도하네

엘리야 선지자 얼굴에 '제발 그만'이라는 표정이 가득하더라도, 저는 멈추지 않고 2절 끝까지 다 부를 것입니다.

당신이 외로이 홀로 남았을 때 당신은 누구에게 위로를 얻나
주님은 아시네 당신의 마음을 그대 홀로 있지 못함을

조용히 그대 위해 누군가 기도하네

네가 홀로 외로워서 마음이 무너질 때 누군가 널 위해 기도하네

오늘날 엘리야 선지자와 방불한 처지에 놓여 있는 이들에게도 '우리'라는 실제와 실존을 알리고 싶습니다. 우리 각자는 결코 혼자가 아닙니다. 교회 공동체가 연보하며 기도합니다. 우리에게는 형제가 있으며, 예수님께서 항상 살아서 우리를 위하여 간구하시며(히 7:25; 롬 8:34),[24] 성령님도 우리의 연약함을 도우십니다(롬 8:26).[25]

하지만 한 바리새인은 '서서 따로' 기도합니다(눅 18:11).[26] '따로 기도', '남남 기도'. 이것은 이방인의 기도입니다. 이는 스스로를 '자가 격리'시켜 버리는 것입니다. 그러하기에 예수님은 저희를 본받지 말고(마 6:8), 너희는 이렇게 기도하라(마 6:9)고 가르쳐 주십니다. '하나님 우리 아버지'라고, 서로가 남남이 아니라 '형제'라고 말입니다. 따라서 다윗의 이 고백은 바로 교회의 노래입니다. "보라 형제가 연합하여 동거함이 어찌 그리 선하고 아름다운고 머리에 있는 보배로운 기름이 수염 곧 아론의 수염에 흘러서 그의 옷깃까지 내림 같고 헐몬의 이슬이 시온의 산들에 내림 같도다 거기서 여호와께서 복을 명령하셨나니 곧 영생이로다"(시 133:1-3).

예수님께서 가르쳐 주신 기도를 여는 법은 '우리 아빠'라 부르는 것입니다. 예배는 하나님의 이름을 부르는 행위입니다. 하나님의 이름을 부

---

24 [히 7:25] 그러므로 자기를 힘입어 하나님께 나아가는 자들을 온전히 구원하실 수 있으니 이는 그가 항상 살아 계셔서 그들을 위하여 간구하심이라

　　[롬 8:34] 누가 정죄하리요 죽으실 뿐 아니라 다시 살아나신 이는 그리스도 예수시니 그는 하나님 우편에 계신 자요 우리를 위하여 간구하시는 자시니라

25 [롬 8:26] 이와 같이 성령도 우리의 연약함을 도우시나니 우리는 마땅히 기도할 바를 알지 못하나 오직 성령이 말할 수 없는 탄식으로 우리를 위하여 친히 간구하시느니라

26 [눅 18:11] 바리새인은 서서 따로 기도하여 이르되 하나님이여 나는 다른 사람들 곧 토색, 불의, 간음을 하는 자들과 같지 아니하고 이 세리와도 같지 아니함을 감사하나이다

른다는 것은 사람들이 하나님의 속성들 곧 그분의 지혜, 선, 권능, 의, 진리 그리고 긍휼 때문에 하나님께 찬양을 드린다는 것을 의미합니다.[27] 예수님은 그 하나님의 이름을 '우리 아빠'라고 부르라고 알려 주신 것입니다. 그러므로 교회가 '우리'를 버린다면 주님께서 '우리에게 주신 기도'를 버리는 셈인 것만이 아니라, 하나님의 '우리 아빠 되심'까지 버리는 셈이기도 한 것입니다.

사도 바울은 아레오바고 가운데 서서 "아덴 사람들아 너희를 보니 범사에 종교심이 많도다"(행 17:22)라고 하며, 설교 중에 "우리가 그를 힘입어 살며 기동하며 존재하느니라 너희 시인 중 어떤 사람들의 말과 같이 우리가 그의 소생이라 하니 이와 같이 하나님의 소생이 되었은즉 하나님을 금이나 은이나 돌에다 사람의 기술과 고안으로 새긴 것들과 같이 여길 것이 아니니라"(행 17:28-29)라고 말합니다. 여기서 "하나님의 소생이 되었은즉"은 무슨 의미일까요? 그것은 모두가 하나님의 자녀요, 하나님께서 만민의 아버지이시다는 뜻입니다. 아더 핑크는 어찌하여 하나님께서 우리를 하나님의 자녀라 일컬으시는지 세 가지로 말합니다.

우리는 우리를 가장 이롭게 하시려는 뜻을 마음속에 품고 계신 하나님께로 나아가도록 초대받고 있는 것이다. "보라 아버지께서 어떠한 사랑을 우리에게 베푸사 하나님의 자녀라 일컬음을 받게 하셨는가"(요일 3:1). 첫째로, 하나님은 우리를 창조하심으로써 우리의 '아버지'가 되신다(말 2:10). 둘째로, 하나님은 계약의 관계 맺음으로써 우리의 아버지가 되신다. 그런데 그 계약 관계는 그리스도와의 일체적 연합에 의해 이루어지는 것이다. 즉, 하나님은 그리스도의 아버지이기 때문에 우리의 아버지이신 것이다(요 20:17). 셋째로, 중생(重生)으로 말미암

27 장 깔뱅, 『깔뱅의 요리문답』, 한인수 옮김 (전주: 경건, 1995), 77.

아 하나님은 우리의 아버지가 되신다. 즉, 우리는 거듭나게 될 때 "신성한 성품에 참여하는 자가 되는" 것이다(갈 4:6; 벧후 1:4). 이토록 감미로운 관계를 이끌어 내는 것은 오직 믿음뿐이다.[28]

예수님은 대제사장적 기도에서 이를 분명히 하십니다. "내가 그들을 위하여 비옵나니 내가 비옵는 것은 세상을 위함이 아니요 내게 주신 자들을 위함이니이다 그들은 아버지의 것이로소이다"(요 17:9). 그렇습니다. 하나님의 자녀로 입적, 즉 입양되어 "양자의 영을 받아 이로써 아바 아버지"라 부르게 된 것입니다. 이 자녀들이 바로 우리입니다.

'우리'는 하나님의 존재 방식

그런데 알고 보면, 하나님께서 먼저 '우리'라는 표현을 사용하셨습니다. 원조이시죠. 이 얼마나 놀랍습니까. '우리'라는 표현은 단지 단수(單數)가 아닌 복수(複數)임을 의미하는 정도가 아닙니다. '우리'는 신적인 용어입니다. 하늘 용어요, 천국의 삶입니다. 하나님의 속성을 처음으로, 존재 방식을 처음으로 나타내심입니다. 범죄한 아담 이후 첫 아담의 후예들은 개별적인 나를 주장하기 좋아했습니다. 아담을 보십시오. 아담은 선악과를 먹은 후 "하나님이 주셔서 나와 함께 있게 하신 여자 그가 그 나무 열매를 내게 주므로 내가 먹었나이다"(창 3:12)라고 변명했습니다. 아니, 돕는 배필(창 2:18)을 '그 여자'라고 하다니요.

아담은 긴급 상황이 오니까 면피(免避)하려고 '너는 너, 나는 나. 너 죽고, 나 살자'로 막가자는 것이었습니다. 아담은 사랑도 없고, 의리도 없

---

28 아더 핑크, 『산상수훈 강해』, 지상우 옮김 (고양: 크리스챤다이제스트, 2018), 210.

고, 책임도 없고, 체면도 없었습니다. 그런 몰골의 아담이 하와를 처음 만났을 때는 뭐라고 멘트를 날렸습니까? "이는 내 뼈 중의 뼈요 살 중의 살이라 이것을 남자에게서 취하였은즉 여자라 부르리라"(창 2:23)고 했던 아담 아닙니까? 결혼만 해 주면 손에 물 한 방울 안 묻히게 해 주겠다고, 호강시켜 주겠다고 했으면서 기껏 한다는 것이 아내에게 다 떠넘기는 모습입니다. 참 못난 모습이죠. 죄는 이렇게 '우리'를 갈라놓고, 분열시키고, 연합을 깨뜨립니다. "한 몸을 이룰지니라"가 아니라 '둘로 나뉠지니라'로 향하게 합니다.

다시 말하지만 '우리'는 신적인 용어입니다. 이걸 신학에서는 '삼위일체(三位一體)'라고 합니다. 하나님은 사람을 만드시기 전에 이렇게 말씀하셨습니다. "우리의 형상을 따라 우리의 모양대로 우리가 사람을 만들고 그들로 바다의 물고기와 하늘의 새와 가축과 온 땅과 땅에 기는 모든 것을 다스리게 하자"(창 1:26). 놀랍죠? 하나님께서 '우리'라고 말씀하십니다. 여기서 우리는 누구를 말합니까? 요한복음의 시작을 보면 알 수 있습니다. "태초에 말씀이 계시니라 이 말씀이 하나님과 함께 계셨으니 이 말씀은 곧 하나님이시니라 그가 태초에 하나님과 함께 계셨고 만물이 그로 말미암아 지은 바 되었으니 지은 것이 하나도 그가 없이는 된 것이 없느니라"(요 1:1-3). 성자께서 계셨다는 것을 밝히 알리십니다. 그리고 창세기 1장 2절에는 "땅이 혼돈하고 공허하며 흑암이 깊음 위에 있고 하나님의 영은 수면 위에 운행하시니라"고 성령께서 계셨음을 증거합니다. 바로 성부와 성자와 성령께서 '우리'이십니다. 신약 학자 스캇 맥나이트(Scot McKnight, 1953~)의 글은 우리가 하나님의 삼위일체, 즉 '우리'라는 말씀을 이해하는 데 도움을 줄 수 있습니다.

만약 창조가 하나님의 본질, 즉 하나님 되심을 확장한 것이라면, 에이콘이라는 우리의 지위는 곧 하나님의 본질의 표현인 것이다! 이러한 신학적인 사상을 페리코레시스(perichoresis, 'peri'는 둘레, 'choresis'는 춤이라는 뜻으로 함께 주위를 뱅뱅 도는 춤을 가리킨다. 신학에서는 '상호 침투', '상호 내재'로 번역한다.)라고 한다. ⋯ 페리코레시스는 요한복음에서 기원했으며, 이후 소아시아의 첫 번째 신학자들 중 한 사람인 닛사의 그레고리우스(Gregory of Nyssa)가 이 용어를 완전하게 풀어냈다. 예수께서는 요한복음 10장에서 "아버지께서 내 안에 계시고, 내가 아버지 안에 있다"라고 말씀하셨다. 페리코레시스의 교리는 하나님은 상호 관통하시며 상호 내주하시는 삼위일체의 위격들로서 존재하신다고 가르친다. 다시 말해 하나님의 영원하신 실재는 성부와 성자, 성령 사이의 사랑이다. 이것이 바로 하나님께서 행하셨던 일이며 지금도 행하시는 일이고 영원히 행하실 일이다. 이것이 바로 하나님의 본질, 즉 하나님 되심이다.[29]

조직신학 교수인 다니엘 L. 미글리오리는 하나님은 세상과의 관계 속에 들어오시는데, 아버지와 아들과 성령이신 하나님은 서로 자신을 복종시키는 사랑의 살아 있는 과정이라고 말합니다.

나는 삼위일체 신앙의 이 깊은 원리를, 다른 사람을 위하여 자신을 자유로이 내어주며, 상호 의존하며 삶을 나누는 공동체를 창조하는 신비한 하나님의 사랑의 원리라고 정의해 왔다. 하나님은 이런 식으로 세상을 창조하고, 세상과 관계한다. 왜냐하면 이것이 하나님이 영원한 하나님이 되는 길이기 때문이다. ⋯⋯ 하나님은 우연이 아니라, 영원히 자유 속에서 사랑하신다. 하나님은 세상과 더불어 손상되기 쉬운 관계, 더 나아가 덧없고 박탈당하고 고통당하고 죽기까지

29   스캇 맥나이트, 『배제의 시대 포용의 은혜』, 박세혁 옮김 (서울: 아바서원, 2013), 53-54.

하는 세상의 관계 속에 들어오시는데, 왜냐하면 아버지와 아들과 성령이신 하나님은 본질적으로 서로 자신을 복종시키시는 사랑의 살아 있는 과정이기 때문이다.[30]

새로운 우리 탄생: 교회

이제 그 '우리'이신 하나님께서 아담에게 "이러므로 남자가 부모를 떠나 그 아내와 연합하여 둘이 한 몸을 이룰지로다"(창 2:24)라고 명령하셨습니다. 하지만 이 '우리'의 연합, 즉 한 몸 됨이 범죄함으로 깨어졌습니다. 그럼에도 불구하고 성자 하나님이신 예수 그리스도가 오셔서 이제 새로운 '우리'를 창조하십니다. 바로 교회입니다(마 16:18).[31]

사도 바울은 말합니다. "떡이 하나요 많은 우리가 한 몸이니 이는 우리가 다 한 떡에 참여함이라"(고전 10:17), "우리가 유대인이나 헬라인이나 종이나 자유인이나 다 한 성령으로 세례를 받아 한 몸이 되었고 또 다 한 성령을 마시게 하셨느니라"(고전 12:13), "이와 같이 우리 많은 사람이 그리스도 안에서 한 몸이 되어 서로 지체가 되었느니라"(롬 12:5), "너희도 성령 안에서 하나님이 거하실 처소가 되기 위하여 그리스도 예수 안에서 함께 지어져 가느니라"(엡 2:22). 이 얼마나 놀랍고 경이로운 일입니까.

첫 아담은 아내와 자기의 구분됨을 주장했습니다. 죄의 현상입니다. 하지만 두 번째 아담으로 오신 성자 예수님은 신랑으로서 끝까지, 죽기까지 사랑하십니다. 그리고 우리는 다 예수 그리스도 안에서 지어져 갑니

---

30 다니엘 L. 미글리오리, 『조직신학입문』, 이정배 옮김 (서울: 나단, 1994), 115-121.
31 [마 16:18] 내가 이 반석 위에 내 교회를 세우리니 음부의 권세가 이기지 못하리라

다. 예수님께서 가르쳐 주신 기도를 배우고 익히고 기도하고 생활화한다는 것은 지금 '우리'가 하나님 나라의 합당한 지체로 만들어져 감을 믿는 것이기도 합니다.

스탠리 하우어워스(Stanley Hauerwas, 1940~)는 기독교를 어떤 조직체나 바른 행동 강령 정도로 생각하지 말라고 합니다. 어떤 백성이 걷고 있는 여정의 이름으로 기독교를 생각하라고 합니다.[32] 이스라엘이 십계명을 받아서 성전을 짓고, 제사를 드리고, 율법을 지키는 사람들이라고 딱딱하게 생각하지 말고, 그들이 어떤 여정을 걷는 하나님의 백성인지 생각해 보자는 것입니다. 우리는 기독교를 그런 맥락에서 바라봐야 합니다. 이 여정은 예수님과 함께 가는 길입니다. 제자들은 그래서 쉴 새 없이 예수님과 함께했습니다.

세상이 우리에게 신뢰하라고 한 주입식 교육은 그 안전 수단이 빵이나 전대나 여분의 옷가지였으나(막 6:6-8), 이 길은 예수님을 신뢰하며 가는 길입니다. 따라서 전적으로 모험입니다. 주기도를 함께하며, 함께 살아가며, 함께 먹음으로 우리는 하나님 나라의 한 백성이 되어 갑니다. 주기도를 하는 교회 공동체는 하나님께서 이 세상에 현존하심을 말해 주는 '형상'입니다.

'우리'는 성도의 교제를 나누는 사이입니다. 따라서 사도 바울은 "주 예수 그리스도의 은혜와 하나님의 사랑과 성령의 교통하심이 너희 무리와 함께 있을지어다"(고후 13:13)라고 말하는데, 성령의 교통하심이란 '코이노니아(κοινωνία)', 즉 교제나 사귐을 말하기 때문입니다.

'나와 너'가 '우리'가 될 수밖에 없는 까닭은 한 건물과 장소에서 예배를

---

32 스탠리 하우어워스, 윌리엄 윌리몬, 『주여, 기도를 가르쳐 주소서』, 이종태 옮김 (서울: 복있는 사람, 2015), 20.

드리기 때문이 아닙니다. 우리가 다 한 성령을 받고 그 성령의 사역으로 말미암기 때문입니다. 하나님께서 새 언약을 주시면서 말씀하셨습니다. "그들이 다시는 각기 이웃과 형제를 가리켜 이르기를 너는 여호와를 알라 하지 아니하리니 이는 작은 자로부터 큰 자까지 다 나를 알기 때문이라"(렘 31:34). 그리고 예수님께서도 "내가 아버지께로부터 너희에게 보낼 보혜사 곧 아버지께로부터 나오시는 진리의 성령이 오실 때에 그가 나를 증언하실 것이요"(요 15:26) 라고 말씀하셨습니다. 성령께서 예수님을 알게 하신다는 것입니다. 로마서 8장 9-16절에서도 하나님의 영으로 인도함을 받는 이들이 곧 하나님의 아들이라고 말씀합니다. "만일 너희 속에 하나님의 영이 거하시면 너희가 육신에 있지 아니하고 영에 있나니 누구든지 그리스도의 영이 없으면 그리스도의 사람이 아니라 또 그리스도께서 너희 안에 계시면 몸은 죄로 말미암아 죽은 것이나 영은 의로 말미암아 살아 있는 것이니라 예수를 죽은 자 가운데서 살리신 이의 영이 너희 안에 거하시면 그리스도 예수를 죽은 자 가운데서 살리신 이가 너희 안에 거하시는 그의 영으로 말미암아 너희 죽을 몸도 살리시리라 그러므로 형제들아 우리가 빚진 자로되 육신에게 져서 육신대로 살 것이 아니니라 너희가 육신대로 살면 반드시 죽을 것이로되 영으로써 몸의 행실을 죽이면 살리니 무릇 하나님의 영으로 인도함을 받는 사람은 곧 하나님의 아들이라 너희는 다시 무서워하는 종의 영을 받지 아니하고 양자의 영을 받았으므로 우리가 아빠 아버지라고 부르짖느니라 성령이 친히 우리의 영과 더불어 우리가 하나님의 자녀인 것을 증언하시나니"

예수님은 "내가 곧 길이요 진리요 생명이니 나로 말미암지 않고는 아버지께로 올 자가 없느니라 너희가 나를 알았더라면 내 아버지도 알았으리로다 이제부터는 너희가 그를 알았고 또 보았느니라"(요 14:6, 7)라고 말씀하십니다. 결국 그리스도의 영, 하나님의 영인 성령과 예수 그리스도가 아니면 하나님을 온전히 알 수 없다는 것입니다.[33] 아더 핑크는 베드로전서 1장 3절 말씀에서 '주 예수 그리스도의 아버지 하나님'이라 표현하지 않고 "우리 주 예수 그리스도의 아버지 하나님"이라고 하는 점을 주의 깊게 봐야 한다고 말합니다.

다시 말하면, 우리에 대한 하나님의 관계가 우리의 보증인에 대한 하나님의 관계에 의해 결정된다는 말이다. …… 그러므로 그리스도인이 하나님을 "우리 주 예수 그리스도의 아버지 하나님"으로 말할 때 그는 자발적으로 비하하시고 하나님께 의존하는 위치에서, 즉 성육신하신 아들을 통하여 영원한 구원의 조성자로서의 하나님을 인정하는 것이다. 이 말의 깊은 의미는 하나님은 인간이 하나님께서 죄인들의 구주요, 하나님과 인간 사이의 유일한 중보자로 임명하여 보내신 그리스도와 연합할 때에야 비로소 그의 아버지가 되신다는 말이다.[34]

---

33 김현진, 『공동체 신학』 (서울: 예영커뮤니케이션, 1999), 62.
34 아더 핑크, 『영적인 기도』, 지상우 옮김 (서울: 엠마오, 1997), 76-77.

1. 나의 삶에서 가장 가슴 떨리는 만남이 있었다면 언제였나요? 그리고 누구와의 만남인가요? 그 만남에 지금도 가슴이 떨리나요? 그 가슴 떨림을 한번 말해 볼까요?

2. 교회는 '우리 공동체'입니다. 이 우리 공동체가 피부에 와 닿은 적이 있나요? 어느 때 그렇게 느껴졌나요? 혹 없었다면 왜 없었을까요?

3. 우리 공동체, 형제 공동체인 교회 공동체가 다른 일반 단체와는 다른가요, 같은가요? 그렇다면 어떤 점에서 다르고, 어떤 면에서 같다고 생각되나요?

4. 우리가 하나님의 자녀라 불림을 받는 까닭은 무엇일까요? 아더 핑크가 말하는 세 가지 외에 더 생각해 봅시다.

5. 우리들의 말 습관은 '우리'라는 표현을 쉽게 사용합니다. 하지만 '우리'라는 말의 근원은 사람이 아니라 하나님이시죠. 그러면 왜 '우리'라는 말을 신적인 용어라고 말할 수 있을까요?

제4강

하늘에 계신 우리 아버지여

하늘로 돌아가리라

천상병 시인(1930-1993)은 "나 하늘로 돌아가리라"하고 노래합니다. 하늘, 바로 그곳이 우리의 본향이기 때문입니다. 420년도 더 전에 주기도 해설을 쓴 윌리엄 퍼킨스(William Perkins, 1558-1602)는 "여기서 우리는 기도할 때, 우리의 마음이 하늘에 올라가야 하며, 주님과 함께 있어야 한다는 것을 생각해야 한다. 시편 25편 1절은 '여호와여 나의 영혼이 주를 우러러보나이다'라고 한다."[1]라고 말합니다.

아침 하늘이든 밤하늘이든 바라보면서 천상병 시인의 〈귀천(歸天)〉을 감상해 보시면 좋을 것 같습니다. 또, 해질 들녘에 누워 하늘을 바라보면서, 이 〈귀천〉의 시어로 부른 노래를 들어 보셔도 너무 좋을 것 같습니다.

나 하늘로 돌아가리라.

새벽빛 와 닿으면 스러지는

---

1   윌리엄 퍼킨스, 『주기도 해설』, 김영호 옮김 (수원: 합신대학원출판부, 2018), 95.

이슬 더불어 손에 손을 잡고,

나 하늘로 돌아가리라.

노을빛 함께 단둘이서

기슭에서 놀다가 구름 손짓하면은,

나 하늘로 돌아가리라.

아름다운 이 세상 소풍 끝내는 날,

가서, 아름다웠다고 말하리라……[2]

'하나님 아빠', 이것은 주기도를 이해하고 주기도를 실제화함에 있어서 핵심과 같습니다. 그런데 그 하나님 아빠가 어디에 계신다고 하냐면, '하늘'에 계신다고 합니다. 하늘에 계신다고 하니까 어떻게 느껴지십니까? 가깝게 느껴지십니까, 멀게 느껴지십니까? 다른 대륙에 계신다고만 해도 멀리 있다고 느껴질 터인데, 하늘이라니 얼마나 멀게 느껴지십니까? 그럼에도 예수님은 그 아빠가 하늘에 계신다고 하십니다. 그렇다면 하나님 아빠는 가까이 하기에 너무 먼 아빠일까요? 예수님의 말씀을 통해서 보면, 예수님의 의도는 그것이 아님을 알 수 있습니다.

예수님은 왜 하나님께서 "하늘에 계신"다고 가르쳐 주셨을까요? 예수님께서 유대인으로 나셨다는 배경을 소홀히 해서는 안 될 것 같습니다. 유대인들은 하늘이 3층천으로 되어 있다고 보았습니다. 사도 바울도 셋째 하늘에 이끌려 간 이야기를 했습니다(고후 12:2).[3] 그 셋째 하늘을 낙원이라고 했습니다(고후 12:4).[4] 따라서, 유대인들이 생각한 첫째 하늘은 대

---

2 천상병, 『아름다운 이 세상 소풍 끝내는 날』 (서울: 미래사, 1997), 33.
3 [고후 12:2] 내가 그리스도 안에 있는 한 사람을 아노니 그는 십사 년 전에 셋째 하늘에 이끌려 간 자라 (그가 몸 안에 있었는지 몸 밖에 있었는지 나는 모르거니와 하나님은 아시느니라)
4 [고후 12:4] 그가 낙원으로 이끌려 가서 말로 표현할 수 없는 말을 들었으니 사람이 가히 이르지 못할 말이로다

기권으로 새가 날고 구름이 있는 곳이고, 둘째 하늘은 천체, 별이 있는 곳이고, 셋째 하늘은 하나님의 보좌가 있는 하나님이 계신 곳입니다. 그렇다면 예수님께서 기도하실 때, 특별히 축사하시며 "하늘을 우러러" 보실 때는 단지 첫째 하늘과 둘째 하늘만이 아닐 것입니다. 하나님의 보좌가 있는 셋째 하늘까지입니다. 어쨌든 하늘을 우러러 보시는 예수님의 모습을 보고 많은 사람들도 따라서 하늘을 바라보았을 것입니다. 그리고 하나님께서 하늘에 계신다는 것을 새삼 떠올렸을 것입니다.

월리엄 퍼킨스는 "그러나 이 기도는 우리에게 우리의 눈을 하늘로 들도록 가르친다. 왜냐하면 하나님이 거기 계신 줄 알기 때문이다. 만일 우리의 마음과 눈이 사람의 재주로 만들어진 형상물에 쏠려 있다면, 어떻게 그럴 수 있겠는가?"라고 말합니다.[5]

> "예수께서 떡 다섯 개와 물고기 두 마리를 가지사 하늘을 우러러 축사하시고 떡을 떼어 제자들에게 주어 사람들에게 나누어 주게 하시고 또 물고기 두 마리도 모든 사람에게 나누시매"(막 6:41)
>
> "하늘을 우러러 탄식하시며 그에게 이르시되 에바다 하시니 이는 열리라는 뜻이라"(막 7:34)
>
> "예수께서 이 말씀을 하시고 눈을 들어 하늘을 우러러 이르시되 아버지여 때가 이르렀사오니 아들을 영화롭게 하사 아들로 아버지를 영화롭게 하게 하옵소서"(요 17:1)

예수님은 이렇게 하늘을 우러러 보실 때마다, 살아 계신 하나님께서 하늘에 계신다는 위엄과 경외를 느끼며, 하나님을 동떨어진 분으로 여기

---

5   월리엄 퍼킨스, 『주기도 해설』, 김영호 옮김. (수원: 합신대학원출판부, 2018), 93-94.

지 않았습니다. 그런데 세리는 하늘을 우러러 기도하지 못했습니다. 감히 하나님의 보좌, 하나님의 얼굴을 바라보며 말할 면목조차 없다고 여겼습니다. "세리는 멀리 서서 감히 눈을 들어 하늘을 쳐다보지도 못하고 다만 가슴을 치며 이르되 하나님이여 불쌍히 여기소서 나는 죄인이로소이다 하였느니라"(눅 18:13)

또한 스데반 집사는 그의 생명의 백척간두(百尺竿頭) 순간 속에서 하늘을 바라봤습니다. 거기에 하나님께서 계시기 때문이었습니다. 그리고 스데반 집사는 보았습니다. 새가 나는 공중이 아니라 셋째 하늘입니다. 스데반 집사는 "성령 충만하여 하늘을 우러러 주목하여 하나님의 영광과 및 예수께서 하나님 우편에 서신 것을 보고"(행 7:55)는 "보라 하늘이 열리고 인자가 하나님 우편에 서신 것을 보노라"(행 7:56)라고 말합니다. 그러자 더 이상 들어 줄 수가 없을 정도로 흥분한 유대인들이 성 밖으로 스데반을 끌어내고는 돌로 쳤습니다. 죽으라고. 흥분하고 격노한 유대 군중들과는 달리 스데반은, 돌에 맞아 죽어 가며 하늘의 하나님께 부르짖어 기도를 합니다. "주 예수여, 내 영혼을 받으시옵소서"(행 7:59-60)

하나님은 하늘에 계시고

성경에서 하늘은 공간적인 의미로 쓰이기도 하고 땅과 대조의 의미, 즉 차원이 다른 세계라는 의미로 사용되기도 합니다. 땅은 인간의 영역이지만, 하늘은 하나님의 영역, 신적 영역입니다. 전도서 5장 2절을 보시면, "하나님 앞에서 말을 꺼낼 때에, 함부로 입을 열지 말아라. 마음을 조급하게 가져서도 안 된다. 하나님은 하늘에 계시고, 너는 땅 위에 있으니, 말을 많이 하지 않도록 하여라"(표준새번역)고 말합니다.

헤르만 바빙크(Herman Bavinck, 1854-1921)는 모든 이들이 진정 하나님을 구하고 있지만, 모두가 올바른 방법으로 구하는 것은 아니라고 말합니다.

그러므로 아우구스티누스가 또한 선언한 바와 같이, 모든 사람들이 진정 하나님을 구하고 있지만, 모두가 올바른 방법으로 구하는 것도, 올바른 곳에서 구하는 것도 아닌 것이다. 그들은 이 아래에서 찾고 있는데, 하나님은 저 위에 계시다. 그들은 이 땅에서 하나님을 찾으나, 그는 하늘에 계시다. 그들은 하나님을 멀리서 찾고 있으나, 그는 가까이에 계시다. 그들은 돈에서, 재물에서, 명예에서, 권력에서, 열정에서 하나님을 찾고 있으나, 그는 높고 거룩한 곳에 계시며 통회하고 마음이 겸손한 자와 함께 계시는 것이다(사 57:15). 그런데도 그들은 혹시 그를 느끼고 그를 발견할까 하여(행 17:27) 그를 찾아다닌다. 그들은 그를 찾으면서도 동시에 그에게서 도망하는 것이다. 그들은 하나님의 길에 대한 지식에는 관심이 없다. 그러면서도 그들은 하나님 없이 가지를 못한다. 스스로 하나님께로 이끌리면서도 동시에 하나님에게서 떨어져 나가는 것이다.[6]

또, 칼뱅은 우리의 생각을 하늘을 향해 높여야 함을 말합니다.

이 말(하늘에 계신)은 또한 하나님은 고귀하시며, 능력이 있으시며, 불가해한 분이시라는 것을 뜻한다. 그래서 만일 우리가 이것을 이해한다면 하나님의 이름이 불리어질 때마다 우리의 생각을 하늘을 향해 높여야 한다. 이는 우리가 육적이고 세상적인 방식으로 하나님을 상상하거나 우리 자신의 이해의 폭에 따라 하나님을 측정하지 않기 위함이며, 하나님의 뜻을 우리의 욕망에 충족시키지

6   헤르만 바빙크, 『개혁교의학 개요』, 원광연 옮김 (고양: 크리스챤다이제스트, 2004), 14.

않기 위함이다.[7]

하나님과 사람은 전적으로 다른 차원의 존재입니다. 하나님은 말씀하십니다. "내 생각이 너희의 생각과 다르며 내 길은 너희의 길과 다름이니라 여호와의 말씀이니라 이는 하늘이 땅보다 높음 같이 내 길은 너희의 길보다 높으며 내 생각은 너희의 생각보다 높음이니라"(사 55:8-9). 사람의 유한성과 피조성, 그리고 하나님의 영원성·절대성·창조성은 같은 성질의 차이가 아닙니다. 성경 말씀을 더 보시겠습니다. 이사야 40장 22절입니다. "땅 위의 저 푸른 하늘에 계신 분께서 세상을 만드셨다. 땅에 사는 사람들은 하나님 보시기에는 메뚜기와 같을 뿐이다. 그는 하늘을, 마치 엷은 휘장처럼 펴서, 사람이 사는 장막처럼 쳐 놓으셨다."(표준새번역) 그리고 이렇게 말씀하십니다. "거룩하신 분께서 말씀하신다. 그렇다면, 너희가 나를 누구와 견주겠으며, 나를 누구와 같다고 하겠느냐? 너희는 고개를 들어서, 저 위를 바라보아라. 누가 이 모든 별을 창조하였느냐? 바로 그분께서 천체를 군대처럼 불러내신다. 그는 능력이 많으시고 힘이 세셔서, 하나하나, 이름을 불러 나오게 하시니, 하나도 빠지는 일이 없다."(사 40:25, 26, 표준새번역)

신학에서는 하나님의 이런 절대 타자성을 비공유적(非共有的) 속성(attributes)이라고 명명합니다. 조직신학자 루이스 벌코프(Louis Berkhof, 1873~1957)는 이렇게 설명합니다.

하나님은 자기 충족적인 존재이기 때문에, 어떠한 필연적인 관계 속에서도 존재하지 않는 무한자이지만, 동시에 전체적으로는 그의 창조와, 또한 그의 피조

---

7 장 깔뱅, 『깔뱅의 요리문답』, 한인수 옮김 (서울: 경건, 1995), 76.

물들과 자유롭게 여러 가지 관계를 맺으실 수가 있다. 비공유적인 속성이 하나님의 절대 존재를 강조하는 반면, 공유적인 속성은 하나님께서 그의 피조물들과 여러 가지 관계를 맺으신다는 사실을 강조한다.[8]

친밀함과 버릇없음

우리는 하나님 아빠 앞에서 경외감을 잃지 말아야 합니다. 하나님께서 아빠라고 하는 것은 하나님께 버릇없이 막 대해도 된다는 이야기를 하는 것이 아닙니다. 우리 속담에 '종의 자식을 귀애하니까 생원님 상투에 꼬꼬마 단다.'는 말이 있습니다. 물론 생원과 종의 자식은 신분이 다릅니다. 하지만 부모와 자식지간에 신분이 다르지는 않습니다. 그럼에도 부모와 자식지간에도 지켜야 할 예의와 질서는 있는 법입니다. 아무리 자식이 사랑스러워도 오만방자하여 버릇이 없어도 너무 없다면, 그것은 자식이 잘 자라고 있는 것이 아닙니다. 자녀 된 우리와 하나님 아버지의 관계도 마찬가지입니다. 마가렛 막달렌이 말하는 하나님 아버지와 우리 관계에서 피해야 할 태도들은 우리가 꼭 유념해야겠습니다.

하나님 아버지와 부자 관계라는 독특한 위치에 있었던 예수님은 친밀한 호칭은 사용하셨지만 주제넘은 자세를 취하지는 않으셨다. 친밀한 관계란 동등한 관계를 의미하지는 않는다. 예수님도 "하나님과 동등 됨을 취할 것으로 여기지 아니하셨다."(빌 2:6). 하나님은 복종이 요구되는 아버지의 권위를 가지신 하늘의 아버지로서 항상 보여주신다. 예수님께서 가르치신 기도는 사람들을 놀라게

---

8   루이스 벌코프, 『조직신학 (상)』, 권수경, 이상원 옮김 (고양: 크리스챤다이제스트, 2000), 251.

하기에 충분한 '아바'로 시작되는 것이었지만, 이어서 "이름이 거룩히 여김을 받으시오며"라고 계속되고 있다. 친밀함이 존경과 균형을 이루고, 친숙한 호칭이 경외심과 균형을 이루며, 우리 안에 거하는 하나님의 내재성은 그의 초월성과 균형을 이루는 것이다. … "이름이 거룩히 여김을 받으시옵소서"라는 것은 우리에게 하나님의 위엄과 거룩하심을 느끼게 해주는데, 이는 우리의 기도가 '별 신경을 쓰지 않아도 되는 감상주의로부터 막아주는' 일종의 '방부제'인 것이다. …….. '아바'라고 기도하라는 것이 또한 건강치 못한 개인주의에 대한 변명이 되어서도 안 된다. '나의 아버지'가 아니라 '우리 아버지'라고 부르도록 가르쳐 주셨기 때문이다. 우리는 큰 가족에 속해 있다. 우리들 중 어느 누구도 '하나밖에 없는 자식'은 아니다. '아바'라는 말은 한 몸에 속해 있음을 암시하고 있으며, 우리는 한 분이신 우리의 아버지께 기도할 때 그 몸의 다른 구성원들과 연합하게 되는 것이다.[9]

바벨 땅에 높이 세워지는 문명의 탑도 하늘에 닿고자 함이었습니다. 그것은 단지 높이의 욕망이 아니라 하나님과 같아지려는 것이었습니다. 지금 땅에서 벌어지는 여러 일들도 바벨 땅에서 세워지던 것과 방불합니다. 땅도 하늘이 되고, 하늘도 땅이 되는 그날을 위하여 박차를 가하고 있다고 보여집니다. 이 질주는 브레이크가 아예 없거나 고장나 버린 것 같습니다. 경천보다는 호기심과 욕망의 투영입니다. 그런 세상 풍조 속에서 우리는 하늘에 계신 아빠에게 기도하는 실존을 살아가고 있습니다. 이는 땅과 하늘의 만남입니다. 땅이 솟아오르고 하늘이 내려앉는 것과 같습니다. 개인적 사건을 넘어 이는 우주적 사건입니다.

---

9   마가렛 막달렌, 『예수의 기도』, 이석철 옮김 (서울: 요단출판사, 1999), 88-89.

관계적 거리만큼

말이 공기 진동을 타고 갈 수 있는 물리적 거리는 얼마 되지 못합니다. 그래도 우리말에 '발 없는 말이 천리를 간다'고 합니다. 그런데 기도는 어떻습니까? 하늘에 계신 아빠에게까지 갑니다. 엄청난 이동 속도와 거리를 자랑합니다. 눈물이 눈물 병에 모이고(시 56:8), 기도는 금향로의 향과 섞여 하나님 앞으로 올라갑니다(계 8:3-4). 발 없는 말이 공기 진동을 타고 갈 수 있는 거리는 물리적 거리의 한계가 있습니다. 하지만 하늘에 계신 아버지께 상달되는 기도의 거리는 '물리적 거리'를 초월하는 '관계적 거리'입니다. 하늘에 계신 아버지는 그 관계적 거리 만큼입니다. 그러니까 우리와 하나님의 그 관계적인 거리는요? '우리 아빠다!'입니다. 하늘에 계신다고 해서 엄청난 물리적 거리감을 느낄 이유가 없는 까닭이 바로 그것입니다. 우리는 친절한 아저씨나 아주머니에게 기도하지 않고, 아빠에게 기도합니다.

우리의 싸움은 사람을 상대하는 정도가 아닙니다. 가상의 대상을 상대하는 것도 아닙니다. 이 어두운 세계의 지배자들과 하늘에 있는 악한 영들을 상대하는 것입니다(엡 6:12). 우린 가상 현실이 아닌 영과 육을 가진 현실 세계에서 기도하는 것입니다. 그러므로 우리가 기도한다는 것은 요행을 바람도 아니요, 도피적 피안(彼岸)을 꿈꾸는 것도 아니요, 또한 자기 최면이나 암시도 아닙니다. 우린 하나님께서 들으시는 줄 믿으며, 응답하시고 행동하시는 하나님 아빠이심을 믿는 것입니다. "너희가 기도할 때에 무엇이든지 믿고 구하는 것은 다 받으리라"(마 21:22). 바로 이 믿음은 주님께서 가르쳐 주신 주기도에 근거한 믿음입니다.

예수님은 아빠 하나님께서 특정한 곳, '하늘'에 계신다고 기도하십니다. 하늘은 하나님의 보좌가 있는 곳입니다. 사도신경에서도 예수님께서 "전능하신 하나님 우편에 앉아" 계신다고 고백하는데. 이는 하나님의 통치를 아버지와 아들이 공유하신다는 고백이기도 합니다. 그런데, 우리 못난 성향은 어떻게든 주님의 형상을 닮아 가려 하기보다는, 도리어 어떻게 하든 하나님을 우리 형상대로 만들어 내려고 합니다. 그러다 보니 주기도 사용자의 편리함과 편의를 하나님께 강요하기도 합니다. 하나님 또한 내 취향인 줄로 착각하기도 합니다.

하지만 꼭 기억하시기 바랍니다. 우리가 친근하게, 때론 버릇없게, 또는 가볍게까지 취급하며 부르는 '아빠 하나님'은 또한 '하늘에 계신' 분이시라는 것을 말입니다. 칼뱅의 어린아이들의 신앙을 위한 〈제네바교회의 요리문답〉 제265문답은 이렇게 되어 있습니다.

목사 : 어째서, 무엇 때문에 이 부가어(하늘에 계신)가 필요한가요?
아이 : 우리가 하나님께 기도드릴 때 우리의 생각을 하늘로 들어 올리는 것을 배움으로써 그분을 육적이거나 지상적인 것으로 상상하지 아니하고, 그분을 우리의 이해력에 따라 측정하지 아니하며, 또 그분을 우리의 뜻에 예속시키지 아니하고 오히려 겸손하게 그분의 영광스러운 위엄을 경배하기 위해서입니다. 또한 우리가 하나님께 대해 보다 분명한 신뢰를 갖기 위해서입니다. 왜냐하면 하나님께서는 하늘에 계신 만물의 통치자이시며 주님이 되시기 때문입니다.[10]

---

10 장 칼뱅, 『칼뱅의 요리문답』, 한인수 옮김 (전주: 경건, 1995), 182.

성부와 성자께서 저 하늘과 이 땅에서 다스리고 계시기 때문에, 우리들의 삶은 그리고 온 우주는 우연한 사건들의 연속과 집합, 심지어 우연한 행운의 연속선상이라 할 수 없습니다. 우리의 삶과 온 우주는 사랑이시요 졸지도 주무시지도 않고 일하시는 하나님의 섭리 아래 있습니다. 하늘은 어떤 장소적 혹은 공간적 의미가 아니라, 은유나 관념 또는 언어적 표현에 불과하다고 말하는 것을 경계해야 합니다. 만약 그렇게 주장한다면 하나님 나라, 천국도 그런 식으로 함몰되고 맙니다. 그저 천국은 각자의 마음속에나 있을 뿐이라고 말입니다. 이를 경계해야 합니다. 예수님은 하나님께서 계신 곳이 '하늘'이라고 분명하게 말씀하십니다. 의미적인 풍성을 꾀하려다 본질을 내다 버리면 곤란합니다. 루터의 말처럼 목욕물을 버리려다 아이까지 버리면 안 됩니다.

하늘이 은유나 관념이라면, 성육신하시고 몸으로 부활하신 예수님 그리고 승천하신 예수님은 그럼 어디에 계시다는 말입니까? 다 무너뜨리려 하는 원수 마귀의 교묘한 술책입니다. C. S. 루이스(Clive Staples Lewis, 1898–1963)는 천국을 그저 마음의 상태로 생각하는 관념이 소망이라는 지극히 기독교적인 덕목을 너무도 시들하게 해 버렸다는 사실과 결코 무관하지 않다고 생각합니다.[11]

> 흔히 말하는 "천국은 마음의 상태다"라는 말은 현재 우리가 겪고 있는 이 과정의 싸늘한, 죽음 같은 국면을 잘 보여 주는 하나의 증거입니다. … 이것이 바로 기독교를 제외한 모든 위대한 종교들이 말하는 바입니다. 그러나 하나님이 세상을 만드셨고, 그 만드신 세상을 좋다고 말씀하셨다고 가르치는 기독교는 자연이나 환경이 영적 지복과 그저 무관한 것일 수 없다고 가르칩니다. 비록 한

---

11   C. S. 루이스, 『기적』, 이종태 옮김 (서울: 홍성사, 2008), 322.

특정 자연에서, 그 자연의 종노릇 기간 동안 그 둘의 관계가 아무리 멀어졌다고 하더라도 말입니다. 몸의 부활을 가르침으로써, 기독교는 천국이 단순히 영의 상태가 아니라 몸의 상태이기도 하다는 것, 따라서 자연의 상태이기도 하다는 것을 가르칩니다. … 바울 사도가 말했던 것처럼, 우리는 옷 벗기를 갈망하는 것이 아니라 다시 옷 입혀지기를 갈망하는 것입니다(고후 5:4 참조). 다시 말해 우리는 모든 곳이면서 동시에 아무것도 아닌 어떤 무정의 장소를 갈망하는 것이 아니라, 약속된 땅을 갈망하는 것입니다. 장차 그리스도와 우리 사이에 생겨날 그 음악을 위한 항구적인, 또 완벽한—현재의 자연은 부분적으로 또 간헐적으로 그렇지만—악기가 되어 줄 그런 자연을 갈망하는 것입니다.[12]

사도신경에서 "전능하사 천지를 만드신 하나님 아버지를 내가 믿사오며"라고 고백합니다. 시편에 "주의 손가락으로 만드신 주의 하늘과 주의 베풀어 두신 달과 별들을 내가 보오니 여호와 우리 주여 주의 이름이 온 땅에 어찌 그리 아름다운지요"(시 8:3, 9)라고 말하는 것처럼, 하나님은 거처를 창조하신 세계의 바깥이 아니라 그 내부에 두기로, 또한 예수 그리스도 인격 안에 두기로 작정하신 것입니다.

아무도 없는 곳은 없다

하나님께서 하늘에 계신다는 말은 또한 그분이 잘 조망(眺望)하고 계신다는 의미이기도 합니다. 하나님은 높은 곳에서 다 감찰하고 계십니다(시 33:13-14).[13] 우리는 사람에게 보이려고 사람 앞에서 살 것인지, 하늘에 계

---

12 위의 책, 320-321.
13 [시 33:13-14] 여호와께서 하늘에서 감찰하사 모든 인생을 보심이여 곧 그 거하신 곳에서 세상의 모든 거민을 하감하시도다

신 아버지 앞에서 살 것인지 몸으로 답하며 살아 내야 합니다. 그래서 바울 사도는 이렇게 답합니다. "이제 내가 사람들에게 좋게 하랴 하나님께 좋게 하랴 사람들에게 기쁨을 구하랴 내가 지금까지 사람의 기쁨을 구하는 것이었다면 그리스도의 종이 아니니라"(갈 1:10).

주님께서 가르쳐 주신 기도는 바로 '코람데오(Coram Deo)', 즉 우리 자신을 하나님 앞에 서게 하는 기도입니다. 욕망을 걷어내고 하나님 목전에 서는 것입니다. 사람들 눈을 의식하고 그 평가에는 민감하면서도 우리가 하나님을 의식하지 못한다면 이는 매우 어리석은 것입니다. 바리새인은 소위 기도의 대가들이었습니다. 하지만 예수님은 딱 잘라 말씀하십니다. "그러므로 저희를 본받지 말라"(마 6:8). 왜냐하면 사람에게 보이려는 기도는 따를 필요도, 이유도 없기 때문입니다. 그런 연유라면 중언부언하며 오래 기도를 끌 이유도 없는 것입니다. 우리는 자칭 '기도의 대가'들에게 기도를 배워야 함이 아니라, 예수님께 기도를 배워야 합니다. 그래서 제자들은 이제까지 기도의 대가로 여겼던 바리새인과 같은 기도를 하지 않고, 예수님께 기도를 가르쳐 달라고 요청했던 것입니다.

하늘은 잔칫집

사도 요한이 계시록에서 말하는 하늘은 고요하고 적막한 곳이 아닙니다. 도리어 예수님께서 표현하신 것처럼 잔칫집입니다. 잔칫집의 큰 특징은 사람들로 시끌벅적하다는 것입니다. 적막하고 쓸쓸하며 인적이 드물 때 사람들은 '절간 같다'는 말을 하곤 하지만, 이 말은 하나님 나라와는 상관없는 말입니다. 천국은 결코 절간 같지 않습니다. "수천수만의 셀 수 없이 무수한 천사들"(계 5:11)뿐 아니라, 믿음 안에서 죽었고 이제 하늘에서 충만한 삶을 누리는 성도들이 있는 곳이기 때문입니다. 이스라엘 지파 중에서 인 맞은 자가 십사만 사천(계 7:4), 그리고 "각 나라와 족속과 백성과 방언에서 아무라도 능히 셀 수 없는 큰 무리가"(계 7:9) 있는 천국은 조용할(?) 날이 없습니다.

엄한 가부장적 아버지 밑에서 꿀 먹은 벙어리처럼, 다들 주눅이 들어, 기가 죽고 풀이 죽어 있다면 그것은 산 것일까요? 아니요. 죽은 것입니다. 어느 분이 그러셨습니다. 부인이 무서워서 부르면 처음에는 '못 들은 척하다'가 '자는 척하다'가 '아픈 척하다'가 이제는 '죽은 척 한다'고. 웃자고 한 말이지만 가정 생활이 정말 이렇다면 사는 것이 정말 사는 것이라 말할 수 없을 것입니다. 하나님 아버지 앞에서 우리가 이와 같다면 너무 서글프지 않겠습니까? 마음도 몹시 무거울 것입니다.

> "그러므로 그들이 하나님의 보좌 앞에 있고 또 그의 성전에서 밤낮 하나님을 섬기매 보좌에 앉으신 이가 그들 위에 장막을 치시리니 그들이 다시는 주리지도 아니하며 목마르지도 아니하고 해나 아무 뜨거운 기운에 상하지도 아니하리니 이는 보좌 가운데에 계신 어린 양이 그들의 목자가 되사 생명수 샘으로 인도하시고 하나님께서 그들의 눈에서 모든 눈물을 씻어 주실 것임이라"(계 7:15-17)

고리타분하고 따분하고 경직되고 재미라고는 눈곱만큼도 없는 곳이 그 '하늘'이 아닙니다. 우리말에도 '더도 덜도 말고 한가위만 같아라'가 있습니다. 예수님은 천국을 '혼인 잔치'에 비유하시고(마 22:2), 사람들이 동서남북으로부터 와서 하나님 나라 잔치에 참석함을 말씀하십니다(눅 13:39). 천국을 그런 곳으로 보면 됩니다. 우리는 이 땅에서 하늘에 계신 아버지께 기도할 때 하늘의 찬송과 찬양에 우리의 소리를 얹습니다. 우리가 여기서 하는 '성도의 교제'는 바로 그 하늘의 시끌벅적하고 대단한 잔치에 참여함입니다.

아빠 있는 하늘 아래

1977년 작품인 〈엄마 없는 하늘 아래〉는 많은 사람들의 눈물을 흘리게 했던 영화입니다. 어린 아들이 있는 이 땅은 엄마 없는 하늘 아래입니다. 여기에 엄마의 부재가 있습니다. 그렇다면 "하늘에 계신 우리 아버지"는요? 천방지축 자녀들인 우리가 있는 이 땅은 우리 아버지의, 여기에 부재를 말함입니까? 그렇지는 않습니다. 하나님은 '저기' 계신다고 '여기'에 계시지 않는 것은 아닙니다. 하늘에 계시니 땅에 없으시고, 땅에 계시니 하늘에 없으신 것이 아닙니다. 이걸 신학적으로 '하나님의 공간적 광대성(廣大性)'이라고 합니다. 루이스 벌코프는 이렇게 말합니다.

하나님의 무한성은 또한 공간에 관해서도 증명될 수 있으므로, 하나님의 광대성(廣大性)이라고 불릴 수 있다. 그것은 하나님께서 모든 공간적인 한계를 초월하면서도, 모든 순간의 공간에 전 존재로 참여하시는 신적인 존재의 속성으로 정의될 수 있다. … '무량성(無量性)'(immensity)은 하나님께서 모든 공간을 초월하시며, 공간의 한계에 종속되지 않는다는 사실을 지시하지만, '편재성(遍在性)'(omnipresence)은 하나님께서 그의 전 존재로 모든 공간을 채우신다는 사실을 나타낸다. 전자는 초월을 강조하고, 후자는 하나님의 내재를 강조한다. … 하늘과 땅이 하나님을 다 포함할 수는 없지만(왕상 8:27; 사 66:1; 행 7:48, 49), 동시에 그는 하늘과 땅을 채우시며, 가까이 계신 하나님이시다(시 139:7-10; 렘 23:23, 24;

그러하기에 다윗이 이렇게 노래하는 것입니다.

"내가 주의 영을 떠나 어디로 가며 주의 앞에서 어디로 피하리이까 내가 하늘에 올라갈지라도 거기 계시며 스올에 내 자리를 펼지라도 거기 계시니이다 내가 새벽 날개를 치며 바다 끝에 가서 거주할지라도 거기서도 주의 손이 나를 인도 하시며 주의 오른손이 나를 붙드시리이다"(시 139:7-10).

아빠가 '하늘에 계신다'는 것은 사람의 눈에는 보이지 않음을 의미 합니다. 하나님은 영이시기 때문입니다. 1961년 4월 12일 인류 첫 우 주 비행에 성공한 구소련의 우주 비행사 유리 알렉세예비치 가가린(Yuri Alekseyevich Gagarin, 1934~1968)은 "지구는 푸른 빛깔이었다." 그리고 "아무 리 둘러보아도 우주에 천국은 없더라."고 말했다고 합니다. [15] 그의 시력 은 얼마나 되었을까요? 과연 사람 최대치의 시력을 갖고 있었더라도 우 주의 몇 퍼센트를 보았을까요?

마태복음에 보면 예수님께서 "하늘에 계신 너희 아버지"라고 계속 말 씀하십니다. 그리고 "은밀한 중에 계신 너희 아버지", "은밀한 중에 보시 는 너희 아버지"라고도 하십니다. 예수님은 유대인들의 전통 속에 "하늘 에 계신 하나님"에 대한 인식도 있으시지만, 정작 말씀하고 싶으신 의미 중 하나는 '은밀하다'였습니다. 이 은밀하다는 것은 음흉하다는 의미가 아니라 '내재적'이라는 말입니다. 빌립과 예수님의 대화 속에서 알 수 있

---

14 루이스 벌코프, 『조직신학 (상)』, 권수경, 이상원 옮김 (고양: 크리스챤다이제스트, 2000), 254-255.
15 김영봉, 『가장 위험한 기도』 (서울: IVP, 2013), 41.

습니다. 빌립은 예수님께 "주여 아버지를 우리에게 보여 주옵소서 그리하면 족하겠나이다"(요 14:8)라고 하자, 예수님께서 자상하게 답해 주십니다. 그냥 보여 주시는 것이 더 빠르지 않았을까요? 그러나 예수님은 구구절절(句句節節) 말씀하십니다.

"빌립아 내가 이렇게 오래 너희와 함께 있으되 네가 나를 알지 못하느냐 나를 본 자는 아버지를 보았거늘 어찌하여 아버지를 보이라 하느냐 내가 아버지 안에 거하고 아버지는 내 안에 계신 것을 네가 믿지 아니하느냐 내가 너희에게 이르는 말은 스스로 하는 것이 아니라 아버지께서 내 안에 계셔서 그의 일을 하시는 것이라"(요 14:9-10)

하나님은 내재적인 분이시고, 은밀한 분이십니다. 하나님은 하나님의 자녀 안에서 자기의 일을 행하십니다. 그러므로 하나님의 자녀는 '하나님의 큰일'을 함으로 하나님을 보이는 것입니다. 사랑, 해 보셨습니까? 그때 사랑하는 그 사람은 어디에 있었습니까? 물론 집에 있거나 회사에 있거나 어딘가에 있었겠지만, 신기한 것은 사랑하면 그저 라면을 먹는 중에라도 그가 거기에 있는 것입니다. 세숫대야 안에도 있고, 동그라미를 그려도 있고, 어디에나 있습니다. 그 사랑의 대상이 내 마음 안에 있기 때문입니다. 사랑하면 어디에나 있습니다. 그러나 사랑하지 않으면 어디에도 없습니다.

살아 계신 하나님

우리 아빠가 하늘에 계신다는 것은 첫째로, 그분이 살아 계신다는 사실을 함의합니다. 능통하시며 운행하신다는 뜻이기도 합니다. 하늘에 '계시'다는 것은 활동 반경이나 영역만이 아닙니다. 갇혀 계시거나 제한되어 계신다는 의미도 아닙니다. 시편 2편 4절에서는 하나님께서 웃으신다고 하며, 또 시편 2편 5절에서는 하나님께서 분을 내시고 놀래킨다고 했습니다. "하늘과 하늘들의 하늘이라도 주를 용납(포용)하지 못하겠거든"(대하 2:6)이라는 말씀도 곱씹어야 합니다.

우리는 성경에서 '살아 계신 하나님'이라는 표현을 듣습니다. 혹여 죽으면 하나님이시겠습니까? 그 당연한 걸 굳이 예수님은 "살아 계신 하나님"이라 설명하고 계십니다(요 6:57). 왜일까요? 하나님은 박제되어 있는, 아니 그냥 하나님 자리만 차지하고 있는 분이 아니라 움직이시는 하나님, 우리의 인생 여정에도 함께 역동하시는 하나님이심을 보여 주기 위해서입니다. 우리와 모험하기를 즐거워하는 아버지십니다. 폴 투르니에(Paul Tournier, 1898–1986)는 인생은 하나님께서 지휘하시는 모험임을 말합니다.

> 성경의 하나님은 행동하시는 하나님이다. 이것이 철학자들이 생각하는 하나님이나 모든 다른 종교의 신과 다른 점이다. 하나님은 모든 사람의 삶에 개입하신다. 인간 생활의 종교적인 부분에만 관심을 기울이시는 것이 아니라 인간의 모든 생활, 일, 직업(옹기장이, 목자, 관리, 가정주부)에 관심을 기울이시고 이 직업을 진정한 모험으로 바꾸어 놓으신다.[16]

불기둥과 구름기둥으로 인도하시는 하나님은 살아 계시기에 하나님이십니다. 우리는 유지(遺志)나 유훈(遺訓)을 받들어 사는 것이 아니라 살아

---

16 폴 투르니에, 『모험으로 사는 인생』 박영민 옮김 (서울: IVP, 2000), 102.

계시사 하늘에 계신 아빠의 뜻에 순종하며 사는 것입니다. 그 어느 것도 크신 하나님과 비교할 수 없고 대치할 수 없기에, 하늘에 있는 것으로도 땅에 있는 것으로도 물속에 있는 것으로도 형상화할 수 없습니다. 해서도 안 됩니다.

아빠의 아빠 되심

우리 아빠가 하늘에 계시다는 것은 둘째로, 그분이 그 자리를 지키신다는 것을 함의합니다. 그냥 자리만을 차지하고 있는 '복지부동(伏地不動)'이 아닙니다. 하나님 아빠는 아빠 자리를, 보좌를 결코 '비우지 않으신다'는 말입니다. 다시 말해 하나님 아빠는 아빠 노릇을 제대로 하고 계신다는 의미입니다.

탕자를 기다리는 아버지를 생각해 보십시오. 탕자가 돌아오기를 기다리는 아버지는 결코 집을 비우지 않습니다. 동네 창피하다고 재산 다 정리하고서 이사를 가 버리지도 않습니다. 탕자는 아버지를 떠나 먼 곳으로 가서 허랑방탕하다가 재산을 다 탕진하고서, 배고파 죽게 생겼으니까 그제서야 아버지께서 계신 집을 생각했습니다. 그대로 그렇게, 언제나 거기에 계신 아버지를 말입니다.

대통령 탄핵이 국회에서 가결되면 대통령은 '직무 정지'가 됩니다. 그러면 국무총리 '권한 대행 체제'로 돌입합니다. 이는 대통령이라는 자리는 국가의 최고 통치권자의 자리이기에 '국정 공백'이 생기면 안 되기 때문입니다. 한 나라의 통수권자의 '공백'은 큰 타격이 있습니다. 만약 온 우주 만물의 주권자이신 하나님께서 공백이시라면 어떨까요? 가히 상상을 넘어서 끔찍합니다.

〈브루스 올마이어티〉라는 영화는 영화적 상상력을 한껏 발휘합니다. 영화에서 하나님은 휴가를 떠나면서 브루스라고 하는 남자에게 자신의 역할을 대신하게 합니다. 세상이 어떻게 됐을까요? 평소 하나님께 불만이 가득했던 브루스는 과연 하나님을 대신해 하나님 노릇을 잘 해내었을까요? 아니요. 온 세상이 난리가 납니다. 브루스는 감정적으로 행동하고, 별 생각 없이 일을 마구 저지릅니다. 그러나 영화는 영화일 뿐, 실제 창세 이후로 우리 하나님은 한 번도 공백이 없으셨습니다. 하나님은 안식은 하셨지만(창 2:2-3),[17] 이를 '공백'이라고 하지는 않습니다. 그 안식 이후에 하나님은 이제까지 안식하지 않으시고, 일하십니다.

예수님은 이렇게 말씀하십니다. "내 아버지께서 이제까지 일하시니 나도 일한다"(요 5:17). 이는 하나님께서 일 중독증이 있으신 것이 아니라, 하나님은 한 번도 하나님이기를 포기한 적이 없으시다는 말입니다. 물론 자녀에게서 아빠이기를 포기하고 도망친 적 또한 없으시고 말입니다. 그러므로 시편 121편 4절은 "이스라엘을 지키시는 이는 졸지도 아니하시고 주무시지도 아니하시리로다"라고 노래합니다. 하나님은 잠도 없으시고 쉼이 없어도 되는 강철 체력의 소유자이심을 말함이 아니라, 우리를 위해 쉬지 않고 일하고 계신다는 사실을 말함입니다. 심지어 시편 11편 4절에는 "여호와께서는 그의 성전에 계시고 여호와의 보좌는 하늘에 있음이여 그의 눈이 인생을 통촉하시고 그의 안목이 그들을 감찰하시도다"라고 노래합니다. 여기서 안목은 눈꺼풀입니다. 눈을 감으셨을 때도 안위하신다는 사실입니다. 하나님을 눈을 깜박일 수밖에 없는 인생에 비유한다 하더라도, 감을 때조차 보신다는 강조입니다.

---

17 [창 2:2-3] 하나님이 그가 하시던 일을 일곱째 날에 마치시니 그가 하시던 모든 일을 그치고 일곱째 날에 안식하시니라 하나님이 그 일곱째 날을 복되게 하사 거룩하게 하셨으니 이는 하나님이 그 창조하시며 만드시던 모든 일을 마치시고 그날에 안식하셨음이니라

영화 〈브루스 올마이어티〉 얘기를 좀 더 하겠습니다. 브루스는 자기 인생이 너무 안 풀리고 꼬이기만 하자, 하나님께 불만과 불평이 많았습니다. 마치 하나님께서 직무유기를 하는 것처럼 느껴졌습니다. 어느 날 하나님께서 브루스를 만나 주셨습니다. 그런데 그에게 하나님의 직무를 맡기고 휴가를 가 버리셨습니다. 브루스는 당혹스러웠지만 이내 하나님 역할을 시작합니다. 그런데 그가 첫 번째로 한 일이 무엇인지 아십니까? 자기가 미워하는 사람에게 '복수하고 괴롭히기', 그리고 '자기 자신에게 유리하도록' 만드는 일이었습니다. 게다가, 고작 자신이 사랑하는 여자와 로맨틱한 분위기를 잡기 위해서 달을 지구 가까이 잡아당겨 버립니다. 그러자 세계 각 곳은 갑자기 큰 해일이 일어나 대인 대물 사고가 크게 일어납니다. 그가 의도하지는 않았으나 결과적으로는 엄청난 재난을 벌인 것입니다.

브루스는 자기에게 생긴 '전능(全能)'을 마음껏, 그리고 거리낌 없이 사용했습니다. 하지만 그럴수록 세상은 엉망진창이 되어 버렸습니다. 브루스에게 '전능'은 있었지만 무엇이 없었을까요? 그 전능을 잘 사용할 '전지(全知)'가 없었던 것입니다. 그렇다면 전능과 전지만 있다면 브루스의 문제가 해결되었을까요? 그럴 수도 있고 아닐 수도 있습니다. 안다고 다 행하는 것은 아니기 때문입니다. 브루스는 하나님으로서의 능력을 사사롭게 즐기고는 있지만, 하나님으로서의 노릇은 전혀 할 수 없었습니다.

이와 방불한 것을 누가 깨달았냐 하면 바로 어린 솔로몬입니다. 솔로몬은 하나님께 일천번제를 올려드렸습니다. 그러자 하나님께서 솔로몬에게 "내가 네게 무엇을 줄꼬 너는 구하라"(왕상 3:5)고 하셨습니다. 하나님께서 솔로몬에게 "너는 구하라"고 하시자 솔로몬은 바로 대답합니다. 어린 솔로몬은 마음에 이미 고민하고 있었던 것입니다. 다시 말해, 마음에 품고서 평상시에 기도하던 내용이었다는 말입니다. 솔로몬이 구한 내용은 "누가 주의 이 많은 백성을 재판할 수 있사오리이까 듣는 마음을 종에게 주사 주의 백성을 재판하여 선악을 분별하게 하옵소서"(왕상 3:9)였습니다.

솔로몬은 하나님께서 세우신 왕이 되었으니 당연히 이스라엘 백성들을 통치할 '권세'가 있었습니다. 그런데 솔로몬은 영특하게도 이를 알았습니다. '권세, 힘, 권력, 권위'만으로는, 그리고 아버지 다윗의 후광만으로는 안 된다는 것을 말입니다. 그는 자신에게 힘이 주어졌어도, 그 힘을 사용할 실력, 지혜가 없다는 사실을 알았습니다. 그래서 "지혜로운 마음"을 구합니다. 어린 솔로몬은 하나님께서 세우신 이스라엘 왕으로서의 노릇을 잘하고 싶었습니다. 이는 다만 자신이 똑똑해 보이기를 원한 것도 아니고, 머리로는 누구도 못 따라 올 만큼 되고 싶었던 것도 아니었습니다. 단 하나, 백성들을 재판할 때 선악을 잘 분별하는 것, 그것뿐이었습니다.

공부 열심히 해서 사법 고시에 합격하고 사법 연수원에서 뛰어난 성적으로 판사가 되면 성별과 나이와 경륜에 상관없이 '판결권'이 주어지고, 검사가 되면 '기소권'이 주어집니다. 이는 대단한 '권위(권리)와 직무(의무)'입니다. 하지만 그 권위(권리)와 직무(의무) 자체가 능력이나 실력은 아닙니다. 그런데 사람들은 자주 혼동하고 착각합니다. 권위와 직무가 실력인 줄로 압니다. 어떤 권리가 주어진다는 것은 그 주어진 권리의 노릇을 어떻게 하느냐가 매우 중요할 수밖에 없습니다. 갓난아이를 내버려 두고 PC방이나 술집으로 전전하는 부모, 자기 친딸을 성폭행하는 몹쓸 아비, 유산에 눈독 들여 부모에게 위해를 가하는 자식 등, 자신의 노릇에 대해서 아무 고민도 하지 않는 일들이 벌어지는 세상의 형국입니다. 살면서,

권리가 주어지는 것보다 그 권리를 사용하는 노릇이 더 중요하다는 사실을 더욱 절감하게 됩니다. 경우에 합당한 말이 아로새긴 은 쟁반에 금 사과(잠 25:11)인 것처럼, 권한에 합당한 노릇도 아로새긴 은 쟁반에 금 사과입니다.

하나님은 재판장이십니다. 하늘의 유일한 재판장이십니다. 그 하나님께서 전능과 전지하심으로 다스리십니다. 즉 '전지전능(全知全能)'하신 아빠께서 오늘도 우리 아빠의 노릇을 하고 계시며, 그 힘과 능력을 우릴 위해 선하게 사용하고 계심을 기억해야겠습니다.

돌아갈 본향

우리 아빠가 하늘에 계신다는 것은 셋째로, 우리의 본향, 집, 돌아갈 곳이 있다는 사실을 함의합니다. 찬송가 〈잠시 세상에 내가 살면서〉의 가사입니다. "잠시 세상에 내가 살면서 항상 찬송 부르다가, 날이 저물어 오라 하시면 영광 중에 나아가리, 열린 천국문 내가 들어가 세상 짐을 내려놓고, 빛난 면류관 받아쓰고서 주와 함께 다스리리". 그리고 히브리서에는 하늘 본향을 사모한 사람들의 이야기를 말해 줍니다. "이 사람들은 다 믿음을 따라 죽었으며 약속을 받지 못하였으되 그것들을 멀리서 보고 환영하며 또 땅에서는 외국인과 나그네임을 증언하였으니 그들이 이같이 말하는 것은 자기들이 본향 찾는 자임을 나타냄이라 그들이 나온 바 본향을 생각하였더라면 돌아갈 기회가 있었으려니와 그들이 이제는 더 나은 본향을 사모하니 곧 하늘에 있는 것이라 이러므로 하나님이 그들의 하나님이라 일컬음 받으심을 부끄러워하지 아니하시고 그들을 위하여 한 성을 예비하셨느니라"(히 11:13-16). 아브라함, 이삭, 야곱 그리고 믿음의 사람들이 손꼽아 기다리던 돌아갈 본향이 꿈엔들 잊을 수 있었을까요? 정지용 시인(1902–1950)의 〈향수(鄉愁)〉를 보겠습니다.

넓은 벌 동쪽 끝으로
옛이야기 지줄대는 실개천이 휘돌아 나가고,
얼룩백이 황소가
해설피 금빛 게으른 울음을 우는 곳,

— 그곳이 차마 꿈엔들 잊힐 리야.

질화로에 재가 식어지면
비인 밭에 밤바람 소리 말을 달리고,
엷은 졸음에 겨운 늙으신 아버지가
짚베개를 돋아 고이시는 곳,

— 그곳이 차마 꿈엔들 잊힐 리야.

흙에서 자란 내 마음
파아란 하늘빛이 그리워
함부로 쏜 화살을 찾으러
풀섶 이슬에 함추름 휘적시던 곳,

— 그곳이 차마 꿈엔들 잊힐 리야.

전설 바다에 춤추는 밤물결 같은

검은 귀밑머리 날리는 어린 누이와

아무렇지도 않고 예쁠 것도 없는

사철 발 벗은 아내가

따가운 햇살을 등에 지고 이삭 줍던 곳,

― 그곳이 차마 꿈엔들 잊힐 리야.

하늘에는 성근 별

알 수도 없는 모래성으로 발을 옮기고,

서리 까마귀 우지짖고 지나가는 초라한 지붕,

흐릿한 불빛에 돌아앉아 도란도란거리는 곳,

― 그곳이 차마 꿈엔들 잊힐 리야.[18]

빌라도가 예수님께 "네가 유대인의 왕이냐"(요 18:33)하고 묻자, 예수님은 답하십니다. "내 나라는 이 세상에 속한 것이 아니니라 만일 내 나라가 이 세상에 속한 것이었더라면 내 종들이 싸워 나로 유대인들에게 넘겨지지 않게 하였으리라 이제 내 나라는 여기에 속한 것이 아니니라"(요 18:36). 탕자가 돌아갈 곳이 "내 아버지 집"이었듯이, 자녀인 우리의 돌아갈 곳도 열린 천국 문, "우리 아버지 집"인 하늘나라입니다.

---

18 정지용, 『향수』(서울: 미래사, 1996), 40-41.

1. 최근에 하늘을 바라본 적이 있나요? 하늘을 볼 때 무슨 느낌이 드나요? 혹 시가 떠오르거나 노래를 흥얼거렸나요? 지금이라도 좋습니다. 낮 하늘도 좋고 밤하늘도 좋고, 해 뜨는 하늘, 해 지는 하늘을 바라보고서 느낀 점을 서로 나누어 보세요.

2. '천국은 그저 마음의 상태일 뿐이다'라고 말하는 사람들이 외면하고 있는 실제 진리는 무엇일까요? 애굽에서 종살이하던 이스라엘 백성은 젖과 꿀이 흐르는 가나안 땅을 본 적도 없고 들은 적도 없습니다. 만약 누군가가 '젖과 꿀이 흐르는 땅은 그저 마음의 상태일 뿐이다'라고 말한다면, 혹은 '그냥 애굽에서 노예의 삶을 살면서 여기가 천국이려니 하고 사는 것이 낫다'고 말한다면, 뭐라고 말해 주시겠어요?

3. 하나님께서 살아 계신다는 것이 무슨 말인가요? 그리고 하나님 아빠의 살아 계심이 나에게 어떤 의미로 다가오나요?

4. 하나님 아빠가 하나님의 일과 아빠의 노릇을 멈춘다면, 세상과 나에게 어떤 일들이 벌어질까요? 상상해 보세요.

5. 꿈에서라도 꼭 가보고 싶은 곳이 있나요? 나의 버킷 리스트 최고 여행지는 어디인가요? 그리고 진정 우리의 소망인 곳은 어디인까요?

제5강

이름이 거룩히 여김을 받으시오며

기도의 우선순위는 삶의 우선순위

예수님께서 가르쳐 주신 기도의 첫 번째 청원 및 간구는 기도자인 나 자신의 긴급하거나 급박한 문제의 해결, 혹은 어떤 필요에 의한 요구로 달려감이 결코 아닙니다. 기도를 들으시는 하나님 아버지의 이름이 거룩하게 되는 것입니다. 즉, 하박국 선지자에게 하나님께서 "이는 물이 바다를 덮음 같이 여호와의 영광을 인정하는 것이 세상에 가득함이니라"(합 2:14)고 하심과 같이, 그 하나님의 이름이 존귀한 영광을 받으시도록 청원하는 것입니다. 이것이 예수님의 기도 우선순위입니다. 이 기도 우선순위는 곧 삶의 우선순위가 무엇이어야 하는지도 가르쳐 줍니다. 기도 따로, 삶 따로가 아니기 때문입니다. "그의 나라와 그의 의를 구하라"(마 6:33)는 것은 삶의 총체가 그리로 향한다는 의미입니다. 그냥 말만이 아니라는 것이죠.

사울 왕과 이스라엘이 블레셋의 골리앗 때문에 애를 먹을 때, 다윗이 아버지 심부름으로 전장에 왔다가 이 전쟁에 참전하게 됩니다. 다윗은 가드 사람 골리앗이 하나님의 군대 이스라엘을 모욕하는 소리를 듣고는 비분강개(悲憤慷慨)합니다. 이런 모욕을 듣고도 하나님의 군대 이스라엘은 벌벌 떨고만 있는데, 오롯이 다윗만 분연히 말합니다. "이 블레셋 사람을 죽여 이스라엘의 치욕을 제거하는 사람에게는 어떠한 대우를 하겠느냐 이 할례 받지 않은 블레셋 사람이 누구이기에 살아 계시는 하나님의 군대를 모욕하겠느냐"(삼상 17:26). 다윗의 형들은 다윗이 하는 이 말을 듣고서 부끄러워 몸 둘 바를 몰라하거나, 막둥이 다윗을를 형보다 나은 동생이라고 대견하게 생각하지 않았습니다. 도리어 다윗에게 격앙했습니다. 특히 큰 형 엘리압은 다른 사람들 앞에서 막냇동생 다윗에게 이렇게 소리 질러 면박을 주었습니다. "네가 어찌하여 이리로 내려왔느냐 들에 있는 양들을 누구에게 맡겼느냐 나는 네 교만과 네 마음의 완악함을 아노니 네가 전쟁을 구경하러 왔도다"(삼상 17:28).

하나님의 군대를 계속해서 모욕하는 가드 사람 골리앗이 아닌, 자기 막냇동생 다윗에게 분개하고 있다니요. 번지수를 잘못 찾아도 한참 잘못 찾았습니다. 우리는 하나님께서 왜 다른 형제들이 아닌 다윗에게 기름을 부으셨는지 이 장면에서 알게 됩니다. 하나님은 사무엘 선지자 마음에 쏙 들었던 엘리압을 "내가 이미 그를 버렸노라"고 하시면서, "나 여호와는 중심을 보느니라"(삼상 16:7) 말씀하셨는데, 당시에는 엘리압의 중심이 어떻다고는 설명하지 않으셨지만, 주께서 보신 중심이 여기 이 장면에서 분명해집니다. 다윗과 형들의 다름이 보란 듯이 터져 나왔습니다.

다윗이 골리앗과 대면하여 일대일로 붙을 때, 그때 다윗이 "너는 칼과 단창으로 내게 오거니와"라고 하고서, "나는 막대기와 물매와 매끄러운 돌 다섯 개로 네게 나간다" 하지 않고, "나는 만군의 여호와의 이름"으로 가노라 합니다. 여기서 더 중요한 것은 "곧 네가 모욕하는 이스라엘 군대의 하나님의 이름으로 네게 나아가노라"(삼상 17:45)입니다. 다윗은 자신의 이름으로, 자기 실력으로 나간 것이 결코 아니었습니다. 오롯이 "하나님 이름으로" 나아갔습니다. 왜요? 비단 블레셋과 온 이스라엘에 그리고 만천하에 다윗이라는 이름을 내기 위함이 아니라, 오직 하나님의 이름만을 높이기 위함이었기 때문입니다. 그렇기에 "오늘 여호와께서 … 온 땅으로 이스라엘에 하나님이 계신 줄 알게"(삼상 17:46) 하신다고 외칠 수 있는 것이었습니다.

다윗은 오늘날 골리앗에게나 블레셋에게 합당한 경외와 인정을 받지 못하시는, 또한 하나님의 군대라고 하는 사울 왕과 이스라엘 백성들에게도 존중받지 못하시는, 하나님의 이름 '여호와'로 나아갔습니다. 조롱당하고 비웃음당하는 이름이 실은 우리가 경외해야 하고, 그 앞에 엎드려야 하고, 크게 두려워해야 하는 이름임을, 그리고 감히 인생이 입에 함부로 들먹이며 조롱할 이름일 수 없음을 알려 주기 위해, 다윗은 "만군의 여호와의 이름으로" 나아간다고 외친 것입니다. 단지 웅변이 아니라 생명을 걸고 힘차게 발을 내딛었습니다. 이생에서의 한 번밖에 없는 생명이기에 무얼 위해 써야 하는지 다윗은 알고 있었던 것입니다.

임진왜란 당시 이순신 장군이 백의종군 처지에서 다시 원대 복귀를 한 적이 있습니다. 당시 조선 수군은 사실상 궤멸 상태였습니다. 처참한 상태였죠. 거북선은 없고 주력선인 판옥선도 거의 없고, 수군의 대부분은 사라진 상태였습니다. 그렇기에 선조 임금은 육군에 합류하라는 어명을 내립니다. 하지만 이순신 장군은 이렇게 장계를 올립니다. "신에게는 아직도 12척이 남아 있고, 또 신의 몸이 살아 있는 한 적이 우리를 업신여기지 못할 것입니다."

"신의 몸이 살아 있는 한"이란 표현은 이순신 장군이 비단 잘난 척하는 것이 아닙니다. 이전에도 그랬듯이 지금도 자신은 나라와 백성의 안위를 위해서 생을 다할 것이라는 말입니다. 한 번밖에 없는 생이기에 무얼 위해 써야 하는지를 아는 사람만이 할 수 있는 말인 것입니다. 그래서 명량해전 때, 이순신 장군은 거제도 현령 안위가 적선 350척 앞으로 나가지 못하고 후미에서 머뭇거리자, "안위야, 네가 물러서면 살 듯싶으냐? 네가 군법에 죽고 싶으냐?"라며 호되게 꾸짖었던 까닭도 그러합니다. 다음은 스물여덟 살의 디트리히 본회퍼(Dietrich Bonhoeffer, 1906–1945)가 했던 유명한 평화 연설의 한 부분입니다.

안전한 길에는 평화에 이르는 길이 존재하지 않습니다. 평화에 이르려면 위험을 무릅써야 하기 때문입니다. 평화는 그 자체로 엄청난 모험이기에 절대로 안전할 수 없습니다. 평화는 안전의 반대입니다. 안전을 요구하는 것은 자기를 지키고 싶어 하기 때문입니다. 평화는 하나님의 계명에 우리 자신을 송두리째 내어드리는 것을 의미하고, 안전을 바라지 않으면서 믿음과 복종으로 민족의 운명을 전능하신 하나님께 맡기는 것을 의미합니다. 이기적인 목적을 위해 민족의 운명을 조작하려고 해서는 안 됩니다. 무기로 전쟁에서 이길 수 없습니다. 하나님이 함께하셔야 이길 수 있습니다. 길이 십자가로 이어질 때에만 전쟁에서 이길 수 있습니다.[1]

여호와 그 이름을 알라

다윗은 시편 9편 10절에서 "여호와여 주의 이름을 아는 자는 주를 의지

---

[1] 에릭 메택시스, 『디트리히 본회퍼』, 김순현 옮김 (서울: 포이에마, 2011), 349.

하오리니"라고 노래합니다. 그런데, 골리앗과 블레셋은 말할 것도 없고, 사울 왕과 이스라엘 군대마저도 여호와의 이름을 진정 모르기는 매한가 지입니다. 여호와의 이름을 진정 모르는 골리앗은 여호와의 이름을 망령 되이 일컫고, 사울 왕과 이스라엘은 여호와의 이름을 의지하지 못하고서 다만 골리앗의 큰 덩치와 무력 앞에 벌벌 떨기만 합니다. 누구의 이름이 모욕을 당하는데도요? 하나님의 이름이 모욕을 당하는데도 말입니다.

다윗과는 다른 상황이지만 모세도 그러했습니다. 모세가 시내산에 올랐을 때, 산 밑에서 아론과 이스라엘 백성이 황금 송아지를 만들고 춤추고 시끌벅적하자 하나님이 대노하십니다(출 32:9-10).[2] 그때 모세는, '내가 안 간다고 못 간다고 다른 사람 보내라'고 버틸 때 '기어코 나를 보내 놓고 이게 도대체 뭐냐'고 하며 따져 들지도 않고, '나로 큰 나라가 되게 하신다 니 감사합니다.'하고 넙죽 받지도 않았습니다. 모세는 하나님께 이렇게 대답합니다. "어찌하여 애굽 사람들이 이르기를 여호와가 자기의 백성을 산에서 죽이고 지면에서 진멸하려는 악한 의도로 인도해 내었다고 말하게 하시려 하나이까"(출 32:12). 모세는 자신이 이제까지 한 수고가 수포로 돌아간다고 여기거나, 범죄한 이스라엘 백성이 불쌍하다는 그런 측면이 아니라, 애굽인들에게 드리워질 하나님의 이름의 평판을 더 염두에 두고 있었던 것입니다.

윌리엄 퍼킨스는 하나님의 영광에 대한 열정이 불타오르는 것을 갈망하라고 다음과 같이 말합니다.

우리는 하나님의 영광에 대한 열정이 우리 마음속에서 불타오르는 것을 갈망해

---

2 [출 32:9-10] 여호와께서 또 모세에게 이르시되 내가 이 백성을 보니 목이 뻣뻣한 백성이로다 그런즉 내가 하는 대로 두라 내가 그들에게 진노하여 그들을 진멸하고 너를 큰 나라가 되게 하리라

야 한다. 또한 우리가 그분의 이름을 모독하거나 남용하지 않는 것을 소원해야한다. 시편 69:9은 "주의 집을 향한 나의 열성이 나를 삼켰나이다"고 한다. 시편 45:1은 "내 마음이 선한 일을 말하고 토해내리니, 내가 왕에 대한 나의 말을 말하리라"고 한다. … 마치 체한 사람이 그것을 토하기 전까지는 결코 평온할 수 없듯이, 하나님의 이름을 영화롭게 하려는 관심과 갈망이 마음속에 무거운 짐처럼 자리 잡고 있는 사람은 하나님을 찬송하는 소리를 발하지 않고는 결코 평온할 수 없다는 것이다. 이에 대하여 루터가 잘 말하였다. 루터는 이것을 "상타크라풀라(sanctacrapula)" 즉 거룩한 과식이라고 말했다. 이것은 우리 마음에 아무리 과부하를 준다 해도 해를 주지 않는다.[3]

여호와 하나님께서 자신의 이름을 그 아들에게 주셔서 이제 그 아들 "예수 그 이름 안에서" 역사하십니다. 그러므로 예수님은 "너희가 무엇이든지 아버지께 구하는 것을 내 이름으로 주시리라"(요 16:23) 말씀하시는 것입니다.

40살이 될 때까지 평생을 스스로 일어나 보지도 못하고 걸어 보지도 못한 남자가 '은과 금'을 얻는 대신에 "예수님의 이름으로" 일어나 걷게 됩니다. 이를 누구보다도 빨리 알아챈 관원들과 사두개인들은 제자들로 하여금 누구의 이름으로 말하지도, 가르치지도 말라고 협박합니까? "예수의 이름으로"(행 4:18).

제자들은 이미 예수님의 이름을 믿는 사람들입니다. 그러면, 예수의 이름으로 굳이 안 가르쳐도 되지 않았을까요? 그런데 제자들은 매를 맞아도, 감옥에 갇혀도, 살해 위협에도 생명을 걸고 그렇게 가르칩니다. 왜요? 아직 물이 바다를 덮음같이 예수 그리스도의 이름이 높임 받지 못했

---

3 윌리엄 퍼킨스, 『주기도 해설』, 김영호 옮김 (수원: 합신대학원출판부, 2018), 114.

기 때문입니다. 마치 다윗이 하나님의 군대를 조롱하는 골리앗에게 여호와의 이름을 알려 주는 것과 같이, 성도들은 이미 예수 그리스도의 이름을 믿지만 또 다른 골리앗과 블레셋인 세상에서 여호와의 이름으로, 예수의 이름으로 나가는 것입니다. 온 땅에 예수님께서 살아 계신 그리스도이심을 알게 함인 것이죠. 그렇기에 예수님은 말씀하십니다 "오직 성령이 너희에게 임하시면 너희가 권능을 받고 예루살렘과 온 유대와 사마리아와 땅 끝까지 이르러 내 증인이 되리라"(행 1:8).

즉, 제자들이 매를 맞아도 감옥에 갇혀도, 칼에 찔려도, 동굴에 유리해도, 사자 밥이 되어도 '예수의 이름'을 멈출 수 없는 까닭은? "다른 이로써는 구원을 받을 수 없나니 천하 사람 중에 구원을 받을 만한 다른 이름을 우리에게 주신 일이 없음이라"(행 4:12)입니다. 따라서 아버지의 이름이 거룩히 여김을 받는다는 것은 우리가 아버지의 이름으로 사는 것입니다. 예수님께서 내가 내 뜻이 아니라 아버지의 뜻을 이루려고 왔다고 하신 것처럼, 우리가 하나님께서 명하신 바로 그 일을 하는 것입니다. 그리하면 결국 "물이 바다를 덮음같이 여호와를 인정하는 것이 온 세상 가득하리라"와 방불하게 "모든 무릎이 예수의 이름에 꿇게"(빌 2:10) 되는 것입니다.

이것은 힘의 차별이 아니라 거룩의 차별로써 이루어집니다. 산상수훈의 가르침과 같이 사는 이유, 사는 방식, 사는 내용이 다른 것으로, 즉 하나님의 거룩하심과 같이 우리도 거룩함으로써, 하나님의 자녀로서 사는 것입니다, 예수님의 말씀처럼 말입니다. "너희가 서로 사랑하면 이로써 모든 사람이 너희가 내 제자인 줄 알리라"(요 13:35).

1. 다윗은 전쟁 징집 대상이 아니었습니다. 그럼에도 다윗이 생명을 걸고 골리앗과의 대결에 나섰던 이유는 무엇일까요? 그리고 다윗은 왜 '여호와' 하나님의 이름으로 골리앗에게 나아갔던 것일까요?

2. 이제까지 나의 기도 우선순위에는 어떤 기도 제목들이 있었나요? 그렇다면 앞으로 나의 기도 우선순위에는 어떤 변화가 필요할까요?

3. 한 번뿐인 이 땅 위에서의 삶을 어떻게 그리고 무엇을 위해 살고 싶은지 나누어 봅시다.

제6강
이름이 거룩히 여김을 받으시오며

하나님 외에 누가 하나님을 더 잘 알랴

하늘에 계신 우리 아버지께도 '이름'이 있습니다. 하나님은 모세에게 "나는 여호와이니라 내가 아브라함과 이삭과 야곱에게 전능의 하나님으로 나타났으나 나의 이름을 여호와로는 그들에게 알리지 아니하였고"(출 6:2, 3)라 하십니다. 모세 전까지는 '엘 샤다이'(אֵל שַׁדַּי, 전능한 하나님)로 알리셨으나, 이제 보다 분명한 자신의 이름을 알려 주신 것입니다. 나는 '여호와'(יְהוָה)니라.

어떤 존재의 이름은 그 존재의 독립성과 다른 존재와의 구별성을 갖습니다. 문법적으로도 이름을 고유 명사라고 하듯이, 이름은 호칭뿐만 아니라 그 존재의 인격과 특별함까지 나타냅니다. 그래서 이름은 곧 그 대상과 동일시됩니다. 게다가 사람 이름의 뜻은 누군가의 바람이나 소원 등을 담아 내기도 합니다. 하지만 하나님의 이름은 그런 정도가 아닙니다. 하나님의 이름은 사람이 명명한 것이 아니라 하나님 스스로가 지으셨습니다. 하나님의 존재와 본질을 가장 집약한 이름인 것입니다. 하나님 외

에 누가 하나님을 더 잘 알 수 있겠습니까(고전 2:10-11).[1]

사람이 하나님께 이름을 붙인다는 것은 사실 어불성설입니다. 우리가 아무리 통찰력이 번뜩이고 언어의 귀재라 할지라도 기껏 해봐야 하나님을 꾸며 주는 '형용사'를 붙이는 정도입니다. 신학자 판넨베르크(Wolfhart Pannenberg, 1928-2014)는 하나님을 꾸며 주는 말로 '만사를 규정하는 현실성'[2]이라고 표현합니다. '만사를 규정하는 현실성'인 하나님의 이름을 인생의 어느 말에 담을 수 있을까요? 하늘을 두루마리 삼고 바다를 먹물 삼아도 힘들 것입니다.

출애굽 대서사에 앞서 모세는 불붙은 가시덤불 가운데 임재하신 하나님께 과감하게 여쭙습니다. "내가 이스라엘 자손에게 가서 이르기를 너희의 조상의 하나님이 나를 너희에게 보내셨다 하면 그들이 내게 묻기를 그의 이름이 무엇이냐 하리니 내가 무엇이라고 그들에게 말하리이까"(출 3:13). 하나님은 "나는 스스로 있는 자니라 … 너는 이스라엘 자손에게 이같이 이르기를 스스로 있는 자가 나를 너희에게 보내셨다 하라 … 너는 이스라엘 자손에게 이같이 이르기를 너희 조상의 하나님 여호와 곧 아브라함의 하나님, 이삭의 하나님, 야곱의 하나님께서 나를 너희에게 보내셨다 하라 이는 나의 영원한 이름이요 대대로 기억할 나의 칭호니라"(출 3:14, 15)라고 하나님의 이름을 가르쳐 주시며 대대로 기억할 '하나님의 표호'라고 하십니다. 그리고 십계명을 주시면서 "너는 네 하나님 여호와의 이름을 망령되게 부르지 말라 여호와는 그의 이름을 망령되게 부르는 자를 죄 없다 하지 아니하리라"(출 20:7) 하십니다.

언어존재론 철학자들은 사물과 언어의 관계를 깊이 통찰하려는 시도

---

1 [고전 2:10-11] 오직 하나님이 성령으로 이것을 우리에게 보이셨으니 성령은 모든 것 곧 하나님의 깊은 것까지도 통달하시느니라 … 하나님의 일도 하나님의 영 외에는 아무도 알지 못하느니라
2 정용섭, 『주기도문이란 무엇인가?』 (서울: 홍성사, 2011), 48.

를 합니다. 그들은 사물이 있기 전에 언어가 먼저 있었다고 말합니다. 응? 뭔 똥딴지같은 말이죠? 그 무엇(사물)이 존재하고서 그 무엇을 꽃이라 곤충이라 새라 불러 주는 것 아닌가요? 그런데, 하나님은 말씀으로 세상을 창조하셨습니다. "빛이 있으라"는 말씀이 먼저 있고 나서 "빛이 있었고"(창 1:3), "땅은 풀과 씨 맺는 채소와 각기 종류대로 씨 가진 열매 맺는 나무를 내라"(창 1:11)는 말씀이 먼저 있고 나서 "땅이 풀과 각기 종류대로 씨 맺는 채소와 각기 종류대로 씨 가진 열매 맺는 나무를 내니"(창 1:12), 즉, 만물(萬物)과 삼라만상(參羅萬像)은 존재의 근거가 자기 밖에 있다는 것입니다.

그런데 하나님은 "스스로 있는 자"라 하십니다. 이는 존재의 근거를 밖이 아니라 자기 안에 두고 있다는 뜻입니다. 즉 선 말씀, 후 존재하는 피조물과는 다른 존재 방식이라는 진리입니다. 스스로 있는 하나님은 모세에게 하나님의 이름을 주셨습니다. 애굽 종살이하는 이스라엘에게 구원할 자 '여호와'의 이름을 주셨습니다. 또한 허물과 죄로 죽었던 우리에게도 구원할 자 이름을 주셨는데, 그 이름 '예수'입니다. 주의 사자가 다윗의 자손 요셉에게 말씀합니다. "아들을 낳으리니 이름을 예수라 하라 이는 그가 자기 백성을 그들의 죄에서 구원할 자이심이라"(마 1:21). 그리고 "보라 처녀가 잉태하여 아들을 낳을 것이요 그의 이름은 임마누엘이라 하리라 하셨으니 이를 번역한즉 하나님이 우리와 함께 계시다 함이라"(마 1:23).

그러므로 베드로 사도는 자신만만하게 선포합니다. "백성의 관리들과 장로들아 만일 병자에게 행한 착한 일에 대하여 이 사람이 어떻게 구원을 받았느냐고 오늘 우리에게 질문한다면 너희와 모든 이스라엘 백성들은 알라 너희가 십자가에 못 박고 하나님이 죽은 자 가운데서 살리신 나사렛 예수 그리스도의 이름으로 이 사람이 건강하게 되어 너희 앞에 섰느니라

이 예수는 너희 건축자들의 버린 돌로서 집 모퉁이의 머릿돌이 되었느니라 다른 이로써는 구원을 받을 수 없나니 천하 사람 중에 구원을 받을 만한 다른 이름을 우리에게 주신 일이 없음이라"(행 4:8–12).

　예수님은 당신의 백성과 제자와 교회에게 자신의 이름을 주셨습니다. 사망 권세로부터 우리를 구원할 자 '예수 그 이름'을 주셨습니다. 그러므로 우리는 예수님의 이름으로 기도합니다(마 18:20; 요 14:14).[3] 하나님께서 이름을 알려 주셨다는 것은 바로 인격적 관계 맺기를 바라신다는 뜻입니다. 그냥 '나 창조주 너 창조물'로 족하거나, 그냥 '주인과 종', '무한자와 유한자'로서가 전부가 아닙니다. 이름과 이름이 만나 교통하는 인격적 교제입니다. 마르틴 부버는 하나님을 인격으로 표현하지 않을 수 없는 이유에 대해 이렇게 말합니다.

　신을 일종의 인격으로서 표현하는 것은 나처럼 '신'이란 말로써 그 어떤 원리나 이념을 의미하지 않는 사람에게는 불가결한 일이다. 비록 에크하르트 같은 신비가들은 때로 '존재'를 신과 동일시하였고, 플라톤 같은 철학자들은 때로 신을 하나의 이념으로써 볼 수 있었지만, 그러나 오히려 나처럼 '신'이란 말로써 창조하고 계시하고 구원하는 행위에 있어서 우리 사람과의 직접적인 관계에 들어오고, 또 그렇게 함으로써 우리로 하여금 그에 대한 직접적인 관계에 들어갈 수 있게 해주는 이를 의미하는 사람들에게는 신을 일종의 인격으로 표현하지 않을 수 없는 것이다. 우리의 현존재의 근거와 의미가 때때로 오직 인격과 인격 사이에만 존립할 수 있는 상호성을 이룩하는 것이다.[4]

3　[마 18:20] 두세 사람이 내 이름으로 모인 곳에는 나도 그들 중에 있느니라
　　[요 14:14] 내 이름으로 무엇이든지 내게 구하면 내가 행하리라
4　마르틴 부버, 『나와 너』 표재명 옮김 (서울: 문예출판사, 2018), 188-189.

세상에서 얻은 이름은 나뭇잎 치마

사람은 무엇보다 자신의 이름을 드높이고 만방에 떨치고 싶은 욕망이 창궐합니다. 신앙을 가지고 난 이후에도 말입니다. 그 허탄한 이름을 세상에 남기고 싶어 합니다. 우리말에 "호랑이는 죽어 가죽을 남기고 사람은 죽어 이름을 남긴다"는 말이 있지만, 그 호랑이 가죽도 결국에는 말라 바스러져서 썩어 사라지고 맙니다. 마치 아담과 하와가 만들어 입은 나뭇잎 치마의 운명처럼, 바벨탑 사건은 인생들이 모여 벽돌을 쌓아서 하늘에 닿아, 결국 사람의 이름을 내기 위한 행위였습니다. 끝내 무너지고 흩어져 버렸죠.

또 성경에는 세상에 첫 영걸의 이름이 나옵니다. 니므롯(창 10:9).[5] 세상에서 얼마나 이름을 얻었는지 그에 따른 속담이 생길 정도입니다. 한나 아렌트는 "폭민은 일차적으로 낙오자들을 대표하는 집단이다. … 폭민은 항상 '강한 자', '위대한 자'를 소리 높여 외친다. … 폭민은 자신을 소외시킨 사회를 증오하며…"라고 말합니다.[6] 니므롯이 세상의 영걸이 된 것, 바로 정복 때문입니다. 그가 폭력 제국주의의 시초요 아비인 셈이죠(창 10:10-12).[7]

그리고 바로 니므롯이 정복한 땅 시날 땅의 바벨에서 사람들이 탑을 세우기 시작했습니다. 그러나 하나님은 세상의 영걸 니므롯이 아니라 아브람을 불러내셔서 이렇게 약속하십니다. "너는 너의 고향과 친척과 아버지의 집을 떠나 내가 네게 보여 줄 땅으로 가라 내가 너로 큰 민족을

---

5 [창 10:9] 아무는 여호와 앞에 니므롯 같이 용감한 사냥꾼이로다
6 한나 아렌트, 『전체주의의 기원』, 이진우 옮김 (파주: 한길사, 2017), 242.
7 [창 10:10-12] 그의 나라는 시날 땅의 바벨과 에렉과 악갓과 갈레에서 시작되었으며 그가 그 땅에서 앗수르로 나아가 니느웨와 르호보딜과 갈라와 및 니느웨와 갈라 사이의 레센(이는 큰 성이라)을 건설하였으니

이루고 네게 복을 주어 네 이름을 창대하게 하리니 너는 복이 될지라"(창 12:1, 2). 그리고 아브람은 정복이 아니라, 제국 건설이 아니라 하나님이 지시하신 땅에서 하나님께 예배를 드립니다. "자기에게 나타나신 여호와께 그가 그 곳에서 제단을 쌓고 거기서 벧엘 동쪽 산으로 옮겨 장막을 치니 서쪽은 벧엘이요 동쪽은 아이라 그가 그 곳에서 여호와께 제단을 쌓고 여호와의 이름을 부르더니"(창 12:7-8).

그리고 이제 신약에 오게 되면 "하나님이 그를 지극히 높여 모든 이름 위에 뛰어난 이름을 주사 하늘에 있는 자들과 땅에 있는 자들과 땅 아래에 있는 자들로 모든 무릎을 예수의 이름에 꿇게 하시고 모든 입으로 예수 그리스도를 주라 시인하여 하나님 아버지께 영광을 돌리게 하셨느니라"(빌 2:9-11)라고 선포하는데, 하나님 아버지께서 예수님의 이름을 창대하게 하시며 예수 그리스도를 믿는 자들의 이름을 "생명책"에 기록하신다는 것입니다.

사랑의 책임

엄마와 아빠도 결혼하기 전, 처녀·총각 시절에는 자기 이름으로 살아갑니다. 그러다 결혼을 하면 누구의 아내로, 혹은 남편으로 불리기도 하지만, 그럼에도 자기 이름으로 더 많이 살아가죠. 그런데 아기를 낳고 그 아이에게 이름을 붙여 주고 나면 상황이 좀 달라집니다. 그 후부터는 그 아이에게 붙여 준 이름이 자기 이름처럼 됩니다. 누구 엄마, 누구 아빠. 그런데 자기 이름이 뒷전이 돼 버렸다고 해서 서운하지는 않죠. 자식 이름이 앞서 나온다는 것이 행복이기도 하고, 아름다운 사랑의 책임이기도 하기 때문입니다.

하나님은 모세에게 하나님 자신의 이름을 알려 주십니다. 스스로 있는 자, 여호와. 그런데 여호와 하나님께서 자신을 이렇게 소개하십니다. "여호와 곧 아브라함의 하나님, 이삭의 하나님, 야곱의 하나님께서"(출 3:15). 아브람의 새 이름을 아브라함이라 지어 주시고, 아브라함의 아들 이름도 이삭이라 지어 주셨습니다. 이삭의 아들 야곱은 이스라엘로 새 이름을 주셨습니다. 그리고는 하나님 이름 여호와는 그들 이름 뒤로 갑니다. 이것이 참 놀라운 것입니다. 하나님은 행복하십니다. 그리고 아빠로서 부모로서 아름다운 사랑의 책임을 지십니다.

하나님은 하나님의 자녀가 된 우리의 이름 뒤로도 가십니다. 이는 주권적 의미도 가지지만 반대로 종속적 의미도 있습니다. 창세기 15장 1절에 하나님께서는 이상 중에 아브라함에게 나타나셔서 "아브람아 두려워하지 말라 나는 네 방패요 너의 지극히 큰 상급이니라"고 하셨습니다. 그런데 여기서 "나는 네 방패요"는 마치 하나님이 아브라함에게 고용되었다는 의미를 지닙니다. 실로 놀라운 내용임에 틀림없습니다. 하나님은 언약 속에서 스스로를 종속시키고 계신다는 뜻입니다. 사랑의 종속입니다. 우리를 위해 그 이름을 가지시고, 그 이름을 알려 주시고, 그 이름을 우리 이름 뒤에 가져가시는 그 하나님 아빠의 지독한 '자식 사랑'을 날마다 체감하시길 소망합니다.

1. '여호와'라는 하나님의 이름은 하나님께서 친히 지으신 이름입니다. 하나님께서 '여호와'라 이름하신 이유는 무엇일까요? 또한 하나님은 하나님의 이름이 어떠해지기를 원하시나요?

2. 내가 나에게 이름을 지어 준다면 어떤 이름으로 불러 주고 싶은가요? (예를 들어, 착한 농부, 노래하는 시인 등 다채로운 이름을 지어 보세요.) 그 이름으로 짓고 싶은 이유는 무엇인가요?

3. 하나님께서 모세(우리)에게 하나님의 이름을 알려 주신다는 것은 무슨 의미를 갖는 것일까요?

제7강
이름이 거룩히 여김을 받으시오며

하나님은 거룩하시다

외국 영화를 보면 사람들이 종종 하나님을 부르거나, 예수님의 이름으로 경멸 혹은 욕설을 하고, 때론 저주의 의미로까지 사용하는 것을 보게 됩니다. 이는 아주 경솔한 것이며 어리석기까지 한 것입니다. 예수님은 분명 기도로 가르쳐 주셨습니다. "(당신의) 이름이 거룩히 여김을 받으시오며", 직역하면 "당신의 이름이 거룩히 되소서"입니다. '거룩히 여김을 받으시오며'(Ἁγιασθήτω, 하기아스데토)는 '하기오스'(Ἅγιασ), 즉 '다른 것과 구별되다', '거룩하다'의 명령형 부정 과거 수동태입니다. 이를 '신적 수동태'라고도 하는데, 곧 하나님의 이름을 거룩하게 하고 영광을 드러내는 진정한 주체는 하나님 자신이라는 사실입니다. 칼뱅은 이를, 우리의 간구가 하나님의 탁월성 안에서 거룩해지기를 바라는 것이라고 말합니다.

> 우리가 간구하는 것은 하나님의 위엄이 그 자신 안에서가 아니라 하나님의 이러한 탁월성들 안에서 거룩하여지기를 비는 것이다. 왜냐하면 하나님에게는

아무 것도 더 보탤 것도 없고 또 뺄 것도 없기 때문이다.

그의 이 위엄이 모든 사람들에 의해 거룩히 여김 받기를, 다시 말해 진정으로 인정되고 확장되기를 우리는 기도한다. 그리하여 하나님께서 무엇을 하시든지 그의 모든 사역이 본래 그러한 그대로 영광스럽게 나타나도록 하자. 만일 그가 벌을 주신다면 그가 의로운 분이시라고 선포하도록 하자. 또 그가 용서를 베푸신다면 자비로우시다 하고, 그가 약속하신 것들을 실행하시는 것을 볼 때 진실하시다고 인정되도록 하자.

간단히 말해서, 그 어떤 것에든지 그의 영광이 비추지 않는 곳이 없게 하고, 그리하여 그에게 돌리는 칭송이 모든 마음속에서, 또 모든 혀 위에서 울려나도록. 하자는 것이다.[1]

"여러 나라 가운데에서 더럽혀진 이름 곧 너희가 그들 가운데에서 더럽힌 나의 큰 이름을 내가 거룩하게 할지라 내가 그들의 눈 앞에서 너희로 말미암아 나의 거룩함을 나타내리니 내가 여호와인 줄을 여러 나라 사람이 알리라 주 여호와의 말씀이니라"(겔 36:23).

"여호와여 영광을 우리에게 돌리지 마옵소서 우리에게 돌리지 마옵소서 오직 주는 인자하시고 진실하시므로 주의 이름에만 영광을 돌리소서 어찌하여 뭇 나라가 그들의 하나님이 이제 어디 있느냐 말하게 하리이까 오직 우리 하나님은 하늘에 계셔서 원하시는 모든 것을 행하셨나이다"(시 115:1-3).

하나님은 자기 이름을 위하여 일하십니다. "성경이 바로에게 이르시되 내가 이 일을 위하여 너를 세웠으니 곧 너로 말미암아 내 능력을 보이고 내 이름이 온 땅에 전파되게 하려 함이라 하셨으니"(롬 9:17). 사람이 하나

---

1 존 칼빈, 『기독교강요 초판』, 양낙흥 (고양: 크리스챤다이제스트, 2001), 172.

님을 거룩하게 하는 것은 아닙니다. 도리어 우리가 거룩할 것을 요구받습니다. 하나님 아버지가 거룩하시기 때문입니다(레 19:2; 벧전 1:15).[2] 따라서 우리는 다만 하나님은 거룩하시다 할 것입니다(사 29:23).[3] 마치 천사들처럼 하나님을 거룩하시다 할 것입니다(사 6:1–3).[4]

제2바티칸 공의회는 기독교 예배를 "하나님을 영화롭게 하며 신자들을 성화시켜 주는 것"이라고 기술합니다. 우리가 정말 하나님을 영화롭게 할 수 있단 말입니까? 소요리문답 제1문은 이렇습니다. "사람의 첫째 되는 목적이 무엇인가?" 답도 주어집니다. "하나님을 영화롭게 하고 그를 영원토록 즐거워하는 것입니다." 우리가 하나님을 영화롭게 하는 것이 가능할까요? 이는 우리가 하나님의 거룩하심에 덧칠을 하는 것이 아니라 하나님의 거룩이 우릴 통해 드러나게 됨을 의미하는 것입니다. 그렇기에 베드로 사도는, 교회는 하나님의 "아름다운 덕을 선전하게" 하기 위함이라고 말씀합니다(벧전 2:9).

우리는 옳고 그른 것을 따지고 분별하는 훈련과 학습을 해 왔습니다. 이는 지성인으로서 중요한 덕목입니다. 그래서 기독교 신앙의 주된 요지 또한 옳은 일을 하고 선한 삶을 살고자 애쓰는 것이라고 생각하는 경향이 있습니다. 하지만 기독교 신앙이란, 우리가 어떻게 사느냐의 문제보다 먼저 하나님께서 그리스도 안에서 무슨 일을 행하셨는지의 문제입니다. 그러므로 하나님께서 거룩하시다는 것은 단지 명제로써 알려 주는 것이

---

2   [레 19:2] 너는 이스라엘 자손의 온 회중에게 말하여 이르라 너희는 거룩하라 이는 나 여호와 너희 하나님이 거룩함이니라
    [벧전 1:15] 오직 너희를 부르신 거룩한 이처럼 너희도 모든 행실에 거룩한 자가 되라
3   [사 29:23] 그의 자손은 내 손이 그 가운데에서 행한 것을 볼 때에 내 이름을 거룩하다 하며 야곱의 거룩한 이를 거룩하다 하며 이스라엘의 하나님을 경외할 것이며
4   [사 6:1-3] 웃시야 왕이 죽던 해에 내가 본즉 주께서 높이 들린 보좌에 앉으셨는데 그의 옷자락은 성전에 가득하였고 스랍들이 모시고 섰는데 각기 여섯 날개가 있어 그 둘로는 자기의 얼굴을 가리었고 그 둘로는 자기의 발을 가리었고 그 둘로는 날며 서로 불러 이르되 거룩하다 거룩하다 거룩하다 만군의 여호와여 그의 영광이 온 땅에 충만하도다

전부가 아닙니다. 우리가 어떻게 살아야 하는지를 말해 주는 것입니다.

망령되이 일컫지 말라

"이름이 거룩히 여김을 받으시오며"는 하나님께서 자신의 이름을 거룩하게 하고자 하시는 당연함이며, 우리가 하나님의 이름을 '망령되이' 하지 않겠다는 서약이기도 합니다. 그래서 마르틴 루터는 성체함과 성유물이 거룩한 것이 아니라 하나님의 이름이 거룩한 것이라고 말했습니다.

> 누구든지 하나님을 덕스럽지 않게 사용하는 자는 그분의 거룩한 이름을 모독하는 것입니다. 과거에는 교회에서 성체함과 성유물을 숭배하지 않으면 신성모독이라고 간주했는데, 살인과 간악한 행위를 일삼는 자와 동급으로 여겼습니다. 당시에는 그런 물질 자체가 본질적으로 거룩하다고 생각했고 숭배하지 않으면 부정 탄다고 여겼습니다.
>
> 그러나 주기도 첫 번째 구절은 우리에게 명확히 가르칩니다. "거룩히 여기라"는 것입니다. 이것은 우리 입의 말과 행동으로 높여 찬양하며 존경을 드리라는 말과 같습니다.[5]

그런데, 제2차 세계 대전 독일 군인들은 "하나님이 우리와 함께 하신다"(Gott mit Uns)라는 문장을 전투모에 달고서 전쟁을 치르고, 유태인들을 학살하기까지 했습니다. 사사로움을 위해 하나님의 이름을 거론하는 안타까운 현상입니다. 이스라엘의 군대 장관 요압에게 사주를 받은 드고아 여인이 다윗을 설득하여 그술 땅에 숨어 지내는 압살롬을 본국 땅으로 데

---

5 마르틴 루터, 『마르틴 루터 대교리문답』, 최주훈 옮김 (서울: 복있는 사람, 2020), 250-251.

려오려고 할 때도, 하나님을 거론하며 이렇게 말합니다. "우리는 필경 죽으리니 땅에 쏟아진 물을 다시 담지 못함 같을 것이오나 하나님은 생명을 빼앗지 아니하시고 방책을 베푸사 내쫓긴 자가 하나님께 버린 자가 되지 아니하게 하시나이다"(삼하 14:14). 하나님의 이름을 들어 하는 말은 그럴 듯하지만, 그 안에 숨겨진 속내는 하나님의 거룩하심과 의로우심과 하등 상관없는 간계일 뿐입니다. 역사 내내 하나님의 이름을 빙자하여 인간의 추함을 감추려 하는 일이 얼마나 많은지, 바다의 모래와 같고 하늘의 별과 같습니다. 따라서 우리는 하나님의 이름을 인생의 대의명분을 위해 사사로이 도용하면 안 됩니다. 지금도 이런 '망령됨'이 얼마나 버젓이 자행되고 있는지 모릅니다. 이는 결국 누구를 높일 것인지의 문제로 귀결됩니다. '자기 이름'인지, 오롯이 '하나님의 이름'만인지.

1749년 조지 횟필드(George Whitefield, 1714-1770)가 칼뱅주의 감리교 의장직의 역할을 다 내려놓고자 할 때, 반대하는 사람들이 적지 않았다고 합니다. 그의 퇴진을 만류하는 사람들은 지금보다 더 세를 확장하며 횟필드라고 하는 이름의 명성을 지키라고 했습니다. 만약 그렇지 않으면 조지 횟필드라고 하는 이름, 명성, 영광은 이내 사라지고 역사의 뒤안길로 잊히고 말 것이라고 말입니다. 그러나 조지 횟필드의 대답은 명료하고 분명했습니다.

"횟필드라는 이름은 사라지게 하고 그리스도께서 영광을 받으시게 하라. 내 이름을 모든 곳에서 죽어 없어지게 하고 내 친구들마저도 나를 잊게 하라. 그렇게 함으로써 복되신 예수님의 대의(大義)가 진작될 수 있다면. 그러나 도대체 칼뱅은 무엇이고 루터는 무엇인가? 이름과 분당 그 이상의 것을 보자. 예수님으로 우리의 모든 것을 삼자. 그리하여 그 분이 전파되도록 하자.…… 나는 누가 제일 윗자리에 있는가에는 관심이 없다. 나는 내 자리를 안다.…… 설령 그것이 모든 사람의 종이 되는 자리일지라도. 나는 내 명성을 깨끗하게 지워버릴 심판 날이 올 때까지 만족하며 기다린다. 그리고 내가 죽은 뒤 묘비에는 '여기 G. W. 눕다. 그가 어떤 사람이었는지는 위대한 심판날이 밝혀줄 것이다.'라는 말 외에 는 쓰지 말라"[6]

따라서 마르틴 루터는 "나는 성경 전체에서 이 기도보다 더 강력하게 그리고 더 많이 우리 삶을 마비시키고 우리 삶을 부숴 버리는 가르침을 알지 못합니다."라고 했습니다. 그 이유를 "우리는 모두 하나님의 이름과 영광을 끊임없이 모독하는 삶을 살고 있습니다. 우리는 다른 신들을 섬기 며 나 자신을 삶의 주인으로 삼으려고 합니다."라고 밝혔습니다. 이 때문 에 첫 번째 간구에 이 은밀한 속죄의 기도가 자리 잡고 있는 것입니다. 이 기도는 우리를 소제의 가루로 만들 만큼이나 엄중한 죄의 고백이기도 합 니다.

진짜 우상

적지 않은 사람들이 십계명을 너무 가볍게 대합니다. 마치 어느 동아 리의 내칙보다도 가볍게 말입니다. 분명히 제3계명에서 "너는 네 하나 님 여호와의 이름을 망령되게 부르지 말라 여호와는 그의 이름을 망령되 게 부르는 자를 죄 없다 하지 아니하리라"(출 20:7) 말씀하셨습니다. 제1계 명에서도 "너는 나 외에는 다른 신들을 네게 두지 말라 너를 위하여 새긴 우상을 만들지 말라"고 했습니다. 그런데 어리석은 사람들은 이 십계명

---

6 아놀드 A. 델리모어, 『조지 윗필드』, 오현미 옮김 (서울: 두란노서원, 1993), 215-216.

을 무시해 버립니다. 왜요? 다른 신들을 위해서도 아니요, 우상을 위해서도 아닙니다. "너를 위해" 즉 '자기를 위해서'입니다. 그렇기에 주기도의 첫 번째 간구는 사실 은밀하지만 깊고 진중한 속죄의 기도이기도 합니다. 엄중한 무게를 지닌 죄의 고백입니다.

진정 '자기 자신을 대적자로 여기며' 기도할 때, 비로소 진정성이 묻어납니다. 아버지라 부르면서 유산 먼저 달라고 하면 안 되는 것처럼, 하나님을 아빠라고 부르면서 그분을 능멸하는 것은 바른 관계가 아닙니다. 그렇기에 이미 둘째 아들 탕자와 방불한 우리 실존 속에서, 주기도의 첫째 청원에 담긴 의미는 신비롭게도 "당신이 그 사람이라"(삼하 12:7)에 반응하여, "내가 그 사람이라" 고백하게 한다는 사실입니다. 다윗이 우리아의 아내와 간음한 후에 찾아온 나단 선지자에게 이렇게 고백합니다. "내가 여호와께 죄를 범하였노라"(삼하 12:13) 어디서 본 장면 아닙니까? 맞습니다. 탕자입니다. "아버지 내가 하늘과 아버지께 죄를 지었사오니 지금부터는 아버지의 아들이라 일컬음을 감당하지 못하겠나이다"(눅 15:21). 이 고백이 우리의 주기도 안에 담긴 것입니다. '아버지, 내가 탕자입니다. 내가 그입니다.'

거룩을 경험한다는 것은

'알파고'라는 대단한 인공지능이 인간계의 바둑 최고 중 한 명이라 불리는 이세돌 9단과 총 다섯 번의 대국을 펼쳤습니다. 그중 네 번째 대국에서만 이세돌 9단이 한 번 이기고, 나머지 대국 네 번을 모두 알파고가 이겼습니다. 이 대국을 지켜보던 중국의 커제 9단은 〈연합뉴스와〉의 인터뷰에서 이세돌은 실력에서 졌고 (알파고)는 확실히 최강이며 우리 기사

들은 모두 경악감을 느꼈다고 말합니다.[7]

　프로 바둑 기사들을 경악시켰던 이 인공지능 알파고가 인터넷 바둑 사이트에서 한중일 프로 기사들에게 60연승을 거두었다고 합니다. 알파고의 강함을 연구하며 약점을 찾아 대비하던 세계 바둑 랭킹 1위인 중국 커제 9단조차도 이 인터넷대국에서 세 번을 패를 했습니다. 그리고는 자신의 웨이보(중국판 트위터)에 "인류가 수천 년에 걸쳐 실전을 통해 진화시킨 바둑을 인공지능은 아주 짧은 시간에 모든 정보를 수집 분석한 뒤 이기는 방법을 터득해 버렸다. 지금부터 우리 기사들은 인공지능과 연계해야 새로운 영역으로 나아갈 수 있고, 새로운 세상에 도달할 수 있다."고 올렸습니다.

> 인공지능의 어디가 강한 건지 알고 싶어서 연구를 했다. 어제도 전전반측(輾轉
> 反側) 잠을 이루지 못하고 연구했다. 인류가 수천 년에 걸쳐 실전을 통해 진화
> 시킨 바둑을 인공지능은 아주 짧은 시간을 통해 모든 정보를 수집 분석해 이
> 기는 방법을 터득해 버렸다. 인공지능의 바둑을 보건데, 어쩌면 인간은 그 누
> 구도 바둑의 진리 그 가장자리에조차 닿아본 적 없는 것 같기도 하다. 솔직히
> 두렵다.[8]

　이세돌 9단이 느꼈을 당혹스러움과, 커제 9단이 느꼈을 두려움은 아마도 인공지능을 대하는 누구나가 받았을 느낌일 것입니다. 하지만 우리가 이 알파고의 능력에 두려움을 느낀다 하더라도, '거룩'을 느낄 수는 없습

---

7 이준삼, "中 커제 인터뷰", 『연합뉴스』, 2016월 3월 13일 인터넷 기사(https://www.yna.co.kr/view/
　AKR20160313032600083)
8 정아람, "세계 최강 커제도 꺾었다", 『중앙일보』, 2017월 1월 5일 인터넷 기사(https://www.
　joongang.co.kr/article/21081416).

니다.

토마스 아퀴나스(Thomas Aquinas, 1224-1274)는 중세의 위대한 신학자입니다. 그가 저술한 《신학대전》은 기독교 신앙에 대한 만 가지 반론에 답하고 있는데, 서양 문명의 위대한 지적 유산으로 칭송받고 있습니다. 그러나 1273년 12월 6일, 아퀴나스는 갑자기 그의 비서에게 더 이상 아무런 저술도 하지 않겠다고 밝혔습니다. 성 니콜라스 성당에서 예배를 드리다가 하나님을 강렬하게 체험한 아퀴나스는 이렇게 고백합니다. "나는 더이상 아무것도 할 수 없다. 그러한 일들이 나에게 나타난 지금, 내가 쓴 모든 저작은 한낱 지푸라기처럼 느껴진다."[9]

20세기에 가장 칭송받고 다작으로 유명한 신학자 칼 바르트(Karl Barth, 1886-1968) 역시 하나님에 대해서 자신이 한 말들이 얼마나 부적절했는지를 깨달았습니다. 그는 자신의 책이 가득한 달구지를 밀며 하늘나라에 들어가면서, 천사들의 웃는 소리가 들리는 환상을 보았습니다. "하늘에서 우리는 필요한 모든 것을 알게 될 것이다. 그곳에서는 한 글자도 더 쓰거나 읽을 필요가 전혀 없다.…… 정말 나는 천사들이 그 방대한 양 때문에 오랫동안 경이롭게 여겼을 교회 교의학조차도 종이 쓰레기처럼 하늘나라 밑바닥 어딘가에 버릴 수 있다."[10]

사도 요한도 자신이 본 영광을 말합니다. "성 안에서 내가 성전을 보지 못하였으니 이는 주 하나님 곧 전능하신 이와 및 어린 양이 그 성전이심이라 그 성은 해나 달의 비침이 쓸 데 없으니 이는 하나님의 영광이 비치고 어린 양이 그 등불이 되심이라"(계 21:22-23). 더 이상 무슨 글이 필요하겠습니까? 우리의 눈에 밝히 보이게 되면, "그 때에는 얼굴과 얼굴을

9   스카이 제서니, 『하나님을 팝니다?』, 이대은 옮김 (서울: 죠이선교회, 2015), 81.
10 위의 책, 81-82.

대하여 볼 것이요 지금은 내가 부분적으로 아나 그 때에는 주께서 나를 아신 것 같이 내가 온전히 알리라"(고전 13:12).

거룩이란, 단지 유능함이나 실력 등 능력의 요소를 넘어서는 그 무엇입니다. 거룩은 사람이나 사물로 인해 경험되는 것이 아니라 하나님으로 인한 경험이기 때문입니다. 종교학자 루돌프 오토(Rudolf Otto, 1869-1937)는 《성스러움의 의미》에서 종교 경험의 본질을 '누미노제, 즉 '거룩한 두려움'이라고 말합니다.[11] 거룩함과 두려움은 전혀 어울리지 않을 것 같지만, 그것이 어떤 감정인지를 잘 표현해 주고 있습니다.

우리의 일상과 이성이 겪는 낯선 경험은 파격이나 충격이라는 표현으로는 너무 부족합니다. 이것은 공포와도 다릅니다. 모세는 가시덤불의 불꽃 가운데서 하나님의 음성을 듣습니다. 시내산도 가시덤불도 그에게는 특별할 게 없습니다. 늘 있는 것이고 거기에 있는 것입니다. 심지어 가시덤불에 불이 붙은 것도 말입니다. 하지만 가시덤불에 불이 붙었는데 타버리지 않는다? 그것은 아주 다릅니다. 이상합니다. 불이 붙었는데 재가 되지 않는 것은 기이한 경험입니다. 게다가 불꽃 가운데서 하나님의 음성이라니요? 거룩한 두려움입니다. "또 이르시되 나는 네 조상의 하나님이니 아브라함의 하나님, 이삭의 하나님, 야곱의 하나님이니라 모세가 하나님 뵈옵기를 두려워하여 얼굴을 가리매"(출 3:6).

모세의 첫 하나님에 대한 경험은 바로 거룩한 두려움이었습니다. 존재의 낯설음은 낯가림과 서먹함이지만, 하나님의 낯설음은 거룩한 두려움인 것입니다. 신앙이 침체되었거나 권태롭다는 것은 매우 익숙해져서 새로울 것이 없어 무료해졌음을 말합니다. 즉, 낯선 하나님을 경험하지 못하고 있다는 사실입니다. 그저 종교 생활과 그 테두리 안에서만 안주하고

11　정용섭, 『주기도문이란 무엇인가?』(서울: 홍성사, 2011), 55.

있기 때문입니다. 거룩한 하나님을 경험함이 없으면 우리는 쉽게 영적 매너리즘에 빠지고 지쳐서, 의미 없는 몸짓이나 말들만 하게 됩니다. 영적 침체인 것이죠.

그래서 예술가 중에서는 새로운 영감을 얻기 위해 사랑과 애정의 대상을 자주 바꾸기도 합니다. 신선한 자극을 통해 작품을 이어가려는 일환입니다. 신앙 권태기의 극복 또한 새로움입니다. 하지만 그 새로움은 대상의 바뀜이 아니라, 그 낯선 타자이신 하나님을 아는 지평과 지경이 넓어지는 것입니다. 따라서 우리는 하나님에 대한 낯선 거룩의 경험이 있어야 합니다. 하나님에 대한 낯선 거룩의 경험이 없으면, "하나님을 알되 하나님을 영화롭게도 아니하며 감사하지도 아니하고 오히려 그 생각이 허망하여지며 미련한 마음이 어두워졌나니 스스로 지혜 있다 하나 어리석게 되어 썩어지지 아니하는 하나님의 영광을 썩어질 사람과 새와 짐승과 기어다니는 동물 모양의 우상으로 바꾸었느니라"(롬 1:21-23)와 방불하게 됩니다.

예기치 못한 우연성

한 남자가 있습니다. 이 남자는 스스로 자신의 외모와 여러 조건들이 굉장히 매력적이라고 생각합니다. 그래서 여자들이 자신에게 관심을 갖고 데이트 신청하는 것을 이상히 여기지 않습니다. 굉장한 미인이 자신에게 먼저 관심을 표해도 전혀 '놀람'이 없습니다. 자신이 여러 매력적인 조건을 갖추고 있다고 여기기 때문입니다. 그런데 다른 한 남자는 자기 스스로를 아무 매력도 없는 무색무취의 사람이라고 여깁니다. 그래서 마음에 드는 여성이 있어도 쉽게 관심을 표현하지 못합니다. 어떤 여자도 자기에게 호감을 갖지 않을 거라고 말입니다. 그러던 어느 날 미모의 여성이 자신에게 다가와 관심을 보이고 사귀게 되었다면 어떨까요? 이게 꿈인지 생시인지 모를 것입니다.

이럴 때 그는 경이롭습니다. 왜냐하면 그 남자는 아무리 생각해 보아도 자기 상황을 합리적으로 설명할 수가 없기 때문입니다. 남들이 다 부러워하는 그녀가 내 여자 친구가 되었다니 상상할 수도 없는 일이 눈앞에 펼쳐진 것입니다. 영화 〈해가 서쪽에서 뜬다면〉이 이런 상황을 잘 그려주고 있습니다. 오죽하면 영화 제목이 〈해가 서쪽에서 뜬다면〉이겠습니까. 불가능한 일이, 있을 수 없는 일이 벌어진 것입니다. 하지만 그런 과학적으로, 합리적으로, 통계적으로, 확률적으로 설명할 수조차 없는 일이 일어난 것입니다. 물론 이 영화의 소재 자체가 불가능한 것을 다루는 것은 아닙니다.

영화는 아주 예쁜(?) 여자 주인공과 평범(?)하게 생긴 남자 주인공의 러브 스토리입니다. 여자 주인공이 운전 미숙으로 가로수를 들이받고서 있는데, 남자 주인공은 마침 교통 의경으로서 그 자리에 있다가 우연히 그 여자를 만납니다. 남자는 여자에게 운전 연습을 시켜 주며 가까워집니다. 그러다 남자가 고백을 하고 여자는 유학을 이유로 거절합니다. 세월이 흘러 여자는 배우가 되고, 남자는 야구 심판이 됩니다. 남자는 브라운관에 보이는 그녀를 보고는 아직도 자신에게 그녀에 대한 감정이 남아 있음을 알게 됩니다. 하지만 그녀는 이제 너무 멀리 닿을 수 없는 곳에 있는 연예인일 뿐이었습니다. 그리고 그녀에게는 젊은 멋진 사업가가 구애를 하고 있습니다. 상황은 점점 두 주인공 남녀가 이루어지기 어려운 상황으로 흘러갑니다. 하지만 결국 영화의 마지막은 현실에선 이루어질 수 없을 것 같은 일이 벌어집니다. 그녀는 키 크고 잘생긴 젊은 사업가가 아닌 키 작고 평범하게 생긴 프로야구 심판에게 달려가 야구장 한복판에서 포옹을 하고 키스를 합니다. 영화 제목 그대로, 해가 서쪽에서 떠버린 것입니다.

이유를 합리적으로 설명할 수만 있다면 그 남자에게는 경이로움이 없을 뿐만 아니라 그녀에 대한 사랑도 반감될 것입니다. 하지만 사랑이 어디 그리 합리적으로 따질 수 있는 것입니까? 사랑은 경이로움의 연속입니다. 그렇기에 하나님을 경험함 역시 경이로움입니다. 만약 하나님에 대한 경험을 합리적으로, 경험적으로, 통계적으로 설명이 가능하다면 그다지 경이로움을 느끼기 어려울 것입니다. 모세의 호렙산에서 가시떨기 나무가 불에 타지 않는 경험, 또 그 불 가운데서 말씀하시는 하나님을 경험함은 합리적으로 설명할 수가 없습니다. 그렇게 오랫동안 다녔고 익숙한 그곳에서 한 번도 본 적 없고, 들은 적도 없는, 예기치 못한, 난데없는, 우연한 경험이었기 때문입니다.

동정녀 마리아에게서 나신 아기 예수님에 대한 경험도 마찬가지입니다. 하나님의 아들이 사람의 몸을 입고 오셔서 구유에 누이셨습니다. 구유에 누인 아기는 목자들에게 아주 특별한 경우는 아닙니다. 하지만 주의 사자가 곁에 서고, 목자들을 두루 비추며, 그 구유에 누인 아기가 구주이신 그리스도라는 사실은 대단히 기이한 일인 것입니다. 목자들에게 이 모든 것이 설명 가능한가요? 과학적, 합리적, 이성적, 경험적, 통계적으로 설명이 가능하다면 경이로움은 반감되거나 아예 없을 것입니다. 하지만 이건 가능성조차 없는 일이었기에 경이로운 일입니다. 목자들의 눈앞에 펼쳐진 구유에 누인 아기는 경이로움 그 자체입니다. 하나님께 영광을 돌리고 찬송이 터져 나올 수밖에 없습니다(눅 2:20). 경이로움의 연속은 그들에게 있어 신비의 영역입니다. 신적 영역, 하나님의 영역, 우연의 영역입니다. 여기서 우연이라는 말은 천에 하나, 만에 하나가 아닌 신적인 사건을 의미합니다. 이 우연성에 대해 깊이 통찰한 철학자 쿠키 슈우조우는 《우연이란 무엇인가》에서 이렇게 말합니다.

> '기우(奇遇)'나 '기연(奇緣)' 등의 용어의 존재가 보여주는 것처럼 우연성의 감정 가치는 바로 경이(驚異)의 정서이다. 필연성이 평온이라는 감정을 갖는 것은 문제가 분석적 명석을 가지고 "이미" 해결되어 있기 때문이다. 그에 반해서 우연성이 경이라는 흥분적 감정을 자아내는 것은 문제가 미해결 된 채로 "눈앞에" 던져져 있기 때문이다. 경이의 정서는 우연성의 시간성격인 현재성에 기초하고 있다. 요컨대, 필연은 그 과거적 결정적 확증성 때문에 이완 및 고요한 정적(靜的)인 약한 감정밖에는 가지지 않는데, 가능 및 우연의 문제성 때문에 긴장 및 흥분의 동적(動的)인 강한 감정을 초래하는 것이다.[12]

합리적 설명이 가능하고 이성적으로 납득 가능하다면 우리에게 경이로움의 감정이 생기지 않을 것입니다. 하지만 이유와 까닭과 내용을 설명할 수 없을 때, 우리에게는 복잡다단한 감정이 소용돌이를 치고 경이로움이 휘몰아치게 됩니다. 하나님의 임재, 하나님의 일하심, 하나님을 경험함은 우리를 그런 예기치 못한 불가항력적 경이로움에로 데려다 놓습니다.

하나님 경외와 생명 존중

민주 국가에서 헌법적 가치는 매우 중대합니다. 그러나 독재 권력에

---

12 쿠키 슈우조우, 『우연이란 무엇인가』, 김성룡 옮김 (서울: 이회문화사, 2000), 250.

붙들려 있는 나라에는 헌법보다 독재자의 말이 더 중요합니다. 중세 시대 교회에서도 교황은 무오하며 교황의 말이 성경보다 위에 있었습니다. 공통점은 생명 존중의 가치가 유린된 것입니다. 대한민국 헌법 제10조는 "모든 국민은 인간으로서의 존엄과 가치를 가지며, 행복을 추구할 권리를 가진다. 국가는 개인이 가지는 불가침의 기본적 인권을 확인하고 이를 보장할 의무를 진다."라고 합니다. 1948년 12월 10일 국제 연합 총회에서 채택된 세계 인권 선언 제1조는 이렇습니다. "모든 사람은 태어날 때부터 자유롭고, 존엄성과 권리에 있어서 평등하다. 사람은 이성과 양심을 부여받았으며 서로에게 형제의 정신으로 대하여야 한다." 이 모든 근거는 무엇입니까? 왜 생명이 존중되고 인권이 존중되어야 합니까? 사람의 생명이 짐승보다 존귀한 까닭은 무엇이죠? 사실 기독교가 그 답을 주지 않는다면, 또한 그 가치를 인정하지 않는다면 생명 존중과 인권이라는 것은 근본 뿌리부터 흔들리게 됩니다. 사상누각(沙上樓閣)일 뿐이죠.

프리드리히 빌헬름 니체(F. Wilhelm Nietzsche, 1844-1900)는 신의 죽음을 선언함으로써 진리의 보증자, 주체자를 부정해 버립니다. 그러나 하나님을 부정하면 인간의 행위를 가늠할 어떤 고정된 기준 또는 절대적인 기준이 사라져 버립니다. 이는 사람들이 무엇이든지 자신의 의지대로 해도 무방하다는 것을 의미하는 것입니다. 인간은 힘 또는 의지에 의해 움직이므로 필히 충돌하기 마련이고 '약육강식(弱肉强食)'의 논리가 팽배하게 되는 것입니다. 거룩하신 하나님의 형상대로 창조되었다고 하는 이 분명한 진술의 토대가 아니라면 말입니다.

돌프 빈더(Dolp M. Binder)는 호기심이 많은 학자입니다. 그는 생화학자인데, 사람의 몸값이 궁금했습니다. 그래서 사람의 시신을 가지고 실험을 했는데, 그는 사람의 몸에서 꺼낼 수 있는 요소는 약 17가지 정도라고 했습니다. 새 장 하나 청소할 수 있는 석회석, 못 한 개 만들 정도의 철분, 홍차 세 잔 달게 만들 수 있는 설탕, 세숫비누 5개 정도의 지방 성냥 다섯 갑 정도 만들 수 있는 인 등이 나왔고, 이걸 화공 약품 가격으로 계산했더니 3천 원 정도라고 합니다.[13] 또 미국의 〈와이어드〉라는 저널에서는 신체의 모든 조직을 수액 조직 항체까지 분리해서 돈으로 바꾼다면 4,500만 달러 이상을 받을 수 있다는 기사를 실었습니다.

그런데 정말 이런 돈의 가치가 사람의 가치를 매기는 근거가 될 수 있을까요? 아니요. 위험한 발상입니다. 그런 논리는 자칫하면 히틀러와 같은 광기를 낳고 수많은 생명과 가치를 나름대로 재단하게 될 수도 있습니다. 히틀러는 어처구니없는 자신의 가치 논리에 따라 수많은 장애인들을 학살했습니다.

사도 바울은 "우리는 그가 만드신 바라 그리스도 예수 안에서 선한 일을 위하여 지으심을 받은 자"(엡 2:10)라고 말합니다. 우리는 하나님의 작품이자, 자녀입니다. 물질적 가치로는 가늠할 수 없는 존재입니다. 사람을 물질과 돈으로 따지기 시작하면 사람의 본질적 격이 떨어질 수밖에 없습니다. 그렇게 되면 생명을 가볍게 여기는 풍조가 만연하게 됩니다.

하나님에 대한 '거룩한 두려움'의 경험은 당연히 생명 존중과 연결됩니다. 아브라함은 그랄 땅에 가서 아내를 누이라고 말하는 못난 모습을 보였습니다. 왜요? "아브라함이 이르되 이 곳에서는 하나님을 두려워함이 없으니 내 아내로 말미암아 사람들이 나를 죽일까 생각하였음이요"(창 20:11). 즉, 아브라함은 하나님을 두려워함과 생명 존중을 연결시켜 이해했기 때문입니다. 또한 요셉을 노예로 팔아먹은 형들이 이제 애굽의 총리가 된 요셉 앞에서 두려워 떨 때(형들은 아직 요셉인 줄 꿈에도 모를 때이죠),

---

13   김경수, 『긍정의 한마디』(서울: 해피앤북스, 2017), 230.

"사흘 만에 요셉이 그들에게 이르되 나는 하나님을 경외하노니 너희는 이 같이 하여 생명을 보전하라"(창 42:18). 즉, 요셉도 하나님 경외와 생명 보존을 연결하여 이해했음을 알 수 있습니다.

애굽의 바로가 갓 태어난 히브리 사내아이를 전부 죽이라고 산파 십브라와 부아에게 명령했지만 그녀들은 그 아이들을 살렸습니다(출 1:17).[14] 왜죠? "그 산파들은 하나님을 경외하였으므로 하나님이 그들의 집안을 흥왕하게 하신지라"(출 1:21). 하나님을 경외했기 때문입니다. 이렇게 히브리 산파와 애굽의 바로가 생명을 다루는 마음이 극명하게 다른 까닭도 하나님 경외의 여부로 차이로 나타납니다. 하나님에 대한 경외가 사라지면 결국 생명에 대한 경외도, 존중도 사라지는 것입니다. 기독교가 십자군 전쟁과 유럽의 30년 전쟁 그리고 청교도들이 미국 인디언들에게 행한 일들, 그리고 약소국가와 민족에게 행한 일들은 기독교 흑 역사일 뿐만 아니라, 하나님 경외가 사라진 교회는 생명 존중도 없어진다는 것을 여실히 보여 준 것입니다. 따라서 하나님 경외는 생명 존중으로 표현됩니다.

예수님 앞에는 간음 현장에서 붙잡혀 온 여인이 있었습니다. 서기관과 바리새인들은 그녀를 어떻게 처리해야 할지 예수님께 물었습니다. 그들의 물음은 사실 물음이라기보다 답을 정해 놓은 것이었습니다. 자기들끼리 결론, 판결을 내렸습니다. "선생이여 이 여자가 간음하다가 현장에서 잡혔나이다 모세는 율법에 이러한 여자를 돌로 치라 명하였거니와 선생은 어떻게 말하겠나이까"(요 8:4-5). 법대로 처리하라고 하면 될 텐데, 예수님은 "너희 중에 죄 없는 자가 먼저 돌로 치라"고 하십니다. 사실 '간음죄에는 돌로 치라'는 말은 모세 율법에 없습니다. 물론 간음죄가 율법에 의하면 죽을 죄이기는 합니다(레 20:10). 그런데 예수님은 하나님 사랑을

---

14 [출 1:17) 그러나 산파들이 하나님을 두려워하여 애굽 왕의 명령을 어기고 남자 아기들을 살린지라

명분으로 생명을 사소하게 취급하지 못하도록 하신 것입니다.

예수님은 선한 사마리아인 비유에서 알려 주셨습니다. 어떤 사람이 강도를 만나 옷 벗김을 당하고 거의 죽을 만큼 맞고 버림당했는데, "마침 한 제사장"과 "한 레위인도", "그를 보고 피하여 지나" 가 버렸습니다. 제사장과 레위인은 율법을 잘 아는 사람들이었기에, 시체를 만지거나 하면 부정해진다는 것을 잘 알고 있었던 것입니다. 하지만 이미 싸늘하게 식어 버린 시신이 아니라, 죽어가던 사람이었습니다. 제사장, 레위인 그들은 특수한 직무도 부여받은 구별된 사람들이었음에도 그들은 자신들 나름의 명분이 어떠하든 일부러 '피하여' 지나갔습니다. 생명을 위하여 어떤 방도도 취하지 않았습니다. 그러나 사마리아인은 달랐습니다. '그를 보고 불쌍히 여겨', '가까이 가서'. 이는 제사장 그리고 레위인과는 전혀 다른 방식입니다. "어떤 사마리아 사람은 여행하는 중 거기 이르러 그를 보고 불쌍히 여겨 가까이 가서 기름과 포도주를 그 상처에 붓고 싸매고 자기 짐승에 태워 주막으로 데리고 가서 돌보아 주니라 그 이튿날 그가 주막 주인에게 데나리온 둘을 내어 주며 이르되 이 사람을 돌보아 주라 비용이 더 들면 내가 돌아올 때에 갚으리라 하였으니"(눅 10:33-35).

예수님께서 오늘 우리에게도 물으십니다. "네 생각에는 이 세 사람 중에 누가 강도 만난 자의 이웃이 되겠느냐". 그리고 이렇게 말씀하십니다. "가서 너도 이와 같이 하라"(눅 10:36-37).

황야의 무법자

아더 핑크는 산상수훈을 강해하면서 설교자의 불성실이 교회에 만연한 무법성을 책임져야 할 가장 큰 요인이라 강력하게 설파합니다.

나는 서글픈 현 사태의 원인은 설교자에게 있다고 주저하지 않고 비난한다. 설교자의 불성실이야말로 전 기독교 세계에 현재 만연되고 있는 무법성을 책임져야 할 가장 큰 요인이다. 지난 두세 세대 동안 수많은 성직자들은 이 은혜의 세대에 더 이상 하나님의 율법이 차지할 자리는 없다고 말하면서 이를 집어던져 왔다. 이와 같이 하여 모든 제지책 중에서 가장 영향력 있는 것이 제거되었고, 육체의 욕망대로 방종하는 것을 묵인하게 되었다.

비단 하나님의 율법이 거부되어졌을 뿐만 아니라 하나님의 신성도 전반적으로 오도되어져 왔다. 하나님의 속성에 대해서도 일방적으로 소개함으로써 곡해시켜 왔다. 하나님의 공의와 거룩함, 그리고 진노는 소개되지 않았고 모든 사람을 사랑하는 하나님만이 강조되었다. 그 결과로 교회에 나가는 무리들이 더 이상 하나님을 두려워하지 않게 되었다. 과거 오십 년 동안 수많은 성직자들은 이제는 하나님의 진노하심에 대한 어떠한 두려움도 우리를 사로잡지 못하도록 영원한 징벌에 대해서 침묵하는 죄를 범해왔다. 그것은 사랑의 하나님만을 강조한 결과이다.[15]

그리고 그는 절절한 마음으로 교회의 치리와 권징이 사라졌다고도 설파합니다. 이는 꼭 오늘날 우리의 현실을 보면서 말하는 듯합니다.

양심은 마비되고, 정의에 대한 요구는 질식되었으며, 감상적인 개념이 이제 만연되었다. 영원한 징벌에 대해서 무시였기 때문에(암암리에, 혹은 많은 경우에 공개적으로), 교회의 권징도 사라지게 되었다. 교회들은 치리의 시행을 거부하고, 가공할 만한 범죄에 추파를 던졌다. 필연적인 결과로 가정에서의 규율은 파기되고, 몹시 감상적이고 줏대 없는 '여론'이 발생되었다. 학교 교사들은 어리석은

---

15   아더 핑크, 『산상수훈 강해』, 지상우 옮김 (고양: 크리스챤다이제스트 2018), 147-148.

학부모에게 위협당하여 자라나는 세대들이 점점 어떠한 결말이 나올지 우려하지 않고 제각기 마음대로 하는 것을 내버려 두었다. … 대부분의 독자들은 더 이상 설명하지 않더라도 이 모든 것을 충분히 알아차리고 있다. 그러나 그들 중 누구도 여기까지 사태를 진전시킨 요인들, 즉 불성실한 성직자, 영원한 징벌에 대한 부정, 하나님의 성품에 대한 그릇된 제시, 그의 율법에 대한 거부, 교회가 성경적 권징을 행하지 않는 것, 어버이다운 권위의 파기 등에 대해서는 실감하지 않고 있다.[16]

"너희는 내 성호를 속되게 하지 말라 나는 이스라엘 자손 중에서 거룩하게 함을 받을 것이니라 나는 너희를 거룩하게 하는 여호와요"(레 22:32). 그리고 "내 이름을 멸시하는 제사장들아 나 만군의 여호와가 너희에게 이르기를 아들은 그 아버지를, 종은 그 주인을 공경하나니 내가 아버지일진대 나를 공경함이 어디 있느냐 내가 주인일진대 나를 두려워함이 어디 있느냐 하나 너희는 이르기를 우리가 어떻게 주의 이름을 멸시하였나이까 하는도다"(말 1:6)고 하는 말씀과 같이, 하나님은 하나님의 이름을 거룩하게 하십니다.

비슬리 머리(George R. Beasley-Murray, 1916–2000)는 《예수와 하나님 나라》에서, "하나님의 이름이 거룩히 여김을 받는다는 것은 그의 백성을 그들의 고통 가운데서 구하고 그들을 이름과 본성에서 거룩한 백성으로 변화시킴으로써 그의 영광을 드러내는 하나님의 행위이다. 그렇게 함으로써 하나님은 이 땅에서 구원을 일으키고 의를 세우는 거룩한 자로 나타난다."[17]라고 말하고 있습니다.

---

16 위의 책, 148.
17 G. R. 비슬리 머리, 『예수와 하나님 나라』, 권성수 옮김 (고양: 크리스챤다이제스트, 1998), 266.

"이스라엘 족속아 내가 이렇게 행함은 너희를 위함이 아니요 너희가 들어간 그 여러 나라에서 더럽힌 나의 거룩한 이름을 위함이라 여러 나라 가운데에서 더럽혀진 이름 곧 너희가 그들 가운데에서 더럽힌 나의 큰 이름을 내가 거룩하게 할지라 내가 그들의 눈 앞에서 너희로 말미암아 나의 거룩함을 나타내리니 내가 여호와인 줄을 여러 나라 사람이 알리라 주 여호와의 말씀이니라 내가 너희를 여러 나라 가운데에서 인도하여 내고 여러 민족 가운데에서 모아 데리고 고국 땅에 들어가서 맑은 물을 너희에게 뿌려서 너희로 정결하게 하되 …… 새 영을 너희 속에 두고 새 마음을 너희에게 주되"(겔 36:22-26)

하나님의 이름이 거룩하게 되는 것은 하나님 자신의 일입니다. 따라서 "만물을 그에게 복종하게 하실 때에는 아들 자신도 그때에 만물을 자기에게 복종하게 하신 이에게 복종하게 되리니 이는 하나님이 만유의 주로서 만유 안에 계시려 하심이라"(고전 15:28)고 말씀합니다. 그리고 "하늘에 있는 자들과 땅에 있는 자들과 땅 아래에 있는 자들로 모든 무릎을 예수의 이름에 꿇게 하시고 모든 입으로 예수 그리스도를 주라 시인하여 하나님 아버지께 영광을 돌리게 하셨느니라"(빌 2:10, 11)라고 말씀합니다.

그러므로 "이름이 거룩히 여김을 받으시오며"는 마지막 성취에 대한 간구입니다. 예수님은 언젠가 완성될 일이 예수님 자신 안에서 증명되고 있음을 가르쳐 주시는 것이며, 그리고 교회 공동체는 주기도를 통해 하나님의 이름이 예수 그리스도 안에서 이미 현재가 되었다는 것을 알며 고백하는 것입니다.

1. 우상이란 무엇일까요? 그리고 우상 숭배란 무엇을 말하는 것일까요? 우리가 빠지기 쉬운, 경계해야 하는 우상 숭배에는 어떤 것들이 있을까요?

2. 인공지능의 가공할 만한 능력을 통해 하나님을 경험할 수 있을까요? 그렇다면 '하나님을 경험함'이란 무엇일까요? 우리 자신에게 있었던 '하나님을 경험함'에 대해서 나누어 봅시다.

2. 인간의 존엄성과 가치 그리고 인권이 존중되어야 하는 까닭과 근거는 무엇일까요? 하나님 경외와 존중이 사라지면 어떤 일들이 벌어질까요?

나라가 임하시오며

유토피아가 아니라 하나님 나라

왜 나라일까요? 이 나라는 어떤 나라일까요? 제자들은 처음 이 기도 내용을 들었을 때, 이 나라를 어떤 나라로 이해했을까요? 예수님도 유대 인이고 제자들도 유대인이니까 그 나라가 이스라엘 나라일까요? 그토록 유대인들이 염원하는 다윗과 솔로몬의 영광스러운 때의 회복을 말함일 까요? 예수님께서 부활하시고 사십 일 동안 제자들에게 하나님 나라의 일을 말씀하셨습니다. 제자들이 가장 궁금했던 한 가지를 예수님께 질문 합니다. "주께서 이스라엘 나라를 회복하심이 이때이니까"(행 1:6). 여전히 제자들의 시선은 땅에 있었습니다.

유대인들이 하던 열여덟 번째 축복 기도에서 16번째 내용은 이렇습니 다. "우리 하나님이신 주여, 시온에 기꺼이 거처하소서. 그리고 예루살렘 에서 당신의 종들로 하여금 당신을 섬기게 하소서. 우리가 경외심으로 예 배하는 주님 당신을 축복합니다."[1] 유대인이었던 제자들도 처음에는 예

---

1 김세윤, 『주기도문 강해』 (서울: 두란노, 2000), 23.

수님께서 가르쳐 주신 기도에서 '나라'의 의미를 예루살렘의 회복과 다윗과 솔로몬 영광의 재현이라고 여겼던 모양입니다. 그러다 보니 예루살렘에 올라가면서도 엉뚱한 꿈만을 꾸고 있는 것입니다.

야고보와 요한의 어머니는 두 아들을 위해서 예수님께 청탁을 합니다. "이 두 아들을 주의 나라에서 하나는 주의 우편에, 하나는 주의 좌편에 앉게 명하소서"(마 20:21). 그리고 이 사실을 알게 된 나머지 열 명의 제자들은 분개할 수밖에 없었습니다. 그러자 예수님이 말씀하십니다. "너희는 너희가 구하는 것을 알지 못하는도다"(마 20:22). 예수님의 이 나라는 '당신의 나라'입니다. 즉, 거룩하신 이름의 하나님 나라입니다. 예수님은 그 '거룩한 하나님 나라'가 임하길 기도하라고 하십니다. '세상 나라'가 아닙니다. 세상이 꿈꾸는 나라가 아닌 하나님 나라, 유토피아가 아닌 하나님 나라입니다.

중세의 십자군 원정의 표면적인 명분은 그리스도와 성지 순례자들의 안전을 위한 것이었습니다. 왜냐하면 그 순례 길을 점령하고 있는 이들은 이슬람교도들이었기 때문입니다. 십자군은 이 전쟁이 예루살렘 성지를 회복하기 위한 성전(聖戰)이라 여겼습니다. 그들이 말하는 예수 그리스도는 예루살렘에서 십자가를 지셨지만, 그들은 칼과 창으로 무장하고서 자신들을 '십자가로 서명한 사람들(curcisignati, signatores)'이라고 자칭했습니다. 그런 그들의 구호는 당연히 이백여 년 동안 십자군 원정 10차 내내 '하나님의 뜻이다(Deus Le Volt)'였습니다. 교황 우르바누스 2세는 1095년 11월 27일 클레르몽 공의회에서 십자군 원정을 선포합니다. 사람들의 피를 끓게 하는 연설을 통해서 십자군 원정을 독려합니다.

그들(투르크족)은 하나님의 교회들 중 일부를 완전히 파괴했고 일부는 자기들 종교를 위해 사용하고 있다. 그들은 제단을 더럽히고 모독한다. 기독교들에게 할례를 행하고 그 피를 제단에 바르거나 성수반에 붓는다. 그들은 희희낙락하며 기독교도들의 배를 갈라 창자의 끄트머리를 꺼내서 말뚝에 묶는다. 그리고는 내장이 쏟아져 나와 쓰러져 죽을 때까지 채찍으로 때려 말뚝 주위를 돌게 한다. 또 말뚝에 묶어놓고 화살을 쏘기도 한다. 또 목을 잡아 뺀 다음, 단칼에 목을 칠 수 있는지 시험해 보기도 한다. 한편 경악을 금치 못할, 여자들을 겁탈하는 것에 대해서는 무슨 말을 할 수 있으랴[2]

제1차 십자군 원정은 1096년 동로마 제국 콘스탄티노플을 출발하여 1099년 6월 7일 예루살렘에 도착합니다. 3년이라는 여정은 길었지만, 예루살렘 성을 얻는 데는 채 두 달이 걸리지도 않았습니다. 7월 15일 예루살렘 성은 '십자가로 서명한 사람들'에게 함락되었습니다. 여기서 칭기즈 칸의 말을 떠올려 보게 됩니다. "나는 몽골의 푸른 늑대다. 너희는 신의 군대다. 우리의 신인 탱그리와 시조 불테치노는 항상 우리를 지켜보고 계신다. 너희에겐 패배란 없다. 나를 따르면 모든 전쟁에서 승리할 것이다." 그가 벌인 전쟁에서 그들은 신의 이름으로 저항하는 사람들을 죽이고 집과 성들을 불태워 버렸습니다. 유럽인들에게 칭기즈 칸과 그의 군대는 공포 그 자체였던 것입니다. 칭기즈 칸의 말을 언급한 이유는 제1차 십자군 원정에 속해 있던 대수도원장 기베르 드 노장(G. d. Nogent, 1053–1124)이 기록한 〈연대기〉 내용 때문입니다.

예루살렘의 큰 거리나 광장 등에는 사람의 머리나 팔다리가 산더미처럼 쌓여 있었다. 십자군 병사나 기사들은 시체를 아랑곳하지 않고 전진했다. 성전이나

---

2 토마스 F. 매든, 『십자군』 권영주 옮김 (서울: 루비박스, 2010), 38.

회랑은 물론이요, 말 탄 기사가 잡은 고삐까지 피로 물들었다. 이제까지 오랫동안 모독하기를 즐기는 사람들에 의해 더럽혀졌던 이 장소가 그들의 피로 씻겨져야 한다는 신의 심판은 정당한 것일 뿐 아니라 찬양할만하다.[3]

기베르 드 노장은 이 피범벅과 살육의 추억을 매우 환영할 만한 차원으로 평가하면서, '신의 심판'으로 채색하기를 주저하지 않습니다. 칭기즈 칸 역시 자신이 벌인 일을 신의 심판이라고 생각했던 것입니다. 자신의 칼과 화살로 죽이거나 불태워 죽인 사람들은 신의 심판을 받는 것으로 말했습니다.

그러나 예수님은 이렇게 말씀하십니다. "그러므로 무엇이든지 남에게 대접을 받고자 하는 대로 너희도 남을 대접하라 이것이 율법이요 선지자니라"(마 7:12). '십자가로 서명한 사람들'은 자신들의 머리, 팔, 다리가 잘려 나가고, 자신들의 피가 말고삐까지 물들이는 처참함을 원치 않았을 것입니다. 그러나 십자군은 '신의 심판'이라는 이름으로 끔찍하고 처참한 살육을 벌였던 것입니다. 그리고 그 살육의 추억은 신앙적 자부심이 되었습니다.

Nothing, Everything

십자군 원정을 다룬 영화 〈킹덤 오브 헤븐〉의 거의 마지막 장면에는 이슬람 군대의 맹렬하고 거센 예루살렘 공격을 십자군이 견뎌 내지 못하는 모습이 나옵니다. 결국 주인공 발리앙은 성 안의 사람들을 살리기 위해 항복하기로 결단을 내립니다. 십자군인 주인공 발리앙과 이슬람 군대

---

3   김용규, 『철학카페에서 작가를 만나다 1』 (고양: 웅진 지식하우스, 2016), 282.

수장 살라딘의 협상 장면이 이 영화의 백미(白眉)라고 말할 수 있는데, 협상을 끝낸 뒤 십자군 발리앙이 이슬람군 살라딘에게 묻습니다. "예루살렘이 대체 뭡니까? (What is Jerusalem worth?)" 칼리프 살라딘이 답하길 "아무 의미도 없다!(Nothing!)", 그리고는 살라딘은 자신의 진영으로 향합니다. 발리앙은 망연한 얼굴로 하늘을 바라보죠. 살라딘은 망연한 발리앙에게 돌아서서 두 주먹을 꽉 쥐며 이런 마지막 말을 남깁니다. "모든 것이 기도 해(Everything)." 발리앙은 그제야 미소를 짓고 성벽으로 돌아갑니다.

여러 생각을 하게 만드는 마지막 장면입니다. 어찌 보면 아무것도 아닌 것에 의미를 두고 싸우는 바람에 수백 년에 걸쳐 수없이 많은 사람들이 죽어 나가야 했습니다. 그 아무것도 아닌 것(Nothing)이 모든 것(Everything)이 되어 버렸기 때문에 말입니다.

예수님은 "사람이 만일 온 천하를 얻고도 제 목숨을 잃으면 무엇이 유익하리요 사람이 무엇을 주고 제 목숨과 바꾸겠느냐"(마 16:26) 말씀하셨습니다. 도대체 예루살렘이 그만한 가치가 있는 것일까요? 하나밖에 없는 목숨을 던지면서까지, 수많은 생명을 살해하면서까지 말입니다. 예수님은 성전이라는 건물에 매몰되어서 실체를 보지 못하는 이들에게 이런 말씀도 하셨습니다. "네가 이 큰 건물들을 보느냐 돌 하나도 돌 위에 남지 않고 다 무너뜨려지리라"(막 13:2). 그러므로 예수님은 우리에게 하나님의 나라가 임하기를 기도하라고 하셨습니다. 그 나라는 이 땅에서 폭력으로 이루어지는 나라가 아닙니다. 예수님의 능력은 결코 폭력이 아닙니다.

십자가의 길

성서 학자 월터 윙크(Walter Wink, 1935~2012)는 예수님께서 악에 대한 대응 방법으로써 수동적인 태도와 폭력을 몹시 싫어하셨다고 말합니다. 예수님의 가르침은 세 번째 길로써, 이 두 가지 선택과는 전혀 다른 것을 말씀하신다는 것입니다. 그 제3의 길은 바로 원수 사랑과 십자가의 영성입니다.

> 예수님의 제3의 길은 원수에 대한 사랑이 그 핵심에 놓여 있다. … 우리 시대에는 원수를 사랑하는 것이 참다운 기독교 신앙의 리트머스 시험지가 되었다는 사실은 아무리 강조해도 지나치지 않는다. 정의와 해방에 대한 헌신, 혹은 억압의 굴레를 타도하는 것은 충분하지 않다. 왜냐하면 그 과업을 위해 사용된 수단이 너무 자주 그 억압을 본 따서 새로운 불의와 억압을 초래하기 때문이다. 원수에 대한 사랑은 그 원수 역시 하나님의 자녀임을 인정하는 것이다. … 나는 오늘날 궁극적인 종교적 질문은 더 이상 종교개혁자들의 질문, 즉 "내가 어떻게 은혜로운 하나님을 발견할 수 있는가?"가 아니라고 말하겠다. 그 대신에 "내가 어떻게 나의 원수 속에서 하나님을 발견할 수 있는가?"이다.[4]

예수님의 제3의 길 중 첫 번째로 '원수 사랑'을 말한 월터 윙크는 두 번째로 '십자가의 길'을 말합니다.

> 예수님의 제3의 길은 십자가의 길이다. 십자가는 단순히 예수님이 억압의 희생자들과 자신을 동일시하신 것만이 아니다. 십자가는 롭 로버트슨이 지적한 것처럼, 이런 악들을 다룬 그분의 방식이기도 하다. 예수님이 그처럼 십자가에서 처형된 것은 그분이 실패한 반란자였기 때문이 아니라, 불의와 폭력의 원인이

---

4   월터 윙크, 『예수와 비폭력 저항』, 김준우 옮김 (서울: 한국기독교연구소, 2003), 71-73.

되기보다는 오히려 그 고난을 당하기를 선호하였기 때문이다.[5]

주기도는 예수님의 산상수훈 안에 놓여 있습니다. "또 눈은 눈으로, 이는 이로 갚으라 하였다는 것을 너희가 들었으나 나는 너희에게 이르노니 악한 자를 대적하지 말라 누구든지 네 오른편 뺨을 치거든 왼편도 돌려 대며"(마 5:38-39), "이같이 너희 빛이 사람 앞에 비치게 하여 그들로 너희 착한 행실을 보고 하늘에 계신 너희 아버지께 영광을 돌리게 하라"(마 5:16). 사람들은 '눈에는 눈, 이에는 이, 폭력에는 폭력'을 기대했습니다. 폭력의 제국 로마를 전복하는 길은 폭력의 길 외에는 없다고 여긴 것입니다. 이미 그들의 역사에는 마카베오가 있기 때문이었습니다. 예수님께서 그 마카베오보다 더 확실한 나라를 만들 것이라 기대한 것입니다. 그러나 예수님은 그런 기대 어린 "호산나 다윗의 자손이"라는 예루살렘 군중들의 외침에 '어린 나귀 새끼'로 답하셨습니다. 의아스럽지만 다들 애써 예수님께서 타고 오신 나귀 새끼를 무시합니다. 굳이 의미 부여를 하지 않으려 했습니다. 예수님으로 인한 자신들의 세속적 정치 기대가 너무 크기 때문이 아니었을까요? "시온의 딸아 크게 기뻐할지어다 예루살렘의 딸아 즐거이 부를지어다 보라 네 왕이 네게 임하시나니 그는 공의로우시며 구원을 베푸시며 겸손하여서 나귀를 타시나니 나귀의 작은 것 곧 나귀 새끼니라"(슥 9:9)

거룩한 하나님 나라를 모르면 욕망의 세상 나라로 둔갑해 버리기 너무 쉽습니다. 인간의 부패한 본성은 거룩함보다는 욕망에 더 이끌리는 법입니다. 그렇기에 예수님은 거룩한 하나님의 나라를 구하라고 하십니다.

인류 역사를 돌아보면 끊임없이 나라가 일어나고 사라지길 반복했습

---

5   위의 책, 97.

니다. 삼일천하도 있었고, 천년을 세운 나라도 있었습니다. 그 세월 속에서 유토피아를 꿈꾸는 사람들도 있었는데, 그 유토피아를 이루고 실현할 능력이 인간에게 있다고 굳게 믿는 이들이었습니다. 단지 시간문제일 뿐이라고 하면서, 어떤 이들은 종교적으로, 어떤 이들은 군사적으로, 어떤 이들은 정치적으로 또 어떤 이들은 문명과 과학적으로 유토피아를 꿈꿨습니다.

유토피아를 좀 더 소극적으로 보자면 '자기실현'이라 말할 수 있습니다. 철학자 키르케고르는, 자기실현에 매달리는 사람은 스스로 왕국의 지배자가 되려 하지만 '영토 없는 국왕'일 뿐이며, 그의 노력이 비록 휘황찬란한 외관을 갖추고 있더라도 '공중누각(空中樓閣)'일 뿐이라고 비판했습니다. 한마디로 인간은 스스로 자기실현할 능력이 없다는 것입니다. 키르케고르는, 자기실현은 오직 신에 의해 '그에게 설정된 소명'을 알고 그것에 순응할 때에만 이룰 수 있다고 여겼습니다.[6]

많은 이들은 이제까지 인간의 모든 자기실현 시도, 유토피아 시도가 실패했다고 여겼습니다. 그래서 현실 세계를 '디스토피아(distopia)', 즉 '실패한 유토피아'라고 부르기도 합니다. 그렇다고 세상이 키르케고르처럼 신에게 받은 소명을 받아들이지는 않습니다. 다만 유토피아는 아직 이루어지지 않았을 뿐이지 불가능하다고 여기지는 않았기 때문에, 여전히 자연 과학, 인공지능, 유전 공학의 눈부신 발전으로 인해 머지않아 유토피아를 만들어 낼 것이라 믿어 의심치 않는 흐름입니다.

세상 나라, 자기실현 나라가 아닙니다. 예수 그리스도가 이 땅에 오셨습니다. 실패한 세상 바벨에 오셨습니다. 그리고 여전히 실패할 수밖에 없는 새 바벨탑을 쌓고 있는 이 땅에 오셨습니다. 예수님은 하나님 나라

---

6   김용규, 『철학카페에서 시 읽기』 (서울: 웅진 지식하우스, 2017), 230-231.

입니다. "하나님의 나라는 볼 수 있게 임하는 것이 아니요 또 여기 있다 저기 있다고도 못하리니 하나님의 나라는 너희 안에 있느니라"(눅 17:20-21).

하나님 나라인 예수님은 또한 이 땅의 '참 성전'이십니다. "너희가 이 성전을 헐라 내가 사흘 동안에 일으키리라"(요 2:19), 예수님은 성전 된 자기 육체를 가리켜 말씀하신 것입니다(요 2:21). 이 하나님 나라는 어떤 강력한 미사일 공격으로도 무너뜨릴 수 없습니다. 예루살렘 성전이 46년 동안 지어지고서도 로마 군대에 의해 한순간에 무너졌지만, 이 하나님 나라는 절대 무너지지 않습니다. 이 나라는 총칼로 세워진 '폭력 나라'가 아닌 '십자가'로 세워진 나라입니다. 왼뺨을 돌려대고, 속옷을 내주고, 기꺼이 십 리를 가 주면서 세워진 나라입니다. 헨리 나우웬은 '상향성'과 '하향성'으로 말하며, 상향성 자체를 종교로 삼는 것이 문제라고 말합니다.

> 진정한 성장은, 정상에 도달하는 것 자체가 목표가 되고 야망이 더 이상 이상을 뒷받침하지 않는 억제할 수 없는 상향성의 충돌과는 다른 것이다. 권력을 향한 잘못된 야망과 섬김을 위한 참된 야망 사이에는 엄청난 차이가 있다. 그것은 우리 자신이 높아지려고 애쓰는 것과, 우리 주위 사람들을 높이려는 것 사이의 차이다.
>
> 문제는 개인 혹은 공동체로서 발전하고자 하는 열망에 있는 것이 아니라, 상향성 자체를 종교로 삼는 것에 있다.[7]
>
> 우리들의 구원론은 근본적으로 상향성 철학과 대조된다. 성경이 우리에게 보여 주는 위대한 역설은 완전한 참 자유는 하향성을 통해서만 발견할 수 있다는 것이다. 하나님의 말씀이신 그리스도께서 우리에게 내려오셨고, 종의 신분으

---

7 헨리 나우웬, 『세상의 길, 그리스도의 길』, 편집부 옮김 (서울: IVP, 2003), 18.

로 우리 가운데 사셨다. 하나님의 길은 실로 낮아지는 길이다.

그리스도인들의 믿음의 중심부에는 하나님이 전적으로 자신을 낮추어 복종 시킴으로써 자신의 신성을 계시하기로 선택하셨다는 신비가 있다.[8]

예수님은 제자들에게 누누이 인자가 고난을 받고 죽는다고 말씀하셨습니다. 하지만, 제자들은 서로 예수님의 우편 좌편을 놓고 자리다툼만 했습니다. 예수님은 제자들의 발을 씻겨 주심으로 서로 섬김에 대하여 본을 보여 주셨지만, 여전히 제자들의 마음은 온통 높은 곳만을 향해 있었던 것입니다. 예수님께서 제자들에게 말씀하십니다. "너희 중에 누구든지 크고자 하는 자는 너희를 섬기는 자가 되고 너희 중에 누구든지 으뜸이 되고자 하는 자는 너희의 종이 되어야 하리라 인자가 온 것은 섬김을 받으려 함이 아니라 도리어 섬기려 하고 자기 목숨을 많은 사람의 대속물로 주려 함이니라"(마 20:26-28). 예수님께서 섬기러 오셨는데 제자들도 당연히 섬기는 자가 되어야 함이 마땅합니다(마 10:24-25).[9]

하지만 예수님께서 십자가에서 죽으시고 난 다음에, 제자들은 이렇게까지 말합니다. "우리는 이 사람이 이스라엘을 속량할 자라고 바랐노라"(눅 24:21). 그래서 부활하신 예수님은 그들에게 이렇게 말씀하신 것입니다. "미련하고 선지자들이 말한 모든 것을 마음에 더디 믿는 자들이여 그리스도가 이런 고난을 받고 자기의 영광에 들어가야 할 것이 아니냐"(눅 24:25-26).

신앙의 길은 낮아지는 길입니다. 십자가의 길입니다. 그래서 헨리 나우웬은 이렇게 말합니다. "하향성은 신적인 길이요, 십자가의 길이며, 또

---

8 위의 책, 20.
9 [마 10:24-25] 제자가 그 선생보다, 또는 종이 그 상전보다 높지 못하나니 제자가 그 선생 같고 종이 그 상전 같으면 족하도다

한 그리스도의 길이다. 바로 이 신적인 생활 방식이 우리 주님이 그분의 성령을 통하여 우리에게 주시고 싶어 하는 것이다."[10]

회복하신 영토

예수님께서 공생애를 시작하시기 직전, 성령에 이끌려 광야로 가셔서 40일을 금식하십니다. 그 마지막에 사탄이 예수님을 시험합니다. 그 시험 중에 하나가 마귀가 예수님을 데리고 지극히 높은 산으로 가서 천하 만국과 그 영광을 보여 "만일 내게 엎드려 경배하면 이 모든 것을 네게 주리라"라고 한 것입니다(마 4:9). 그때 예수님은 주저 없이 이렇게 답하십니다. "사탄아 물러가라 기록되었으되 주 너의 하나님께 경배하고 다만 그를 섬기라 하였느니라"(마 4:10). 이를 통해 알 수 있는 것이 있습니다. '나라'란 누구를 예배하고 섬기느냐의 문제라는 것입니다. 사탄의 나라로 향할 것이냐, 하나님 나라로 향할 것이냐?

첫 사람인 아담은 여기에서 실패했습니다. 그는 사탄의 나라로 향했습니다. 하나님의 통치가 아닌 마귀의 말에 순응했습니다. 하지만 이제 우리는 "당신의 나라가 임하시오며"라고 기도하며, 또 그렇게 기도하라고 가르쳐 주시는 두 번째 아담인 예수님을 만났습니다. 하나님의 나라에 온전히 순종하시는 예수님, 죽기까지 순종하신 예수님 말입니다(빌 2:6-8).[11]

십자가를 지고 하나님 나라로 향하면 결국 죽음으로 대단원의 막을 내

---

10 위의 책, 28.
11 [빌 2:6-8] 그는 근본 하나님의 본체시나 하나님과 동등됨을 취할 것으로 여기지 아니하시고 오히려 자기를 비워 종의 형체를 가지사 사람들과 같이 되셨고 사람의 모양으로 나타나사 자기를 낮추시고 죽기까지 복종하셨으니 곧 십자가에 죽으심이라

릴까요? 결코 아닙니다. 사도 바울은 빌립보서 2장 9-11절에서 "이러므로 하나님이 그를 지극히 높여 모든 이름 위에 뛰어난 이름을 주사 하늘에 있는 자들과 땅에 있는 자들과 땅 아래에 있는 자들로 모든 무릎을 예수의 이름에 꿇게 하시고 모든 입으로 예수 그리스도를 주라 시인하여 하나님 아버지께 영광을 돌리게 하셨느니라"고 말합니다. 따라서 우리는 새 하늘과 새 땅에서 이루어지는 하나님의 거룩한 통치를 바라봅니다. "우리는 그의 약속대로 의가 있는 곳인 새 하늘과 새 땅을 바라보도다"(벧후 3:13). 그러므로 주기도를 한다는 것은 바로 예수 그리스도의 복음의 증인이 되는 것입니다. 그런 의미에서 그레고리(St. Gregory of Vlastos, 1907-1991)의 기도는 가슴에 깊이 울려 닿습니다.

> 오, 하나님, 당신은 하나님 나라의 평화의 검을 옮기도록 우리에게 은혜를 주셨습니다. 당신은 우리를 투쟁의 세상에서 평화의 사자로 보내셨습니다. 그리고 우리를 거짓 평화로 가득 차 있는 이 세상에 투쟁의 사자로 보내셨습니다. 우리에게 강한 손을 주시고, 우리의 목소리를 맑게 하시고, 열정을 가진 통찰력과 강한 확신을 가진 겸손을 우리에게 주셨습니다. 그래서 우리로 하여금 이 세상을 정복하는 싸움이 아니라 구속하는 싸움을 하도록 하셨습니다.[12]

칼뱅은, 하나님은 전 우주를 굴복시킴으로 나라를 세우신다고 했습니다.

첫째로, 하나님께서는 그에게 항거하는 모든 육의 정욕을 그의 영의 힘으로 바로 잡으신다. 둘째로, 하나님께서는 우리의 모든 생각을 그의 법도에 맞도록 인

---

12 마가렛 막달렌, 『예수의 기도』, 이석철 옮김 (서울: 요단, 1999), 251.

도하신다. 그리고 말하죠. 그런데 하나님의 말씀은 왕의 홀과 같으므로, 우리는 여기서 모든 사람의 생각과 마음이 그 말씀에 기꺼이 복종하도록 만드시기를 하나님께 기원하라는 명령을 받는다. 이 일이 나타나는 것은 하나님께서 그의 영의 은밀한 감동을 통해서 그의 말씀의 역사를 나타내시고, 그 말씀이 마땅히 받을 높은 영예를 받게 되는 때이다. 그 후에 우리는 불경건한 자들 곧 하나님의 권위를 미친 듯이 한사코 거역하는 자들을 보아야 한다. 그러므로 하나님께서는 전 우주를 굴복시킴으로써 나라를 세우신다. 그러나 방법은 여러 가지이니 즉 방자한 자들을 길들이시며, 길들일 수 없는 자들은 그 교만을 꺾으신다. 우리는 하나님께서 교회를 세계 각지로부터 자기 앞으로 모으시도록, 교회와 교인의 수효를 늘리시도록, 교회에 각종 선물을 주시도록, 교회 사이에 바른 질서를 확립하시도록, 그러나 순수한 교리와 경건의 원수들을 모두 타도하시도록, 그들의 계획과 노력을 분쇄하시도록 이런 일들을 매일 기원해야 한다. 이것을 보아도 매일 전진하도록 열심을 다하라는 명령이 무용한 것이 아님을 알 수 있다. 인간사는 순조롭게 추악한 죄를 말끔히 씻어버리며 완전한 고결에 도달하며 성장할 수는 없다. 그리스도께서 마지막에 오실 때까지 완전성의 실현은 지연된다. 그때에는 바울이 가르친 대로, "하나님이 만유의 주로서 만유 안에 계실" 것이다(고전 15:38).[13]

또 아더 핑크는 주기도를 해설하며 전능하신 하나님의 왕국은 다른 곳이 아닌 신자들의 영혼에 이루어져야 한다고 말했습니다.

마태복음 6장 33절에서 우리는 '너희는 먼저 그의 나라와 그의 의를 구하라 그리하면 이 모든 것을 너희에게 더하시리라'는 가르침을 받는다. 그러나 인간

---

13   존 칼빈, 『기독교강요 (중)』, 김종흡 외 (서울: 생명의 말씀사, 2000), 479.

의 노력으로는 이 땅 위에 하나님의 영광을 이룩할 수가 없다. 그러나 우리에게는 소망이 있다. 우리가 하지 못한 것을 하나님께서는 하신다. 전능하신 하나님의 왕국은 다른 곳이 아닌 신자들의 영혼에 이루어져야 한다. 우리는 하나님의 거룩하신 통치에 우리 자신들을 완전하게 복종시켜야 한다. 우리가 하나님 앞에 완전하게 복종하지 못한다면 우리는 하나님의 영광을 볼 수도 만질 수도 없다.[14]

그래서 스탠리 하우어워스는 하나님께서 되찾고 회복하신 영토가 바로 '우리'라고 말합니다.

우리는 타락했으나 구속받고 있는 이 세상 속에서 희망을 품고 살아갈 수 있다. 우리에게 "이렇게" 기도하라고 가르쳐 주신 분이 있어 그럴 수 있다. 그리스도인으로서 우리는 다행히도 우리가 두 시대 사이에 살고 있음을 안다. 예수 그리스도 안에서 하나님의 충만을 이미 보았지만, 또한 모든 세상이 아직 하나님의 세상으로 완성되지 않았다는 것도 알고 있다. 그 긴장 속에서 사는 것, 그리스도 안에서 우리가 이미 갖고 있는 것과 아직 약속 상태에 있는 것 사이에서 사는 것이 바로 하나님 백성의 역할이다. 당신과 나는 하나님이 이 세상을 버리지 않으셨다는 증거를 호흡하며 살고 있다. 하나님의 뜻이 이미 이루어졌음을 알기 때문에, 우리는 하나님 나라가 임하게 해달라고 끊임없이 간절하게 기도할 수 있다. 하나님 나라가 아직 충만하게 임하지 않은 이 세상의 모든 면모를 정직하게 직시하고, 그 나라가 더 충만해질 것을 소망할 수 있다. 하나님의 뜻이 아직 이루어지지 않았고, 하나님 나라가 아직 오지 않았음을 알기 때문이다. 이 세상의 현실에 절망하지 않고 살 수 있는 것은, 하나님이 심지어 우리 안에서도

14   아더 핑크, 『예수님의 기도와 여덟 가지 축복』, 유관재, 최영희 옮김 (서울: 누가, 2004), 142-143.

얼마간 적의 영토를 탈환하셨고, 악과 죽음의 세력으로부터 얼마간 구해 내셨기 때문이다. 그렇게 하나님이 되찾고 회복하신 영토가 바로 우리다.[15]

하나님 나라는 하나님의 통치

두 번째 간구인 '(당신의) 나라'는 '하나님 나라'입니다. 하나님은 우리 아빠시니까, 그 나라는 자연스럽게 우리 아빠와 연결됩니다. 그럼 하나님 나라는 어디에 있을까요? "하늘에 계신 우리 아버지여" 했으니 '하늘'이라고 생각하면 간단하겠지만, 그리 간단하지 않습니다. 하나님 나라가 '하늘'이라고 끝내 버리면, 하나님 나라를 어느 한 부분적 공간에만 묶어 두기 때문입니다. 예수님은 바리새인들이 "하나님의 나라가 어느 때에 임하나이까"라는 물음에 대답하시길 "하나님의 나라는 볼 수 있게 임하는 것이 아니요 또 여기 있다 저기 있다고도 못하리니 하나님의 나라는 너희 안에 있느니라"(눅 17:20-21)라고 답하십니다. 그러므로 하나님 나라가 장소적 측면이라고만 생각하기는 어렵습니다.

세상 권력은 눈에 보이는 영역적 성질로 인해 무시하기가 어렵습니다. 하지만 하나님 나라는 우리 눈에 보이지 않기에 무시하자면 무시하기 쉽고, 없는 것이라고 여기기도 쉽습니다. 하나님 나라를 염원하며 기도하는 성도는 어떤 면에서는 조국의 광복을 바라는 독립군과도 같습니다. 새 하늘과 새 땅을 대망하며 세상 나라에서 견딤과 인내로 살아 내기 때문입니다. 독립군이 만주 벌판에서 이방인 혹은 나그네로 살았듯이 성도인 우

---

15 스탠리 하우어워스, 윌리엄 윌리몬, 『주여, 기도를 가르쳐 주소서』, 이종태 옮김 (서울: 복 있는 사람, 2015), 97.

리도 이 땅에서 나그네 혹은 이방인으로서 그날이 오기를 손꼽아 기다립니다. "아멘 주 예수여 오시옵소서"(계 22:20). 다음의 계시록 말씀을 보면 이 열망이 어떠한 열망인지 알 수 있습니다.

> "다섯째 인을 떼실 때에 내가 보니 하나님의 말씀과 그들이 가진 증거로 말미암아 죽임을 당한 영혼들이 제단 아래에 있어 큰 소리로 불러 이르되 거룩하고 참되신 대주재여 땅에 거하는 자들을 심판하여 우리 피를 갚아 주지 아니하시기를 어느 때까지 하시려 하나이까 하니 각각 그들에게 흰 두루마기를 주시며 이르시되 아직 잠시 동안 쉬되 그들의 동무 종들과 형제들도 자기처럼 죽임을 당하여 그 수가 차기까지 하라 하시더라"(계 6:9-11)

마태복음 4장 23절과 9장 35절에서의 "왕국(천국)의 복음을 전파하며"라고 하는 이 말씀은 예수님의 메시아적 사역의 요약입니다(마 24:14; 26:13 참조). 예수님은 '하나님 나라'라는 언어를 사용하시는데, 본래 유대인 전통에서 '하나님 나라'라는 용어는 아주 드물게 사용되었습니다. 구약 성경에는 아예 나오질 않습니다. 하지만 하나님께서 '왕'이시라는 명사와 하나님께서 '다스린다'는 동사는 구약에 여러 번 나오고, 이스라엘을 백성 삼으셨다는 언약에 관한 말씀이 구약의 중심 사상입니다. 구약의 후기 전통, 특히 다니엘서 2장과 7장에 보면, 하나님께서 왕권과 통치권을 한 사람의 아들 같은 이에게 위임한다는 말이 나옵니다. 여기에서 하나님의 통치권 혹은 왕권, 즉 '말쿳'(מלכות)이라는 단어가 나옵니다. 그렇기에 구약에도 '하나님 나라'라는 말이 나온다고 말하는 것은 틀린 말이 아닙니다. 다만 정형화된 문구로 등장하지 않을 뿐입니다.

그러나 신약에서 예수님은 '하나님 나라'를 중심 선포로 삼았습니다.[16] 예수님의 첫 선포, 설교는 "때가 찼고 하나님의 나라가 가까이 왔으니 회개하고 복음을 믿으라"(막 1:15; 마 4:17)였습니다. 예수님은 제자들을 파송시키면서 "가면서 전파하여 말하되 천국이 가까이 왔다"고 전파하라 말씀하셨습니다(마 10:7).

하나님 나라가 가까이 왔다는 건 무슨 뜻일까요? 어떻게 온다는 말씀일까요? 또 어떻게 경험할 수 있을까요? '가까이 왔다'(ἤγγικεν, 엥기켄, 마 3:2; 4:17; 10:7)는 가까이 오다(ἐγγίζω, 엥기조), 3인칭 단수 직설법 완료 능동태입니다. '가까왔느니라'는 말은 공간적 의미와 시간적 의미를 동시에 지닌 말이고요. 즉, '공간적'으로 하나님은 그의 아들을 통해서 지금 그의 종말론적인 통치 영역에 함께 하신다는 것입니다(마 1:23).[17] 이 영역에서 예수님의 제자들은 먼저 하나님 나라와 그의 의를 구하여야 하고(마 6:33), 하늘에서 그의 뜻이 이루어진 것처럼 땅에서도 이루어지이다 라고 기도해야 하는 것입니다(마 6:10). 그리고 이 영역에서 무엇이든지 땅에서 매고 풀면 하늘에서도 매어지고 풀어지게 된다는 약속이 주어지게 됩니다(마 16:19; 18:18). 또, '시간적'으로 하나님의 종말론적인 통치가 가까워졌다는 것의 의미는 현재가 미래의 빛 아래서 관찰된다는 것이며, 모든 것이 종말의 완성을 향해 움직여 가는 것으로 보여진다는 의미입니다.

칼뱅은 하나님의 나라란, 하나님께서 당신의 자녀들이 행하는 모든 사역들이 당신 자신의 선하심과 긍휼하심의 풍성함을 나타내 보이도록, 당신의 자녀들을 성령을 통해 인도하시고 다스리심을 뜻한다고 했습니

---

16 김세윤, 『주기도문 강해』 (서울: 두란노, 2000), 104.

17 [마 1:23] 보라 처녀가 잉태하여 아들을 낳을 것이요 그의 이름은 임마누엘이라 하리라 하셨으니 이를 번역한즉 하나님이 우리와 함께 계시다 함이라

다.[18] 그러므로 복음서에서 말하는 하나님 나라는 단지 죽음 이후에 가는 천당이라고만 보기보다는, 지금 여기 임박한 하나님의 통치라 말할 수 있는 것입니다. 이런 측면에서 예수님과 바리새인들은 긴장 관계를 갖게 됩니다. 바리새인들은 자신들의 종교적 행위와 업적에 스스로를 대견하며 인정하며 뽐내지만, 예수님은 소위 기득권 세력을 인정하거나 추종할 수 없었습니다. 하나님의 통치에만 집중하셨습니다.

하나님 나라를 대망

하나님 나라는 사람이 아닌 하나님께서 주도권을 쥔 것이며, 그 하나님의 주도권에 온전히 의존하는 것입니다. 하나님의 통치 앞에서 자신의 말과 행위를 축소시켜 나가는 것입니다. 그러므로 예수님은 '우리가 당신의 나라를 이루어 가게 하시오며'가 아닌 "당신의 나라가 임하시오며"라고 기도하셨습니다. 에스겔 36장 33-38절을 봅시다. "주 여호와께서 이같이 말씀하셨느니라 내가 너희를 모든 죄악에서 정결하게 하는 날에 성읍들에 사람이 거주하게 하며 황폐한 것이 건축되게 할 것인즉 …… 너희 사방에 남은 이방 사람이 나 여호와가 무너진 곳을 건축하며 황폐한 자리에 심은 줄을 알리라 나 여호와가 말하였으니 이루리라 주 여호와께서 이같이 말씀하셨느니라 그래도 이스라엘 족속이 이같이 자기들에게 이루어 주기를 내게 구하여야 할지라 내가 그들의 수효를 양 떼 같이 많아지게 하되 제사 드릴 양 떼 곧 예루살렘이 정한 절기의 양 무리 같이 황폐한 성읍을 사람의 떼로 채우리라 그리한즉 그들이 나를 여호와인 줄 알리라 하셨느니라". 그래서 마르틴 루터는 하나님 나라는 우리의 간구가 없어

---

18   쟝 깔뱅, 『깔뱅의 요리문답』, 한인수 옮김 (전주: 경건, 1995), 78.

도 이 땅에 임할 것이지만, 그럼에도 우리는 기도해야 한다고 말합니다.

> 하나님의 이름은 그 자체로 거룩합니다. 그럼에도 그분은 우리가 기도하기를
> 바라십니다. 마찬가지로, 하나님 나라 역시 우리의 간구가 없더라도 이 땅에 임
> 할 것입니다. 그럼에도 그분의 나라가 우리에게 임하도록 간구해야 합니다. 이
> 것은 우리 한가운데 그리고 우리 곁에 하나님 나라의 능력이 나타나도록 해달
> 라는 뜻이며, 바로 우리가 그분의 이름이 거룩해지는 그 나라의 한 부분이 되기
> 를 바란다는 의미입니다.[19]

데이비드 팀스(David Timms)는, '당신의 나라가 임하시옵소서'라는 기도
를 뒤집으면 "내 나라를 끝나게 하옵소서"라는 기도가 된다는 기막힌 통
찰을 합니다.[20]

하나님 나라가 임박했다고 선포하신 예수님께서 십자가에 처형당하셨
습니다. 바울이 말하는 이 표현은 꼭 맞습니다. "우리는 십자가에 못 박힌
그리스도를 전하니 유대인에게는 거리끼는 것이요 이방인에게는 미련
한 것이로되"(고전 1:23). 그러니 십자가 신학에 따르면 고난과 고통은 오
히려 하나님의 위로를 받을 수 있는 참된 길입니다. 산상수훈의 팔복에서
"애통하는 자는 복이 있나니"는 단지 신앙적 수사(修辭)가 아니라 신앙의
실존, 실상, 실질이기 때문입니다. 그래서 월터 윙크는 우리가 십자가의
길을 선택할 필요가 있다고 말합니다.

이 세상의 권세와 정부는 워낙 거대하고 철저한 진지를 갖추고 있으며 단호하

---

19 마르틴 루터, 『마르틴 루터 대교리문답』, 최주훈 옮김 (서울: 복있는 사람, 2020), 252-253.
20 김영봉, 『가장 위험한 기도, 주기도』 (서울: IVP, 2013), 100-111.

기 때문에, 우리가 어떤 수단을 사용하든 그들을 뒤집어엎거나 그들이 회개할 승산은 극히 적다. 그러나 바로 이처럼 그 결과가 의문시되기 때문에 우리는 우리가 염원하는 결과를 이미 살아내는 생활 방식(십자가의 길)을 선택할 필요가 있는 것이다. 하나님의 통치는 그것의 도달을 위해 적합한 수단(십자가의 길)을 우리가 선택할 때 이미 도달하는 과정에 있는 것이다.[21]

세상에 희망 둘 것이 없는 성도는 하나님 나라의 도래를 간절히 바랍니다. 마치 변학도 사또의 수청을 거절하고서 억울하게 고문당하고, 옥살이하고, 죽음을 앞두고서도 이몽룡을 대망하는 성춘향과도 방불합니다. 춘향의 어미 월매는 생때 같은 자식 죽게 생겼다고 울며불며 이몽령인지 뭐시깽인지 올 것 같으면 벌써 왔다고 포기하라고 종용하지만, 춘향은 아니었습니다. 기꺼이 정절을 지키며 죽기까지 각오할 뿐 아니라 아예 죽음을 받아들입니다. 변 사또의 연회장에 눈요깃거리로, 또 본보기 처형을 위해 끌려 나온 춘향은 여전히 당당함을 잃지 않습니다. 그리고는 드디어 "암행어사 출두요!" 드디어 이몽룡이 어사가 되어 다시 춘향에게로 돌아온 것입니다. 춘향의 기다림은 헛된 망상이나 부질없는 인생의 허비나 낭비가 아니었습니다. 물론 사람의 약속은 깨질 수 있고, 애초에 거짓일 수도 있으니, 인간사 모두가 이와 같지 않을 수는 있습니다. 하지만 하나님 나라는 아닙니다. 반드시 약속하신 대로 이루어집니다. 하나님 나라, 즉 하나님 통치에 절대적으로 순종했던 십자가 죽음이 사흘 후에 부활로 이어졌습니다. 이는 믿는 자의 승리가 어디인가를 분명히 보여줍니다.

칼 바르트는, 하나님 나라란 하나님의 정의, 창조자의 정의, 의롭다 하

---

21   월터 윙크, 『예수와 비폭력 저항』, 김준우 옮김 (고양: 한국기독교연구소, 2003), 98-99.

시고 승리하시는 주님의 정의라고 말했습니다. 그리고 이 세상의 마지막과 그 목적은 왕의 나라가 오시는 것이라고도 했습니다. 또 교회력에 나오는 성탄절, 성금요일, 부활절, 오순절의 사건들이 이 세상의 현실에서는 별로 이렇다 할 의미가 없거나 단순히 종교적 의미만 부여될 수 있는 사건들이 아니라고 했습니다. "그것은 아무것도 아닌 것이 아니다. 이 모든 것은 정확하며, 이미 확실하게 일어난 것이다." 그런데 왜 우리는 잘 실감 내지는 체감을 하지 못할까요? 칼 바르트는 이렇게 답해 줍니다.

> 우리는 현재 모든 것을 은폐하고 있는 이 덮개를 치우도록 간구한다. 탁자를 덮은 덮개 같은 그것을 치우도록 말이다. 탁자는 그 밑에 있다. … 우리는 왕권의 현실성을 가린 이 덮개가 치워지도록 간구한다. … 우리의 개인적인 삶과 가족, 교회의 삶과 정치적 사건들, 이 모든 것은 일종의 덮개이다. 현실성은 그 뒤에 있다. 우리는 아직 얼굴과 얼굴로 맞대어 보지 못하고 거울처럼 불분명하게 영상만 본다. … 우리가 이 현실성을 보려면 하나님 나라가 임해야 한다. 예수 그리스도가 가시화되어야 한다. … 부활절에 나타나신 예수 그리스도는 종말에 생명의 현실성으로 나타나실 것이다. 그는 벌써 이 새로운 인간의 머리가 된다. 새로운 세계의 머리가 된다. 우리는 이것을 안다. 그러나 그것을 아직 직접적으로 보지 못한다. 우리는 보기를 기다린다. 즉 우리는 방랑하는 신앙 가운데 놓여 있다. 아직 보는 것에는 이르지 못하고 있다.[22]

성춘향은 이몽룡이 한양으로 떠났어도 마치 이몽룡과 함께 있다고 여겼습니다. 하나님 나라를 대망함도 그러합니다. 성춘향은 '이몽룡이 돌아오기 전까지는 변 사또와 놀고, 혹 이몽룡이 출세하여 돌아오면 다시 이

---

22 정용섭, 『주기도란 무엇인가』 (서울: 홍성사, 2011), 77-78.

몽룡과 놀면 돼지.'가 아니었습니다. 이몽룡을 대망했던 성춘향은 비록 옥중에서라도 마치 낭군님과 오순도순 신혼집에 들어간 것처럼 살았습니다. 그렇습니다. 하나님 나라, 하나님의 통치를 대망하는 사람은 세상에 있으나 하나님 나라에 들어간 것처럼 사는 것입니다. "세상에서는 너희가 환난을 당하나 담대하라 내가 세상을 이기었노라"(요 16:33).

사랑은 기다림

이 두 번째 청원은 이미와 아직 사이에서, 약속과 성취 사이에서, 기다림과 옴의 사이에서 살아가는 그리스도인의 실존을 가리킵니다. 그리스도인의 실상의 영성은 '지고지순 기다림'이기도 합니다. 황지우 시인의 〈너를 기다리는 동안〉을 함께 음미해 보시면 좋겠습니다.

네가 오기로 한 그 자리에

내가 미리 가 너를 기다리는 동안

다가오는 모든 발자국은

내 가슴에 쿵쿵거린다.

바스락거리는 나뭇잎 하나도 다 내게 온다

기다려 본 적이 있는 사람은 안다

세상에서 기다리는 일처럼 가슴 애리는 일 있을까

네가 오기로 한 그 자리, 내가 미리 와 있는 이곳에서

문을 열고 들어오는 모든 사람이

너였다가

너였다가, 너일 것이었다가

다시 문이 닫힌다

사랑하는 이여

오지 않는 너를 기다리며

마침내 나는 너에게 간다

아주 먼 데서 나는 너에게 가고

아주 오랜 세월을 다하여 너는 지금 오고 있다

아주 먼 데서 지금도 천천히 오고 있는 너를

너를 기다리는 동안 나도 가고 있다

남들이 열고 들어오는 문을 통해

내 가슴에 쿵쿵거리는 모든 발자국 따라

너를 기다리는 동안 나는 너에게 가고 있다.[23]

　기다림이 없는 사랑이 있다면 알려 주십시오. 사랑은 기다림의 연속입니다. 그리고 시인의 노래처럼 "마침내 나는 너에게 간다", 이것이 우리의 실존이기도 합니다. 황지우 시인은 시 말미에 적어 놓은 착어(着語)에 "기다림이 없는 사랑이 있으랴. 희망이 있는 한, 희망을 있게 한 절망이 있는 한, 내 가파른 삶이 무엇인가를 기다리게 한다. …기다림은 삶을 녹슬게 한다. … 너도 이 녹 같은 기다림을 네 삶에 물들게 하리라."[24]라고 쓰고 있습니다. 날카로워지기보다 녹이 나서 무디어지는 것은 삶의 경륜이 아니겠습니까.

23　황지우, 『구반포 상가를 걸어가는 낙타』 (서울: 미래사, 1995), 124-125.
24　위의 책, 125.

출생의 비밀(?)

　하나님 나라가 가까이 왔다는 사실은 우리 편의 응답과 결단을 요구합니다(막 1:14-15).[25] 이 응답과 결단을 회개라고 할 수 있습니다. 우리가 이 나라에 참여할 것인가, 말 것인가? 응답하고 결단해야 합니다.

　군대 가서 생활하다 보면, 후임병이 자기 출신 지역을 굳이 말하지 않아도 얼마 지나지 않아 알게 됩니다. 어떻게 아느냐? 척 보고 아는 것이 아니라 사투리와 억양 특성 때문에 압니다. 물론 고향을 묻기도 하고요. 제가 일병 때 다른 중대에서 파견 온 고참 상병이 있었습니다. 그런데 얼마나 거칠고 입이 걸걸한지, 후임들은 설설 기고 멀리서 그 고참 상병이 보이면 멀리 돌아가곤 했었습니다. 얼마나 후임들을 괴롭히고 다녔는지 고참병들과 지휘관들이 경고를 줄 정도였습니다. 그런데 놀라운 사실을 알게 됐습니다. 그 상병의 출생의 비밀을 말입니다. 막장 드라마가 따로 없었습니다. 그 고참 상병이 저에게 자기 입으로 털어놓지 않았다면 결코 몰랐을 출생의 비밀을 알았습니다. 고참이 제게 말했습니다. "사실, 나 교회 다녀." 그리고 더 충격적 출생 비밀을 털어놓았습니다. "나 신학교 다니다 왔어." 우리가 무슨 스파이입니까? 신분과 출신을 숨기고 위장 잠입해서 임무를 수행하는 중입니까?

유대인들이 꿈꾼 나라

　예루살렘의 유대교 지도자들과 정치 지도자들은 예수님을 자기들과

25　[막 1:14-15] 요한이 잡힌 후 예수께서 갈릴리에 오셔서 하나님의 복음을 전파하여 이르시되 때가 찼고 하나님의 나라가 가까이 왔으니 회개하고 복음을 믿으라 하시더라

같은 '땅의 정치'로 여겼습니다. 물론 일반 유대인들도 대부분 그렇게 받아들였습니다. 유대인들의 가장 기본적인 기도가 날마다 때를 맞춰 세 번 하는 열여덟 개의 축복 기도인데, 이 기도를 살펴보면 당시 유대인들이 하나님 나라를 어떻게 생각하고 있었는지를 알 수 있습니다. 요약된 기도문으로 보겠습니다.

오, 여호와여. 우리에게 분별력을 주사 당신의 길을 알게 하소서

우리 마음에 할례를 행하사 당신을 경외하게 하소서 우리를 용서하사 구속받게

하소서

우리를 고통으로부터 구하소서

우리를 당신의 땅의 초장에서 먹이소서

땅의 네 귀퉁이로부터 우리의 흩어진 자들을 모으소서

당신의 계명을 어기는 자들을 벌 받게 하소서

악인들을 향하여 당신의 손을 드소서

의인들로 하여금 당신의 도성을 짓는 일 속에서와

성전을 짓는 것 속에서와

당신의 종 다윗의 뿔을 높이는 일 속에서와

당신의 메시야 이새의 자손을 위한 빛을 준비하는 것 속에서

기뻐하게 하소서

기도를 들으시오니, 오 여호와여, 당신을 송축하나이다.[26]

김세윤 교수는 열여덟 개의 축복 기도에서 10-14절을 주목하며, 당시 유대인들이 하나님 나라를 어떻게 생각하고 있었는지를 살핍니다.

---

26 G. R. 비슬리 머리, 『예수와 하나님 나라』, 박문재 옮김 (고양: 크리스챤다이제스트, 1998), 262.

10. 우리의 해방을 큰 나팔을 불어 선포하시고, 깃발을 들어 우리의 흩어진 자들을 모으소서. 당신의 백성 이스라엘의 추방당한 자들을 모으시는 주님, 당신을 축복합니다.

11. 우리의 심판관(사사)들을 예전과 같이 회복시키시고 우리의 지혜자들을 처음과 같이 회복시켜 주소서. 오직 당신만이 우리를 다스리소서. 심판을 사랑하시는 주님, 당신을 축복합니다.

12. 그리고 배교자들에게는 소망이 없게 하시고, 교만한 나라는 빨리 우리의 생애에 뿌리 뽑히게 하소서. 그리고 나사렛 당원들과 이단자들은 빨리 망하게 하시고, 그들이 생명책에서 지워지게 하시며, 그들이 의인들과 함께 기록되게 하지 마소서. 교만한 자들을 겸손케 하시는 주님, 당신을 축복합니다.

13. 당신의 자비가 의로운 개종자들에게 풍성히 내리게 하시고, 당신의 기쁜 뜻을 행하는 자들과 더불어 우리에게 풍성한 상을 주소서. 의인들의 신뢰처이신 주님, 당신을 축복합니다.

14. 우리 하나님이신 주여, 당신의 풍성한 자비로 당신의 백성 이스라엘에, 당신의 도성 예루살렘에, 영광의 거처인 시온에, 당신의 의로운 메시아 다윗가의 왕권에 자비를 베푸소서. 예루살렘을 세우시는 다윗의 하나님이신 주님, 당신을 축복합니다.[27]

10절에서는 일단 유대 민족이 로마 제국의 노예 상태에서 해방되기를, 그리고 이방에 흩어져 사는 유대 민족을 회복시키기를 기도하고 있습니다. 11절에서는 과거 유대 역사의 황금기가 회복되기를, 그리고 유대의 공의로운 심판 시스템을 회복하고 지혜로운 현군의 통치가 있게 되기를 기도하고 있습니다. 12-13절을 보면 순수한 믿음의 공동체가 유지되

---

27   김세윤, 『주기도문 강해』(서울: 두란노, 2000), 22.

기를, 또한 이단자들에 의해 섞이거나 부정해지는 것이 아니고 아주 의로운 하나님 나라의 백성의 공동체로 지탱되기를 위해 기도하고 있습니다. 14절에서는 이스라엘 백성이 회복되고 예루살렘과 시온에 하나님이 거하심으로, 특히 다윗 왕조를 재건하시고 다윗 왕조에 자비를 베푸시기를 기도합니다. 즉 예수님 당시의 유대인들은 18번 축복 기도에서 기도하는 이런 내용들을 하나님의 통치의 구체적인 현시라고 보았음을 알 수 있는 것입니다.[28]

그렇기에 예수님과 땅의 지도자들의 '충돌'은 피할 수 없는 일이 되어 버렸습니다. 예수님과 빌라도의 대화를 보면 확연히 드러납니다. 빌라도가 예수님께 "네가 유대인의 왕이냐" 물어, 예수님께서 "이는 네가 스스로하는 말이냐 다른 사람들이 나에 대하여 네게 한 말이냐"라고 반문하시니, 빌라도가 또 묻습니다. "내가 유대인이냐 네 나라 사람과 대제사장들이 너를 내게 넘겼으니 네가 무엇을 하였느냐". 예수님께서 그제 서야 대답하십니다. "내 나라는 이 세상에 속한 것이 아니니라 만일 내 나라가 이 세상에 속한 것이었더라면 내 종들이 싸워 나로 유대인들에게 넘겨지지 않게 하였으리라 이제 내 나라는 여기에 속한 것이 아니니라". 또 빌라도가 "그러면 네가 왕이 아니냐"라고 물으니, 예수님께서 이렇게 대답하십니다. "네 말과 같이 내가 왕이니라 내가 이를 위하여 태어났으며 이를 위하여 세상에 왔나니 곧 진리에 대하여 증언하려 함이로라 무릇 진리에 속한 자는 내 음성을 듣느니라". 그러자 빌라도는 큰 관심 없이 "진리가 무엇이냐"고 질문 아닌 질문을 하고는 자리를 뜹니다(요 18:33–38).

예수님은 잡히시기 전, 검을 꺼내 휘두르던 베드로에게 "네 칼을 도로 칼집에 꽂으라 칼을 가지는 자는 다 칼로 망하느니라"(마 26:52)라고 의미

---

28 위의 책, 87-88.

심장한 말씀을 주심으로 주님 나라의 성격을 엿보게 하셨습니다. 그런데 세상 권력가인 헤롯 대왕은 어떠했습니까. '유대인의 왕'이 태어났다는 소리를 듣고 놀라고 당황해서 참모들을 소집했습니다(마 2:3). 그리고는 가장 손쉽고 강력하다 여기는 폭력인 '학살'로 반응하는데, 비상 계엄령을 선포하고 수색대를 풀어 유대 사내아이를 두 살 아래로 다 죽이는 학살을 자행해 버렸습니다(마 2:13-18). 보통 나보다 똑똑하고 공부를 잘하는 친구가 있어 그를 이기고 싶으면 공부를 더 열심히 함이 정석 아니겠습니까? 그러나 히틀러는 유태인을 학살했습니다.

호전적인(?) 선전포고

그렇습니다. 알아야 합니다. 우리가 "나라가 임하시오며"라고 기도하는 것이 '땅의 정치'에 목을 맨 이들에게 얼마나 도전적으로 들리는 것인지 말입니다. 더구나 공중 권세 잡고 있는 대적 사탄에게는 말할 수 없이 호전적인(?) 선전 포고가 된다는 것을 말입니다.

예수님의 간교한 대적은 사탄입니다(마 6:10, 13; 11:12; 12:24-29; 13:39). '사탄'(Σατανᾶς, 사타나스, 마 4:10; 12:26; 16:23)은 아람어 사타나의 헬라어 음역입니다. 히브리어 '사탄'(שטן)의 헬라어 번역은 '마귀'(διάβολος, 디아볼로스)입니다. 디아볼로(διάβολλω)는 '분리하다', '적대 위치에 있다'는 의미입니다. 또 "시험하는 자"(ὁ πειράζων, 페이라존, 마 4:3), "바알세불"(Βεελζεβοὺλ, 베엘제블, 마 12:24, 27), "악한 자"(ὁ πονηρὸς, 폰네로스, 마 13:19), "원수"(ἐχθρὸς, 에크스로스, 마 13:39) 등으로 불립니다.

사탄에게도 왕국이 있습니다. "만일 사탄이 사탄을 쫓아내면 스스로 분쟁하는 것이니 그리하고야 어떻게 그의 나라가 서겠느냐"(마 12:26). 그리고 그의 수하도 있습니다. "천사들(사자들)"(마 25:41), "귀신들"(마 10:8; 12:24), "더러운 영들(더러운 귀신)"(마 10:1). 사탄은 하나님께 대항하여 이 세상의 왕 또는 신으로 자처하면서 하나님께 속해 있는 영광을 자기의 것이라고 주장합니다(눅 4:6; 고후 4:4). 구속받지 못한 자들은 사탄 아래에 있습니다(요 6:13; 행 26:18; 골 1:13). 사탄의 일은 사람을 하나님과 분리하고, 살인하는 일이요(요 8:44), 거짓말하는 일이며(요일 3:8), 성도들을 참소하는 일입니다(계 12:9).

예수님께 접근했던 사탄은 자기에게 경배하면 '땅의 권력, 천하만국'을 주겠다고 했습니다. 예수님은 단호하게 차단하십니다. "사탄아 물러가라 기록되었으되 주 너의 하나님께 경배하고 다만 그를 섬기라 하였느니라"(마 4:10). 예수님의 기도는, 소망은 '땅의 권력'이 아니라 '하나님 통치'이기 때문이었습니다. 예수님께서 시험 받으신 사건 속에서 보듯이 나라(kingdom)는 우리가 누구를 예배하느냐의 문제라 할 수 있습니다. "한 사람이 두 주인을 섬기지 못할 것이니 혹 이를 미워하고 저를 사랑하거나 혹 이를 중히 여기고 저를 경히 여김이라 너희가 하나님과 재물을 겸하여 섬기지 못하느니라"(마 6:24).

하나님 나라는 세상이 경계를 긋는 방식 − 성, 계급, 인종, 경제, 억양 등에 기초한 − 에 반대할 수 있는 능력을 줍니다. 바울 사도는 "누구든지 그리스도와 합하기 위하여 세례를 받은 자는 그리스도로 옷 입었느니라 너희는 유대인이나 헬라인이나 종이나 자유인이나 남자나 여자나 다 그리스도 예수 안에서 하나이니라"(갈 3:27−28) 말씀하므로, 우리는 하나님 나라의 외부자에서 이제 예수님과 함께 내부자가 된 사람들인 것입니다. 따라서 교회는 바로 하나님 나라의 예표입니다. 그리고 하나님 나라는 예수 그리스도와 더불어 먹고 마시는 어떠한 무리인 것입니다.

예수님은 제자들과 눈을 마주하시며 "가난한 자는 복이 있나니 하나님의 나라가 너희 것임이요"(눅 6:20), "지금 주린 자는 복이 있나니 너희가 배부름을 얻을 것임이요 지금 우는 자는 복이 있나니 너희가 웃을 것임이요"(눅 6:21)라고 선포하셨습니다. 이것은 사실 굉장히 놀라운 말씀입니다. 정권자들이 들으면 체제 전복을 꾀하는 혁명가의 선동적 발언이라고 여길 수 있는 말씀입니다. 예수님 당시에 그러했던 것처럼 말입니다. 하지만 성경은 지금 우리의 나라, 성공과 성취와 자기 열심 위에 세워진 인본주의 나라에 대해 말하는 것이 아니라, 하나님 나라에 대해 말하고 있습니다. 이는 어쩌면 '거꾸로 있는 나라'입니다. 그 나라는 '이미 그러나 아직'(now and not yet)의 종말론적인 성격을 가지고 있습니다. 나치에 대항했던 헬무트 틸리케(Helmut Thielicke, 1908-1986)는 제2차 세계 대전의 폭격이 있는 와중에 한 설교에서 이렇게 말합니다.

이 죽음의 세계에서 폐허와 포탄 구덩이 천지인 이 나라에서, 우리는 '당신의 나라가 임하시오며'라고 기도합니다. 우리 각 사람은 더욱 뜨겁게 그 기도로 간구합니다. 성경의 두 선이 교차하는 지점에서 하나님 나라를 구해야 한다는 것을 기억할 때, 비로소 우리는 이 기도가 지닌 깊이를 온전히 이해할 수 있습니다. 한 선은 아래로 내려가는 선입니다. 이 선은 늘 자신을 크게 만들려고 하면서 하나님으로부터 멀어지는 삶을 살고 있음을 의미합니다. … 공포로 가득했던 운명의 몇 주가 지나는 사이에 많은 사람들이 하나님에 대한 믿음에 커다란 혼란을 겪고 있는 것 같습니다. 하나님이 어떻게 그런 일을 허락하실 수 있는지를 묻기 시작합니다. … 나는 근래 몇 년 동안 모든 선지자들처럼 죄를 회개하라는 설교를 너무나 많이 해야만 했습니다. 그때마다 나 자신이 저 맑은 하늘에 떠 있는 한 마리 바다제비(외톨이)처럼 느껴졌지만, 사람들은 그 바다제비를 믿으려 하지 않았습니다. 그들이 시대의 징조를 깨닫지 못했기 때문입니다. … 따라서 우리는 너무나 분명하게 그 선을 봅니다. 그 선은 아래로 내려가는 선입니다. 그 직선은 스스로 멸망의 길을 가는 세상의 무시무시한 모습 속에서 끝납니다. 성경의 마지막 책도 그 선을 알고 있으며 주님의 마지막 순간에도 그 선을 표현하고 있습니다(마 24, 25장). 그러나 그 선 옆에 또 하나의 선이 있습니다. 그 선은, 그럼에도 불구하고 '하나님 나라의 도래'가 동시에 그리고 현실로 이루어지고 있음을 보여 줍니다. … '예수 그리스도가 계신 그곳이 바로 하나님 나라입니다.' 그러나 예수 그리스도는 늘 세상의 어두운 구역에 머무십니다.[29]

폭탄이 천둥처럼 쏟아지는 밤이 이어졌고 우리가 있는 지하 창고와 지하 갱도에는 두려움만이 가득했습니다. 오히려 우리는 그 속에서, 평화롭고 유토피아와 다를 바 없던 쾌적한 시대가 하나님 나라에 대하여 가르쳐 줄 수 있는 것보다 훨씬 더 많은 것을 배웠고 더 나은 체험을 했다고 나는 고백합니다.[30]

나는 (진정 다른 사람들도 그러하듯이) 낙담이 마음속으로 슬금슬금 기어들어 왔던 순간들 그리고 나 자신이 패배자라고 생각했던 순간들을 기억합니다. 슈투트가르트에서 내가 하던 일은 완전히 실패한 것처럼 보였고 강연회에 모인 청중은 사방으로 뿔뿔이 흩어졌으며 예배당들은 폐허로 변했습니다. 나는 어두운 생각에 잠긴 채, 어느 지하실 콘크리트 벽의 뚫린 구멍 앞에 서 있었습니다. 폭탄 하나가 그 지하실로 뚫고 들어오는 바람에 50명이 넘는 젊은이들이 그곳에서 죽음을 당했습니다. 내가 그곳에 서 있을 때, 한 부인이 다가와 내가 틸리케인지 물었습니다. 그 여인은 내 행색 때문에 나를 곧바로 알아보지 못했던 것입니다. 그런 다음 여인은 말했습니다. 제 남편도 이 아래서 죽었습니다. 그이는 저 구멍 아래에 있었죠. 시신을 수습하던 대원들이 그의 자취를 찾지 못했어

---

29   헬무트 틸리케, 『세계를 부둥켜안은 기도』, 박규태 옮김 (서울: 홍성사, 2016), 94-100.
30   위의 책, 105.

요. 단 하나 남은 건 그이가 썼던 이 모자뿐이랍니다. 그이와 제가 마지막 시간을 보낼 때, 당신의 강연을 들으려고 교회에 갔었습니다. 이제 이 폭탄 구멍 앞에 서서 당신께 감사를 드리고 싶군요. 당신은 그이를 영원한 곳으로 인도해 주셨어요. 그 재앙의 순간 한가운데서, 두 사람이 서 있는 그 세계가 처참히 부서져 버린 바로 그곳에서 하나님은 일거에 그분의 나라로 들어갈 문을 활짝 여셨습니다."[31]

행로에 위로

틸리케는 "하나님이 만유 안에 만유가 되실 때가 바로 그때입니다. 그 순간은 감추어진 채 잠시 헝클어진 것처럼 보이는 저 좁은 십자가의 길이 끝나는 지점에 자리하고 있습니다. 그 십자가의 길을 가는 동안, 그분은 정말로 존재하시지 않는 것처럼 보입니다. 그러나 혼란 중에 있는 우리의 행로에 위로가 되는 것이 있습니다. 그것은 바로 이 행로가 이 영광 속에 끝나리라는 것입니다."[32]라고 말했습니다.

또한 독일 신학자이자 소설가 요제프 비티히(Joseph Wittig, 1879~1949)는 "사람들은 한 사람의 일대기를 출생에서 시작할 필요가 없다. 도리어 그의 죽음에서부터 시작해야 한다. 왜냐하면 마지막 지점에서, 처음 도착 목표로 삼았던 그 지점을 바라볼 때라야 한 사람이 걸어온 인생행로가 드러나기 때문이다. 이와 마찬가지로 역사의 비밀도 오직 그 종점에서 바라

---

31 헬무트 틸리케, 『세계를 부둥켜안은 기도』, 박규태 옮김 (서울: 홍성사, 2016), 109-110.
32 위의 책, 112.

볼 때에 비로소 드러난다."라고 썼습니다.[33]

하나님은 일하고 계십니다. 졸지도 아니하고 주무시지도 아니하시며(시 121:4), 안식하시지 않고 일하십니다(요 5:17). 예수님은 겨자씨 비유에서 말씀하셨습니다. "우리가 하나님의 나라를 어떻게 비교하며 또 무슨 비유로 나타낼까 겨자씨 한 알과 같으니 땅에 심길 때에는 땅 위의 모든 씨보다 작은 것이로되 심긴 후에는 자라서 모든 풀보다 커지며 큰 가지를 내나니 공중의 새들이 그 그늘에 깃들일 만큼 되느니라"(막 4:30-32)

하나님은 이제도 일하십니다. 하나님 아버지가 일하시니 예수님도 일하십니다. 또한 아들을 통하여 보내진 보혜사 성령님도 일하십니다. 또한 보냄을 받은, 위임을 받은 우리도 일하는 것입니다. 마태복음의 "왕국, 나라"의 표현을 따르면, 교회는 하나님의 아들 예수께서 그들의 죄 가운데서 구원하신 종말론적인 백성을 일컫습니다(마 1:21; 26:28; 27:38-54).[34] 그들은 하나님에 의해 왕국을 얻은 자들이며(마 21:43),[35] 그로 말미암아 "왕국의 아들들"이 된 자들입니다(마 13:38).[36]

또 그들은 "왕국의 말씀"을 듣고 이해하는 자들입니다(마 13:19, 23).[37] 그 "왕국의 비밀"을 아는 자들이며(마 13:11),[38] "왕국의 의"를 추구하고(마 6:33),[39] "왕국의 열쇠"를 맡은 자들입니다(마 16:19).[40] "왕국의 도래"를 기도

---

33 위의 책, 112.

34 [마 1:21] 아들을 낳으리니 이름을 예수라 하라 이는 그가 자기 백성을 그들의 죄에서 구원할 자이심이라 하나라

35 [마 21:43] 그러므로 내가 너희에게 이르노니 하나님의 나라를 너희는 빼앗기고 그 나라의 열매 맺는 백성이 받으리라

36 [마 13:38] 밭은 세상이요 좋은 씨는 천국의 아들들이요 가라지는 악한 자의 아들들이요

37 [마 13:23] 좋은 땅에 뿌려졌다는 것은 말씀을 듣고 깨닫는 자니 결실하여 어떤 것은 백 배, 어떤 것은 육십 배, 어떤 것은 삼십 배가 되느니라 하시더라

38 [마 13:11] 대답하여 이르시되 천국의 비밀을 아는 것이 너희에게는 허락되었으나 그들에게는 아니되었나니

39 [마 6:33] 그런즉 너희는 먼저 그의 나라와 그의 의를 구하라 그리하면 이 모든 것을 너희에게 더하시리라

40 [마 16:19] 내가 천국 열쇠를 네게 주리니 네가 땅에서 무엇이든지 매면 하늘에서도 매일 것이요 네

하고(마 6:10), [41] "왕국의 열매"를 맺으며(마 13:8, 23; 21:43), [42] 이 세대의 종국
에 "왕국에 들어갈" 자들이면서(마 25:21, 23), [43] 그 왕국을 "상속받을" 자들
인 것입니다(마 5:3, 10; 25:34). [44]

가 땅에서 무엇이든지 풀면 하늘에서도 풀리리라 하시고

41 [마 6:10] 나라가 임하시오며 뜻이 하늘에서 이루어진 것 같이 땅에서도 이루어지이다

42 [마 13:8] 더러는 좋은 땅에 떨어지매 어떤 것은 백 배, 어떤 것은 육십 배, 어떤 것은 삼십 배의 결실
을 하였느니라

43 [마 25:21, 23] 그 주인이 이르되 잘하였도다 착하고 충성된 종아 네가 적은 일에 충성하였으매 내가
많은 것을 네게 맡기리니 네 주인의 즐거움에 참여할지어다 하고

44 [마 5:3] 심령이 가난한 자는 복이 있나니 천국이 그들의 것임이요
[마 5:10] 의를 위하여 박해를 받은 자는 복이 있나니 천국이 그들의 것임이라
[마 25:34] 그 때에 임금이 그 오른편에 있는 자들에게 이르시되 내 아버지께 복 받을 자들이여 나
아와 창세로부터 너희를 위하여 예비된 나라를 상속받으라

1. 예수님의 십자가의 길과 중세 십자군의 길의 다른 점은 무엇일까요? 그렇다면 우리는 어느 길을 따르는 것이 좋을까요?

2. 인간의 정치와 과학과 문명의 발전으로 세우려는 유토피아는 하나님 나라를 대체할 수 있을까요? 그렇다면 세상이 꿈꾸는 유토피아의 방식과 하나님 나라의 방식의 차이점이 무엇일까요?

3. 하나님께서 되찾고 회복하신 영토는 어디일까요? 우리 자신은 어느 때 그 영토의 회복을 절실히 느끼게 되나요?

4. 하나님 나라는 하나님께서 주권적으로, 주도적으로 이루시는 나라입니다. 그럼에도 예수님은 우리에게 하나님 나라가 임하기를 기도하라고 하십니다. 그 이유는 무엇일까요?

5. 그리스도인인 것을 당당히 드러낸 적이 있었나요? 혹은 그리스도인인 것을 애써 감춘 적이 있었나요? 그렇게 한 이유가 무엇이었나요? 그런 후에 어떤 생각과 마음이 드셨나요?

뜻이 하늘에서 이루어진 것같이
땅에서도 이루어지이다

하나님 뜻으로 충분합니다

하나님은 뜻이 있으십니다. 그런데 대개의 사람들은 하나님께 힘과 능력만을 구합니다. 뜻과 계획은 내가 세우고 하나님께는 힘만을 좀 빌리려 합니다. 하지만 하나님은 의지와 지혜, 섭리와 경륜을 다 가지고 계십니다. 존 웨슬리(John Wesley, 1705-1791)는 아버지의 뜻을 구하는 것이 모든 의무의 기초가 된다고 말합니다.

기도할 때 이 '뜻'을 구하는 것은 의무이며 모든 의무의 진정한 기초가 됩니다. 토기장이이신 하나님께서 정하신 그 뜻(롬 9:21), 이것은 충분하며 지나침이 없습니다. 창조자의 뜻, 그 이상을 구할 필요도 없으며 또한 그에 못 미쳐도 안 됩니다.[1]

---

1   존 웨슬리, 『웨슬리 설교전집 4』, 한국웨슬리학회 편역 (서울: 대한기독교서회, 2015), 172.

하나님은 뜻을 이루시기 위해 '모략'을 사용하십니다(사 28:29).[2] 하나님의 모략은 반드시 설 것이며, 그것은 하나님께서 기뻐하시는 뜻입니다(사 46:10).[3] 대적 원수 마귀의 뜻이 아니라(딤후 2:26), 사람의 정욕의 뜻이 아니라(벧전 4:2), 오로지 하나님의 뜻이 이루어지는 것입니다. 이를 위해 하늘에 있는 천사들이 하나님께 기꺼이 순종하며, 열심으로 하나님의 명령을 준행합니다(시 103:20).[4] 그렇다면 하나님의 자녀 된 우리가 이 땅에서도 만물이 하나님께 복종케 되기를 기도해야 하는 것은 당연합니다. 마르틴 루터 역시 〈대교리문답〉에서 하나님의 뜻은 반드시 성취된다고 하면서 또한 이렇게 말합니다.

> 그러나 이런 우리의 요청 없이도 하나님의 뜻은 이루어지고 그분의 나라는 임합니다. 그 때문에 아무리 악마가 그의 일당과 함께 복음을 근절시키기 위해 폭풍우처럼 맹렬히 덤벼든다 해도 하나님의 뜻은 반드시 성취됩니다. 그러나 우리 자신을 위해서라도 우리는 그분의 뜻이 우리 가운데 이루어지기를 기도해야 합니다. 그렇게 함으로써 악마는 아무것도 성취하지 못하게 될 것이고, 우리는 그 모든 아픔과 시련 앞에서 당당히 일어나 하나님의 뜻에 순종하게 됩니다.[5]

기도는 내 뜻이 아닌 하나님의 뜻이 이루어지는 것입니다. 그러하기에 존 웨슬리는 이렇게 반문합니다.

---

2 [사 28:29] 이도 만군의 여호와께로서 난 것이라 그의 모략은 기묘하며 지혜는 광대하니라
3 [사 46:10] 내가 종말을 처음부터 고하며 아직 이루지 아니한 일을 옛적부터 보이고 이르기를 나의 모략이 설 것이니 내가 나의 모든 기뻐하는 것을 이루리라 하였노라
4 [시 103:20] 능력이 있어 여호와의 말씀을 행하며 그의 말씀의 소리를 듣는 여호와의 천사들이여 여호와를 송축하라
5 마르틴 루터, 『마르틴 루터 대교리 문답』, 최주훈 옮김 (서울: 복있는 사람, 2020), 261.

그리스도를 따라가는 모든 이들은 하늘에서 그 뜻이 이룬 것 같이 땅에서도 하나님의 뜻을 행하기 위해 "주님의 뜻이 이루어집니다"라고 말하기에 앞서 "나의 원대로 마시고"라고 먼저 말해야 합니다. … 그렇듯 자기 자신을 부정한 만큼 그 자리에 하나님께서 들어서실 수 있는 것이 아니겠습니까?[6]

예수님의 겟세마네 기도는 예수님께서 한적한 곳에 가서 기도하시고, 새벽에 기도하시고, 홀로 기도하신 그 모든 기도의 내용이 어떠한 향방이었는지를 가늠하게 합니다. 예수님은 얼굴을 땅에 대시고 엎드려 간절히 기도하셨습니다. "내 아버지여 만일 할 만하시거든 이 잔을 내게서 지나가게 하옵소서 그러나 나의 원대로 마시옵고 아버지의 원대로 하옵소서"(마 26:39). 예수님은 두 번째도 이렇게 기도하셨습니다. "내 아버지여 만일 내가 마시지 않고는 이 잔이 내게서 지나갈 수 없거든 아버지의 원대로 되기를 원하나이다"(마 26:42). 그리고 세 번째도 동일한 말씀으로 기도하셨습니다(마 26:44). 예수님은 자신의 뜻을 이루기 위해 말하거나 역사하지 않으셨습니다. 오롯이 하나님 아버지의 뜻이 이루어지는 데만 관심이 있으셨을 뿐입니다.

예수님은 말씀하셨습니다. "내가 진실로 진실로 너희에게 이르노니 아들이 아버지께서 하시는 일을 보지 않고는 아무 것도 스스로 할 수 없나니 아버지께서 행하시는 그것을 아들도 그와 같이 행하느니라"(요 5:19) 그리고 오병이어 이적 후에는 "내가 하늘에서 내려온 것은 내 뜻을 행하려 함이 아니요 나를 보내신 이의 뜻을 행하려 함이니라 나를 보내신 이의 뜻은 내게 주신 자 중에 내가 하나도 잃어버리지 아니하고 마지막 날에 다시 살리는 이것이니라 내 아버지의 뜻은 아들을 보고 믿는 자마다

---

6 존 웨슬리, 『웨슬리 설교전집 4』, 한국웨슬리학회 편역 (서울: 대한기독교서회, 2015), 174-175.

영생을 얻는 이것이니 마지막 날에 내가 이를 다시 살리리라"(요 6:38-40)
고 말씀하셨습니다.

따라서 우리는 하나님 아버지께 이 세상을 이렇게 저렇게, 이 모양 저모양으로 해 주세요 하는 식의 내가 디자이너 혹은 아티스트가 되어 내조감도에 따라 하나님께 수주(受注)를 맡기는 기도가 아니라, 하나님 아버지의 뜻 자체가 이루어지기를 기도해야 하는 것입니다.

사도 바울은 말합니다. "그런즉 하나님께서 하고자 하시는 자를 긍휼히 여기시고 하고자 하시는 자를 완악하게 하시느니라 혹 네가 내게 말하기를 그러면 하나님이 어찌하여 허물하시느냐 누가 그 뜻을 대적하느냐하리니 이 사람아 네가 누구이기에 감히 하나님께 반문하느냐 지음을 받은 물건이 지은 자에게 어찌 나를 이같이 만들었느냐 말하겠느냐 토기장이가 진흙 한 덩이로 하나는 귀히 쓸 그릇을, 하나는 천히 쓸 그릇을 만들권한이 없느냐"(롬 9:18-21).

선하신 분은 오직 하나님

왜 내 뜻이 아니고, 우리의 뜻도 아니고, 심지어 교회의 뜻도 아닌 하나님의 뜻이 이루어지기를 기도해야만 할까요? 그것은 엄밀한 의미에서 하나님만이 만물을 창조하실 수 있고, 그 창조 세계를 보시고서 심히 좋았더라 하실 수 있는 분 또한 하나님이시기 때문입니다. 예수님 또한 "선한 이는 오직 한 분이시니라"(마 19:17)고 하셨습니다. 그러므로 뜻이 선하신 이는 오직 한 분이시고, 선한 뜻이 선하게 이루어지게 하시는 분도 하나님 아버지 오직 한 분이십니다.

하나님은 홍수 심판 전에 사람의 죄악이 세상에 관영함과 그 마음과 생각의 모든 계획이 항상 악할 뿐임을 보시고 땅 위에 사람 지으셨음을 한탄하사 마음에 근심하셨습니다(창 6:5-6). 선을 이루는 이는 인생이 아니라 하나님이십니다. "우리가 알거니와 하나님을 사랑하는 자 곧 그 뜻대로 부르심을 입은 자들에게는 모든 것이 합력하여 선을 이루느니라"(롬 8:28).

역사 가운데 교회가 얼마나 자신들의 뜻이 하나님의 뜻이라 주장해 왔으며, 하나님의 뜻보다 사람의 뜻과 인간의 욕망만을 추구하며 죄악을 저질러 왔는지 우리는 잘 알고 있습니다. 교회가 때론 세상 권력이 되기도 하고, 세상 권력의 앞잡이 노릇이 되기도 했습니다. 세상을 따뜻하게 하기보다는 냉혹한 곳으로, 살리기보다는 피 흘리게 하기도 하면서, 얼마나 끔찍한 잔혹사를 가져 왔었는지 우리는 알고 있습니다. 미가서의 말씀입니다.

> "내가 또 이르노니 야곱의 우두머리들과 이스라엘 족속의 통치자들아 들으라 정의를 아는 것이 너희의 본분이 아니냐 너희가 선을 미워하고 악을 기뻐하여 내 백성의 가죽을 벗기고 그 뼈에서 살을 뜯어 그들의 살을 먹으며 그 가죽을 벗기며 그 뼈를 꺾어 다지기를 냄비와 솥 가운데에 담을 고기처럼 하는도다 그때에 그들이 여호와께 부르짖을지라도 응답하지 아니하시고 그들의 행위가 악했던 만큼 그들 앞에 얼굴을 가리시리라"(미 3:1-4).

정말 눈뜨고는 볼 수 없는 현실의 참혹상 앞에서, 분노를 넘어 할 말이 없어지는 형국입니다. 이것이 바로 성전에 나가 제사하고 하늘의 하나님께 기도하는 이스라엘 백성들의 실태였고 민낯이었습니다.

하나님의 뜻이 나타나는 곳, 세상

스탠리 하우어워스는 세상만이 하나님의 뜻이 나타나는 곳이라 말합니다.

그리스도인은 세상을 버리고 은둔해야 하는가? 라는 질문에 대한 답은 너무도 분명하다. "[당신의] 뜻이 … 땅에서도 이루어지이다"라는 기도를 통해 우리는 세상 속으로 등 떠밀려 들어가고 있는 것이다. 세상 안이 아니라면, 우리가 하나님의 뜻이 나타나는 것을 볼 수 있는 다른 곳이란 없기 때문이다.[7]

예수님은 "너희는 세상의 소금"이라고 하셨습니다. 또 "너희는 세상의 빛이라"고 하셨습니다. 천국의 소금도 천국의 빛도 아닌, 이 '세상'의 빛입니다. 그런데 "소금이 만일 그 맛을 잃으면" "아무 쓸데없어" 버려진다고 하셨습니다. 그래서 "사람이 등불을 켜서 말 아래에 두지 아니하고 등경 위에 두나니 이러므로 집 안 모든 사람에게 비치느니라 이같이 너희 빛이 사람 앞에 비치게 하여 그들로 너희 착한 행실을 보고 하늘에 계신 너희 아버지께 영광을 돌리게 하라"(마 5:13-16)고 말씀하십니다. 예수님은 이 세상에서 우리가 어떻게 살아야 하는지를 말씀해 주신 것입니다. 그렇기에 스탠리 하우어워스가 "우리에게는 세상 말고 이 기도를 기도할 다른 곳은 없다."[8]고 하는 말에 우리는 고개를 끄떡일 수밖에 없습니다.

"뜻이 하늘에서 이루어진 것 같이"는 하나님의 "선하시고 기뻐하시고 온전하신 뜻"이(롬 12:2) "하늘에서 이루어진 것 같이"를 의미합니다. 하

---

7 스탠리 하우어워스, 윌리엄 윌리몬, 『주여, 기도를 가르쳐 주소서』, 이종태 옮김 (서울: 복있는 사람, 2015), 111-112.
8 위의 책, 112.

나님 나라가 가까이 왔는데 그 하나님 나라가 하나님의 선하시고 기뻐하시고 온전하신 뜻대로 이루어진 나라가 아니라면, 이 땅은 오히려 혼란과 혼돈만이 극도로 가중될 뿐입니다. 그러나 그런 우려를 할 필요가 없는 이유는 하나님 나라는 하나님의 선하시고 기뻐하시고 온전하신 뜻이 이미 이루어진 나라이기 때문입니다. 그러니 이제 그와 같이 이 땅에서도 이루어지는 것입니다. 우리는 이를 위해 기도하는 것입니다.

이는 창세기에 1장 2절에서 말씀하셨듯이, 하나님의 신이 수면을 운행하시고 이 혼돈과 공허와 흑암 가운데 하나님께서 말씀하셨습니다. "빛이 있으라"(창 1:3). 하나님이 말씀하시니 창조와 질서가 부여되었습니다. 하나님의 뜻이 이루어진 것입니다. "하시니 그대로 되니라"(창1:7). 그러니 "하나님의 보시기에 좋았더라"(창 1:4). 그리고 창조의 대미인 사람을 만드시고도 "지으신 그 모든 것을 보시니 보시기에 심히 좋았더라"(창 1:31)고 하시면서, 창세기 2장 1절과 2절에서 이렇게 말합니다. "천지와 만물이 다 이루어지니라 하나님이 그가 하시던 일을 일곱째 날에 마치시니 그가 하시던 모든 일을 그치고 일곱째 날에 안식하시니라".

날마다 내리는 일상의 선택으로

우리의 앞날은 어떻게 될지 아무도 모릅니다. 우리는 내가 갈 길을 안다고 생각했지만, 결국은 다른 무언가가 하나님 뜻이라는 것을 종종 발견하기도 합니다. 제럴드 싯처(Gerald L. Sittser, 1950~)의 말처럼, 그러므로 인생의 여정을 가는 내내 하나님께 귀 기울이며 반응하는 것이 현명한 일입니다.[9] 그는 자신이 알게 된 부분을 이렇게 설명합니다.

9   제럴드 L. 싯처, 『하나님의 뜻』, 윤종석 옮김 (서울: 성서유니온선교회, 2002), 17.

어느 길도 내게 훌륭한 인품이나 숭고한 대의를 보장하지 않는다는 것을 안 것이다. … 어느 길을 가든 결국 내 직무 수행은 내 성품의 질과 믿음의 깊이와 능력의 정도에 달린 일이었다. 마침내 나는 의학이냐 신학이냐를 택일하는 것이 문제의 요지가 아니라는 결론에 이르렀다. 날마다의 삶에서 내리는 작은 선택 ─ 부지런한 학생, 자상한 남편, 훈련된 그리스도인이 되는 것 ─ 에 충실하지 않는 한 어느 길을 택하든 내가 내 삶에 진정 이루기 원하는 풍성한 열매를 맺는 삶에는 이를 수 없을 것이기 때문이다. … 우리가 하나님의 뜻을 행하고 있는지 아닌지의 여부는 날마다 내리는 선택으로 결정된다. 우리에게 문제가 있다면 그것은 지식의 부족이 아니라 이미 알고 있는 내용에 반응하지 않으려는 태도다.[10]

요셉을 생각해 보십시오. 요셉은 자신의 선택과는 상관없이 애굽 보디발 장군의 집 노예가 됩니다. 거기서 요셉은 자유인이냐 노예이냐를 선택할 수 없었습니다. 또 스스로 업무를 정할 수도 없었습니다. 시키는 일을 해야만 했습니다. 그렇지만 하루하루 요셉 자신에게 주어진 일을 어떻게 할 것인가는 결정할 수 있었습니다. 주인이나 관리자의 눈을 피해 대충 요령 부려 가며 할 수도 있었습니다. 아니면 진급할 것이 아니면서도 열심히 일할 수 있었겠지요. 그건 오로지 요셉 개인 일상의 선택일 뿐이었습니다. 보디발 장군 아내의 유혹 앞에서 어떻게 반응할 것이냐 또한 요셉의 선택일 것입니다. 주인마님의 유혹을 따를 것이냐, 하나님의 사람으로서 하나님의 뜻에 맞는 선택을 하느냐? 요셉은 선택합니다. "이 집에는 나보다 큰 이가 없으며 주인이 아무것도 내게 금하지 아니하였어도 금한 것은 당신뿐이니 당신은 그의 아내임이라 그런즉 내가 어찌 이 큰 악

---

10   위의 책, 24-25.

을 행하여 하나님께 죄를 지으리이까"(창 39:9).

보디발 장군 아내의 유혹을 뿌리쳐서, 누명을 뒤집어쓰고 감옥에 갇혔을 때도 마찬가지였습니다. 요셉은 그저 하루하루를 어떻게 선택하고 사느냐로 어떤 사람이 되느냐 하는 궤도를 결정했습니다. 요셉이 애굽의 총리대신을 하고자 결정했나요? 아니요. 요셉은 그저 하루하루를 충실히 살고 진실되게 하나님의 사람으로서 살아냈을 뿐입니다. 그저 하루하루를 하나님의 뜻에 합당하게 사는 것입니다. 요셉 자신의 뜻을 이루기 위함이 아닌 하나님의 뜻이 이루어지기 위함입니다.

애굽의 총리대신이 된 요셉은 자신 앞에 벌벌 떨고 있는 형들에게, 이렇게 말합니다. "당신들이 나를 이 곳에 팔았다고 해서 근심하지 마소서 한탄하지 마소서 하나님이 생명을 구원하시려고 나를 당신들보다 먼저 보내셨나이다"(창 45:5). 요셉은 누구 뜻이 이루어지는지를 진정 목도했습니다. 요셉 자신의 뜻이나 형들의 뜻이 이루어진 것이 아니라,[11] 오롯이 하나님의 뜻이 이루어졌습니다. 자신이 꾼 꿈이 하나님의 뜻이라는 것을 간과하지 않았습니다.

그래서 우리는 인생이 내 뜻대로 풀리지 않을 때마다 '그때 다른 길을 선택했어야 했는데…'라고 한탄하면서 도리어 지금 하나님과의 관계를 가꾸어 나갈 기회를 날려 버리고, 또 다시 세월을 허송하는 경우가 허다하게 많습니다. 내 인생에서 하나님께서 맡기신 역할을 생각하다가 도리어 미궁에 빠져 버리기도 합니다. 하나님은 지금 잘하고 계신가, 소홀하진 않으신가, 주무시는가? 하지만, 하나님의 역할은 하나님께서 잘 행하실 것입니다. 반면에 엄연히 내가 할 일이 있다는 사실도 잊지 말아야 합

---

11 하지만 형들이 동생 요셉을 죽여 구덩이에 던지려 모의하며 했던 말은 그들이 세월 지나 알게 되었을 뿐입니다. "그 꿈이 어떻게 되는지를 우리가 볼 것이니라"(창 37:20)

니다.

다시 시작하고, 더 해야 하고, 진보해야 하고, 성품을 가꾸어야 하고, 성실해야 하고, 믿음을 지키는 것. 그것이 성경이 가르치는 하나님 뜻입니다. 요셉의 노예의 삶에서, 죄수의 삶에서, 총리의 삶에서 그것을 볼 수 있습니다. 요셉처럼 꿈꾸는 자가 되라는 말은 이 모든 걸 담아야 진짜입니다. 그저 꿈 한번 잘 꿔서 된 것이 아니라는 말입니다.

오늘을 살라

어떤 사람들은 내일을 아는 것이 안전하다고 생각합니다. 그래서 점을 치고, 굿을 하고, 예언을 따라 다닙니다. 성경의 어리석은 인물 사울 왕도 그랬습니다. 밤중에 변장을 하고서 몰래 하나님께서 금하신 신접한 여인을 찾아가 자신의 운명을 물었습니다. 생각해 보십시오. 의사가 환자의 미래를 안다면 어떻게 되겠습니까? 한 환자의 미래를 보니 이 환자는 수술해도 3일 내로 죽는다, 만약 그렇다면 의사가 이 한 명의 환자를 살리기 위해 어떻게든 방법을 찾겠습니까, 찾지 않겠습니까? 누구도 악착같이 인생을 성실함으로 살지 않을 것입니다. 따라서 진정한 보람과 기쁨도 없을 것입니다. 그냥 일기예보 보듯이 내일을 보기만 할 뿐입니다.

야고보 사도가 말씀합니다. "들으라 너희 중에 말하기를 오늘이나 내일이나 우리가 어떤 도시에 가서 거기서 일 년을 머물며 장사하여 이익을 보리라 하는 자들아 내일 일을 너희가 알지 못하는도다 너희 생명이 무엇이냐 너희는 잠깐 보이다가 없어지는 안개니라 너희가 도리어 말하기를 주의 뜻이면 우리가 살기도 하고 이것이나 저것을 하리라 할 것이거늘 이제도 너희가 허탄한 자랑을 하니 그러한 자랑은 다 악한 것이라 그러므로 사람이 선을 행할 줄 알고도 행하지 아니하면 죄니라"(약 4:13-17).

내일 일에 대한 하나님의 뜻을 안다고 말하는 사람들이 의외로 많습니다. 사도 야고보는 분명 우려하고 있고 경계하고 있습니다. 사도 야고보는 사업의 성공을 예로 들며, 그건 단지 가정일 뿐이라고 말하는 것입니다. 누구도 하나님의 뜻을 빙자하여 내일 일을 보장할 수는 없습니다. 우리는 "내일 일은 난 몰라요 하루하루 살아요 불행이나 요행함도 내 뜻대로 못해요"라고 하는 노래가 있듯이, 내일 일을 알 수 없습니다. 그러나 우리 자신이 해야 할 일은 이미 알고 있습니다. 몰라서 못하는 것이 아닙니다. 사도 야고보는 "너희가 도리어 말하기를 주의 뜻이면 우리가 살기도 하고 이것이나 저것을 하리라 할 것이거늘" 맨날 이런 허황된 부도수표만 날리지 말고, "사람이 선을 행할 줄 알고도 행하지 아니하면 죄니라". 다시 말해, 지금 할 수 있는 것을 하라는 말입니다.

예수님은 "지극히 작은 것에 충성된 자는 큰 것에도 충성되고 지극히 작은 것에 불의한 자는 큰 것에도 불의하니라"(눅 16:10)고 말씀하십니다. 큰 건물도 벽돌 하나부터이고, 큰 교량도 한 삽부터입니다.

내일 거기가 아니라 지금 여기

지금 우리가 이 땅에서 예배를 드림이 중요해 보이시나요? 그다지 중요해 보이지 않는 분들도 계실 수 있습니다. 하지만 여기서 드리는 이 예배가 하찮게 여겨지지 않고 충실한 분들에게는 하늘의 예배가 더욱 소중해지는 법입니다.

사람들은 하나님의 뜻을 찾으려고 애씁니다. 그런데 사실, 의외로 하나님의 뜻은 분명합니다. 하나님의 사람들은 하나님의 뜻을 알기 위해서

'고뇌'보다 하나님의 뜻대로 살기 위한 '몸부림'이 더 클 수밖에 없습니다. 로마서 12장 2절을 보면, "하나님의 선하시고 기뻐하시고 온전하신 뜻이 무엇인지를 분별하도록 하라"고 합니다. 그리고 사도 바울은 그 뜻을 말씀합니다. 그것은 한두 번의 이벤트성, 단발성이 아니라 일상에서 충실히 그렇게 사는 것이라고 말입니다. 하나님의 뜻은 내일보다는 오늘과 더 깊이 관련됩니다. 우리에게 주어진 시간은 내일 거기가 아니라 지금 여기이기 때문입니다. 하나님은 융통성 없이 고리타분하게 꽉꽉 막혀 우리를 숨 막히게 하시는 분이 아닙니다. 하나님은 우리에게 책임 있는 자유로움을 허락하십니다.

예수님을 믿는다는 것은, 하나님께 기도한다는 것은 하나님 나라와 의를 구하는 것입니다. 그렇지 않으면 우리는 불행해질 수밖에 없고 주변도 불행하게 만듭니다. 물론 예수님을 영접했다고 해서 자동으로 주변을 기쁘고 행복하게 만드는 것은 아닙니다. 신앙생활을 하면서도 여전히 주변을 고통스럽게 만드는 사람들이 많습니다.

오늘 주님께서 가르쳐 주시는 뜻은 당신의 뜻입니다. 즉 하나님 아빠의 뜻. 그 뜻의 세 가지 구성 요소는 "선하시고 기뻐하시고 온전하신 뜻"입니다. "너희는 이 세대를 본받지 말고 오직 마음을 새롭게 함으로 변화를 받아 하나님의 선하시고 기뻐하시고 온전하신 뜻이 무엇인지 분별하도록 하라"(롬 12:2).

참된 관심이 수준입니다

어떤 사람이 지금 뭘 원하는지는 단지 그 사람의 바람이나 소원이나 목표 정도가 아니라 그 사람의 수준과 상태를 나타냅니다. 예수님은 기도의 순서가 '가장 먼저 아버지의 이름(하나님)을 알고 싶어요. 두 번째는 아버지의 나라(하나님의 다스림)을 받고 싶어요. 세 번째는 아버지의 뜻이 제일 중요해요'였습니다. 우리의 관심을 아버지께로 돌리셨습니다. 참된 믿음으로 인도하신 것입니다. 하나님께 관심도 없는데 참된 신앙일 수는 없습니다. 우상 숭배적 종교 생활로 전락할 뿐입니다. 참된 믿음과 우상 숭배의 차이는 바로 참된 관심의 여부입니다.

우리는 지금 고삐가 풀린 욕망의 왕국에 있습니다. 거대한 욕망의 슈퍼마켓들이 열광적으로 호객 행위를 하고 있습니다. 현시대는 내가 원하는 대로 행하라는 욕망의 잠언으로 세뇌 당한 세대가 아닐까 합니다. '그럴 자격이 있다. 권리를 주장하라. 소비로 자신의 가치를 높이라!' 리처드 핼버슨(Richard Halverson, 1916~1995)은 교회가 어떻게 변해 버렸는가를 이렇게 말합니다.

처음에 교회는 살아 계신 그리스도를 중심에 둔 사람들의 교제 모임이었다. 그러나 그 후 교회는 그리스로 이동하여 철학이 되고, 로마로 옮겨가서는 제도가 되었다. 그 다음에는 유럽으로 넘어가서 문화가 되었다. 마침내 미국으로 왔을 때, 교회는 기업이 되었다.[12]

예수님께서 금식하시고 주리실 때 마귀가 와서 호객 행위를 했습니다. 머리를 숙이고 무릎을 꿇으면 천하만국을 주겠다, 네 영혼을 팔라, 후하게 값을 쳐 주겠다는 것이었습니다. 예수님께서 마귀에게 찬송을 들려주신다면 이 곡이 아닐까요? "내 평생의 소원 내 평생의 소원 대속해 주신 그 사랑을 간절히 알기 원하네"(찬송가, 예수 더 알기 원하네).

---

12   스카이 제서니, 『하나님을 팝니다?』, 이대은 옮김 (서울: 죠이선교회, 2015), 18.

그러므로 "뜻이 이루어지이다"는 '내 뜻'이 아니라 '아버지 뜻'입니다. 이것을 분명히 하고 가야 합니다. 때로는 곡기를 끊고 사생결단으로 덤벼드는 기도를 하면서 '자기 뜻'을 관철하려는 농성 같을 때가 왕왕 있기 때문입니다. 잘못된 기도는 항상 '내 뜻'에 매몰되어 비롯됩니다. 예수님은 우리가 구하기 전에 우리에게 있어야 할 것을 하나님 아버지께서 아신다고 말씀하십니다(마 6:8).[13] 이 말씀의 의미 중 하나는 우리는 미래를 모르기 때문에 지금의 관점, 판단, 필요로서만 구한다는 것입니다. '지금'은 오로지 지나간 역사에 의해서만 제대로 알게 됩니다.

그저 인생일 뿐입니다

사자성어 '새옹지마(塞翁之馬)'라는 말이 있습니다. 변방 근처에 점을 잘 치는 노인 한 사람이 살았는데, 어느 날 갑자기 그의 말이 오랑캐 땅으로 도망쳐 버렸습니다. 동네 사람들은 애지중지하던 말을 잃어 버린 노인에게 위로의 말을 하는데, 노인은 동네 사람들에게 무심한 듯 이렇게 말합니다. "이것이 무슨 복이 되는지 어찌 알겠소." 그리고 몇 달이 지난 후, 오랑캐 땅으로 도망갔던 말이 돌아옵니다. 게다가 오랑캐의 준마까지 데리고 말이죠. 이번에는 동네 사람들이 모두 부러워하며 축하를 해 줍니다. 그러자 노인은 심드렁한 듯 "그것이 무슨 화가 되는지 어찌 알겠소." 라고 말합니다. 얼마 후 길들지 않은 준마가 생기자 노인의 아들이 그 말을 타고 달리다가 그만 말에서 떨어져 다리가 부러지고 말았습니다. 그리고는 다리를 저는 장애를 얻게 됩니다. 동네 사람들은 이 안타까운 소식

---

13 [마 6:8] 그러므로 그들을 본받지 말라 구하기 전에 너희에게 있어야 할 것을 하나님 너희 아버지께서 아시느니라

을 듣고 노인을 위로합니다. 이번에도 노인이 무심한 듯 말하죠. "이것이 혹시 복이 될는지 어찌 알겠소?" 1년 후에 오랑캐들이 쳐들어오자 장정들이 징병되어 전쟁에 나가게 됩니다. 이 전쟁 통에 변방 근처 사람들이 열에 아홉이 죽었습니다. 하지만 노인의 아들은 다리를 저는 바람에 징병에서 제외되었고 살아남을 수 있었습니다.

이 이야기의 노인은 '점을 잘 치는 사람'으로 등장합니다. 그럼에도 지금 벌어지는 일과 나중에 벌어질 일이 무엇인지는 알지 못합니다. 이것이 인생의 모습입니다. 누구도 알지 못한다는 것입니다.

이 이야기는 〈회남자(淮南子) 인생훈(人生訓)〉에 나오는데, 이로부터 변방 노인의 말(馬)이란 뜻의 '새옹지마'가 유래됐습니다. 이 이야기의 다른 판본 말미에는 다음과 같은 내용이 덧붙어 있습니다. "고로 복이 화가 되고 화가 복이 되는 등, 변화는 끝이 없고 그 깊이는 예측할 수가 없는 것이다." 인생의 여정, 굴곡도 알지 못하는 것이 우리 인생일 진데, 하나님의 뜻과 지혜를 다 안다는 것은 말도 안 됩니다. 우리는 성경이 말씀하시는 정도까지 겨우 알 뿐입니다. 그 이상도 그 이하도 아닙니다. 이에서 지나는 것은 위험합니다. 제럴드 메이(Gerald May, 1940~2005)는 내면적인 개인의 경험에 비추어 볼 때, 좋은 일과 나쁜 일의 차이를 도저히 잘 설명할 수 없다고 말합니다.

어떤 일들은 아주 멋진 일처럼 시작되었다가 끔찍하게 끝나기도 했고, 또 어떤 일들은 처음에는 나쁜 일이었던 것이 결국에는 축복으로 판명되곤 했습니다. 나는 1995년에 암 선고를 받았습니다. 그때 나는 그것이 나쁜 일이라고 생각했습니다. 하지만 그 경험은 나를 그 어느 때보다도 하나님과 나의 소중한 사람들에게 가까이 이끌었고, 그것은 정말 멋진 일이었습니다. 화학요법은 두렵게 느껴졌지만, 결국은 완벽한 치유를 안겨줬고, 나는 그것이 좋은 일이었다고 결론 짓게 되었습니다. 나중에 나는 화학요법 때문에 심장병을 얻게 되었다는 사실을 알았습니다. 그래서 지금은 심장 이식을 기다리고 있는 중입니다. 그러다가 어느 시점에서 나는 무엇이 정말 좋은 일이고 무엇이 정말 나쁜 일인가 구분하는 일을 그만 포기하게 되었습니다. 이젠 정말 뭐가 뭔지 모르겠습니다.

모른다는 것 자체가 어쩌면 나쁜 일처럼 생각되겠지만, 이제 나는 그런 영혼의 어두운 밤이 주는 멋진 선물들 가운데 하나라는 확신을 갖게 되었습니다. … 가장 커다란 교훈들 중 하나—어두운 밤이 주는 또 하나의 선물—는 바로 내가 원하는 만큼 삶을 통제할 수 없다는 깨달음입니다. 이것은 결코 쉬운 깨달음은 아닙니다.[14]

우리가 세상을 정확히 통제할 수 있고 통제하려 든다면 그것은 허황된 일입니다. 사람들은 여러 방법들을 동원하여 자신의 삶을 통제하려 하고, 이를 통해 안정감을 보장받으려 하지만 실제 현실은 그렇지 않다는 사실입니다. 우리는 우리 자신의 인생도 통제할 수 없고, 하나님은 당연히 우리의 통제 대상이 아니십니다. 우리는 그저 인생일 따름입니다.

은혜 아전인수

성경은 무엇이 하나님의 뜻인지를 우리에게 보여 줍니다. 하지만 알아야 합니다. 대부분의 하나님 뜻은 역사가 지난 뒤에 드러납니다. 우리가 시간 속에 있기 때문입니다. 참 선지자와 거짓 선지자는 나중에 드러납니다.

---

14   제랄드 메이, 『영혼의 어두운 밤』, 신선명, 신현복 옮김 (서울: 아침영성지도연구원, 2006), 6-7.

마태복음 7장 16-20절입니다. "그들의 열매로 그들을 알지니 가시나무에서 포도를, 또는 엉겅퀴에서 무화과를 따겠느냐 이와 같이 좋은 나무마다 아름다운 열매를 맺고 못된 나무가 나쁜 열매를 맺나니 좋은 나무가 나쁜 열매를 맺을 수 없고 못된 나무가 아름다운 열매를 맺을 수 없느니라 아름다운 열매를 맺지 아니하는 나무마다 찍혀 불에 던져지느니라 이러므로 그들의 열매로 그들을 알리라." 결국 최후 심판대 앞에 서야 합니다. 이것을 안다면 자기 뜻을 하나님 뜻이라 고집 피우지는 못할 것입니다. 그러니 너무 쉽게 하나님의 뜻이라고 갖다 붙이지 마시기 바랍니다. 그래서 저는 '은혜아전인수(恩惠我田引水)'라고 표현합니다. 그렇게 단순하지 않다는 사실입니다.

이 '은혜 아전인수'를 분별하는 좋은 예로 창세기 요셉의 이야기를 들 수 있습니다. 요셉은 꿈을 두 번 꿉니다. 그런데 그 꿈을 가지고 부모와 형제들에게 자랑을 합니다. 은혜 아전인수의 단면입니다. 형들은 가뜩이나 요셉이 아버지의 사랑을 독차지하는 것 때문에 짜증이 잔뜩 나 있었는데, 이런 꿈 이야기까지 들으면서는 아예 죽여 버리려고 모이합니다. 결국은 노예로 팔아먹습니다.

노예로 팔려 버린 요셉은 그가 꾼 꿈이 그저 한낱 개꿈처럼 되어 버렸습니다. 하지만 요셉 인생 대반전. 요셉이 애굽의 총리대신이 되고 가뭄에 곡식을 구하러 애굽에 내려온 형들에게 보복할 수 있는 위치에 서게 됐을 때, 절호의 기회가 찾아왔을 때, 요셉은 형들에게 이렇게 말합니다. "당신들이 나를 이 곳에 팔았다고 해서 근심하지 마소서 한탄하지 마소서 하나님이 생명을 구원하시려고 나를 당신들보다 먼저 보내셨나이다"(창 45:5). 요셉은 고백합니다. 나를 죽이려고 노예로 팔아 제거하려 했던 당신들의 악한 뜻이 이루어진 것도 아니요, 나 요셉의 푸른 꿈과 잘난 척한 내 꿈이 이루어진 것도 아니요, 오직 하나님의 선한 뜻이 온 땅에 이루어진 것(창 45:7-8; 50:20)이라고 말입니다.[15]

하나님의 뜻은 사람이 인생 가운데 자기 뜻을 고집스럽게 관철하면서도, 즉 그들의 악한 성취를 위해 그들 자신의 뜻대로 성취된 것 같은 정황 속에서도 결국 하나님의 뜻이 이루어지는 것입니다. 예수님께서 가룟 유다의 뜻대로, 대제사장과 장로들의 뜻대로 십자가에 못 박히신 것같이 보이지만, 결국에는 하나님의 뜻이 이루어진 것이라는 말입니다.[16]

그러므로 하나님의 뜻이 이루어지기를 구하라는 주님의 가르침은 결국, 우리로 하여금 "두려워하지 말라"는 위로와 격려의 말씀이 됩니다. 왜요? 하나님은 사람의 악한 뜻을 끝내 선한 뜻으로 바꾸시는 분이시기 때문입니다.

질서로 가득한 우주

우주론에 '카오스 이론'이라고 있습니다. 우주는 무질서요, 일정한 규

---

15 [창 45:7-8] 하나님이 큰 구원으로 당신들의 생명을 보존하고 당신들의 후손을 세상에 두시려고 나를 당신들보다 먼저 보내셨나니 그런즉 나를 이리로 보낸 이는 당신들이 아니요 하나님이시라 하나님이 나를 바로에게 아버지로 삼으시고 그 온 집의 주로 삼으시며 애굽 온 땅의 통치자로 삼으셨나이다
  [창 5:22] 당신들은 나를 해하려 하였으나 하나님은 그것을 선으로 바꾸사 오늘과 같이 많은 백성의 생명을 구원하게 하시려 하셨나니

16 베드로 사도의 설교를 들어 보십시오. "또 주의 종 우리 조상 다윗의 입을 통하여 성령으로 말씀하시기를 어찌하여 열방이 분노하며 족속들이 허사를 경영하였고 세상의 군왕들이 나서며 관리들이 함께 모여 주와 그의 그리스도를 대적하도다 하신 이로소이다 과연 헤롯과 본디오 빌라도는 이방인과 이스라엘 백성과 합세하여 하나님께서 기름 부으신 거룩한 종 예수를 거슬러 하나님의 권능과 뜻대로 이루려고 예정하신 그것을 행하려고 이 성에 모였나이다"(행 4:25-28).
  시편 2편 1-6절도 보십시오. "어찌하여 이방 나라들이 분노하며 민족들이 헛된 일을 꾸미는가 세상의 군왕들이 나서며 관원들이 서로 꾀하여 여호와와 그의 기름 부음 받은 자를 대적하며우리가 그들의 맨 것을 끊고 그의 결박을 벗어 버리자 하는도다 하늘에 계신 이가 웃으심이여 주께서 그들을 비웃으시리로다 그 때에 분을 발하며 진노하사 그들을 놀라게 하여 이르시기를 내가 나의 왕을 내 거룩한 산 시온에 세웠다 하시리로다".

칙이 없다는 것입니다. 그래서 혼돈이 가득한 우주라고 보았는데, 지금은 이런 혼돈 속에서도 일정한 패턴, 규칙, 법칙이 있다는 것을 과학자들은 찾아냈습니다. 그래서 조금 더 솔직한 과학자들은 창조주를 인정할 수밖에 없었습니다.

아우구스티누스(Augustinus, 354-430)는 우리 삶이 수많은 닭 발자국이 어지럽게 찍혀 있는 양계장 바닥과도 같다고 했습니다. 그러나 믿음의 눈으로 보면, 우리 삶은 어떤 반복되는 패턴과 일관성과 구체적인 모양을 띄게 된다고 했습니다.[17] 그리고 존 하워드 요더(John Howard Yoder, 1927-1997)는 사회와 역사, 자연조차도 규칙, 제도, 질서 없이는 유지가 불가능하며, 바로 이러한 필요를 하나님께서 채워 주셨다고 했습니다.

우주는 결코 자의적으로, 즉흥적으로, 비정상적으로 움직이지 않습니다. 끊임없이 반복되는 새로운 신적 간섭을 통해 움직이는 것이 아니라는 말입니다. 모든 것은 질서를 갖춘 형태로 창조되었으며, 그래서 "보시기에 좋았다"라고 말씀하신 것입니다.[18] 좀 더 성숙하게 된다면 우리도 바울 사도처럼 "우리가 알거니와 하나님을 사랑하는 자 곧 그의 뜻대로 부르심을 입은 자들에게는 모든 것이 합력하여 선을 이루느니라"(롬 8:28)는 체득(體得)을 반드시 고백하게 될 것입니다.

순종은 처절한 자기 싸움

하나님의 뜻이 이루어지기를 바라는 기도의 원형은 예수님의 겟세마네 기도입니다. 예수님은 얼굴을 땅에 대시고 엎드려 기도하셨습니다.

---

17 스탠리 하우어워스, 윌리엄 윌리몬, 『주여, 기도를 가르쳐 주소서』, 이종태 옮김 (서울: 복 있는 사람, 2015), 104.
18 존 하워드 요더, 『예수의 정치학』, 신원하, 권연경 옮김 (서울: IVP, 2007), 248.

"내 아버지여 만일 할 만하시거든 이 잔을 내게서 지나가게 하옵소서 그러나 나의 원대로 마시옵고 아버지의 원대로 하옵소서"(마 26:39). 그 치열한 내 뜻, 아버지의 뜻의 대미는 "아버지 뜻이 이루어지리이다", 즉 순종하심이었습니다.

생각해 보십시오. 예수님께서 땀방울이 핏방울 되도록 기도하실때, 과연 자기 뜻을 관철하기 위해 기도하셨습니까, 순종할 수 있기 위해 기도하셨습니까? 순종은 땀방울이 핏방울이 되는 처절한 자기 싸움입니다. 그러나 오늘의 신앙인들은 순종을 너무 쉽게 말하는 경향이 있습니다. 피, 땀, 눈물의 기도 없이 그저 순종을, 그것도 절대 순종을 '아멘' 한다는 것은 얼마나 말도 안 되는 것입니까. 살다 보면 순종이라는 의미를 더 잘 알게 됩니다. 너나 나나 우리 모두 다 불순종하고 있다는 것을 말입니다.

17세기 청교도 신학자 토마스 빈센트(Thomas Vincent, 1634-1678)는 말합니다. "하나님의 섭리의 뜻이 이루어지기를 위해 기도할 때, 우리는 우리 자신과 다른 사람들이 하나님의 뜻에 따라 그 뜻에 순종해야 하며 자비로 우신 섭리를 감사함으로 받고 고통스런 섭리는 인내함으로 받아야 한다는 것이다. 마리아가 가로되 주의 계집종이오니 말씀대로 내게 이루어지이다(눅 1:38)라고 응답한 것처럼 말이다."[19]

존 웨슬리는 이 기도에서 우리 쪽에서의 능동적인 순종을 강조합니다. 우리가 "뜻이 하늘에서 이룬 것 같이 땅에서도 이루어지이다"라고 기도할 때에는 수동적인 자세보다는 하나님의 뜻에 대한 적극적인 순종을 위해 기도하는 것임을 말입니다. 그러면서 웨슬리는 천사의 순종에 대해 말하며 사람들이 이 기도를 올리는 의미를 말합니다.

---

19 토마스 빈센트, 『성경 소요리 문답 해설』, 홍병창 옮김 (서울: 여수룬, 2004), 472-473.

하늘의 천사들, 즉 하나님의 보좌를 호위하고 있는 천사들은 어떻습니까? 그들은 하나님의 뜻을 즐거움으로 수행하며, 그의 계명을 좋아하며, 그의 말씀을 기쁘게 듣습니다. 그들에게 있어서 하나님의 뜻을 지키고 실행한다는 것은 그들의 양식이며, 그들의 최상의 영광이며, 기쁨입니다. … 그러므로 우리가 "뜻이 하늘에서 이룬 것 같이 땅에서도 이루어지이다"라고 할 때 의미하는 바는, 지구에 있는 모든 사람들, 인류의 모든 종족들이 천사가 행한 것처럼 기쁜 마음으로 하늘에 계신 아버지의 뜻을 행하게 해 달라는 것입니다. 또한 저들이 봉사함에 있어서, 천사들이 그랬듯이 중단 없이 계속해서 뜻을 행할 수 있도록 해달라는 것입니다. 그렇습니다. 또한 그 일을 완전하게 행하게 해달라고 하는 것입니다. 그리하여 "평강의 하나님이 모든 선한 일에 너희를 온전케 하사 자기 뜻을 행하게 하시고 그 앞에 즐거운 것을 우리 속에 이루시기를" 기도하는 것입니다.[20]

가장 위대한 일

1945년 어느 날 트루먼 대통령은 한 전함 선상에서 쪽지를 받았습니다. 방금 히로시마에 원자 폭탄이 투하되었다는 내용이었습니다. 트루먼은 전함의 해병들에게 "이것은 세계 역사상 가장 위대한 일입니다."라고 히로시마에 투하한 원자 폭탄의 의의를 말했습니다. 그런데 정말 그럴까요? 가장 위대한 일은 히로시마 원폭 투하가 아니라, 사실 골고다 언덕 예수 그리스도의 십자가에서 일어났습니다. 가장 위대한 일이란 하나님의 뜻이 이루어지는 것이기 때문입니다.

---

20 존 웨슬리, 『웨슬리 설교전집 2』, 한국웨슬리학회 편역 (서울: 대한기독교서회, 2015), 190-191.

십자가는 우리의 뜻과 하나님의 뜻이 충돌한 곳입니다. 우리 뜻의 실행이 예수님을 십자가에 못 박아 버렸습니다. 그리고 또한 하늘에서 이룬 것같이 땅에서도 이루시는 하나님의 뜻이 십자가에서 나타났습니다. 놀랍게도 이 어마어마한 충돌이 십자가에서 일어난 것입니다.[21] 따라서 우리는 세상에서 마땅히 이 기도를 해야만 합니다. 내 뜻이 아니라 하나님 아버지의 뜻이 이루어지기를.

하나님의 뜻은 첫째, 하나님에 의해서 이루어집니다. 사람이 조작할 수도, 변경할 수도, 이룰 수도 있는 성질의 것이 아닙니다. 주제넘으면 안 됩니다. 어느 군가에 "너와 내가 아니면 누가 지키랴"처럼 '너와 내가 아니면 누가 이루랴'가 아니라는 말입니다. 주님께서 집을 세우시고 성을 지키지 아니하시면 안 되듯이, 하나님께서는 자신이 뜻한 바를 친히 이루십니다(시 127:1–2).[22] 우리는 전부 알기 때문에 가는 것이 아닙니다. 믿고 믿으니 가는 것입니다. 오즈월드 체임버스(Oswald Chambers, 1874~1917)는 "믿음은 우리가 이끌려 가게 될 곳을 아는 것이 아니라, 우리를 인도하시는 그분을 사랑하고 아는 것입니다."라고 했습니다(히 11:8).[23]

둘째로 하나님의 뜻은 우리의 눈에 보기에 어떠하든지 결국 우리에게 유익이 됩니다. 선하신 분은 하나님 한 분밖에 없습니다. "이 눈에 보기에는 어떠하든지 이미 얻은 증거대로 늘 믿으며, 이 맘에 의심 없이 살아갈 때에 우리 소원 주안에서 이루리"(찬송가, 이 눈에 아무 증거 아니 뵈어도, 2절).

예레미야 29장 11절 말씀을 표준새번역 성경은 이렇게 번역해 놓았습

---

21 스탠리 하우어워스, 윌리엄 윌리몬, 『주여, 기도를 가르쳐 주소서』, 이종태 옮김 (서울: 복있는 사람, 2015), 109-110.

22 [시 127:1-2] 여호와께서 집을 세우지 아니하시면 세우는 자의 수고가 헛되며 여호와께서 성을 지키지 아니하시면 파수꾼의 깨어 있음이 헛되도다 너희가 일찍이 일어나고 늦게 누우며 수고의 떡을 먹음이 헛되도다 그러므로 여호와께서 그의 사랑하시는 자에게는 잠을 주시는도다

23 [히 11:8] 믿음으로 아브라함은 부르심을 받았을 때에 순종하여 장래의 유업으로 받을 땅에 나아갈 새 갈 바를 알지 못하고 나아갔으며

니다. "너희를 두고 계획하고 있는 일들은 오직 나만이 알고 있다. 내가 너희를 두고 계획하고 있는 일들은 재앙이 아니라 번영으로서, 너희에게 미래에 대한 희망을 주는 것이다. 나 주의 말이다." 이처럼, 자녀가 잘되기를 바라는 것이 부모 마음입니다. 하나님 아버지는 잘되길 바라는 마음 정도가 아니라, 반드시 자녀가 잘되게 하십니다. 그러므로 주님께서 가르쳐 주신 기도에서 "이루어지이다"는 실제의 영역에서 지금 "일어나고 있다"인 것입니다. 공사 예정이 아니라 공사 중입니다. 완공을 앞두고 있습니다.

이미 예수님의 사역을 통해서, "이 모든 일이 된 것은 주께서 선지자로 하신 말씀을 이루려 하심"(마 1:22)이라고 했으며, "요한이 잡힌 후 예수께서 갈릴리에 오셔서 하나님의 복음을 전파하여 이르시되 때가 찼고 하나님의 나라가 가까이 왔으니 회개하고 복음을 믿으라 하시더라"(막 1:14-15)고 했습니다.

그리고 대적 원수 마귀가 하늘에서 쫓겨난 것같이 예수님께서 귀신을 쫓아내시는 사건을 통해 하나님의 뜻이 땅에서도 이루어짐을 상징, 예표하십니다. "너 아침의 아들 계명성이여 어찌 그리 하늘에서 떨어졌으며 너 열국을 엎은 자여 어찌 그리 땅에 찍혔는고 네가 네 마음에 이르기를 내가 하늘에 올라 하나님의 뭇 별 위에 내 자리를 높이리라 내가 북극 집회의 산 위에 앉으리라 가장 높은 구름에 올라가 지극히 높은 이와 같아지리라 하는도다 그러나 이제 네가 스올 곧 구덩이 맨 밑에 떨어짐을 당하리로다"(사 14:12-15).

그리고 제자들이 하나님의 뜻을 행함을 통해서도(마 7:21; 18:14; 막 3:35; 요 7:17),[24] 하나님 아버지의 뜻($\theta \acute{\epsilon} \lambda \eta \mu a$, 델레마)은 의로운 요구와 하나님의

---

[24] [마 7:21] 나더러 주여 주여 하는 자마다 다 천국에 들어갈 것이 아니요 다만 하늘에 계신 내 아버지

계획을 포함한다는 것을 알 수 있습니다.

아더 핑크는 어떤 사람이 하나님의 뜻을 좌절시켰다거나 하나님의 계획을 뒤집을 수 있다고 주장하는 것은 명명백백한 다른 성경 구절들을 거부하는 것과 마찬가지라고 말하면서, 이렇게 말합니다.

다음의 말씀들을 잘 헤아려 봐라. '하나님이 뜻을 정하시면 누가 하나님의 생각을 바꿀 수 있겠는가? 하나님은 자신이 원하는 것 바로 그것을 행하신다.' '하나님의 계획은 영원히 견고하게 서 있고, 하나님이 마음에 생각하신 것은 모든 세대를 관통하여 견고하게 서 있다.' '어떤 지혜, 어떤 통찰력, 어떤 계획도 하나님을 거스르지 못한다.' '전능하신 하나님이 목적을 세우셨다. 그렇다면 도대체 누가 그것을 취소시킬 수 있겠는가?'[25]

의 뜻대로 행하는 자라야 들어가리라
[마 18:14] 이와 같이 이 작은 자 중의 하나라도 잃는 것은 하늘에 계신 너희 아버지의 뜻이 아니니라
[막 3:35] 누구든지 하나님의 뜻대로 행하는 자가 내 형제요 자매요 어머니이니라
[요 7:17] 사람이 하나님의 뜻을 행하려 하면 이 교훈이 하나님께로부터 왔는지 내가 스스로 말함인지 알리라
25 아더 핑크, 『하나님의 주권』, 임원주 옮김 (서울: 예루살렘, 2007), 73.
[사 46:9-10] 너희는 옛적 일을 기억하라 나는 하나님이라 나 외에 다른 이가 없느니라 나는 하나님이라 나 같은 이가 없느니라 내가 종말을 처음부터 고하며 아직 이루지 아니한 일을 옛적부터 보이고 이르기를 나의 모략이 설 것이니 내가 나의 모든 기뻐하는 것을 이루리라 하였노라

1. 하나님의 뜻과 우리 자신의 뜻이 항상 일치하나요? 충돌이 일어난다면 주로 어느 때 발생하나요? 그리고 결국 누구의 뜻대로 행하나요?

2. 우리는 하나님의 뜻을 잘 몰라서 못 할 때가 더 많은가요, 아니면 잘 알면서도 순종 하지 않을 때가 더 많은가요? 하나님의 뜻을 알면서도 살아 내지 못하는 부분은 어 떤 것인가요? 애써도 되지 않는 부분은 무엇인가요? 그럼에도 매일 하나님의 뜻에 순종하기 위해 노력하는 부분이 있다면, 어떤 것들이 있나요?

3. 지금 나에게 있어 최고의 관심은 무엇인가요? 가장 되고 싶은 것, 가장 갖고 싶은 것, 가장 해 보고 싶은 것은 무엇인가요? 그 관심의 이유도 서로 나누어 봅시다.

4. 하나님의 뜻이 이루어지기 위해 순종한다는 것은 어떤 의미를 지닐까요? 수동적인 순종과 능동적인 순종으로 구분하여 생각해 본다면, 수동적인 순종에는 어떤 것들 이 있으며, 능동적인 순종에는 어떤 것들이 있을까요?

제 2 부

은혜의

나라에서

영광의

나라로

제10강

오늘 우리에게 일용할 양식을 주시옵고

먹어야 산다

오늘날 우리에게 일용할 양식이 필요합니다. 끼니가 필요하다는 것이죠. 왜냐하면, 하나님께서 사람을 만드실 때 밖에서 안으로 에너지를 공급받도록 만드셨기 때문입니다. 사람이 먹는다는 것은 죄의 결과가 아닙니다. 사람은 원래 먹도록 창조되었습니다. 그래서 여호와 하나님은 아담에게 동산 각종 나무의 실과를 임의로 먹으라고 하셨습니다(창 2:16). 다만 먹지 말아야 하는 것이 있는데, 여호와께서 먹지 말라고 하신 "선악을 알게 하는 나무의 실과"입니다. 뱀이 하와를 유혹할 때, '일용할 양식'을 먹으라고 했나요? 아닙니다. 그것을 먹는 날에는 하나님과 같이 된다고 했습니다. 일용할 양식을 넘어 탐하여서 이것이 죄가 되었습니다.

일용할 양식은 쌀을 곳이 부족할 정도로 많이 가진 부유한 사람도, 아예 쌀을 것조차 없는 가난한 사람도 없어서는 안 되는 것입니다. 남녀노소 누구나, 유대인도 헬라인도, 자유인이나 종이나 없어서는 안 되는 필수입니다. 일용할 양식에는 두 가지가 있습니다. '죽을 몸'을 위한 일용할 양식, 즉 생물학적인 양식이 있고, '산 영'을 위한 양식, 즉 영적인 양식이 있습니다.

첫 아담의 몸은 하나님께서 흙으로 만드셨습니다. 만일 흙으로만 만드셨다면 생물학적인 먹거리만 있으면 될 것입니다. 그러나 하나님은 생기를 그 코에 불어 넣으셔서 사람으로 하여금 생령이 되게 하셨습니다(창 2:7). 그리고 영원을 사모하는 마음도 주셨습니다(전 3:11).[1] 그러므로 사람은 몸의 양식뿐만이 아니라 일용할 영의 양식을 공급받아야 하는 것입니다. 사람들은 독서를 마음의 양식이라고 합니다. 하지만 영은 다만 독서로 살리거나 유지할 수 있는 것이 아닙니다. 예수 그리스도 안에서 죽었던 영이 다시 살게 된(롬 8:10)[2] 그리스도인들은, 반드시 일용할 영의 양식을 공급받아야 하는 것입니다.

오병이어의 놀라운 현장에 있었던 사람들이 이튿날 예수님을 찾아 가버나움까지 오자, 예수님께서는 "진실로 진실로 너희에게 이르노니 너희가 나를 찾는 것은 표적을 본 까닭이 아니요 떡을 먹고 배부른 까닭이로다"(요 6:26)라고 말씀하십니다. 오병이어의 이적은 그들에게 영의 양식이 아니었던 것입니다. 그저 떡을 먹고 배불렀던 것이죠. 죽을 몸이 반응한 것뿐입니다. 영이 아닌 이들에게는 오로지 저희의 신은 배요 땅의 일을 생각하는 자인 것입니다(빌 3:19).[3] '우리가 먹는 것이 곧 우리 자신이다.'[4] 라는 말이 있는데, 곱씹어 봐야 할 말입니다.

---

1 [전 3:11] 하나님이 모든 것을 지으시되 때를 따라 아름답게 하셨고 또 사람들에게는 영원을 사모하는 마음을 주셨느니라 그러나 하나님이 하시는 일의 시종을 사람으로 측량할 수 없게 하셨도다
2 [롬 8:10] 또 그리스도께서 너희 안에 계시면 몸은 죄로 말미암아 죽은 것이나 영은 의로 말미암아 살아 있는 것이니라
3 [빌 3:19] 그들의 마침은 멸망이요 그들의 신은 배요 그 영광은 그들의 부끄러움에 있고 땅의 일을 생각하는 자라
4 에번 D.G. 프레이저, 앤드루 리마스, 『음식의 제국』, 유영훈 옮김 (서울: 알에이치코리아, 2016), 9.

예수님은 '내일의 식사'를 준비하시지 않으셨습니다. 내일 먹을 도시락도 준비하지 않으셨습니다. 제자들은 안식일에 배가 고파서 밀 이삭을 비벼 먹기까지 했습니다(마 12:1). 이는 "내일 일은 내일 염려할 것이요"(마 6:34)라고 하시는 말씀과 맞닿아 있습니다. 우리가 말하는 최후의 만찬도, 그 중요한 새 언약 식사도 어제 준비하지 않고 오늘 준비했습니다.

또 하나 기억해야 할 것은, 일용할 양식은 단지 먹기 위해서, 혹은 몸의 에너지를 공급하기 위해서 구해야 하는 것만이 아니라는 사실입니다. 북이스라엘 왕 아합에게 "내가 섬기는 이스라엘의 하나님 여호와께서 살아 계심을 두고 맹세하노니 내 말이 없으면 수 년 동안 비도 이슬도 있지 아니하리라"(왕상 17:1)라고 선포한 엘리야 선지자가 요단 앞 그릿 시냇가에 숨어 지낼 때, 까마귀들이 먹을 것을 날라다 주는데, 꼭 일용할 양식만큼을 가져다 주었습니다. "아침에도 떡과 고기를, 저녁에도 떡과 고기를"(왕상 17:6). 그리고 하나님은 엘리야를 시돈 사르밧으로 보내십니다. 그곳 한 과부에게 공궤하도록 하셨다고 하는데, 엘리야가 가 보니 그 사르밧 과부에게도 딱 뭐 밖에는 없습니까? "통에 가루 한 움큼과 병에 기름 조금 뿐이라"(왕상17:12). 딱 일용할 양식 만큼이었다는 것입니다.

갈멜산의 대승에도 불구하고 이세벨이 엘리야를 죽이고자 하니, 엘리야 선지자가 스스로 광야로 들어가 로뎀 나무 아래 앉아서 죽기를 바랍니다. "여호와여 넉넉하오니 지금 내 생명을 거두시옵소서 나는 내 조상들보다 낫지 못하니이다"(왕상 19:4). 그리고는 누워 자는데, 그때 천사가 심방을 옵니다. 빈손으로 오지 않고 "숯불에 구운 떡과 한 병 물"을 머리맡에 놓습니다(왕상 17:6). 딱 무슨 양 만큼이요? 일용할 양 만큼. 엘리야가 먹고 또다시 눕습니다. 그래서 여호와의 사자도 또다시 심방을 오는데, 또 뭘 들고 옵니까? 일용할 양식을 들고 옵니다.

주의 사자가 말합니다. "일어나 먹으라 네가 갈 길을 다 가지 못할까 하노라"(왕상 19:7). 엘리야가 일용할 양식을 먹어야 하는 이유는 아직 사명이 남아 있기 때문이었습니다. 하사엘에게 기름을 부어 아람 왕이 되게 하고, 님시의 아들 예후에게 기름을 부어 이스라엘 왕이 되게 하고, 아벨므홀라의 아들 엘리사에게 기름을 부어 자기를 대신하여 선지자가 되게 해야 할 사명이 남아 있었기 때문입니다(왕상 19:15-16).

우리가 일용할 양식을 구해야 하는 이유는 분명합니다. 단지 몸을 위한 에너지가 아닙니다. 그 몸의 양식을 먹고 "그 식물의 힘을 의지하여", 우리가 해야 할 사명을 감당하기 위해서입니다. 물론 엘리야에게는 떡과 물, 그 일용할 양식만이 아니라 호렙에서의 영의 양식인 하나님의 "세밀한 소리"(왕상 19:12)에도 의지해서지만요. 하지만 그렇다고 몸의 양식을 가볍게 치부해서는 안 됩니다. 아더 핑크는 하나님께서 우리에게 육체적인 일들에 필요한 것들을 공급해 주시는 이유는 육체적 부요함을 가지는 일이 하나님께서 명령하신 영적인 일들을 성취하는데 꼭 필요한 일이기 때문이라고 말합니다. 또, "만약에 하나님의 백성인 우리가 우리 자신에게 필요한 양식을 공급받지 못하여서 무너져 있다면, 우리는 하나님께서 우리에게 하시고자 하는 가장 고귀한 일들을 할 수도 없고 할 능력도 없다"고 말합니다.[5]

우리에게 잠언 30장 8-9절은 참으로 깊이 새겨야 할 삶의 기도입니다. "곧 헛된 것과 거짓말을 내게서 멀리 하옵시며 나를 가난하게도 마옵시고 부하게도 마옵시고 오직 필요한 양식으로 나를 먹이시옵소서 혹 내가 배

---

5 아더 핑크, 『예수님의 기도와 여덟가지 축복』, 유관재·최영희 옮김 (서울: 누가, 2004), 163-164.

불러서 하나님을 모른다 여호와가 누구냐 할까 하오며 혹 내가 가난하여 도둑질하고 내 하나님의 이름을 욕되게 할까 두려워함이니이다".

내일을 사는 사람 오늘을 사는 사람

사람은 '내일을 사는 사람'이 있고, '오늘을 사는 사람'이 있습니다. 우리 자신은 어떻습니까? 나는 내일을 사나요, 오늘을 사나요? 내일을 사는 사람도 오늘을 사는 사람도 지금을 산다는 것에는 같습니다. 예수님께서 한 부자에 대해 말씀하십니다. 어느 해 소출이 많아서 이미 가지고 있는 저장고로는 감당이 안 되자 이 부자는 "내가 이렇게 하리라 내 곳간을 헐고 더 크게 짓고 내 모든 곡식과 물건을 거기 쌓아 두리라 또 내가 내 영혼에게 이르되 영혼아 여러 해 쓸 물건을 많이 쌓아 두었으니 평안히 쉬고 먹고 마시고 즐거워하자 하리라"(눅 12:18-19)고 생각합니다. 이 한 부자는 여러 해 쓸 물건을 많이 쌓아 두었으니 됐다고, 평안하고 즐거운 인생이 보장된다고 여겼습니다. 하지만 내일의 양식을 쌓아 둔 것이 오늘을 사는 존재에게 평안과 안정감 그리고 기쁨을 주지는 못합니다.

예수님은 말씀하십니다. "하나님은 이르시되 어리석은 자여 오늘 밤에 네 영혼을 도로 찾으리니". 이 말인즉슨 내일을 위해 쌓아 둔 것들은 '오늘 밤'엔 아무 소용없다는 것입니다. "그러면 네 준비한 것이 누구의 것이 되겠느냐 하셨으니 자기를 위하여 재물을 쌓아 두고 하나님께 대하여 부요하지 못한 자가 이와 같으니라"(눅 12:20-21). 여러 해 먹거리를 쌓아 두어도 부요치 못한 사람, 내일을 사는 사람입니다. 매일매일 일용할 양식을 구하는 사람, 오늘을 사는 사람입니다. 그런데 매일의 양식, 일용할 양식을 구하는 오늘을 사는 사람이 하나님 앞에서는 부요한 자일 수 있는 것입니다.

예수님은 성령에 이끌려 광야에서 40일을 밤낮으로 금식하시면서 몸의 일용할 양식은 끊으셨지만, 영의 공급은 단절하지 않으셨습니다. 몸은 주리셨지만 영은 아니셨습니다. 시험하는 자 마귀가 예수님께 "네가 만일 하나님의 아들이어든 명하여 이 돌들로 떡덩이가 되게 하라"(마 4:3)고 깐죽대었습니다. 그때 예수님은 "기록되었으되 사람이 떡으로만 살 것이 아니요 하나님의 입으로부터 나오는 모든 말씀으로 살 것이라 하였느니라"(마 4:4)고 일갈하십니다. 그러니까, 혹 몸의 공급이 중단될지라도 영의 공급마저 중단되면 안 되는 것입니다.

오늘만 맡기라

그러므로 몸의 일용할 양식 때문에 두려워하거나 염려하지 말아야 합니다. 매일매일, 다가오는 모든 날에 무엇을 먹을까 무엇을 마실까 무엇을 입을까 염려하지 말아야 합니다. 염려가 일용할 양식을 창출하는 것은 아니니까요. 예수님의 말씀이 우리 귀에 쟁쟁하게 울리는 듯하지 않나요? "너희 중에 누가 염려함으로 … (그 무엇을) 더할 수 있느냐"(눅 12:25). 목숨을 위하여 무엇 먹고, 무엇 마시고, 무엇 입고 하는 염려는 도리어 사람을 자유롭지 못하도록 예속되게 하며, 그러므로 사실상 재물(맘몬, μαμωνας)이 주인이 되게 합니다. 마치 소금물을 들이키는 것과 같아서 마셔도 마셔도 더 갈증만 날 뿐입니다. 그러니 떡을 먹어도 낙심되고, 물을 마셔도, 옷을 입어도 근심스러운 것입니다. 시인이자 문명 비평가인 웬들 베리(Wendell Berry, 1934~)는 〈온 삶을 먹다〉에서 이렇게 말합니다.

우리는 우리의 정신과 목소리가 다른 누군가의 통제를 받을 경우 우리가 자유로울 수 없다는 사실을 아직은 잊지 않고 있다. 하지만 우리의 먹거리와 그 원천이 다른 누군가의 통제를 받을 경우 우리가 자유로울 수 없다는 사실을 간과해 왔다.[6]

우리가 만일 온몸이 꽁꽁 묶이거나, 정서적 혹은 심리적으로 압박을 당한다면 필히 자유를 갈망하게 될 것입니다. 또, 자유를 얻기 위해서 희생까지도 감수하려고 할 것입니다. 마찬가지로 먹고 마시고 입는 문제, 즉 일용할 양식에 대한 염려와 근심으로 묶이게 된다면 우리는 결코 자유로울 수 없습니다. 웬들 베리는 영적인 부분까지는 말하지 않지만, 일용할 양식으로 인한 염려는 정서적, 심리적 부분뿐만 아니라 영적인 부분까지도 방해한다는 사실을 우리는 알아야 합니다. C. S 루이스의 《스크루테이프의 편지》라는 책을 보면, 선임 악마인 스크루테이프가 초짜 악마인 조카 웜우드에게 이렇게 조언을 합니다.

원수가 인간의 마음에 접근하지 못하도록 바리케이트를 치기에 불안과 걱정만큼 효과적인 게 없다. 원수는 인간들이 현재. 하는 일에 신경을 쓰기 바라지만, 우리 임무는 장차 일어날 일을 끊임없이 생각하게 하는 것이지.

물론 네 환자도 인내하며 원수의 뜻에 복종해야 한다는 가르침은 주워들었을 게다. 원수가 의미하는 바는 뭐니 뭐니 해도 실제로 자신에게 주어진 시련—현재의 걱정과 불안—을 인내로써 받아들이라는 것이다. "뜻이 이루어지이다"라는 건 바로 이 부분에서 그렇게 그렇게 해 달라는 기도이고, "일용할 양식을 주옵시고"라는 것도 바로 이것을 매일 감당하기 위한 기도지.

---

6   웬델 베리, 『온 삶을 먹다』, 이한중 옮김 (서울: 낮은산, 2011), 301.

따라서 네 임우는 환자가 현재의 두려움이야말로 자신에게 주어진 십자가라는 생각을 절대 못 하게 하는 한편, 오로지 자신이 두려워하고 있는 미래의 일들에만 줄창 매달려 있도록 조처하는 거다. 아직 일어나지 않은 그 일들이야말로 제 십자가라고 믿도록 만들거라. 그렇게 서로 어긋나는 일들이 한꺼번에 일어날 리 만무하다는 사실은 환자의 뇌리에서 싹 지워 버리고, 다 일어나지도 않을 미래의 일에만 미리 마음을 굳게 다지며 인내심을 발휘하려고 애쓰게 하거라.[7]

예수님은 "너희 하늘 아버지께서 이 모든 것이 너희에게 있어야 할 줄을 아시느니라"(마 6:32)고 말씀하십니다. 그리고 염려 대신 이렇게 기도하라고 하십니다. "오늘 우리에게 일용할 양식을 주시옵고". 즉, 염려가 일용할 양식을 주는 것이 아니라, 하나님 아버지께서 일용할 양식을 주신다는 사실을 기도로 인정하고 고백하는 것입니다. 다만 일과 노동의 결실로다가 아니라, 종자를 심어도 메뚜기가 먹지 않고, 포도원에 벌레가 먹지 않고, 감람나무 열매가 땅에 떨어지지 않고 소산을 30배, 60배, 100배 거둘 수 있는 것은, '주시는 분'이 계신다는 사실입니다. 칼뱅의 〈제네바 요리문답〉 제276문답을 보면 이렇게 묻고 답합니다.

목사: 하나님은 우리의 손의 수고를 통해서 양식을 얻으라고 명령하셨는데 어찌하여 너는 하나님께 양식을 달라고 간구하느냐?
아이: 비록 하나님께서 우리로 수고하여 살도록 만들어 놓으셨다 하더라도 우리의 노동, 솜씨 그리고 열심이 우리를 먹여 살리는 것은 아닙니다. 우리를 부양하는 것은 우리의 손과 우리의 노동에 대해 내리시는 하나님의 축복이며, 바

7   C. S. 루이스, 『스크루테이프의 편지』, 김선형 (서울: 홍성사, 2018), 42-43.

로 이 축복이 우리의 노동을 번창하게 만들어 주는 것입니다. 나아가서 우리가 비록 음식물들을 마음대로 사용할 수 있다 하더라도 우리를 양육하는 것은 이 음식물이 아니라는 사실을 알아야 합니다. 우리를 양육하는 것은 이 음식물을 수단으로써 사용하시는 주님의 능력인 것입니다(신 8:3, 17).[8]

헬무트 틸리케는, 우리는 주님께 우리의 현재와 우리의 오늘만을 맡기면 된다고 말합니다.[9] 그렇습니다. 매일 매일의 오늘은 그 다가오는 내일의 오늘이기도 합니다. 하나님은 영원 전부터 영원 전까지를 아우르시지만, 우리는 고작 오늘을 사는 '오늘살이' 존재이기 때문입니다. 그러니 오늘을 기도함으로 충분합니다.

부자 청년은 내일을 위해 '쌓아 둔 많은 재물'로 인해 근심하며 돌아갔습니다(마 19:22). 하지만 삭개오는 내일을 위해 '쌓아둔 많은 재물'의 절반은 가난한 사람들의 오늘 양식을 위해 나누어 주고, 나머지 절반은 삭개오 자신이 토색한 사람에게 사 배나 갚기 위해 사용하기로 했습니다.

부자 청년도, 예수님 만나기 전의 삭개오도 내일을 위해 쌓아 두는 사람, 즉 내일을 사는 사람이었습니다. 내일을 사는 사람은 일용할 양식을 구하는 삶이 아닙니다. 기도하지 않고 하나님을 절대 의존하지 않는 사람입니다. 하나님 없이 사는 삶, 하나님이 없어도 상관없는 삶을 꿈꾸는 사람입니다. 그렇게 내일을 위해 살던 삭개오가 예수님을 만났습니다. 그리고는 오늘을 사는 '일용할 양식'의 사람으로 변했습니다. 회개가 일어난 것입니다. 그러니 예수님께서 "오늘 구원이 이 집에 이르렀으니 이 사람도 아브라함의 자손임이로다"(눅 19:9)고 말씀하신 것입니다.

---

8   쟝 깔뱅, 『깔뱅의 요리문답』, 한인수 옮김 (전주: 경건, 1995), 186.
9   헬무트 틸리케, 『세계를 부동켜안은 기도』, 박규태 옮김 (서울: 홍성사, 2016), 155.

예수님도 내일이 아니라 오늘이라고 하셨습니다. 오늘 이 집에 구원이 이르렀다고 하십니다. 내일을 사는 사람에게 구원은 결코 오지 않을 내일입니다. 하지만 오늘을 사는 사람에게 구원은 오늘입니다. 예수님 만나기 전의 삭개오는 아나니아와 삽비라와 같이 자기 밭을 판 돈의 일부를 감추는, 즉 내일을 위해 사는 인생이었습니다. 내일을 사는 아나니아와 삽비라에게 구원은 오늘도 아니고 내일도 아니게 된 것처럼, 예수님 만나기 전의 삭개오도 그러했습니다.

칼뱅은 하나님의 자녀들이 영적이어야 함이 당연함에도, 땅에 관심을 둘 뿐 아니라 하나님까지 이 일에 끌어들이는 것은 합당치 못하다고 했습니다. 이것은 마치 아버지의 축복과 사랑이 음식에까지 나타나는 것은 아니라고 하는 것과 같다고 하는 것입니다. 또 칼뱅은 사실, 유수와 같은 이 짧은 인생에서 하나님께 양육자의 직무를 맡기지 않는다면 이 기원은(마 6:11) 불완전한 기도가 된다고도 말했습니다. [10]

헬무트 틸리케는 상상해 보라고 합니다. 이 모든 것을 하늘에 계신 우리 아버지와 관련하여 이야기하는 것이 아버지께서 보시기에는 매우 시시하기에 예수님께서 금지시켰다고, 반면에 오직 큰일만을 아버지께 말하라고 명령하셨다고 상상해 보라고 합니다.

만일 예수님께서 그렇게 말씀하셨다면, 하나님은 실로 우리를 괴롭히는 평일의 삶과는 전혀 관련이 없는 분일 것입니다. 그분은 우리 삶의 아주 작은 부분만을 차지하고 있는 휴일만을 소중히 여기실지도 모르겠습니다. 그 휴일에만 우리 삶 속에 임재하실 테니까요. 사랑하는 여러분, 만일 그렇다면 우리는 모두 고아일 것입니다. ⋯ 그때에는 굳은살 박인 우리 손, 괴로움에 찌든 우리 얼굴,

10   존 칼빈, 『기독교강요(중)』, 김종흡 외 옮김 (서울: 생명의말씀사, 2000), 483.

우리 삶의 소소한 즐거움과 고민거리를 모두 그분 앞에서 숨겨야만 할지도 모릅니다. … 그 모든 것이 단단히 뭉쳐진 일상의 짐이 되어 우리를 재차 엄습하는 때가 되면, 우리는 무섭게도 또다시 홀로 있는 존재가 될 것입니다. 그런 일이 벌어지지 않았으니 하나님께 감사합시다.[11]

소유를 나눌 때 일용할 양식

예수님은 어린아이의 일용할 양식을 가지고 많은 사람의 일용할 양식이 되게 하셨습니다. 물고기 두 마리와 보리 떡 다섯 개로 장정 5천 명이, 일용할 양식을 배불리 먹고도 12바구니나 남는 역사가 일어났습니다. 어쨌든 오병이어는 장정 5천 명의 일용할 양식이 된 것입니다. 영생을 얻으려면 어찌해야 하는지를 묻는 한 부자 청년에게 예수님은 "네가 온전하고자 할진대 가서 네 소유를 팔아 가난한 자들을 주라 그리하면 하늘에서 보화가 네게 있으리라 그리고 와서 나를 좇으라"(마 19:21)고 하셨습니다. 그 청년의 그 많은 재물도 가난한 사람들에게 나누면 가난한 사람들에게는 일용할 양식이었기 때문입니다.

하나님은 일용할 양식을 드릴 때 기뻐하십니다. 예수님께서 성전에서 가르치실 때 한 가난한 과부가 연보궤에 두 렙돈 곧 한 고드란트를 넣는 장면을 주목하여 보십시오. 오늘날로 보면 천 원, 이천 원 정도일 것입니다. 예수님께서 제자들을 불러서 말씀하셨습니다. "내가 진실로 너희에게 이르노니 이 가난한 과부는 헌금함에 넣는 모든 사람보다 많이 넣었도다 그들은 다 그 풍족한 중에서 넣었거니와 이 과부는 그 가난한 중에서

---

11   헬무트 틸리케, 『세계를 부둥켜안은 기도』, 박규태 옮김 (서울: 홍성사, 2016), 155.

자기의 모든 소유 곧 생활비 전부를 넣었느니라"(막 12:43-44).

그 여인은 진정 일용할 양식을 넣었습니다. 일용할 양식을 하나님께서 주신다는 믿음이 없이는 불가능한 것이었습니다. 부자들은 이 가난한 과부보다 훨씬 더 많은, 비교할 수조차 없이 많은 돈을 넣었지만 그들에게는 그 돈이 '일용할 양식'은 아니었습니다. 왜요? 생활비 전부를 넣은 것이 아니었을 뿐더러, 많이 넣었어도 그들에게는 여전히 일용할 양식보다 더 많은 재물이 남아 있었기 때문입니다. 그러니 예수님의 기쁨과 칭찬은 가난한 중에도 일용할 양식을 전부 드린 그 과부뿐이었던 것입니다.

거지 나사로는 그가 머물렀던 부자집 앞에서 생을 마감했습니다. 부자는 일용할 양식을 나사로에게 나누어 줄 수 있었지만 그러지 않았습니다. 어린아이는 작은 도시락을 내놓아 장정 5천 명의 일용할 양식이 되는 이적의 양식이 되었지만, 이 부자는 어린이 도시락보다 더 엄청난 일용할 양식을 저장하고서도 거지 나사로가 굶도록 내버려 두었고, 병들어 죽어 가는데도 내버려 두었습니다. 일용할 양식은 엄청난 일을 이룰 수도 있고, 엄청난 짓을 저지를 수도 있는 것입니다. 그 부자는 자색 옷과 고운 베옷을 입고서 날마다 호화로이 즐겼지만, 그 부자의 대문에 누워 있는 나사로에게는 개들만이 상종했습니다. 나사로는 일용할 양식을 부자의 상에서 떨어지는 부스러기로 채우려고 했습니다. 주인의 상에서 떨어진 부스러기는 개의 몫이었는데 말입니다.

그런데 운명은, 이 한 부자도 그리고 거지 나사로도 결국 죽는다는 데 있습니다. 날 때가 있지만 죽을 때도 있는 것입니다(전 3:2). 거지 나사로는 헌데를 앓고 고통 속에 죽었고, 부자도 죽어 장사되었습니다. 아마 이 부자는 죽을 때에도 고통 없이 죽었을지 모릅니다. "저희는 죽는 때에도 고통이 없고 그 힘이 건강하며", "살찜으로 저희 눈이 솟아나며 저희 소득은 마음의 소원보다 지나며"(시 73:4, 7).

하지만 두 사람의 운명은 이것으로 끝이 아니었습니다. 나사로는 세상에 있을 때는 거지였고, 헌데를 앓았고, 고난을 받았지만, 이제는 천사들에게 받들려 아브라함의 품에 안겨 위로를 받습니다. 하지만 부자는 음부에서 고통 중에 고민을 받고 있습니다. 예수님께서 이런 말씀을 하셨습니다. "무릇 많이 받은 자에게는 많이 찾을 것이요 많이 맡은 자에게는 많이 달라 할 것이니라"(눅 12:48).

내일을 사는 사람은 오늘을 사는 사람이 잘 보이지 않습니다. 그 필요는 더더욱 보이지 않습니다. 혹 보여도 외면합니다. 마치 강도를 만나 거반 죽어가는 사람이 보였어도 피하여 지나간 제사장과 레위인같이 말입니다. 도종환 시인의 시 〈점자〉는 할아버지에 대한 소중한 추억을 담고 있습니다.

> 앞을 못 보시던 할아버지는 소리만으로 세상을 읽으셨다 안방에 오도카니 앉아
> 계시다가 노을 묻은 발로 가만가만 마루청을 밟는 소리만 들으시고도 민환이냐
> 하고 내 이름을 부르셨다
>   노안이지만 개안 수술에 성공하여 말년에는 희미하게나마 세상을 보시던 할
> 아버지는 대문 옆에 쪼그려 앉아 얼고 있는 거지를 발견하면 사랑방 당신과 나
> 사이에 데려다가 재우셨다 아무도 못보는 거지를 외할아버지만 보셨다[12]

이탈리아 경제학자 스테파노 자마니(Stefano Zamagni, 1943~)는 "부는 다 함께 공동으로 사용될 때 좋은 것이 된다. 아무리 풍족한 사회라 할지라도 부를 나누지 않으면 항상 불행으로 이어진다. 돈을 움켜쥘수록 우리는

---

12   도종환, 『해인으로 가는 길』 (파주: 문학동네, 2014), 44.

오히려 가난해진다. 왜 그럴까? 이는 선물의 기회를 박탈하기 때문이다. 탐욕가란 남에게 아무것도 줄 수 없고, 그래서 행복해질 수 없는 사람이다."라고 말합니다.[13] 초등학생 때 주일 아침 교회로 열심히 뛰어가 교회학교에서 배우고 부르는 찬양에 이런 곡이 있었습니다.

> 사랑은 참으로 버리는 것 버리는 것 버리는 것
> 사랑은 참으로 버리는 것 더 가지지 않는 것
> 이상하다 동전 한 닢 움켜잡으면 없어지고
> 쓰고 빌려주면 풍성해져 땅 위에 가득하네

어떤 관계를 맺고 있는가

위 노래 제목은 놀랍게도 "사랑은 더 가지지 않는 것"입니다. 우리는 더 깊이 생각해 보아야 합니다. 단지 일용할 양식을 나누었느냐, 조건 없이 선물했느냐 하는 '물질적' 측면보다, 이 부자가 거지 나사로와 무슨 관계를 맺었느냐 하는 관계적 측면을 말입니다. 이 부자는 관계 맺음이 없습니다. 지상에서 관계 맺음이 없다면 영원에서도 관계 맺음은 없습니다. 마치 "너희와 우리 사이에 큰 구렁텅이가 놓여 있어"(눅 16:26) 건너올 수도 건너갈 수도 없는 것과 같습니다.

예수님은 천국 비유 가운데 이 말씀을 하십니다. "내가 너희에게 말하노니 불의의 재물로 친구를 사귀라 그리하면 그 재물이 없어질 때에 그들이 너희를 영주할 처소로 영접하리라"(눅 16:9). 아나니아와 삽비라가 자

---

13   스테파노 자마니, 『인류 최악의 미덕 탐욕』, 윤종국 옮김 (서울: 북돋움, 2014), 207.

기 소유의 땅을 팔아 그 값에서 얼마를 감추고 남은 나머지를 사도들의 발 앞에 두는데, 베드로 사도가 말합니다. "아나니아야 어찌하여 사탄이 네 마음에 가득하여 네가 성령을 속이고 땅 값 얼마를 감추었느냐 땅이 그대로 있을 때에는 네 땅이 아니며 판 후에도 네 마음대로 할 수가 없더냐 어찌하여 이 일을 네 마음에 두었느냐 사람에게 거짓말한 것이 아니요 하나님께로다"(행 5:3-4). 아나니아는 베드로 사도의 이 말을 듣고 엎드러져 죽습니다. 여기서 우리는 아나니아와 삽비라 부부가 돈을 '감추었다'에 방점을 찍기보다, 그들이 성령을 속이고 하나님께 거짓말한 것에 더 주목해야 합니다. 즉 물질적인 측면은 다만 물질적인 것만이 아니라 관계적이라는 사실을 말입니다.

"네 포도원의 열매를 다 따지 말며 네 포도원에 떨어진 열매도 줍지 말고 가난한 사람과 거류민을 위하여 버려두라 나는 너희의 하나님 여호와이니라"(레 19:10).

"너희 땅의 곡물을 벨 때에 밭 모퉁이까지 다 베지 말며 떨어진 것을 줍지 말고 그것을 가난한 자와 거류민을 위하여 남겨두라 나는 너희의 하나님 여호와이니라"(레 23:22).

후렴구처럼 "나는 너희 하나님 여호와니라"를 붙이셨습니다. 단지 그들을 위하여 열매를 버려둠이 끝이 아니라, 나아가 하나님과의 관계를 말씀한다는 사실입니다. 예수님의 말씀에서도 그렇습니다. 인자가 자기 영광으로 모든 천사와 함께 올 때, 자기 영광의 보좌에 앉아 "모든 민족을 그 앞에 모으고 각각 구분하기를 목자가 양과 염소를 구분하는 것같이" 한다고 하십니다(마 25:32). 그리고 양은 그 오른편에, 염소는 왼편에 둘 때에 임금이 그 오른편에 있는 자들에게 말합니다. "내 아버지께 복 받을 자들이여 나아와 창세로부터 너희를 위하여 예비된 나라를 상속받으라 내가 주릴 때에 너희가 먹을 것을 주었고 목마를 때에 마시게 하였고 나그네 되었을 때에 영접하였고 헐벗었을 때에 옷을 입혔고 병들었을 때에 돌보았고 옥에 갇혔을 때에 와서 보았느니라"(마 25:34-36). 오른편에 있는 의인들이, 우리가 어느 때에 주께 그리 하였냐고 묻습니다. 임금의 대답은 간단합니다. "내가 진실로 너희에게 이르노니 너희가 여기 내 형제 중에 지극히 작은 자 하나에게 한 것이 곧 내게 한 것이니라"(마 25:40). 반대로 왼편에 있는 사람들에게는 이렇게 말합니다. "내가 진실로 너희에게 이르노니 이 지극히 작은 자 하나에게 하지 아니한 것이 곧 내게 하지 아니한 것이니라"(마 25:45). 그리고 "그들은 영벌에, 의인들은 영생에 들어가리라"(마 25:46).

야고보 사도는 이렇게 말합니다. "긍휼을 행하지 아니하는 자에게는 긍휼 없는 심판이 있으리라 긍휼은 심판을 이기고 자랑하느니라 내 형제들아 만일 사람이 믿음이 있노라 하고 행함이 없으면 무슨 유익이 있으리요 그 믿음이 능히 자기를 구원하겠느냐 만일 형제나 자매가 헐벗고 일용할 양식이 없는데 너희 중에 누구든지 그에게 이르되 평안히 가라, 덥게 하라, 배부르게 하라 하며 그 몸에 쓸 것을 주지 아니하면 무슨 유익이 있으리요 이와 같이 행함이 없는 믿음은 그 자체가 죽은 것이라"(약 2:13-17).

모세도 이렇게 말합니다. "네 하나님 여호와께서 네게 주신 땅 어느 성읍에서든지 가난한 형제가 너와 함께 거주하거든 그 가난한 형제에게 네 마음을 완악하게 하지 말며 네 손을 움켜 쥐지 말고 반드시 네 손을 그에게 펴서 그에게 필요한 대로 쓸 것을 넉넉히 꾸어주라"(신15:7,8), "땅에는 언제든지 가난한 자가 그치지 아니하겠으므로 내가 네게 명령하여 이르노니 너는 반드시 네 땅 안에 네 형제 중 곤란한 자와 궁핍한 자에게 네 손을 펼지니라"(신 15:11).

그러니까 아나니아와 삽비라가 돈을 감춘 것은 하나님과의 관계, 사도와 교회와의 관계에 대한 지적입니다. 한 부자가 거지 나사로에게 일용할 양식을 나누지 않은 것도 다만 물질을 나누지 않았다는 것을 넘어 관계를 맺지 않았다는 것에 대한 지적입니다. 삭개오가 가난한 사람들에게 재산의 절반을 팔아 나누어 주고, 토색한 것의 사 배를 갚는다는 것은 이때 비로소 관계 형성이 된다는 것입니다. 하나님과도, 이웃과도 말입니다. 이것이 '한 부자' 입장에서는 사소해 보일 수 있으나, 이 생에서의 관계 없음은 죽은 후에는 결코 사소하지 않다는 뜻입니다. "아버지 아브라함이여 나를 긍휼히 여기사 나사로를 보내어 그 손가락 끝에 물을 찍어 내 혀를 서늘하게 하소서 내가 이 불꽃 가운데서 괴로워하나이다"(눅 16:24), "내 형제 다섯이 있으니 그들에게 증언하게 하여 그들로 이 고통 받는 곳에 오지 않게 하소서"(눅 16:28).

그 '한 부자'는 내일을 위한 삶을 살았으나 정작 내일은 없는 인생이었습니다. 그래서 예수님은 "삼가 모든 탐심을 물리치라 사람의 생명이 그 소유의 넉넉한 데 있지 아니하니라"(눅 12:15)고 말씀하셨습니다. 헤르만 바빙크(Herman Bavinck, 1854~1921)도 이렇게 말합니다.

사람이 아내와 자녀들과 집과 논밭과 보화와 재산을 – 아니 온 세상을 – 얻더라도, 그 영혼을 잃어버린다면 그 사람에게 아무런 유익이 없는 것이다(마 16:26). 온 세상을 다 얻는다 해도 한 사람의 가치보다 못하기 때문이다. 자기 동생의 영혼을 구속(救贖)할 수 있을 만큼, 또한 하나님께 그 동생을 위하여 속량금을 지불할 수 있을 만큼 재물이 많은 부자는 단 한 사람도 없다. 영혼을 구속하는 일이 너무도 고상한 일이므로 그 어떠한 피조물로도 행할 수 없는 것

이다(시 49:7-9).[14]

하나님으로부터 오는 선물

요즘 먹거리와 먹방으로 넘치는 세태 속에서 '무얼 먹을까?'에 대한 고민이 보릿고개 때와는 질적으로 다릅니다. 게다가 지금은 영양과 열량을 따져 식단을 짜면서 다이어트를 하고, 소유의 총량으로 사람을 평가하고, 나라는 GDP로, 개인은 연봉으로 등급을 매기는 시대입니다. 그러한 시대에, 일용할 양식을 달라고 구하는 기도가 과연 유효 적절할까 하는 의문이 들 수 있습니다. 이 기도는 그냥 폐기해도 되지 않을까 하는 의문이 들 수도 있습니다. 그러나 이 기도는 여전히 우리에게 유효합니다.

하나님께 일용할 양식을 구하는 행위는 우리의 삶 자체가 하나님께로부터 오는 선물이라는 사실을 매일 상기시켜 주기 때문입니다. 광야 40년 동안 내내 만나를 선물로 주셨던 것처럼 말입니다(출 16:1-36). 즉, 우리는 매일 하나님께 의존하는 삶을 살아야 합니다.

그렇다면 이 기도는 '다가오는 하루를 위한 나의 양식을 주시옵소서'라고 이해할 수도 있겠습니다. 이 기도를 아침에 한다면 이제 지금부터 시작하는 하루를 위해 필요한 양식을 달라는 것이 되고, 저녁에 이 기도를 드린다면 다가올 내일 하루를 위해 필요한 양식을 달라고 간구하는 것이 되는 것입니다. 이 일용할 양식 청원은 출애굽기 16장에서의 만나 이야기가 배경이기 때문에 4절을 이해해야 합니다. "그때에 여호와께서 모세에게 이르시되 보라 내가 너희를 위하여 하늘에서 양식을 비 같이 내리

---

14 헤르만 바빙크, 『개혁교의학 개요』, 원광연 옮김 (고양: 크리스챤다이제스트, 2004), 10.

리니 백성이 나가서 일용할 것을 날마다 거둘 것이라 이같이 하여 그들이 내 율법을 준행하나 아니하나 내가 시험하리라". 여기서 "일용할 것을 날마다"라고 하는 것을 보아, 우리는 주기도가 이 '만나 이야기'를 사용하고 있다는 것을 알게 됩니다. 이 만나는 아침부터 전개되는 하루를 위해 주신 것이었습니다. 오늘 하루를 위한 것이죠. 메추라기는 저녁에 주셨습니다. 아침에 받았다면 아침부터 시작되는 오늘을 위한 것이고, 저녁에 받았다면 그 다음날의 양식을 받은 것입니다.

주기도의 '오늘'이라는 말은 '지금부터 시작되는 날에 우리에게 일용할 양식을 주시옵소서'라는 의미입니다. 이는 하나님께서 우리의 생명을 가능하게 해 달라는 기도요, 생명을 보존해 달라는 청원입니다. 누가의 방식으로는 '날마다'요, 마태의 방식으로는 '오늘 하루'인 것입니다. 따라서 주기도 '일용할 양식' 청원은 '하루살이' 청원입니다. 우리로 '하루'를 살게 하시기 위해 영원이신 하나님께서 사람이 되시고, 십자가에 죽으시고, 사흘 만에 부활하셨습니다. 이 모든 것이 만세 전부터 작정하시고 택하신 일입니다. 우리의 '하루'를 위해서, '말씀이신 하나님, 예수 그리스도'께서 이 일용할 양식이 되시기 위해서입니다. 우리의 '하루'를 위해 '영원'이 오십니다. 그리고 함께 '영원으로 가자' 하십니다.

'일용할'이면 충분합니다

군대에는 혈기 왕성한 군인들에게 충분한 열량을 제공하기 위해서 '일일 급식 명령서'가 있는데, 제가 군수 1종 계원으로 복무하며 경험해 본 바로는 훈련병 때조차도 이 급식이 양적으로나, 영양적으로나 전혀 부족함이 없었습니다. 물론 최고급 재료는 아닐지라도 그만하면 훌륭했습니다. 부대에서 그 이상을 구하면 군인답지 못하다고 지적을 받을 수도 있었지만, 실제 영내 매점을 수시로 드나드는 사병들은 급식 명령을 어기기 일쑤였습니다. 고참이 아닌 이상 식당을 안 갈 수는 없으니까 가긴 가면서도 급식 대부분을 잔반으로 버리는 경우도 종종 있었습니다.

'일용할'이라는 표현은 '족한, 충분한'의 의미를 담고 있습니다. 광야에서 만나를 '일용할' 만큼보다 더 거둬들인 사람들은 썩어서 냄새나고 벌레가 생긴 만나를 결국 버려야 했습니다. 더 거둔 만나는 비록 내일의 일용할 양식으로 먹으려 했을지라도 더 이상 일용할 양식일 수 없었습니다. 그런데, 내일은 또 내일의 일용할 만나가 내렸습니다. 영원한 양식이 아닌 일용할 양식. 일용할 만큼의 양은 먹어서 사라지고, 더 가져오는 것은 썩어 사라지는, 그 '일용할'이라는 아름다움! 샐리 디스테일(Sallie Tisdale, 1957~)은《인생의 마지막 순간에서》라는 책에서 이렇게 말합니다.

> "우리는 사라지기 때문에 아름답고 영원할 수 없어 고귀하다. 그런데 우리는 이 사실을 늘 잊고 산다. 우리는 갖가지 재료로 만든 조화(造花)보다 시들어버리는 생화(生花)를 좋아하고, 금세 떨어져서 발길에 차이고 말 단풍을 일부러 찾아가 구경하며, 산기슭 너머로 저물어가는 석양을 넋 놓고 바라본다. 금세 사라지고 말 취약성이 우리의 가슴을 설레게 한다."[15]

곧 사라지고 마는 '일용할'은 희소성과 더 애틋함의 가치를 깨닫게 합니다. 그리고 일용할 양식은 우리를 족한 줄 아는 성도로 만듭니다. 오늘 나에게 주어진 것이 선물인 줄 알게 됩니다. 감사함으로 양식을 대하게 됩니다. C. S. 루이스의 책《스크루테이프의 편지》에서 악마 스크루테

---

15 샐리 디스데일, 『인생의 마지막 순간에서』, 박미경 옮김 (서울: 로크미디어, 2019), 14-15.

이프가 조카 악마 웜우드에게 악마의 일을 썩 잘하고 있다며 이런 내용의 편지를 보냅니다.

글루보즈 이 노인네를 썩 잘 요리하고 있더구나. 자기를 초대한 여주인들이나 하인들에게 공포 그 자체가 된 걸 보면 말이야. 이 여자는 어떤 요리를 내어놓든 새침하니 살짝 한숨 섞인 미소를 지으며 "어머나 됐어요, 됐어요…… 제가 원하는 건 홍차 한 잔뿐이에요. 엷게 타 주시면 좋겠는데, 그렇다고 너무 연하게는 말고요. 그리고 정말 바삭바삭한 토스트를 아주아주 조그만 조각으로 하나 곁들여 주시고요"라고 말하지.

　이제 알겠느냐? 이 노인네는 자기가 원하는 게 이미 차려진 음식들보다 양도 적고 값도 싸다는 이유 때문에, 다른 사람들을 번거롭게 하면서까지 원하는 걸 먹으려는 결심이야말로 탐식이라는 사실을 전혀 알아채지 못하고 있다. 그래서 제 입맛을 만족시키고 있는 순간에도 스스로 절제를 실천하고 있다고 굳게 믿는다구.[16]

다른 사람이 정성껏 차려 놓은 음식에 대해서 따뜻한 감사의 말 한마디 건네기보다는 단지 자신이 먹고 싶은 것을 늘어놓는 것에 대해 C. S. 루이스는 그것을 '탐욕'이라고 말합니다. 내가 먹고 싶고, 내가 가지고 싶고, 내가 하고 싶은 그 욕구 때문에 다른 사람의 수고에 대해 전혀 감사할 줄 모르는 마음이 바로 탐욕이라고 말입니다. 탐욕은 거창한 것을 탐낼 때만이 아니라, 아주 일상적인 공간과 생활 안에서 얼마든지 일어날 수 있는 것입니다.

일용할 양식을 구한다는 것은 내가 먹고 싶은 대로 먹거리를 구한다는

16　C. S. 루이스, 『스크루테이프의 편지』, 김선형 옮김 (서울: 홍성사, 2018), 100.

것이 아닙니다. 내 입맛과 욕구에 걸맞는 것을 구한다는 것도 아닙니다. 이스라엘은 광야에서 구체적으로 구했습니다. 고기가 먹고 싶다고요. 그래서 하나님께서 메추리를 주셨습니다. 그래서, 그들에게 감사가 있었나요? 찬송이 있었나요? 여기저기서 경탄이 터져 나왔나요? 이스라엘은 고기를 먹고 싶다고 불평불만하면서, 매일 내리는 만나밖에 먹을 것이 없다고 '일용할 양식'을 투덜거렸습니다. 잊지 않으시고, 빼 먹지 않으시고, 늦지 않으시고 날마다 만나를 내려 주시는 하나님께 아무 감사가 없었습니다. 이제 만나는 보기만 해도 지긋지긋하고, 입맛도 떨어진다고 하면서, 애굽의 고기 가마를 말하고, 생선, 오이, 수박, 파, 마늘과 부추를 먹을 수 없음에 투덜거리기나 했습니다(민 11:5).¹⁷

일용할 양식을 구한다는 것은 날마다 성실하심으로 먹이시고 공급하시며 채우시는 하나님 아버지께 감사하는 것입니다. '일용할'은 "(주의 말씀은) 내 발에 등이요 내 길에 빛이니이다"(시 119:105), 딱 그만큼입니다. 등은 지금 걸어가야 할 한 걸음 한 걸음만 비춰 줍니다. 딱 일용할 만큼입니다. 그러니 우리는 아버지께 우리의 지금과 오늘만을 맡기면 됩니다. 그리고 내일도 또 오늘의 일 만큼만 맡기면 되는 것입니다. 그리하다 보면 온 생을 주께 맡기는 것입니다. 그러므로 오늘 일용할 만큼 맡긴다는 것은 멋진 일입니다. 그것으로 충분한 것입니다. 〈민들레 영토〉 시인 이해인 수녀의 〈오늘을 위한 기도〉는 여러 묵상을 하게 해주는 시입니다. 일용할 양식에 어울리는 시어들이 꿈틀거립니다.

---

17 [민 11:5] 우리가 애굽에 있을 때에는 값없이 생선과 오이와 참외와 부추와 파와 마늘들을 먹은 것이 생각나거늘

기도로 마음을 여는 이들에게

신록의 숲이 되어 오시는 주님

제가 살아 있음으로 살아 있는

또 한 번의 새날을 맞아

오늘은 어떤 기도를 바쳐야 할까요?

제 작은 머리 속에 들어찬

수천 갈래의 생각들도

저의 작은 가슴 속에

풀잎처럼 돋아나는 느낌들도

오늘은 더욱 새롭고

제가 서 있는 이 자리도

함께 살아가는 이들도

오늘은 더욱

가깝게 살아옵니다

...

오늘 하루

제게 맡겨진 시간의 옷감들을

자투리까지 아껴 쓰는

알뜰한 재단사가 되고 싶습니다

제가 다른 이에 대한 말을 할 때는

'사랑의 거울' 앞에 저를 다시

비추어 보게 하시고

자신의 모든 것을 남과 비교하느라

갈 길을 가지 못하는 어리석음으로

오늘을 묶어 두지 않게 하소서

…

어제의 열매이며

내일의 씨앗인 오늘

하루의 일과를 끝내고

잠자리에 들 때는

어느 날 닥칠 저의 죽음을

미리 연습해 보는 겸허함으로

조용히 눈을 감게 하소서

모든 것에 감사했습니다

모든 것을 사랑했습니다

나직이 외우는 저의 기도가

하얀 치자꽃 향기로

오늘의 저의 잠을 덮게 하소서

믿음은 삶의 방식

믿음이란, 삶의 방식입니다. 내가 하루하루 걱정하지 않으며 산다는 뜻입니다. 좋을 때나 힘들 때나 하나님을 붙든다는 뜻이며, 무슨 일이 닥쳐오든 다 받아들인다는 뜻이고, 인생을 있는 그대로 – 하나님이 만드신 그대로 – 존중한다는 뜻입니다.

그런데, 예수님께서 "그러므로 염려하여 이르기를 무엇을 먹을까 무엇을 마실까 무엇을 입을까 하지 말라"(마 6:31)고 하셨습니다. 아니, 그러면서 일용할 양식을 구하라고 하시다니요? 어떻게 보면 말의 앞뒤가 다른 듯도 보입니다.

이방인들, 즉 하나님을 아바 아버지라 부를 수 없는 사람들은 하루하루를 염려로 살아갑니다. 어떤 이들은 사람이 평생(한 70년으로 잡고, 물론 백 세 시대이지만요) 무엇을 하며 시간을 보내는지 연구를 해 보았는데, 양치질하는 시간 177일, 흥보는 시간 장장 5년, 웃는 시간 789일, 일하는 시간 23년, 잠자는 시간 20년, 식사 시간 7년, 화내는 시간은 5년이라고 합니다. 물론 어느 정도 개인차는 있겠습니다만, 그럼에도 사람이 가장 시간을 많이 쓰는 것은 말할 것도 없이 '염려, 근심, 걱정, 두려'이라고 합니다. 밥 먹을 때도, 텔레비전 볼 때도, 공부할 때도, 일할 때도 말입니다. 그러니 하나님을 아바 아버지라 부를 수 없는 사람들은 염려로써 일생을 살 수밖에 없습니다.

하지만 하나님을 아바 아버지라 부르는 사람들, 예수님을 형님이라 부르는 사람들, 즉 호부호형(呼父呼兄)을 윤허(允許) 받은 우리는 염려가 아니라 기도로 살아갑니다. 성도는 '염려를 기도로 바꾸는 사람들'입니다. 문제가 없는 게 아니라 문제를 염려로 묵상하지 않고 문제를 기도하여 주께 내려놓는 사람이며, 내어 맡기는 자녀들입니다. "기도할 수 있는데 왜 걱정하십니까, 기도하면서 왜 염려하십니까 … 기도할 수 있는데 왜 실망하십니까, 기도하면서 왜 방황하십니까"

걱정과 실망에 빠져 기도하지 못하는 것뿐만 아니라 기도하면서 염려와 근심에 눌려 있다면, 생각과 마음이 점령당한 것입니다. 기도를 한다고 하지만 실은 염려를 늘어놓은 것입니다. 염려는 나열하고 늘어놓는다고 해서 그 염려가 사라지지 않습니다. 바울 사도는 말합니다. 진정 염려를 기도와 간구로 감사함으로 구하면, 근심과 염려에 절여진 마음과 생각이 안정감을 되찾을 것이라고 말입니다(빌 4:6-7).[18] 찰스 아이젠스타인 (Charles Eisenstein, 1967~) 교수는 그의 책《신성한 경제학의 시대》에서 이렇게 과감하게 시작합니다.

> 태초에 선물이 있었다. 우리는 무기력한 아기로 태어난다. 주는 것 하나 없이 순전히 요구만 하는 존재로 태어나지만, 그래도 누군가 우리를 먹여주고 입혀 주고 보호해 주고 도와주고 달래 준다. 그런 대접을 받을 만한 일 하나 하지 않 고도, 내가 하나 제공하지 않고도 말이다. 어린 시절을 거쳐 온 사람이라면 누 구나 지닌 이런 경험은 우리 내면 깊은 곳의 영적 직관을 일깨운다. 우리의 삶 은 우리에게 '베풀어진' 것이며, 우리의 초기 상태는 감사라는 것을. 이것이 바 로 인간 존재의 진리이다.[19]

노벨 문학상 수상자인 하인리히 뵐(Heinrich Böll, 1917~1985)이 쓴 〈젊은 날의 빵〉에서 어떤 독일 사람이 스페인 여행을 갔습니다. 북유럽 사람들 은 일조량이 적어서, 1년 내내 열심히 일하는 이유가 여름에 지중해로 휴 가를 가기 위해서라고 할 정도인데, 그 독일 여행객도 일 년 내내 일을 많 이 해서 돈을 모아 스페인으로 휴가를 간 것입니다. 그 여행객은 아름다 운 바닷가에서 허름한 차림의 어부가 큰 테의 모자를 푹 눌러쓰고 배 위 에서 쉬고 있는 것을 보았습니다. 그래서 그 쉬고 있는 어부와 대화를 나 누었습니다.

---

18 [빌 4:6-7] 아무 것도 염려하지 말고 다만 모든 일에 기도와 간구로, 너희 구할 것을 감사함으로 하나 님께 아뢰라 그리하면 모든 지각에 뛰어난 하나님의 평강이 그리스도 예수 안에서 너희 마음과 생각 을 지키시리라
19   찰스 아이젠스타인, 『신성한 경제학의 시대』 정준형 옮김 (서울: 김영사, 2015), 22.

"고기는 많이 잡았습니까?"

"고기를 많이 잡았소."

"얼마나 잡았습니까?"

"대구 여섯 마리 잡고, 고등어 이십여 마리 잡았소."

"열 시도 안 되었는데 그렇게 많이 잡았소?"

"그렇소."

"아, 그럼 또 가서 열심히 잡지 않고 이러고 있소? 오늘 하루 종일 적어도 서너 배는 더 잡을 것 아니겠소. 그러면 얼마 안 되어 당신은 아마 훈제 공장도 차릴 수 있고 회사도 차릴 수 있을 거요."

"그렇게 해서 훈제 공장을 차리고 유통 회사를 차리면 뭐합니까?"

"아, 그렇게 되면 당신은 직원들에게 다 맡기고 이렇게 아름다운 곳에 와서 바다를 즐길 수 있지 않소!"

"아, 이보시오. 내가 지금 그렇게 하고 있는데 당신 무슨 소리를 하는 거요."[20]

우리는 이미 받은 일용할 양식을 가지고서, 누리지는 못하고 다른 곳에 눈길과 마음을 쉽게 빼앗겨 버리곤 합니다. 마치 애굽의 고기 가마 옆에 빼앗겼듯이 말입니다.

"사람이 하나님께서 그에게 주신 바 그 일평생에 먹고 마시며 해 아래에서 하는 모든 수고 중에서 낙을 보는 것이 선하고 아름다움을 내가 보았나니 그것이 그의 몫이로다"(전 5:18).

"이에 내가 희락을 찬양하노니 이는 사람이 먹고 마시고 즐거워하는 것보다 더 나은 것이 해 아래에는 없음이라 하나님이 사람을 해 아래에서 살게 하신 날 동안 수고하는 일 중에 그러한 일이 그와 함께 있을 것이니

---

20   김세윤, 『주기도문 강해』(서울: 두란노, 2000), 149-151.

라"(전 8:15).

우리 자녀들은 담대하게 매일 달라고 합니다. 마치 맡긴 걸 내놓으라는 듯이, 빌려준 것을 돌려 달라는 듯이 말입니다. 우리의 빵을, 우리의 밥을 '주시옵소서(주세요)'가 얼마나 담대하고 당당한 요구입니까. 주님은 이미 시작에 하나님을 아빠라 부르라고 하셨습니다. 거기에 출발이 있는 것입니다. 관계적 출발. 그렇기에 '사지육신 멀쩡한 녀석'이 독립적이지 못하고 기대려고 한다는 핀잔을 하는 것은 본질과 핵심을 빗나간 것입니다. 기독교는 '의지박약'을 원치 않습니다. '자유의지'를 박탈하면서 맹종과 맹신을 강요하지도 않습니다.

마가복음 6장 34−42절에는 흔히 오병이어의 기적이라는 장면이 있습니다. 예수님께서 큰 무리를 보시고 '목자 없는 양' 같아 불쌍히 여기셨는데, 그것은 그들에게 정치 지도자가 없다는 의미도, 종교 지도자가 없다는 의미도 아니었습니다. 그것은 '푸른 초장 쉴만한 물가로 인도'할 목자가 없다는 현실 처지였습니다. 단지 먹을 게 없고 잠잘 곳이 없는 게 아니었습니다. 오병이어는 인간의 실존적 굶주림을 뚫고 들어오는, 하나님 나라를 가져오는, 그래서 우리를 먹이시는 목자이신 예수님을 보여 줍니다. 그렇기에 하나님 나라는 베풀어지는 식사요, 잔치입니다. 예수님의 오병이어 이적은 그런 차원에서 해석되어야 합니다. 그래서 이사야 선지자는 "너희 모든 목마른 자들아 물로 나아오라 돈 없는 자도 오라 너희는 와서 사 먹되 돈 없이, 값 없이 와서 포도주와 젖을 사라"(사 55:1)고 선포합니다.

오병이어는 한 알의 밀알

오병이어의 기적이 특별한가요? 물론 특별합니다. 하지만 이미 우리의 삶 자체가 경이로움의 연속임을 놓치지 말아야 합니다. 예수님은 아주 단순하지만 누구나 아는 사실로 진리를 전하셨습니다. "내가 진실로 진실로 너희에게 이르노니 한 알의 밀이 땅에 떨어져 죽지 아니하면 한 알 그대로 있고 죽으면 많은 열매를 맺느니라"(요 12:24)

어린아이가 싸 온 도시락을 자기 '혼자' 먹었다면 자기 배의 요기만 됐을 것입니다. 그러나 아이는 놀랍게도 '밀알'이 됩니다. 말씀에 반응하고 응답합니다. 이 한 알의 밀알은 자신의 배만을 더 많이 채우고 쌓지 않았습니다. 주님께 도시락을 드린 아이의 먹은 양도 그저 한 끼, 오병이어입니다. 하지만 놀라운 경탄의 일이 벌어졌습니다. 이미 하나님의 생명 원리는 오병이어의 기적을 담고 있습니다. "좋은 땅에 뿌려졌다는 것은 곧 말씀을 듣고 받아 삼십 배나 육십 배나 백 배의 결실을 하는 자니라"(막 4:20)

느낌이 확 오시죠? 얼마나 놀랍습니까. 프롤레타리아 혁명, 무산자 계급의 혁명이 아닌, 자율 시장원리도 아닌, 하나님 통치 원리 말입니다. 초대 교회가 서로 유무상통했던 것은 법이나 교칙이 아니었습니다. 부유세를 더 물어 복지를 늘리자는 게 아니었습니다. 세상 나라는 그렇게 갈 수밖에 없을지 몰라도 하나님 나라는 달랐습니다.

밥상에서 주님을 만나라

아우구스티누스는 "주일에 사제가 제단에 놓인 **빵**을 두고 기도할 때,

그 기도를 통해 평범한 빵이 기이하고 비범한 성체로 변모되는 것은 아니다. 사제는 감사 기도를 통해 빵이 실은 사랑 많으신 하나님의 선물이며, 따라서 거룩한 성체라는 사실을 인정하는 것이다."라고 말했습니다. [21]

주일에 교회에서 성찬 빵과 포도주를 두고 기도한다면, 이제 월요일에도 밥을 대하는 느낌이 다를 것입니다. 주님의 밥상을 통해 드러나는 그분의 사랑, 그 가차 없는 사랑이 일깨워 주는 신비가 날로 더욱 깊어 가게 됩니다.

예수님께서 골고다에서 죽으시자 두 제자가 예루살렘에서 엠마오로 내려갑니다. 가는 도중에 한 사내가 합류하는데, 제자들은 그 한 사내가 예수님인 줄 꿈에도 몰랐습니다. 그들이 한 집에 묵게 되어 음식을 먹기 위해 앉았을 때, 그 한 사내는 식탁의 주인이 되셨습니다. "떡을 가지사 축사하시고 떼어 그들에게 주시니 그들의 눈이 밝아져 그인 줄 알아보더니 예수는 그들에게 보이지 아니하시는지라"(눅 24:30-31). 그리고 그들에게 중요한 진리를 알려 주셨습니다.

우리는 신을 만나기 위해, 득도하기 위해, 예수님을 만나기 위해 험산 준령을 오르지 않습니다. 마치 바알과 아세라 선지자들과 같이 뛰며, 춤추며, 피를 내지도 않습니다. 그렇다고 심리적 탐구나 정신세계를 샅샅이 뒤져 분석하지도 않습니다. 거기서 예수님을 만나지 못합니다. 예수님은 주의 이름으로 모인 사람들, 즉 교회가 떡을 떼며 잔을 나눌 때 만납니다. 거기가 주님께서 만나기로 택하신 곳이며, 우리의 눈이 열려 주님을 알아보는 곳입니다. 일용할 양식을 함께 먹으면서 만납니다.

우리는 바쁘게 삶을 삽니다. 남편과 아내는 각자의 일터에서, 아이들은 학교와 학원 혹은 놀이터에서 삶이 늘 분주합니다. 하지만 그 바쁜 중

---

21 스탠리 하우어워스, 『주여 기도를 가르쳐 주소서』, 이종태 옮김 (서울: 복있는 사람, 2015), 118.

에도 가족이 다 모이는 시간은 식사 때일 것입니다. 그때 우리는 서로의 얼굴을 마주 대합니다. 그때 살아 있는 실존을 만납니다. 그렇습니다. 성찬도 그러합니다.

생명의 떡

예수님은 공생애 초기 금식하시고 주리실 때 사탄의 유혹에 직면하셨습니다. 감히 하나님의 아들을 시험하다니요. 그러나 실제 상황입니다. 만약 땅이 아니라 하늘이셨더라면 절대 당하지 않았을, 사람의 몸을 입지 않으셨다면 절대 당하지 않았을 '먹는 문제'로 시험을 당하셨습니다. "돌을 떡으로 만들라"는 시험에 예수님은 답하십니다. "사람이 떡으로만 살 것이 아니요 하나님의 입으로부터 나오는 모든 말씀으로 살 것이라"(마 4:4). 즉, 단지 먹는 문제로만 국한하지 않으시고 '사는 문제(사는 게 뭔지)'로 격상시키신 것입니다. 육체적 끼니가 다는 아닙니다. 사람은 영의 존재이기 때문입니다. 영을 부정하는 물질주의자, 사회주의자들도 밥만 먹고 사는 것은 아닙니다. 그들도 물질적, 화학적 작용으로만은 설명할 수 없는 '갈망'이 있습니다. 사람은 영원을 사모하도록 만들어진 존재이기 때문입니다(전 3:11).[22] 하나님은 아모스 선지자를 통해 말씀하셨습니다.

"그날이 온다. 나 주 하나님이 하는 말이다. 내가 이 땅에 기근을 보내겠다. 사람들이 배고파하겠지만, 그것은 밥이 없어서 겪는 배고픔이 아니다. 사람들이 목말라 하겠지만, 그것은 물이 없어서 겪는 목마름이 아니다. 주의 말씀을 듣지

---

22 [전 3:11] 하나님이 모든 것을 지으시되 때를 따라 아름답게 하셨고 또 사람들에게는 영원을 사모하는 마음을 주셨느니라 그러나 하나님이 하시는 일의 시종을 사람으로 측량할 수 없게 하셨도다

못하여서, 사람들이 굶주리고 목말라 할 것이다."(암 8:11, 표준새번역)

흙으로 빚어진 사람은 하나님의 숨이 불어 넣어져 '생령'(living soul)이 되었습니다(창 2:7).[23] 이는 육신을 가진 영적 존재라는 뜻입니다. 그래서 음식만으로는 허기를 다 달랠 수 없는 것입니다.

예수님은 요한복음 6장 48–51절에서 말씀하십니다. "내가 곧 생명의 떡이니라 너희 조상들은 광야에서 만나를 먹었어도 죽었거니와 이는 하늘에서 내려오는 떡이니 사람으로 하여금 먹고 죽지 아니하게 하는 것이니라 나는 하늘에서 내려온 살아 있는 떡이니 사람이 이 떡을 먹으면 영생하리라 내가 줄 떡은 곧 세상의 생명을 위한 내 살이니라 하시니라". 즉, 예수님만이 주린 자를 배부르게 하실 수 있습니다. 예수님은 참된 떡이요 참된 음료이시기 때문입니다.

"말씀이 육신이 되어 우리 가운데 거하"(요 1:14)신 분이 예수님이십니다. 그러니 당연히 우리의 배고픔과 목마름의 해소는 예수님으로만 가능합니다. 가장 덥고 뜨거울 때 물을 길으러 나온 수가성 여인에게 예수님은 "내가 주는 물을 마시는 자는 영원히 목마르지 아니하리니 내가 주는 물은 그 속에서 영생하도록 솟아나는 샘물이 되리라"(요 4:14)고 말씀하셨습니다. 예수님은 바로 '오늘의 양식'이자 '내일의 양식'이십니다.

우리 인분

유엔 식량 기구는 현재 인류의 생명을 가장 많이 앗아 가는 질병이 '기

---

23 [창 2:7] 여호와 하나님이 땅의 흙으로 사람을 지으시고 생기를 그 코에 불어넣으시니 사람이 생령이 되니라

아의 질병'(disease of hunger)이라고 했습니다. 굶어 죽는 사람의 수가 에이즈와 말라리아와 폐결핵으로 죽는 사람을 합친 수보다 많습니다. 세계 인구 일곱 명 중 한 명은 오늘 저녁을 굶은 채 잠자리에 들고 있습니다.[24]

주님께서 일용할 양식을 주셨지만 '나의'가 아니라 '우리의' 일용할 양식입니다. '1(나)인분'이 아니라 '우리 인분'입니다. 그런데 누군가 두 몫을, 즉 일용할 분량을 더 가져가 버리면 어떻게 되죠? 신명기 24장 15절에 "그 품삯을 당일에 주고 해 진 후까지 미루지 말라 이는 그가 가난하므로 그 품삯을 간절히 바람이라 그가 너를 여호와께 호소하지 않게 하라 그렇지 않으면 그것이 네게 죄가 될 것임이라"고 말씀하십니다. 말씀은 품꾼의 몫, 일용할 양식을 빼앗은 것을 도적질이요, '학대'라고도 합니다.

예수님의 비유는 우리를 더 놀라게 합니다. 거지 나사로는 죽어 아브라함의 품에 안겼고, 한 부자는 죽어서 지옥에 갔다는 말씀이 있는데(눅 16:19-31), 여기서 핵심은 한 부자는 세상에서 호의호식하면서 풍족하게 살았으나 괴로움을 받았고, 거지 나사로는 고통을 받았으나 위로를 받았다는 것에 있습니다. 그 한 부자에게 '우리'라는 세계관은 없었습니다. '형제, 자매'도 없었습니다. '나'라는 단독자는 있어도 '우리'라는 공동체는 없었습니다.

가난은 나라님도 구제하지 못한다는 말이 있습니다. 그렇다고 이 말이 뒷짐만 지게 하는 정당성을 주는 것은 아닙니다. 우리는 정치 역학이 아니라 하나님 나라의 역학을 생각해 봐야 하는 것입니다. 예수님은 부자 청년에게 "네가 온전하고자 할진대 가서 네 소유를 팔아 가난한 자들에게 주라 그리하면 하늘에서 보화가 네게 있으리라 그리고 와서 나를 따르라"(마 19:21)고 하셨습니다.

---

24   김영봉, 『가장 위험한 기도』 (서울: IVP, 2013), 150.

경제학자 제프리 D. 삭스(Jeffrey David Sachs, 1954~)는《빈곤의 종말》에서 두 가지 목표를 말합니다. 첫째는 극단적 빈곤 속에서 살며 날마다 생존을 위해 투쟁하는 6분의 1의 세계 인구가 처한 곤경을 끝내는 일이고, 둘째는 중위의 빈곤을 포함하여 세계 모든 빈곤한 사람들이 발전의 사다리에 오를 기회를 가질 수 있도록 하는 일이라고 말입니다.[25]

극단적 빈곤의 종말은 우리 세대에 이룰 수 있을 정도로 임박해 있지만 이것은 우리가 앞에 놓여 있는 역사적 기회를 붙잡을 경우에만 가능할 것이다. 과녁을 향해 절반쯤 날아간 대담한 공약들이 이미 존재한다. 2002년에 191개의 모든 유엔 회원국이 유엔 밀레니엄 선언에 서명함으로써 동의한 8개조 목표인 밀레니엄(MDZ)가 그것이다. 이 8개조 목표는 1990년을 기준 년도로 하여 2015년에 빈곤을 절반으로 줄인다는 내용을 담고 있다. 이 목표는 대담하기는 하지만 실현할 수 있다. 물론 10여 개국이 아직 그것을 달성하기 위한 실행 과정에 착수하지는 않았지만 말이다. 8개조 목표는 2025년에 극단적 빈곤을 끝내기 위한 경로에서 중대한 중간 지점이다. 그리고 부국들은 개발 원조를 늘리고 국제적 게임의 규칙을 개선함으로써 빈국들이 8개조 목표를 달성할 수 있도록 돕겠다고 반복해서 약속했다.[26]

그리고 탐 사인(Tom Sine, 1936~)은 말합니다.

"빈곤을 종식하는 유일한 방법은 하나님께 넉넉한 자원을 받은 우리 그리스도인들이 자신의 삶과 우선순위를 비판적으로 평가하는 것이다. 오늘날 2억 명의

---

25 제프리 D. 삭스, 『빈곤의 종말』, 김현구 옮김 (서울: 21세기북스, 2007), 50-51.
26 위의 책, 51.

그리스도인들이 극심한 가난 속에서 살고 있는 것으로 추정된다. 국경을 초월한 그리스도의 몸이건만 어떤 사람은 호화롭게 살고 어떤 그리스도인은 자녀를 제대로 먹이지 못한다면, 이는 뭔가 대단히 잘못된 일이 아닐까? 우리가 서로 연결되어 있고, 상호의존적인 지구촌에서 살고 있으며, '사적인' 생활방식의 선택 같은 것은 존재하지 않는다는 사실을 이제 깨달아 하지 않을까?"[27]

팀 사인의 이 촉구하는 질문은 예수님의 이 말씀, "가난한 자들은 항상 너희와 함께 있다"(마 26:11)와 함께 신명기의 말씀도 떠올리게 합니다.

"네 하나님 여호와께서 네게 주신 땅 어느 성읍에서든지 가난한 형제가 너와 함께 거하거든 그 가난한 형제에게 네 마음을 강퍅히 하지 말며 네 손을 움켜쥐지 말고 반드시 네 손을 그에게 펴서 그 요구하는 대로 쓸 것을 넉넉히 꾸어 주라 삼가 너는 마음에 악념을 품지 말라 곧 이르기를 제칠 년 면제 년이 가까왔다 하고 네 궁핍한 형제에게 악한 눈을 들고 아무것도 주지 아니하면 그가 너를 여호와께 호소하리니 네가 죄를 얻을 것이라 너는 반드시 그에게 구제할 것이요 구제할 때에는 아끼는 마음을 품지 말 것이니라 이로 인하여 네 하나님 여호와께서 네 범사와 네 손으로 하는 바에 네게 복을 주시리라 땅에는 언제든지 가난한 자가 그치지 아니하겠는고로 내가 네게 명하여 이르노니 너는 반드시 네 경내 네 형제의 곤란한 자와 궁핍한 자에게 네 손을 펼지니라"(신 15:7-11)

제프리 D. 삭스는 우리의 현실을 미국의 예를 들어서 이렇게 말합니다.

---

27 팀 사인, 『하나님 나라의 모략』, 박세혁 옮김 (서울: IVP, 2014), 242-243.

2001년 9월 11일 이후 미국은 테러에 대한 전쟁을 시작했다. 그러나 세계 시민들을 불안하게 만드는 근본적인 원인에 대해서는 무시해 왔다. 2005년 미국은 4,500억 달러를 군비에 지출했으나 이 돈으로 평화를 얻지는 못했다. 왜냐하면 극단적 빈곤으로 사회가 불안정해짐에 따라 불안과 폭력 그리고 심지어 세계 평화를 뒤흔드는 테러리즘의 온상이 되고 있는 최빈국들의 곤경을 다루는 데 미국이 지출하는 돈이 고작 150억 달러에 불과하기 때문이다. 즉 거대한 군비 지출액의 30분의 1에 지나지 않는다.

150억 달러는 미국의 소득 가운데 아주 작은 비율일 뿐이다. 즉 미국의 국민 총생산(GNP) 100달러당 15센트에 지나지 않는다. 또한 이것은 그동안 제공하겠다고 여러 차례 약속했으나 아직까지 이행하지 않은 금액 가운데 아주 미미한 부분에 지나지 않는다.[28]

존 스토트(John R. W. Stott, 1921-2011)는 그의 마지막 저작인 《제자도》에서 그리스도인의 단순한 삶에 대하여 말하면서, 하나님께서 창조하신 이 땅의 자원들로부터 소외된 현대 세계가 직면한 여러 도전들을 어떻게 반영해야 하는가? 라는 질문들 때문에, 1974년 로잔 대회에서 언약의 아홉째 문단에 다음의 문장을 포함시켰다고 말합니다.

우리 모두는 수백만에 달하는 빈곤 인구들로 인해 충격을 받았으며, 그 가난을 일으킨 불의로 인해 혼란스럽다. 부유한 환경에서 사는 우리는 구제와 복음 전도에 더욱 기여하기 위해 단순한 삶을 살아야 할 의무가 있음을 받아들인다.[29]

---

28 제프리 D. 삭스, 『빈곤의 종말』, 김현구 옮김 (서울: 21세기북스, 2007), 15.
29 존 스토트, 『제자도』, 김명희 옮김 (서울: IVP, 2016), 81.

철학자 조르주 바타유(Georges Bataille, 1897-1962)는 거시적인 관점에서 출발하며 말하기를, 지표면의 에너지 작용과 그것이 결정짓는 상황 속에서 살아가는 유기체들은 원칙적으로 삶을 유지하는 데 필요한 에너지보다 더 많은 에너지를 받아들이기 때문에, 초과 에너지는 체계의 성장에 사용될 수 있다고 말합니다. 그런데 그 체계가 무한정 자랄 수 있는 것은 아니기에 더 이상 성장할 수 없게 된다면, 그 초과된 잉여분이 그 체계의 성장에 완전히 흡수될 수 없다면, 초과 에너지는 마지못해서든, 영광스럽게 재앙을 부르면서든 간에 반드시 대가 없이 상실되고 소모되어야만 한다고 했습니다.

모든 유기체는 에너지를 필요로 합니다. 사람도 마찬가지입니다. 먹어야 생명을 유지합니다. 성장기의 아이들은 에너지를 유지하는 정도가 아니라 유지에 필요한 에너지를 초과하여 섭취함으로 성장에 체계를 갖춥니다. 바타유의 표현처럼 초과 에너지는 성장에 사용되는 것입니다. 하지만 초과 에너지가 무한정 성장에 흡수되는 것은 아니므로, 성장기가 끝나면 초과 에너지는 성장과는 다른 과체중과 비만으로 가게 됩니다. 따라서 체계의 성장을 초과한 에너지는 어떻게 해야 하는가에 대해 바타유는 "반드시 대가 없이 소멸되어야만 한다."고 하는 것입니다.

바타유는 이 사실이 생산력의 발전만을 이상적인 목표로 보는 데 익숙한 사람들의 적성에는 맞지 않는 일이라는 것이라고 말합니다. 바타유는, 넘치는 에너지는 반드시 파멸될 수밖에 없는데 불유쾌한 파멸보다는 바람직한 파멸, 유쾌한 파멸이 중요하고, 그 결과는 분명하게 다를 것이라고 봅니다. 그에게 영향을 준 마르셀 모스(Marcel Mauss, 1872-1950)는 멜라네시아와 폴리네시아, 북아메리카 북서부를 연구하고 《증여론》을 썼는데, 자본주의 사회에서 재화를 더 많이 모으는 목적이 더 많은 부의 축적에 있다면, 선물의 사회에서 부의 축적이 가지는 목적은 베풀기와 위신의 획득으로 특정 지어지게 된다는 것입니다. 마르셀 모스는 《증여론》의 결론 말미의 지혜와 유대의 영원한 비밀 가운데 하나를 설명합니다.

> 사회는 사회 그 자체, 그 하위집단과 그 성원이 제공·수용·답례를 행하며 자신들의 관계를 안정시킬 수 있었던 한도 내에서 발전 해왔다. 교역을 개시하려면 먼저 창을 내려놓지 않으면 안 되었다. 그렇게 해서 사람들은 씨족 사이에서뿐만 아니라 부족간·민족간 그리고 특히 개인 간에서도 재화와 사람을 교환하는 데 성공하였다. 그 다음에야 비로소 사람들은 서로 이익을 만들어주고 충족시키며, 마침내는 무력을 의존하지 않고서도 그것을 지킬 수 있었던 것이다. 이렇게 해서 씨족·부족·민족은 서로 살육하지 않으면서 대립하고 또 서로 희생시키지 않으면서 주는 법을 배웠다. 또한 따라서 문명적이라고 일컬어지는 현대 세계의 계급과 국가 개인도 앞으로 그것을 배우지 않으면 안 된다. 그것이야말로 그들의 지혜와 유대의 영원한 비밀 가운데 하나이다.[30]

조르주 바타유의 영향을 깊이 받은 장 보드리야르(Jean Baudrillard, 1929-2007)는 선물이란 가장 근사한 사례에서 분명해지는 것처럼, 증여된 물건은 상징적 교환 가치만을 갖는다고 하면서, 이것이 선물의 역설이라고 합니다. 선물은 유일성을 지니고 있으며 교환의 유일한 순간에 의해 명확하게 한정된다고 보기 때문입니다. 그렇기에 선물은 임의적이면서도 절대적으로 특이하다고 합니다. 또한 보드리야르는 불가능한 교환을 이루어야 한다고 주장합니다.

---

30 마르셀 모스, 『증여론』, 이상률 옮김 (서울: 한길사, 2007), 281.

모든 것을 위해 이유·원인·궁극·목적성을 발견하는 것은 교환의 방식이다. 이 환상이 작동하려면, 모든 것은 어디에선가 지시 대상이나 등가물을 지녀야 한다. 다시 말해서 가치의 항으로서 교환의 가능성을 지녀야 한다. 이와 반대로 교환되지 않는 것은 과장해서 말하면 바타유에 의한 저주받은 부분이 될 것이다—그래서 그것을 축소시켜야 한다.

나로서는 우리의 모든 노력에도 불구하고 이 불가능한 교환이 도처에 있다고 생각한다. … 극단적인 경우에, 사람들은 세계 자체에 관한 이러한 사유를 파악할 수 있을 것이다. 세계는 교환할 수 없는 것이다. 총괄적으로 보면 세계는 아무 데에서도 등가물을 갖지 않기 때문이다. 모든 것이 세계의 일부를 이루기 때문에, 그것이 가치로서 평가되고 비교되고 측정될 수 있는 외적인 것이라고는 존재하지 않는다. 어떤 방식으로든 세계는 가치를 지니지 않는다. 하지만 무엇인가가 명명되고 코드화되고 계산되는 순간부터 사람들은 교환의 순환을 다시 발견한다. 그 순간부터 '저주받은 부분'은 가치가 된다.[31]

에덴 정원의 아담과 하와를 떠올려 보십시오. 하나님께서 특별히 조성하신 에덴의 모든 것들은 교환될 수 있는 성질의 것들이 아닙니다. 아담과 하와가 그에 상응하는, 대응하는 등가물로 교환하여 얻은 것들이 아니었습니다. 그저 아담과 하와에게 값없이 주어진 선물이었습니다. 하나님의 아들로 말미암아 주어진 복음도 마찬가지입니다. 하나님의 선물일 뿐입니다. 그래서 사랑입니다.

예수님은 "누구든지 목마르거든 내게로 와서 마시라 나를 믿는 자는 성경에 이름과 같이 그 배에서 생수의 강이 흘러나오리라"(요 7:37-38)고

---

31 장 보드리야르, 『암호』, 맹영달 옮김 (서울: 동문선, 2006), 78-79.

말씀하셨습니다.[32] 또 계시록 21장 6절과 22장 17절에서는 "이루었도다 나는 알파와 오메가요 처음과 마지막이라 내가 생명수 샘물을 목마른 자에게 값없이 주리니", "성령과 신부가 말씀하시기를 오라 하시는도다 듣는 자도 오라 할 것이요 목마른 자도 올 것이요 또 원하는 자는 값없이 생명수를 받으라 하시더라"라고 하시죠.

그래서 바울 사도는 값없이 주어지는 은혜를 말합니다. "그리스도 예수 안에 있는 속량으로 말미암아 하나님의 은혜로 값 없이 의롭다 하심을 얻은 자 되었느니라"(롬 3:24). 만약 다른 등가물로 대체나 교환이 가능하다면 복음의 특이성과 유일성의 은혜를 부정하는 것이 됩니다. 예수님은 제자들에게 더러운 귀신을 쫓아내고 모든 병과 모든 약한 것을 고치는 권능을 주시면서, 복음을 전파할 때 이렇게 하라고 일러 주셨습니다. "천국이 가까이 왔다 하고 병든 자를 고치며 죽은 자를 살리며 나병환자를 깨끗하게 하며 귀신을 쫓아내되 너희가 거저 받았으니 거저 주라"(마 10:7–8). 바울은 본인이 이에 입각하여 사역하고 있음을 말합니다. "그런즉 내 상이 무엇이냐 내가 복음을 전할 때에 값없이 전하고 복음으로 말미암아 내게 있는 권리를 다 쓰지 아니하는 이것이로다"(고전 9:18). 복음의 나라, 하나님의 나라, 하나님의 통치는 세상의 역설입니다. 값없이 주어지는 선물이기 때문입니다. 그래서 은혜의 가공할 침투입니다.

자연은 대류 현상이라는 것이 있습니다. 따뜻한 공기가 찬 공기가 서로 활발하게 대류 운동을 통해 따뜻함과 차가움을 나눕니다. 해류도 마찬가지입니다. 만약 대류 현상이 없다면 생명이 존속되기 어렵습니다. 극

---

32 [사 55:1-2] 너희 모든 목마른 자들아 물로 나아오라 돈 없는 자도 오라 너희는 와서 사 먹되 돈 없이, 값 없이 와서 포도주와 젖을 사라 너희가 어찌하여 양식이 아닌 것을 위하여 은을 달아 주며 배부르게 하지 못할 것을 위하여 수고하느냐 내게 듣고 들을지어다 그리하면 너희가 좋은 것을 먹을 것이며 너희 자신들이 기름진 것으로 즐거움을 얻으리라

지방은 너무 추워서, 적도는 너무 뜨거워서, 생명이 살 수 없어집니다. 대류를 통한 상생. 이것이 하나님의 생명 법칙입니다.

바울 사도는 고린도 교회에서 자신이 음식을 가져와 먼저 먹고, 마시고, 배부르고, 취하기까지 하면서 가난한 형제와 자매들에게 상처를 주는 행동한 사람에 대해 질책합니다. 먼저 먹고 취한 이들은 성찬에서 떡과 잔을 나눌 때가 무슨 의미인지를 알지 못하는 까닭입니다. 예수님께서 형제와 자매인 우리에게 자신의 생명을 주셨다는 것을 말입니다. 그래서 성찬의 중대한 의미 중 하나는 한 떡과 한 잔에, 즉 한 몸과 한 피에 참예한다는 사실입니다. 이는 한 형제·자매 즉 '우리'가 된다는 뜻입니다. 그러므로 '성도의 교제'는 실로 대단한 것이며 중요한 것입니다.

1. 내가 가장 좋아하는 음식은 무엇인가요? 특별히 몸의 건강을 위해 꼭 챙겨 먹는 것이 있다거나 건강 식품이 있나요? 그렇다면 영의 건강과 유익을 위해서는 어떤 공급을 하고 있나요?

2. 우리는 먹기 위해서 살까요, 살기 위해서 먹을까요? 우리 각자의 먹는 이유와 사는 이유는 무엇인가요?

3. 삭개오는 예수님을 만나기 전에는 '내일을 살던 사람'이었습니다. 그런데 예수님을 만난 후에는 '오늘을 사는 사람'으로 변화되었습니다. 지금 우리 자신은 오늘을 사는 삶인가요, 내일을 사는 삶인가요? 어떤 삶이 주님께서 기뻐하시는 아름다운 삶일까요?

4. 우리 자신이 하루에 가장 많이 하는 일과는 무엇인가요? 염려와 근심을 많이 하는 편인가요, 기도와 찬송을 많이 하는 편인가요? 염려와 근심에 사로잡힐 때, 기도와 찬송을 하면서 어떤 심령의 변화를 느끼셨나요?

5. 제프리 D. 삭스는 《빈곤의 종말》과 그 프로젝트를 말하며, 2025년이 극단적인 빈곤을 끝내기 위한 중간지점이라고 말합니다. 과연 극단적 빈곤의 종식이 일어날 수 있을까요? 만약 그렇다면, 어떻게 가능할 수 있을까요? 만약 불가능하다면, 왜 불가능할까요?

제11강
우리가 우리에게 죄지은 자를 사하여 준 것 같이 우리 죄를 사하여 주시옵고

누워서 떡 먹기보다 훨씬 어려운 기도

최근, 용서를 해 보셨나요? 또는 최근에 용서를 받아 보셨나요? 용서는 정말 어처구니없는 행동이 아닐 수 없습니다. 우리에게 정말 용서가 가능하긴 한 것일까요? 힘이 곧 정의가 되어 버린 세상에서, 약육강식은 동물의 세계뿐 아니라 인간 세상에서도 버젓이 자행되고 있지 않나요? 게다가, 저마다 자기 상처를 낑낑 싸매고 상처 부위를 핥아가며 희생자임을 다투는 사회 공간에서 용서는 얼빠진 짓처럼 보이기도 합니다. 그리고 내가 감히(?) 누군가에게 용서를 구한다? 잘못을 인정할 뿐만 아니라 용서까지 구한다? 이게 가능할까요? 마르틴 루터는 이렇게 말합니다.

하나님은 우리의 교만을 깨뜨리고 겸비하게 하는 기도를 주셨습니다. 그것은 용서를 구하는 기도입니다. 우리가 이 기도를 해야 하는 이유가 있습니다. 하나님은 인간들이 내세우는 '자기 의'와 비교할 수 없는 우선권을 그분 스스로 쥐고 있기 때문입니다. "나는 경건하다!"하고 큰소리치며 남을 우습게 여기는 사람은 이 기도의 구절을 눈앞에 써 놓고 스스로 진지하게 돌아보십시오. 그러면 당신이나 당신이 우습게 손가락질하는 사람이나 별 차이가 없다는 것을 깨닫게 될 것입니다. 자, 이제 모두 하나님 앞에서 우리 날개를 꺾어 버립시다. 그런 다음 기뻐합시다. 우리는 용서받았습니다.

"용서는 필요치 않다!"고 장담할 수 있는 사람은 아무도 없습니다. 간단히 말해 하나님께서 우리를 계속 용서하지 않는다면, 우리는 모든 것을 잃은 것이나 마찬가지입니다.[1]

르네 지라르는 세상이 폭력과 박해로 서 있으며, 그런 세상은 필연적으로 예수님을 제대로 믿지 않는다고 말합니다.

아버지와 세상 사이에는 이 세상과 이 세상의 폭력에서 나온 심연이 있다. 예수가 아버지께로 돌아간다는 사실은 폭력에 대한 승리와 함께 이 심연을 건너 뛴다는 것을 의미한다. … 성령은 예수가 이미 폭로했던 것, 즉 희생양 매커니즘과 모든 신화의 발생, 폭력의 신의 무용성 등을 역사 속에서 폭로하려고 애쓰고 있다. … 박해의 기록 위에 서 있는 이 세상은 필연적으로 예수를 믿지 않거나 혹은 믿더라도 제대로 믿지 않는다. 수난이 갖고 있는 폭로의 힘을 알아볼 수가 없다.[2]

그런데 그 폭력과 박해를 당했던 교회가 권력을 쥐었을 때는 어떠했습니까? 용서는커녕 박해받고 핍박받은 대로 돌려주는 가해자 혹은 박해자

---

1   마르틴 루터, 『마르틴 루터 대교리문답』, 최주훈 옮김 (서울: 복있는 사람, 2020), 271.
2   르네 지라르, 『희생양』, 김진석 옮김 (서울: 민음사, 2018), 336-337.

가 되어 버렸습니다.

콘스탄틴 시대 이후로 기독교는 국가와 같은 차원에서 아주 빨리 퍼져 나가면서, 초기 기독교도들이 당했던 것과 유사한 박해를 통해서 권위를 펼쳐나간다. 그 뒤에 나타나는 종교나 이데올로기나 정치의 수많은 사업들처럼 기독교도 아직 약할 때는 박해를 받았다. 그러나 강해지자마자 기독교는 이제 스스로가 박해자가 된다.[3]

고정희 시인의 〈여자가 뭉치면 새 세상 된다네〉를 보십시오.

남자가 모여서 지배를 낳고
지배가 모여서 전쟁을 낳고
전쟁이 모여서 억압 세상 낳았지
여자가 뭉치면 무엇이 되나?
여자가 뭉치면 사랑을 낳는다네
모든 여자는 생명을 낳네
모든 생명은 자유를 낳네
모든 자유는 해방을 낳네
모든 해방은 평화를 낳네
모든 평화는 살림을 낳네
모든 살림은 평등을 낳네
모든 평등은 행복을 낳는다네
여자가 뭉치면 무엇이 되나?

---

3 위의 책, 332.

시인은 단지 남자와 여자를 대립적 구도로 이해하기보다는 폭력의 역사에 새로운 길이 있다는 것을 말하려는 게 아닐까요? 앙갚음과 복수로부터 벗어나는 길은 '용서'밖에 없다는 것입니다. 한나 아렌트는 용서는 '용서하는 자'와 '용서받은 자' 모두를 그 행위의 결과에서 자유롭게 해 준다고 말합니다.

> 용서는 보복의 정반대다. 보복은 죄에 대항하는 반동의 형식으로 이루어진다. 여기서는 처음 잘못된 행위의 결과에서 끝나지 않는다. 모든 사람은 과정에 묶이게 되고 모든 행위에 내재하는 연쇄적인 반동을 허용하게 되며 그것은 무한한 과정이 된다. 보복은 잘못에 대한 자연스럽고 자동적인 반동이고 행위 과정의 환원 불가능성 때문에 예상하거나 예측할 수 있지만, 이와 대조적으로 용서의 행위는 예견할 수 없다. 용서는 예기치 않은 형식으로 일어나는 유일한 반동이다.… 용서는 단순한 반동이 아니라 반동을 유발하는 행위의 제한을 받지 않고 새롭게 갑자기 일어난다. 따라서 용서하는 자와 용서받는 자 모두를 그 행위의 결과에서 자유롭게 해준다. 예수의 용서의 가르침에 포함된 자유는 보복으로부터의 자유다. 보복은 가해자와 피해자 모두를, 결코 끝나지 않는 행위 과정의 잔인한 자동 운동 안에 가둔다.[4]

용서하라는 말씀을 듣고는 겁부터 나거나, 머리가 내저어지거나, 몸서리가 쳐지고, 치가 떨리는 분이 계실 수도 있습니다. 용서는 그만큼 힘든 것입니다. 저절로 되지 않습니다. 다른 것은 다 할 수 있어도 용서만큼은

---

4   한나 아렌트, 『인간의 조건』, 이진우 옮김 (서울: 한길사, 2017), 337.

받아들이고 용납하기 어려울 수 있습니다. 그만큼 용서는 힘듭니다. 사실, 힘든 정도가 아니라 불가능에 가깝습니다. 그래서 자기 인생에서 용서를 포기하거나 내 생애에 용서는 없다고 여기는 분들도 있을 수 있습니다. 즉각 보복하지 않은 것만으로도 많이 참고 양보한 것이라고 여기는 분들 또한 있을 것입니다. 이해합니다. 신앙인으로서 해야 할 모든 것을 다 하는데도 용서만은 잘 안 되는 이유는, 다른 사람이 아닌 우리가 당한 그 사람에게서, 반드시 그 사람에게서 사과와 무릎 꿇음을 받고 싶기 때문에 용서가 안 되는 것일지도 모릅니다.

그러나 "그러므로 너희가 그리스도와 함께 다시 살리심을 받았으면 위의 것을 찾으라"(골 3:1)고 하십니다. "이제는 너희가 이 모든 것을 벗어 버리라 곧 분함과 노여움과 악의와 비방과 너희 입의 부끄러운 말이라"(3:8)고 하시며, "그러므로 너희는 하나님이 택하사 거룩하고 사랑 받는 자처럼 긍휼과 자비와 겸손과 온유와 오래 참음을 옷 입고"(3:12), "누가 누구에게 불만이 있거든 서로 용납하여 피차 용서하되 주께서 너희를 용서하신 것 같이 너희도 그리하고"(3:13), "이 모든 것 위에 사랑을 더하라 이는 온전하게 매는 띠니라"(3:14)고 하십니다.

우리는 간혹 "나는 잊었어. 그러니까 신경 쓰지 마."라고 말하기도 합니다. 그런데 정말 잊었을까요? 잊었다면 '나는 잊었어.'라는 말 자체가 부자연스럽습니다. 잊었다면 무슨 내용인지도 기억하지 못해야 함이 옳습니다. '잊는다'는 말과 '용서한다'는 말은 동의어가 아닙니다. "지금부터 코끼리를 생각하지 마세요."라고 하면 제일 먼저 뭐가 떠오르십니까? 공교롭게도 코끼리입니다. 이 어처구니없는 심리 현상을 '앵커링의 함정(Anchoring Trap)'이라고 합니다. 사람은 첫인상과 첫 아이디어 그리고 먼저 접한 인상과 정보나 맨 처음 입수한 정보에 상대적으로 큰 비중을 두게 됩니다. 마치 거기에 육중한 닻을 내린 것처럼, 이후의 사고 과정이 그 첫 정보에 제약을 받게 되는 현상을 일컬어 앵커링의 함정이라고 하는 것입니다. '앵커링의 함정'이란 말을 우리말로 변환한다면 아마 이렇게 바꿀 수 있겠습니다. "자라 보고 놀란 가슴 솥뚜껑 보고 놀란다."

우리는 몸에 크고 작은 흉터들을 가지고 있습니다. 넘어지거나 부딪혀 생긴 흉터 혹은 몸에 수술 자국이 있기도 합니다. 아주 오래전에 다친 부위와 상처를 잊은 줄 알았는데, 그 흉터를 볼 때마다 언제 어디서 얼마나 다쳤었는지가 떠오르게 됩니다. 잊은 게 아닙니다. 다만 그때 그 상처에 매이지 않고 일부러 신경 쓰지 않고 살 뿐입니다. 그러므로 용서한다는 것은 잊었다는 것이 아닙니다. '그것'이 더 이상 관계를 가로막거나 틈새로 작용하지 않는다는 의미입니다. 상처는 아물고 흔적은 남지만 상처의 흔적이 더 이상 그때의 그 고통으로 밀어 넣지는 못한다는 말입니다.

빚잔치

누가복음 11장 4절은 "우리가 우리에게 죄지은 모든 사람을 용서하오니 우리 죄도 사하여 주시옵고", 마태복음 6장 12절은 "우리가 우리에게 죄지은 자를 사하여 준 것 같이 우리 죄를 사하여 주시옵고"로 되어 있습니다. 마태복음에는 '죄'가 '빚들'(ὀφειλήματα, 오페이레마타)이고, 누가복음에서는 '죄'(άμαρτίας, 하마르티아)입니다. 따라서 마태복음은 "우리의 빚들을 사하여 주시옵소서", 누가복음에서는 "우리 죄들도 사하여 주시옵고"입니다.

신학자들은 '빚들'이 원래일 것이라고 봅니다. 누가복음의 죄 용서 두 번째 청원도 "우리가 우리에게 죄(ὀφείλοντι)지은 모든 사람을 용서하오니"

라고 되어 있습니다. 신약 성경에서 '오페일레마'(ὀφείλημα), '빚'이라는 말은 경제적으로 빚을 지고 있다는 말입니다. 채무 관계를 설정한 것입니다. 따라서 이 기도는 우리 모두가 빚진 존재, 채무자임을, 그것도 불량 채무자임을 밝힙니다. 생활에서 빚에 쪼들려 본 사람은 더욱 실감할 것입니다. 이 간구는, 우리가 매일 양식과 생필품을 하나님께 전적으로 의존하고 있음을 인정했으니 이젠 도저히 갚을 수 없는 빚의 탕감에 있어서도 전적으로 하나님께 의존하고 있음을 고백하는 것입니다.

본회퍼는, 예수님은 우리에게 매일의 양식을 위해 기도한 후에 우리 죄에 대한 용서를 구하라고 가르치시면서, 양식이 우리 몸을 위해 반드시 필요한 것만큼이나 이런 용서가 우리의 영혼을 위해 특별히 필요하다는 것을 의미하셨던 것이라고 말합니다.[5]

칼뱅은 이렇게 우리의 죄는 결국 탕감밖에는 길이 없다고 말합니다. 우리가 죄를 '빚'이라고 부르는 것은 우리가 죄 때문에 하나님께 죄 값을 빚지고 있기 때문인데, 이 빚은 하나님의 탕감으로 면제되는 길 밖에는 달리 그를 만족시킬 방법이 없다고 말입니다.[6] "모든 사람이 죄를 범하였으매 하나님의 영광에 이르지 못하더니 그리스도 예수 안에 있는 속량으로 말미암아 하나님의 은혜로 값 없이 의롭다 하심을 얻은 자 되었느니라"(롬 3:23-24).

유대인들은 죄를 하나님에 대한 빚으로 인식했고 또한 이웃에 대한 빚으로 보았습니다. 이방인들을 염두에 두고 쓴 누가는 이 빚이 단지 금전적인 채무가 아님을 나타내기 위해 빚을 죄라고 풀어서 쓴 것입니다. 마태복음은 "우리가 우리에게 죄지은(빚진) 자를 사하여 준 것같이"의 완료

---

5 스티븐 니콜스, 『본회퍼가 말하는 그리스도인의 삶』, 김광남 옮김 (서울: 아바서원, 2014), 153.

6 존 칼빈, 『기독교강요 초판』, 양낙흥 옮김 (고양: 크리스챤다이제스트, 2001), 177.

형을, 누가복음은 "우리가 우리에게 죄지은 모든 사람을 용서하오니"라는 현재형으로 씁니다.

우리의 어감으로는 우리 자신을 하나님께 모범으로 내세우는 것 같이 느껴집니다. 그리고 조건을 채웠으니 하나님도 용서해 주는 것이 마땅하다는 것처럼 보여집니다. 그런데 요아킴 예레미아스(Joachim Jeremias, 1900~1979)는 아람어로 아페카멘(ἀφήχαμεν)을 번역하면 아람어에서 완료형이 시제를 나타내는 것이 아니라 '동시성 완료형', 즉 동시적인 것의 완료형으로 보아야 하기 때문에, "하나님, 우리의 죄를 용서해 주시옵소서. 그와 동시에 우리도 우리에게 빚진 자를 용서하겠나이다."란 뜻이라는 것입니다. 다시 말해, 우리의 용서가 조건이 아니라 부수적인 서약이라고 볼 수 있는 것이죠.

또한 이는 산상수훈에서의 '이웃 사랑' 설교, 특히 마태복음 5장 38절 이후에서 원수까지도 사랑해야 한다는 말로도 표현됩니다. 용서 없이 공동체 생활이 가능할까요? 법대로만 하면 가능할까요? 법을 지키는 것만으로, 혹은 반대로 법을 어겼을 때 법대로 처벌하는 것만으로 공동체의 존속이 가능할까요? 그렇지 않습니다. 원수를 사랑한다는 것은 사실상 용서에서 더 나아가는 것입니다(출 23:5).[7]

그러므로 이웃에 대한 용서를 동반하지 않는 죄 용서 청원은, '하나님은 나를 용서하셔도 나는 죽어도 그를 용서할 수 없다.' 또는 '나도 용서받지 않겠다'는 말이 됩니다. 그래서 예수님은 마태복음 6장 14-15절에서 이렇게 말씀하십니다. "너희가 사람의 잘못을 용서하면 너희 하늘 아버지께서도 너희 잘못을 용서하시려니와 너희가 사람의 잘못을 용서하지

---

7 [출 23:5] 네가 만일 너를 미워하는 자의 나귀가 짐을 싣고 엎드러짐을 보거든 그것을 버려두지 말고 그것을 도와 그 짐을 부릴지니라

아니하면 너희 아버지께서도 너희 잘못을 용서하지 아니하시리라". 마르틴 루터도 우리가 받은 용서는 우리가 누군가를 용서했기 때문이 아니라 오롯이 하나님의 은총이라고 말합니다.

당신이 용서했기 때문이 아닙니다. 값없이 주시는 하나님의 은총 때문입니다. 이것이 바로 복음이 가르치는 하나님의 약속입니다. 하나님께서 이 복음을 강하게 말씀하시면서 용서의 약속 바로 옆에 누가복음 6:37을 진리의 표지판처럼 붙여 놓으셨습니다. "용서하라. 그리하면 너희가 용서받을 것이요"라는 이 구절은 이 기도에 꼭 들어맞았습니다. 그러므로 그리스도는 주님이 가르치신 기도 다음에 이어지는 마태복음 6:14 이하에서도 반복해서 말씀하십니다. "너희가 사람의 잘못을 용서하면 너희 하늘 아버지께서도 너희 잘못을 용서하실 것이요."[8]

마르틴 루터는 "세례와 성만찬과 마찬가지로 사죄 선언도 주님이 제정하신 외적 표지입니다. 이것은 우리의 양심을 강하고 기쁘게 만듭니다. 언제든 우리 곁에 두고 사용하면서 시행하라고 제정하신 것"이라고 말합니다.[9] 우리는 사실 모두 불량 채무자였습니다. 신용 등급이 아예 나오지 않는 등급 밖의 인물이었습니다. 그렇기에 요한 사도는 이렇게 말합니다. "만일 우리가 죄가 없다고 말하면 스스로 속이고 또 진리가 우리 속에 있지 아니할 것이요"(요일 1:8). 주님께서 가르쳐 주신 기도는 우리가 섣부르게 용서할 수 있다고 여기는 것들을 경계하게 합니다. 우리는 먼저 용서받아야 합니다. 이를 위해 간청해야 합니다. 용서는 내 통제가 아닙니

8   마르틴 루터, 『마르틴 루터 대교리문답』, 최주훈 옮김 (서울: 복있는 사람, 2020), 273.
9   위의 책, 274.

다. G. I. 윌리암슨은 이 용서의 기도를 할 때, 히브리서의 이 말씀들을 기억하라고 말합니다.

> "우리 죄를 사하여 주옵시고"라고 기도할 때, 우리는 이것을 마음에 간직해야 한다. "그리스도께서 손으로 만든 성소에 들어가지 아니하시고, 오직 '참 하늘'에 들어가사"(히 9:24), "더 좋은 제물로 할지니라"(히 9:23), "저가 한 제물로 거룩하게 된 자들을 영원히 온전케 하셨느니라"(히 10:14)[10]

은혜의 비밀: 용서

이창동 감독의 영화 〈밀양〉(Secret Sunshine)은 주인공 신애가 아들을 데리고 밀양으로 이사를 오면서 시작됩니다. 밀양에 정착하던 어느 날 학원 차를 몰던 기사에 의해 아들이 유괴와 죽임을 당합니다. 거의 실성한 신애는 한 교회의 예배에 참석했다가 신앙을 접하는데, 그 뒤 많은 내적 갈등을 겪다가 아들을 살해한 범인을 용서하기로 결심까지 합니다. 신애는 하나님을 믿는 사람으로서 그래야 속이 편할 것 같아 "나는 당신을 용서한다."는 말을 하기 위해 그 살인자를 면회하러 갑니다.

신애는 정말 간신히 아들의 살해범을 마주 대했습니다. 그런데, 살인범은 전혀 거리낌 없이, 일말의 양심의 가책도 없이 편안한 얼굴로 신애를 마주 대하면서 뜻밖의 말을 합니다. 자기는 이미 감옥 안에서 하나님을 만나 죄를 용서받았고, 그래서 마음이 평안하다고. 준이 어머니를 위해서도 기도한다고 말입니다. 그 말에 신애는 엄청난 충격을 받게 됩니

10　G. I. 윌리암슨, 『소교리문답강해』, 최덕성 옮김, (서울: 개혁주의신행협회, 1997), 360.

다. 기가 막히고 어이가 없음이 당연합니다. 살인자의 입에서 하나님이 용서하셨다는 말을 듣다니요. 신애는 어떻게 내가 용서하지 않았는데, 하나님이 용서하셨느냐 하며 격분합니다. 급기야, 용서하러 갔다가 분노의 화신이 되어 돌아옵니다.

신애는 심방 온 목사님이 기도 중에 "죄인을 진정 용서할 수 있는 믿음을 허락하소서."라고 기도하자 발끈합니다. 그리고는 소리칩니다. "용서해요? 어떻게 용서해요? 용서하고 싶어도 난 할 수가 없어요. 그 인간 이미 용서받았대요! 하나님한테! 그래서 마음에 평화를 얻었대요! 내가 그 인간을 용서하기 전에 어떻게 하나님이 먼저 용서할 수 있어요? 내가 이렇게 괴로운데. 그 인간은 사랑으로 용서받고 구원받았대요! 어떻게 그럴 수가 있어요? 왜! 왜!"

여기서 생각해 봐야 할 점이 있습니다. 신애는 사실 아들을 죽인 살인범을 '내가' 용서할 수 있다고, '내가' 용서하기로 결심하면 되는 줄로 여기고 있습니다. 물론 하나님을 믿는 신앙을 가진 사람으로 원수를 사랑하라고 하신 말씀을 지키지 않는 것이 마음에 짐스러웠습니다. 그렇기에 신애는 처절하게 아들을 죽인 그 살해범을 용서하려고 했던 것입니다. 하지만 도리어 더욱더 큰 상처만을 입어서 돌아오게 되었습니다. 신애의 애씀은 마음 저리고 눈물겹지만, 용서를 해야 함이 아니라, 먼저 그녀 자신이 하나님께 용서를 받았다는 사실을 체득해야 했다는 것입니다. 물론 현실에서 유괴범은 가해자이고, 신애는 피해자라는 사실은 변함이 없습니다. 하지만 원수를 용서하고 더 나아가 사랑한다는 것은, 내가 먼저 '용서받아야 하는 존재'이며, 용서받았음을 깨달았을 때에라야 가능한 것입니다. 그리고 더욱 중한 것은 그럴 때에라야 준이 엄마 신애가, 자기 자신을 스스로가 용서할 수 있게 된다는 것을 말입니다. 아들의 죽음을 엄마로서 지켜 주지 못했다는 죄책감이 그녀 자신을 괴롭히고 있었으니 말입니다.

또한 그렇다고 유괴 살인범이 신애 앞에서 당당할 수 있다는 이야기도 아닙니다. 본인이 하나님을 만나 용서받았고, 마음이 평안해졌고, 준이 엄마를 위해서 기도한다고 함부로 말하는 것은 용서를 구함과 용서받음이 무엇인지를 하나도 모르는 것입니다. 하나님께 용서를 받았다고 여기면 내가 잘못한 사람에게는 용서받지 않아도 된다고 여기는 것이 기독교는 아닙니다. 하나님과의 관계를 위한 예배가 속죄제라면, 이웃과의 관계를 위해 드리는 예배가 속건제라는 사실을 잊어서는 안 됩니다.

용서 매몰 비용

베드로가 예수님께 묻습니다. "주여 형제가 내게 죄를 범하면 몇 번이나 용서하여 주리이까 일곱 번까지 하오리이까"(마 18:21). 베드로의 질문처럼, 만일 한 사람이 계속해서 나에게 죄를 범한다면 몇 번이나 용서해 줘야 할까요? 계속 용서하는 게 가능할까요? 어렵지 않을까요? 아니 '미션 임파서블' 아닐까요? 같은 사람이 나에게 같은 잘못을 반복해서 하다니요.

그러면 이렇게 생각해 보겠습니다. 20년된 자동차 엔진이 말썽을 부려서 자동차 공업사에서 150만 원을 주고 수리했다고 생각해 봅시다. 차가 없면 영업을 할 수 없어서, 울며 겨자 먹기로 고쳤다고. 그런데 차를 150만 원 주고 수리한 지 한 달 만에 또 자동차 고장이 났습니다. 이번에는 변속기가 고장을 일으켜 수리 비용이 100만 원이 든다고 하면, 차를 폐차해야 할까요? 수리해야 할까요? 어떻게 하시겠습니까?

한 달 전 150만 원 주고 수리한 것이 아까워서 100만 원이 드는 수리를 결정한다면, 과연 이것이 합리적인 결정이겠습니까? 이런 결정은 과거에 지출한 비용이 지금의 결정에 영향을 미친 것입니다. 실은 지금 선택과는 아무런 관련이 없는데 말입니다.

이를 '매몰 비용의 함정(Sunk-Cost Trap)'이라고 합니다. 말하자면 노름에 빠져 있는 분들의 공통분모인 소위 '본전 생각'이 바로 이 매몰 비용인 셈입니다. 즉 과거의 선택과 비용 지출에 의해 좌지우지되는 것입니다. 매몰 비용과 현재의 결정이 상관없다는 것을 이성적으로는 이해하더라도 심리적으로는 매우 어렵습니다.

이걸 용서의 문제에 대입시켜 본다면 어떨까요? 반복적인 잘못에 반복적 용서가 어려운 것은 '내가 전에도 힘들고 어렵게 용서해 주었는데 또 그렇다'는 것입니다. '참는 것도 한계가 있고, 누굴 바보로 아나'가 됩니다. 망둥이 아이큐 3초도 아니고 말입니다. 그렇습니다. 과거의 용서가 지금 용서의 발목을 잡는 것입니다. 예전의 용서는 이미 지나간 것임을 알지만 심리적으로는 용납할 수 없는 것입니다. 그래서 친한 사이일수록, 가족일수록 관계가 나빠질 수 있는 이유가 바로 거기에 있습니다. 말하자면 '용서 매몰 비용의 함정'에 노출되기 쉽다는 것입니다.

용서를 용서되게

예수님은 "네게 이르노니 일곱 번뿐 아니라 일곱 번을 일흔 번까지라도 할지니라"(마 18:22)고 하셨습니다. 그런데 여기까지만 보고 끝나면 일흔 번씩 일곱 번은 율법처럼 되고 맙니다. 예수님은 이 말씀을 율법으로 주시지 않았습니다. 그 뒤에 비유가 바로 일만 달란트 빚진 자입니다(마 18:23-35). 이 이야기는 3부작으로 나눌 수 있습니다. 1부는 대략 이렇습니다.

그러므로 하늘나라는 자기 종들과 셈을 가리려고 하는 어떤 왕에 비길 수 있다. 왕이 셈을 가리기 시작하니, 일만 달란트를 빚진 종 하나가 왕 앞에 끌려왔다. 그런데 그가 빚을 갚을 길이 없으므로, 주인은 그 몸과 아내와 자녀들과 그 밖에 그가 가진 모든 것을 팔아서 갚으라고 명령하였다. 그랬더니, 그 종이 엎드려서 무릎을 꿇어 애원하기를 "참아 주십시오. 다 갚겠습니다" 하였고, 주인은 그 종을 가엾게 여겨 그를 놓아 주고, 빚을 삭쳐 주었다(표준새번역).

왕은 일만 달란트 빚진 종이 다 갚겠다고 해서 놓아 주거나, 끝까지 다 갚겠다는 그의 의지를 보고 갸륵해서 탕감해 준 것이 아닙니다. 빚진 종이 다 갚겠다는 책임감도, 그의 착함도 아니었습니다. 다만 왕이 일만 달란트 빚진 종을 불쌍히 여겼을 뿐입니다. 갚을 수 없음에도 불구하고 여전히 모면하고자 다 갚겠다고 매달리는 빚진 종을 불쌍히 여기는 왕의 마음, 왕의 성품 때문인 것입니다. 곧 이어지는 2부.

그러나 그 종은 나가서, 자기에게 백 데나리온 빚진 동료 하나를 만나, 붙들어서 멱살을 잡고 "내게 빚진 것을 갚아라" 하고 말하였다. 그 동료는 엎드려 간청하기를 "참아 주게. 내가 갚겠네." 하였다. 그러나 그는 들어 주려 하지 않고, 가서 그 동료를 감옥에 가두고, 빚진 돈을 갚을 때까지 갇혀 있게 하였다(표준새번역).

자신의 엄청난 빚을 갑자기 탕감받은 종이 무엇부터 했느냐면, 자신이 받아야 할 빚을 독촉하는 것으로 시작합니다. 어찌 기적과도 같은 자신의 빚 탕감을 기뻐하기보다 돈 받으러 갈 생각을 먼저 할 수 있을까요? 그리고 지금은 뻔히 갚을 능력이 없는 동관의 멱살까지 잡아 버렸습니다. '내 돈 내놔라 이놈아!' 그리고는 갚을 때까지 감옥에 가두었습니다. 이제 드라마의 마지막 회입니다.

다른 종들이 이 광경을 보고, 매우 딱하게 여겨, 가서 주인에게 그 일을 다 일렀다. 그러자 주인은 그 종을 불러다 놓고 말했다. "이 악한 종아, 네가 간청하기에 내가 너에게 그 빚을 삭쳐 주었다. 내가 너를 불쌍히 여긴 것처럼, 너도 네 동료를 불쌍히 여겼어야 할 것이 아니냐?" 주인이 노하여, 그를 형리에 넘겨 주고, 빚진 것을 다 갚을 때까지 가두어 두게 하였다(표준새번역).

이 이야기는 반전에, 반전에, 반전을 거듭합니다. 왕은 동관을 불쌍히 여기지 않고 감옥에 가두어 버린 종에게 다시 빚 일만 달란트를 갚도록 채무 관계를 다시 설정해 버립니다. 그리고는 옥졸에게 붙입니다. 일만 달란트 빚진 종이 자신에게 백 데나리온 빚진 동관에게 한 것처럼 말입니다. 다시 일만 달란트 빚더미에 앉은 종은 얼마나 땅을 치고 통탄할 후회막심한 일이겠습니까. 예수님은 이 이야기의 말미에서 이렇게 말씀하십니다.

"너희가 각각 마음으로부터 형제를 용서하지 아니하면 나의 하늘 아버지께서도 너희에게 이와 같이 하시리라"(마 18:35).

일만 달란트는 얼마나 될까요? 예수님 당시 갈릴리와 베뢰아 주민 전체가 로마 정부에 내던 1년 세금이 이백 달란트였던 것을 보면 상상할 수 없는 액수임을 알 수 있습니다. 이에 비해 일백 데나리온은 장정 한 사람이 100일 동안 일한 품삯입니다. 물론 이 돈도 적은 것은 아니지만 일만 달란트에 비할 수는 없습니다. 그런데 이 불가능한 일만 달란트 채무를 탕감받은 사람이 일백 데나리온 빚진 사람에게 빚 독촉하고 감옥에까지 가두어 버렸습니다. 게다가 일만 달란트씩이나 빚진 자가 대체 무슨 돈이 있다고, 동관에게 일백 데나리온이나 빌려줄 수 있었을까요? 그 일백 데나리온도 결국은 임금의 돈, 일만 달란트에서 빌려준 것이 아니었을까요? 설사 열심히 일해서 벌은 돈이었다고 할지라도 그 돈 일백 데나리온은 누구에게 갚아야 하는 돈일까요?

용서의 문제는 바로 그런 것입니다. 용서는 먼저 용서를 받고서, 진정으로 용서를 용서되게 한 사람이 할 수 있다는 것입니다. 그러므로 용서받은 것을 잊지 않게 해 달라고, 받은 은혜를 까먹지 않게 해 달라고 간청해야 합니다. 탕감만 받으려 하는 사람은 참 불행한 사람인 것입니다.

"너희가 사람의 잘못을 용서하면 너희 하늘 아버지께서도 너희 잘못을 용서하시려니와 너희가 사람의 잘못을 용서하지 아니하면 너희 아버지께서도 너희 잘못을 용서하지 아니하시리라"(마 6:14-15).

"서서 기도할 때에 아무에게나 혐의가 있거든 용서하라 그리하여야 하늘에 계신 너희 아버지께서도 너희 허물을 사하여 주시리라 하시니라"(막 11:25).

이렇듯 용서와 화해는 다른 어떤 정치적 문화적 방편으로써가 아니라 오직 복음으로, 그리스도인 됨으로만 진정 가능한 것입니다.

용서받음을 인식하고, 용서받음을 잊지 않고, 용서받음이라는 은혜 아래 자기 성찰을 놓치지 아니할 때, 우리는 우리에게 죄지은 사람을 비로소 용서할 수 있습니다. 용서는 강요로 될 수 있는 성질의 것이 아니라는 것입니다.

기독교 작가 조지 허버트(George Herbert, 1863~1931)는 "다른 사람을 용서하지 못하는 사람은 천국에 도달하기 위해 반드시 건너야 하는 다리를 허물고 있는 것이다. 사람은 누구나 용서받을 필요가 있기 때문이다"라고 말합니다. 예수님은 결코 우리를 동네북으로 만들려는 것이 아닙니다. 보다 적극적이십니다. 예수님은 십자가에 달려 죽으셨습니다. 그 십자가에서 용서하셨습니다(눅 23:34).[11] 폭력을 폭로하는 것은 또 다른 폭력이 아니라 십자가로 말미암은 용서입니다.

또 예수님은 원수를 사랑하라고 하셨습니다. "또 네 이웃을 사랑하고 네 원수를 미워하라 하였다는 것을 너희가 들었으나 나는 너희에게 이르노니 너희 원수를 사랑하며 너희를 박해하는 자를 위하여 기도하라 이같이 한즉 하늘에 계신 너희 아버지의 아들이 되리니 이는 하나님이 그 해를 악인과 선인에게 비추시며 비를 의로운 자와 불의한 자에게 내려주심이라"(마 5:43-45). 예수님은 우리에게 원수를 더이상 만들지 말라고 하기는커녕, 도리어 원수가 있음을 당연시하고 계십니다. 그러니까 그리스도인이 된다는 것은 단지 입에 '피스(평화)'를 물고 사는 것이 아니라, 도리어 예수쟁이가 되지 않았다면 생기지 않았을, 원수를 갖게 된다는 의미이기도 합니다. 즉, 우리 교회 공동체는 우리 자신의 이익을 위해 여론몰이,

---

11 [눅 23:34] 아버지 저들을 사하여 주옵소서 자기들이 하는 것을 알지 못함이니이다

공작, 조작, 패권, 그리고 폭력을 동원하는 것이 아니라, 용서를 강력하게 구하지 않으면 안 되는 화해 공동체인 것입니다. 우리가 용서할 능력, 여력을 갖추었다고 해서 다 되는 것이 아닙니다. 원수는 오른뺨을 때릴 것이며, 조롱하기도 할 것이며, 오히려 우리에게 격한 화를 낼 것입니다. 그러므로 주님께서 우리에게 가르쳐 주신 기도로 산다는 것은 매우 의미 있는 삶인 것입니다.

죄라는 녀석은 교양을 덕스럽게 장착하고 인문학적 지식을 쌓는다고 해결될 성질의 것이 아닙니다. 죄는 인격을 파괴하는 힘으로 작용합니다. 죄는 교양 머리 없는 정도가 아닙니다. 인문학 소양이 없는 정도도 아닙니다. "죄의 삯은 사망"(롬 6:23)입니다. 존재 자체의 문제입니다.

함부로쏜화살:죄

교인이 되면 입버릇처럼 달라붙은 말 중 하나가 '이 죄인', '나 같은 죄인'입니다. 하지만 그 말이 입에 붙어 있더라도 정작 내심 자신이 꽤 괜찮은 사람이라고 여기는 경향이 다분합니다. 바로 누가복음 18장 11절의 바리새인처럼,[12] 그리고 누가복음 18장 18, 21절의 어떤 관원처럼 말입니다.[13]

죄라는 녀석의 정체에 대해 신학자들마다 조금씩은 다른 면을 말합니다. 아우구스티누스는 '교만'을, 아퀴나스는 '자기 사랑'을, 판넨베르크는 '자기 집중'을 죄라고 표현합니다. 다 다르게 표현했지만, 공통점은 모두

---

12 [눅 18:11] 바리새인은 서서 따로 기도하여 이르되 하나님이여 나는 다른 사람들 곧 토색, 불의, 간음을 하는 자들과 같지 아니하고 이 세리와도 같지 아니함을 감사하나이다
13 [눅 18:18] 어떤 관리가 물어 이르되 선한 선생님이여 내가 무엇을 하여야 영생을 얻으리이까
     [눅 18:21] 여짜오되 이것은 내가 어려서부터 다 지키었나이다

자기중심적이라는 것입니다. 사람의 자기중심성은 본능이라는 것입니다. 하지만 이 본능은 선천적이 아니라 후천적입니다. 아담이 뱀의 유혹에 넘어졌기에 생겨난 본능입니다. 숙명이 되어 버린 것이죠.

예수님은 자기를 따라 나서겠다는 사람들에게 말씀합니다. "누구든지 나를 따라 오려거든 자기를 부인"(마 16:24)하라고 말입니다. 자기 목숨에만 매여 있고(25절), 자기 일에만 골몰하는(23절) 방향은 예수님의 길과는 전혀 다른 방향입니다. 몸만 같이 있다고 해서, 한 방향은 아닌 것입니다. 자기에게만 집중하는 사람은 방향을 잘못 잡은 것입니다. 그래서 성경은 죄를 하마르티아(ἁμαρτια), 즉 화살의 방향을 잘못 잡고 쏜 것이라고 합니다. '함부로 쏜 화살'인 셈이죠. 그러므로 예수님은 산상수훈에서 "너희는 먼저 그의 나라와 그의 의를 구하라 그리하면 이 모든 것을 너희에게 더하시리라"(마 6:33)고 하셨습니다. 여기서 '구하라'는 전인적인, 전인격의 총체적 태도, 방향을 말하는 것입니다. 이미 예수님 공생애 사역의 일성(一聲)이 "회개하라 천국이 가까이 왔느니라"(마 4:17)였습니다. 즉, 하나님 나라를 향해 돌이키라, 방향을 전환하라는 것입니다. 탕자를 보십시오. 그가 울었기 때문에 회개인 것이 아니라, 방향을 바꾸었기 때문에 회개입니다. '먼 나라로 가서'에서 '아버지 집'으로 방향 전환을 했습니다. '아들이니 유산을 달라'에서 지금부터는 아버지의 아들이라 일컬음을 감당치 못하겠으니 "품꾼의 하나로 보소서"(눅 15:19)라고 하며 태도 전환을 했습니다.

어떤 이들은 눈물 흘리고 몇 가지의 죄를 나열하면 그것으로 회개했다고 생각합니다. 그러나 회개는 그러한 것이 아닙니다. 누가복음 23장 30절에 예수님께서 "그때에 사람이 산들을 대하여 우리 위에 무너지라 하며 작은 산들을 대하여 우리를 덮으라 하리라"라고 했는데, 산이 사람 위에 무너지고 사람을 덮치면 어찌 되겠습니까? 그렇게 말할지라도 회개는 아닙니다. 자기의 부끄러움을 가리기 위함일 뿐입니다. 아담과 하와도 나뭇잎 치마로 부끄러움을 가리려 했었지만 그것은 회개나 용서 구함이 아니었습니다.

기독교 저술가 달라스 윌라드(Dallas A. Willard, 1935~2013)는 '죄 관리'라는 표현을 씁니다. 전적으로 죄를 포기하지 않고, 하나님께 벌 받지 않을 만큼의 죄를 즐기고 싶어 하는 심리를 꼬집은 것입니다. 그런데 그러다가 마침내 죄의 무게에 눌려 주저앉는 날이 올 수 있습니다. 하나님께서 벌 주시지 않아도 제풀에 짓눌려 버리는 것입니다. 죄는 내가 관리할 수 있는 대상이 아니기 때문입니다. 죄는 도리어 자랍니다. "죄가 장성한즉 사망"이라고 했습니다. 죄는 한 번 들어앉은 숙주에서 자라나는 유기체와 같습니다. 숙주가 죽을 때까지 자라는 것을 멈추지 않습니다. 그리고는 왕 노릇합니다. 숙주인 그 사람이 죽을 때까지 놓아주지 않습니다.

매듭을 푸는 삶

부활하신 예수님은 제자들에게 "너희가 뉘 죄든지 사하면 사하여질 것이요 뉘 죄든지 그대로 두면 그대로 있으리라"(요 20:23)고 하셨습니다. 그런데 엄밀히 말하면, 죄 용서는 하나님만이 하실 수 있는 것 아니겠습니까? 그런데 예수님께서 이 엄청난 말씀을 주신 이유가 무엇일까요? 예수님은 앞서 이렇게 행동하시며 말씀하셨죠. "저희를 향하사 숨을 내쉬며 가라사대 성령을 받으라"(요 20:22). 성령 받은 사람은 그냥 개인이 아닙니다. 예수님은 성령을 받으라 말씀하시기에 앞서서 "아버지께서 나를 보내신 것같이 나도 너희를 보내노라"(요 20:21) 말씀하십니다.

예수님은 갈릴리 회당들에서 이사야 두루마리를 펼치시고 낭독하셨습니다. "주의 성령이 내게 임하셨으니 이는 가난한 자에게 복음을 전하게 하시려고 내게 기름을 부으시고 나를 보내사 포로 된 자에게 자유를, 눈먼 자에게 다시 보게 함을 전파하며 눌린 자를 자유롭게 하고 주의 은혜의 해를 전파하게 하려 하심이라"(눅 4:18-19; 사 61:1 참조). 그리고 이사야 두루마리에 없는 말씀을 하셨습니다. "이 글이 오늘 너희 귀에 응하였느니라"(눅 4:21). 세상은 온통 첫 번째 아담 아래 매여 있었습니다. 즉 두려움에 절어 있다는 것입니다. 예수님은 제자들을 바로 이 죄악에 묶인 사람들을 푸는 자로 보내신 것입니다. 죄 사함의 능력은 분명 성령으로부터 나오는 것입니다.

하나님께서 동산 나무 사이에 숨은 아담에게 "네가 어디 있느냐" 부르셔서, 아담은 "내가 … 두려워하여 숨었나이다"(창 3:10)라고 대답했습니다. 하나님은 가인에게 "네 아우 아벨이 어디 있느냐, 네가 무엇을 하였느냐" 물으셔서, 가인은 "내 죄벌이 너무 중하여"(창 4:13)라고 말했습니다. 하나님께서 가인에게 무슨 중한 죄벌을 내리셨나요? 이는 죄가 가져온 두려움에 머리를 쥐어뜯고 있는 형편인 것입니다. 그 두려움의 끝에 가인은 하나님께 이렇게 말합니다. "나를 만나는 자마다 나를 죽이겠나이다"(창 4:14). 즉, 죄는 두려움을 낳고, 두려움은 사람을 옴짝달싹도 못하게 만듭니다. 죄로 인한 두려움에 떠는 세상 속으로 예수님의 보냄을 받은 성령 받은 제자들이 들어가는 것입니다. 그래서 요한 사도는 말합니다. "그의 성령을 우리에게 주시므로 … 아버지가 아들을 세상의 구주로 보내신 것을 우리가 보았고 또 증언하노니 … 하나님이 우리를 사랑하시는 사랑을 우리가 알고 믿었노니 하나님은 사랑이시라 … 사랑 안에 두려움이 없고 온전한 사랑이 두려움을 내쫓나니 두려움에는 형벌이 있음이라"(요일 4:13~18).

　'용서하다'라는 말은 '풀다'라는 말입니다. 죄로 인해 묶인 매듭을 푸는 것입니다. 우리가 용서로써 죄의 매듭을 풀면 풀리고, 용서하지 않으면 죄의 매듭이 그대로 있습니다. 우리가 깨어 있지 않으면 매일 매듭을 만들며 살게 됩니다. 분노가 강하면 강할수록 매듭은 굵고 단단해집니다. 그 스스로 묶은 매듭에 결국은 자신이 묶여 버립니다. 지배당하게 됩니다. 매듭을 끌어당기는 대로 갈 수밖에 없습니다. 그 분노를 표출함으로 상대방들과도 계속 매듭을 짓고, 그 분노가 가중됩니다. 매듭을 푸는 인생과 매듭을 묶는 인생 중 어느 인생으로 사셨습니까? 또 앞으로 어느 인생으로 사시겠습니까?

　아시시의 프란체스코(Francesco d'Assisi, 1182~1226)의 시로 널리 알려져 있으나, 실은 1925년 미국 일리노이주 시카고에서 열린 가톨릭 성체(聖體) 대회에서 처음 발표된 시가 있습니다. 프란체스코의 사상을 담고 있어서 프란체스코의 시로 불립니다. 누가 지었던 간에, 그 내용만큼은 꼭 살펴볼 만합니다.

　주여, 나를 평화의 도구로 써 주소서.

　미움이 있는 곳에 사랑을 심게 하시고,

　상처가 있는 곳에 용서를,

　의심이 있는 곳에 믿음을,

　절망이 있는 곳에 희망을,

　어둠이 있는 곳에 광명을,

　슬픔이 있는 곳에 기쁨을 심게 하소서.

　오, 거룩하신 하느님, 위로받기보다는 위로하게 하시고,

이해받기보다는 이해하며,

사랑받기보다는 사랑하게 하소서.

이는 우리가 받은 것을 주어야 하며,

용서받은 것을 용서해야 하기 때문입니다.

이로써 영생으로 다시 태어날 것이기 때문입니다.[14]

하나님 얼굴 보여 주기

야곱은 형 에서의 얼굴에서 하나님의 얼굴을 보았습니다. 어떻게 사람의 얼굴에서 하나님의 얼굴을 보았을까요? 4백 인을 이끌고 온 에서가 야곱을 만나는 장면은 가식적인 모습이라고 할 수 없습니다(창 33:4).[15] 마치 〈잃어버린 30년〉 특집 방송에서 이산가족 해후의 장면 혹은 남북 이산가족 상봉 모습과 방불합니다. 결코 철천지원수가 외나무다리에서 만난 장면이 아니었습니다.

에서의 모습은 마치 누가복음에서 탕자를 맞이했던 아버지의 모습과 방불합니다. 야곱은 그런 에서의 얼굴에서 하나님의 얼굴을 본 것입니다. 30년 전 삼촌 집으로 도망가기 전에 보았던 형의 얼굴, 살기가 등등하게 느껴지는 얼굴과는 전혀 딴판이었습니다. 오죽하면 리브가가 위험을 감지하고 둘째 아들 야곱을 오빠 라반 집으로 빼돌렸겠습니까. 30년이 지나 야곱은 이제 용서하고 화해하는 에서의 얼굴에서 하나님 얼굴을 보았습니다.

---

14 마크 갈리, 『성 프란체스코』, 이은재 옮김 (서울: 예경, 2006), 185-186.
15 [창 33:4] 에서가 달려와서 그를 맞이하여 안고 목을 어긋맞추어 그와 입맞추고 서로 우니라

한편 사울 왕의 얼굴에서 사람들은 악신을 보았습니다. 반드시 다윗의 피를 보고야 말겠다는 사울 왕의 얼굴은 악신의 얼굴이었습니다. 그러나 돌에 맞아 죽는 스데반 집사의 얼굴은 천사의 얼굴이었습니다. 죽는 순간조차 하나님께 가해자요, 악신의 얼굴을 한 자들을 위해 용서를 구하는 스데반 집사의 얼굴은 천상의 얼굴이었습니다. 가해자들은 분노와 복수심으로 악에 받친 스데반의 얼굴을 본 것이 아니라, 가해자를 긍휼히 여기며 용서를 구하는 스데반의 얼굴에 더 소름이 돋았습니다.

예수님은 나를 본 자는 아버지를 본다고 하셨습니다. 예수님은 어떤 분이십니까? 화평하게, 화목하게 하시는 분이십니다. 우리를 아버지께 나아가게 하십니다(엡 2:14-18). 그래서 바울 사도는 하나님 나라를 기업으로 얻지 못하는 사람들에 대해서 "음행과 더러운 것과 호색과 우상 숭배와 주술과 원수 맺는 것과 분쟁과 시기와 분냄과 당 짓는 것과 분열함과 이단과 투기와 술 취함과 방탕함과 또 그와 같은 것들"(갈 5:19-21)을 행한다고 했습니다. 누가 이런 얼굴에서 하나님의 얼굴을 볼 수 있겠습니까.

우리는 세상에서 일흔 번씩 일곱 번이라는 용서함을 통해, 사랑과 희락과 화평과 오래 참음과 자비와 양선과 충성과 온유와 절제와 같은 것을 통해 하나님 얼굴을 보게 하는 하나님의 자녀입니다. 마음이 청결한 하나님의 자녀는 하나님의 형상이기 때문입니다.

자기기만(子器欺瞞)의 사슬 끊기

우리가 만일 주님께서 가르쳐 주신 기도를 통해서 다른 사람을 용서해야 함에 관해 많이 생각하면서도, 정작 나 자신 또한 용서받아야 하는 사람임을 생각하지 않고 있다면, 그것은 조화롭지 못한 것입니다. 만약 다른 사람을 잘 용서하고 치유되기를 도우면서도, 자기 자신은 도무지 용서받으려 하지 않는다면, 그것이야말로 가장 위험한 영적 함정에 빠지는 것이며 영적 자만인 것입니다.

예전에는 그리스도인, 예수쟁이라고 하면 '술 마시지 않고, 담배 안 피우고, 제사 안 드리고' 하는 것으로 대표되었습니다. 그래서 그 주초 등의 문제에 거리낌이 없으면 마치 그리스도인의 본분을 다한 것처럼 뿌듯했습니다. 하지만 그런 정도라면, 유대인들이 손을 씻는 문제에 집착하는 정도와 다를 바가 없습니다. 도리어 영적 자만으로 돌아온다는 것입니다.

우리가 죄를 고백하고 용서받을 때, 자기 자신이 아닌 살아 계시는 하나님 앞에 죄를 고백하고 용서받는다는 확신을, 누가 우리에게 줄까요? 이 확신은 하나님께서 우리 형제를 통해서 우리에게 주십니다. 우리 형제는 자기기만(自己欺瞞)의 사슬을 끊어 줍니다. "누구든지 하나님을 사랑하노라 하고 그 형제를 미워하면 이는 거짓말하는 자니 보는 바 그 형제를 사랑하지 아니하는 자는 보지 못하는 바 하나님을 사랑할 수 없느니라 우리가 이 계명을 주께 받았나니 하나님을 사랑하는 자는 또한 그 형제를 사랑할지니라"(요일 4:20-21)

형제 앞에서 자기 죄를 고백하는 사람은 이미 홀로 있는 사람이 아니라는 것을 알고, 다른 사람의 실재(實在) 앞에서 하나님의 임재를 체험합니다. 내가 혼자서 내 죄를 고백하는 한, 모든 것은 어두움에 덮여 있을 것입니다. 다윗은 우리아의 아내와 간음 후, 임신 소식을 듣고는 우리아를 사지로 몰아넣어 죽도록 만들었습니다. 그리고는 아무 일도 없었던 듯이 우리아의 아내를 데려와 아내로 삼아 완전 범죄를 꿈꾸었습니다. 그때 느닷없이 나단 선지자가 찾아와 다윗의 죄를 지적합니다. 다윗은 나단 앞에서 "내가 여호와께 죄를 범하였노라"(삼하 12:13)라고 고백합니다.

영화 〈밀양〉 이야기를 좀 더 해 보겠습니다. 유괴 살인범은 자신의 죄를 누구에게 고백하고 빌지 않았습니까? 자기가 유괴하고 살해한 아이, 준이의 엄마 신애에게 용서를 구하지 않았습니다. 그녀가 용서하든 용서하지 않든, 준이 엄마에게 죽을 때까지 죄를 고백해야 합니다. 일흔 번씩 일곱 번까지. 그녀에게는 죄의 용서를 구하지 않은 채 하나님께서 용서해 주셨다고 말하는 것은 성경이 말하는 용서가 아닌 것입니다. 윌리엄 에드거(William Edgar, 1944~)교수는 프란시스 쉐퍼가 말하는 그리스도인의 삶 가운데 용서를 구함과 용서함보다 더 훌륭한 가시적인 사랑은 없다고 말합니다.

프랜은 "잘못했어요"라고 말하는 것보다 더 훌륭한 가시적인 사랑은 없다고 말한다. 그리고 그렇게 말하는 것보다 더 힘든 일이 하나 있다. 그것은 바로 용서하는 것이다. … 프랜은 자신이 그들에게 잘못을 저질렀다고 믿었던 여러 사람들에게, 즉 자기가 영적인 위기를 겪기 전에 – 그 위기를 겪는 동안 그는 자기가 예전에 교단에 소속되어 활동할 때 사랑이 부족했었음을 깨닫게 되었다. –자신의 불친절 때문에 고통을 당했던 사람들에게 용서를 구하는 편지를 썼다. 용서는 아주 중요한 문제다. 쉐퍼는 … "우리는 주님께서 우리에게, 마치 우리가 다른 이들을 용서할 때처럼, 우리와 그분의 교제라는 현실을 경험하게 해 주시기를 청한다." 쉐퍼는 다른 이가 먼저 첫걸음을 떼어 주기를 기다릴 필요가 없다고 말한다. 우리는 어떻게든 용서의 정신을 가져야만 한다. 그리고 오직 그리스도인들을 향해서만 그렇게 해서는 안 된다. 참된 용서는 하나의 태도이며, 그것은 관찰될 수 있다. 세상은 그것을 바라보고 있으며, 따라서 그리스도인들이 실

질적인 사랑을 드러내고 있는지 아닌지를 판단할 수 있다.[16]

야고보 사도는 "그러므로 너희 죄를 서로 고백하며 병이 낫기를 위하여 서로 기도하라"(약 5:16)고 했습니다. 우리의 죄에 대해 용서를 구할 마음, 즉 회개는 단순히 죄책감이 들기 때문에 하는 것은 아닙니다. 많은 사람이 죄책감이 든다고 해서 회개하지 않습니다. 회개할 마음과 죄책감은 같은 것이 아닙니다. 그런 근본적인 원인으로 인하여 생긴 각종 몸과 마음의 병들을 그저 질환으로만 여기고 치료를 받기 위해 병원을 찾아가는 것만으로 다 되는 것도 아니요, 그에 따른 법정 형량을 살았다고 해서 가벼워지는 것도 아닙니다.

인생의 리셋은 용서로부터

용서란, 가도록 허락함이요, 석방함이며, 탕감으로 풀이될 수 있습니다. 예수님은 모든 유대인들이 '희년'(요벨, יוֹבֵל, 레 25장 참조)을 실행하도록 권고받았던 것처럼, 빚을 탕감하고 해방하고 용서하라고 제자들에게 말씀하셨습니다. 비록 어떤 사람이든 빚을 아무리 많이 지고 있다하더라도, 희년이 되면 그것은 청산되어지고, 그 기록이 깨끗하게 지워지면, 모든 사람은 새롭게 시작할 수 있다고 말입니다. 예수님은 사역 시작에 갈릴리 회당들에서 이사야 두루마리에서의 특별한 한 부분을 찾으셨습니다. 사람들은 숨죽이며 예수님의 한 동작 한 동작을 주목했고, 드디어 예수님은 두루마리 한 부분, 성경을 펼치시고 읽으십니다. 단순 봉독이 아니라 선포입니다. "주의 성령이 내게 임하셨으니 이는 가난한 자에게 복

---

16 윌리엄 에드거, 『쉐퍼가 말하는 그리스도인의 삶』, 김광남 옮김 (서울: 아바서원, 2015), 228-229.

음을 전하게 하시려고 내게 기름을 부으시고 나를 보내사 포로 된 자에게 자유를, 눈 먼 자에게 다시 보게 함을 전파하며 눌린 자를 자유롭게 하고 주의 은혜의 해를 전파하게 하려 하심이라 하였더라"(눅 4:18-19)

그렇습니다. 예수님께서 우리에게 가르쳐 주신 기도는 참으로 희년의 선포이며 응답의 기도입니다. '하나님 나라가 임하면 우리는 영원한 희년에 들어간다. 그 때에 빚을 탕감받고, 죄인들이 자유를 얻고, 땅은 가난한 자에게 다시 돌아가고, 모든 것이 바로 놓이며 모든 사람들이 새롭게 시작하게 되는 것이다.'라고 말씀하시는 것과 같습니다.

"심령이 가난한 자는 복이 있나니 천국이 그들의 것임이요 애통하는 자는 복이 있나니 그들이 위로를 받을 것임이요 온유한 자는 복이 있나니 그들이 땅을 기업으로 받을 것임이요 의에 주리고 목마른 자는 복이 있나니 그들이 배부를 것임이요 긍휼히 여기는 자는 복이 있나니 그들이 긍휼히 여김을 받을 것임이요 마음이 청결한 자는 복이 있나니 그들이 하나님을 볼 것임이요 화평하게 하는 자는 복이 있나니 그들이 하나님의 아들이라 일컬음을 받을 것임이요 의를 위하여 박해를 받은 자는 복이 있나니 천국이 그들의 것임이라 나로 말미암아 너희를 욕하고 박해하고 거짓으로 너희를 거슬러 모든 악한 말을 할 때에는 너희에게 복이 있나니 기뻐하고 즐거워하라 하늘에서 너희의 상이 큼이라 너희 전에 있던 선지자들도 이같이 박해하였느니라"(마 5:3-12)

더욱이 예수님께서는 모세 율법을 성취하고 거기에 더 깊은 의미를 부여하셔서 "눈은 눈으로, 이는 이로 갚으라 하였다는 것을 너희가 들었으나 나는 너희에게 이르노니 악한 자를 대적하지 말라 누구든지 네 오른편 뺨을 치거든 왼편도 돌려 대며"(마 5:38-39)라고 말씀하십니다.

"눈에는 눈, 이에는 이"라는 정확한 분량에 대해 대갚음하는 것으로써 예수님은 적극적인 용서로 나아가십니다. 바울이 이해했듯이 "그리스도 안에서 너희를 용서하시는" 하나님처럼(엡 4:32), 서로 용서해야 하는 것입니다. 용서는 희년의 선포이며, 다시 새롭게 시작하는 것입니다. 인생의 리셋은 용서로부터입니다.

1. 우리 자신의 용서에 대한 경험, 또는 보복에 대한 경험을 나누어 봅시다. 용서와 보복의 차이는 무엇일까요? 용서했을 때의 영향과 보복했을 때의 영향은 어떠할까요?

2. 법만으로 세상이 유지되거나 성숙해 갈 수 있을까요? 법을 위반하지 않고서, 법을 어기면 형벌을 정확히 묻는 것만으로 공동체 생활이 가능할까요? 그렇지 않다면 세상에는 무엇이 더 필요할까요?

3. '용서 매몰 비용의 함정'이란 무엇인가요? 우리 자신도 정말 용서가 안 되는 사람이 있나요? 정말 용서가 안 되는 이유가 무엇인가요? 반대로, 우리 자신이 여전히 용서받지 못하고 있는 것은 없나요? 있다면 얼마나 용서를 구해 보셨나요? 일흔 번씩 일곱 번이라도 용서를 구해 보셨나요?

4. 누군가 나에게 "교회 다니시는군요!" 또는 "목사님(집사님)이시죠?"라고 하는 말을 들어 본 적이 있나요? 그 말의 의미가 부정적이었나요, 긍정적이었나요? 왜 그런 말을 들었었나요?

제12강

우리를 시험에 들게 하지 마시옵고

에덴의 시험

첫 인류 아담의 인생은 완벽한 삶이었다고 보여집니다. 특별히 조성된 에덴 정원에서 "내 뼈 중의 뼈요 살 중의 살"(창 2:23)인 하와와 함께 살다니, 정말 노랫말처럼 그대로 저 푸른 초원 위에 그림 같은 집을 짓고서 사랑하는 우리 님과의 행복한 삶이 아니었을까요?

그러나 그토록 완벽한 인생인 것 같은 아담의 삶에도 시험은 있었습니다. 뱀이 처음에는 하와에게 접근하였지만 결국 그 시험은 아담에게로 옮겨 왔습니다. 하와는 선악을 알게 하는 나무의 실과를 따먹고 자기와 함께한 남편 아담에게도 주었습니다(창 3:6). 이렇게 좋은, "먹음직도 하고 보암직도 하고 지혜롭게 할 만큼 탐스럽기도 한 나무"의 열매를 어찌 혼자만 만끽할 수 있단 말인가! 이 얼마나 애틋한 사랑입니까. "자기 아~ 해 봐", "자기 한 입~ 나 한 입~" ^^

하지만 아담도 하와도 이 시험에서 미끄러졌습니다. 낙방했습니다. 아니, 낙방이나 유급 정도가 아니라, 이제 사망이 왕 노릇하게 되었습니다.

319
제12강 · 우리를 시험에 들게 하지 마시옵고

그래서 모든 피조물은 이제까지 함께 탄식하며 고통당하고 있습니다(롬 8:22). 이 시험에서 아담과 하와는 돌이킬 수 없는 죄를 지었습니다. 시간을 돌려보면, 뱀이 하와에게 이렇게 치근덕댔습니다. "너희가 결코 죽지 아니하리라 너희가 그것을 먹는 날에는 너희 눈이 밝아져 하나님과 같이 되어 선악을 알 줄 하나님이 아심이니라"(창 3:4-5). 간교한 뱀이 말하는 것은 '첫째, 하나님은 거짓말쟁이다. 먹어도 죽지 않는다. 둘째, 하나님은 너희가 하나님과 같이 되는 것을 원치 않는다. 하나님은 너희 눈을 어둡게 만들었다. 실상을 보지 못하게 한다. 마치 가상의 세계에 살게 한다. 실제 하기는 하지만 진실과 진짜는 아니다. 진짜 삶을 찾아라. 그리고 살아라!'라고 속삭이는 셈이었습니다.

영화 〈트루먼 쇼〉의 주인공 트루먼과 같이 날 때부터 평생을 거대한 세트장 안에서 설계되고 조작된 세계에 살고 있는 것처럼 말입니다. 제작자와 모든 출연진, 심지어 그의 아내, 그리고 220개국 17억 시청자들도 다 아는 사실을 트루먼만 모르고 있는 것처럼, 하나님의 본심을 누구도 모른다는 것입니까? 뱀은 말합니다. 아담과 하와, 너희만 모르고 있다고. 하지만 뱀의 이 거짓말은 매우 치명적인 거짓말이었습니다. 생명이 걸린 문제였기 때문입니다. "너희가 결코 죽지 아니하리라"(창 3:4). 그뿐만이 아닙니다. "너희가 그것을 먹는 날에는 너희 눈이 밝아 하나님과 같이 되어 선악을 알 줄..."(창 3:5). 선악을 알게 된다는 것입니다. 하와는 선악을 알게 하는 나무를 보고 너무 탐이 났습니다(창 3:6).

정치 과학자 로베르타 월스테터(Roberta Wohlstetter, 1912~2007)는 1936년 영·독 해군 협정을 위반한 독일의 사례를 거론하면서, 속이는 사람과 속는 사람의 관계에는 그만한 이유가 존재한다고 결론을 내립니다.

속이는 사람과 속는 사람의 관계가 지속될 수 있는 것은 그만한 이유가 존재하기 때문이다. 그들 모두 협정이 깨지지를 않았다는 착각에 빠질 필요가 있었다. 군비 경쟁을 두려워하던 영국은 히틀러에게 교묘하게 흘려 해군 협정을 맺었고, 프랑스나 이탈리아와 상의도 하지 않은 채 베르사유 조약 내용이 바뀌는 것을 묵인했다. 군비 경쟁을 우려하던 런던은 새로운 협정이 위반되었다는 사실을 깨닫지도, 인정하려 들지도 않았다.[1]

속이는 사람과 속는 사람의 관계가 지속될 수 있는 그만한 이유가 존재하는 것처럼, 뱀은 속여야 하는 이유가 있고, 하와와 아담은 뱀이 말한 대로 "죽지 아니하리라"는 말을 믿고 싶어야 하는 이유가 있었습니다. 결국, 선악과를 먹는 것으로 하나님의 명령을 어긴 것은 아니라는, 어이없는 죄를 저지르는 데까지 이른 것입니다.

분명 하나님은 아담과 하와를 위해서 에덴을 창설하시고 "보시기에 아름답고 먹기에 좋은 나무가 나게"(창 2:9) 하셨습니다. 게다가 "그것을 다스리며 지키게 하시고"(창 2:15), 그들에게 각종 나무의 과실을 임의대로 먹을 수 있게 하셨습니다. 그런데 이토록 완벽한 삶에서 아담과 하와는 시험에 넘어집니다. 첫 사람 아담에게서 말입니다.

우리 또한 형편이 좋아지면, 상황이 나아지면, 신앙생활을 훨씬 더 잘할 수 있을 것 같지만, 그것은 '허상(虛像)'입니다. 그렇게 따지면 아담과 하와가 지상 최고의 신앙인이어야 맞지 않습니까? 그런데 아니잖습니까. 그럼에도 자꾸 자기 상황과 현실을 핑계 삼아, 그것 때문에 내 신앙이 그저 그렇다거나, 상황과 현실이 좋아지면 내 신앙도 좋아질 수 있다고 말하는 것은 근거가 너무 희박한 주장인 것입니다. 이스라엘 백성은 광야

---

1   폴 에크먼, 『텔링 라이즈』, 황상민 옮김 (서울: 한국경제신문, 2017), 18.

길을 걸으면서 반석에서 물이 나고, 만나를 먹으며, 메추라기를 먹었어도 불평불만이 멈추질 않았습니다. 약속의 땅 가나안에 들어가서 파지 않은 우물을 얻고, 심지 않은 과수원을 얻고, 짓지 않은 집을 얻었어도 그들의 신앙은 좋아지지 않았습니다. 그러면 알아야죠. 신앙은 물질적 풍요로움이나 안락함으로 좋아지는 것이 아니며, 욕구 충족으로써 신앙이 성숙해지지 않는다는 것을요.

모세는 이스라엘 백성이 광야 생활 속에서 겪은 여러 가지 부분들의 까닭에 대해 이렇게 설교합니다. "너를 낮추시며 너를 주리게 하시며 또 너도 알지 못하며 네 조상들도 알지 못하던 만나를 네게 먹이신 것은 사람이 떡으로만 사는 것이 아니요 여호와의 입에서 나오는 모든 말씀으로 사는 줄을 네가 알게 하려 하심이니라"(신 8:3).

예수님께서 받으신 시험은 욕심 때문이 아니다

그럼 이제 하나님의 독생자 예수님에게도 시험이 있었는지를 살펴봐야겠죠. 야고보 사도가 밝히 말하듯이 하나님은 악에게 시험을 받지 아니하시고 친히 아무도 시험하지 않으십니다(약 1:13). 그럼에도 불구하고 하나님의 아들이신 예수님은 두 번째 아담으로 오셔서 시험을 받으셨습니다. 그 시험받으심을 공관복음은 이렇게 기록합니다.

"그때에 예수께서 성령에게 이끌리어 마귀에게 시험을 받으러 광야로 가사"(마 4:1).

"성령이 곧 예수를 광야로 몰아내신지라 광야에서 사십 일을 계셔서 사탄에게 시험을 받으시며"(막 1:12-13)

"예수께서 성령의 충만함을 입어 요단강에서 돌아오사 광야에서 사십

일 동안 성령에게 이끌리시며 마귀에게 시험을 받으시더라"(눅 4:1-2)

자크 엘륄(Jacques Ellul, 1912~1994)은 시험으로 끌고 가는 자는 언제나 동일한 원수 마귀라고 말합니다.

> 예수를 시험하고 그에게 시험의 풍랑을 겪도록 하는 이가 하나님 그의 아버지가 아니라고 하는 사실을 다시 상기할 필요가 있겠는가? 인간적이지 않은 시험이란 없다. 예수의 경우도 그렇다. … 그에게는 시험의 뿌리들이 있으나 다만 그가 결코 넘어가지 않은 것뿐이다. … 곧 모든 형태 하에서 오직 하나의 목적 – 인간 예수가 하나님처럼 되기를 원했던 아담의 행위를 되풀이하면서 하나님의 자리를 찬탈하는 것 – 을 겨냥하는 이 시험을 이기는 방법이다. … 게다가 바로 이것이 바울이 빌립보의 유명한 구절에서 말하고자 하는 것이다. "하나님과 동등됨을 취할 것으로 여기지 아니하시고" 그러므로 그는 이 궁극적인 시험을 알고 있었다. 그를 이 시험으로 끌고 가는 자는 언제나 동일한 원수 마귀다.[2]

자크 엘륄은 예수님에게도 아담과 같은 시험의 뿌리, 즉 하나님의 자리를 찬탈하려는 마음이 있는 것처럼 말하지만, 이는 사실이 아닙니다. 사탄은 예수님에게 아담에게 시험했던 방식대로 동일하게 접근하여 예수님을 넘어뜨리려고 하지만, 예수님은 아담과 같지 않습니다. 오히려 시험의 뿌리가 동일한 것은 사탄일 뿐입니다. 야고보 사도는 말합니다. "오직 각 사람이 시험을 받는 것은 자기 욕심에 끌려 미혹됨이니 욕심이 잉태한즉 죄를 낳고 죄가 장성한즉 사망을 낳느니라"(약 1:14-15).

예수님은 온전한 하나님이기도 하시고, 온전한 사람이기도 하십니다.

---

2   자크 엘륄, 『인간 예수』, 박건택 옮김 (서울: 엠마오, 1993), 75.

예수님은 하나님이시기에 시험받지 않으시지만, 또한 온전한 사람이시기에 시험을 받으십니다. 따라서 "모든 일에 우리와 똑같이 시험을 받으신 이로되 죄는 없으시니라"(히 4:15)고 말씀하는 것입니다.

그러면, 욕심도 없고 죄도 없으신데 왜 시험을 받으시느냐? "우리에게 있는 대제사장은 우리의 연약함을 동정하지 못하실 이가 아니"(히 4:15)기 때문입니다. 그리고 예수님은 참 사람으로서 친히 시험 받으사 고난을 당하셨기에, 시험받는 자들을 능히 도우시려는 것이었습니다(히 2:18). 예수님은 시험당하여 고통 중에 빠진 사람들을 한심해 하거나, 답답해 하거나, 무시하지 않으셨습니다. 그들의 고통에 함께하시며 도우시는 분이셨습니다.

시험이란

공관복음서 모두 예수님께서 시험받으셨다고 증거합니다. 그런데 의아한 부분이 있습니다. 공관복음 모두 예수님께서 광야로 가실 때, '성령'이 주도하셨다고 밝힙니다. 그렇다면, 성령이 충만해도 시험은 있다, 없다? 있습니다. 이 점을 명심해야 합니다. 시험이란 무엇입니까? '시험하다'는 헬라어로 '페이라조'(πειραξω)입니다. 이 단어는 '시험'이라는 의미도 있지만, 또한 '증거'라는 의미도 있습니다. 이는 언뜻 전혀 다른 의미로 보일 수 있지만 실은 같은 선상에 있습니다.

어느 학생이 이렇게 말했습니다. "선생님, 저는 선생님이 하시는 말씀다 알아요. 저는 더 안 들어도 되고, 복습도 안 해도 돼요. 이미 다 알거든요." 그렇다면 이 학생의 말처럼 "선생님, 저는 다 알아요."를 무엇으로 증명할까요? 시험이죠. 시험을 치루면 나타납니다. 진짜 아는 건지, 말로

만 안다고 한 것인지 말입니다.

10살 된 초등생이 몰래 엄마 차를 끌고 나가 차량 10대를 파손하는 대형 사고를 저질렀습니다. 이 10살짜리 초등생은 어디서 이 대범함과 담대함과 용맹함, 그리고 자신감이 철철 넘칠 수 있었던 것일까요? 당연히 운전을 해본 경험입니다. 그것도 엄청 많이요. 심지어 이 어린이는 숙련된 경주용 자동차 레이서였습니다. 다만 그 경험치와 숙련도, 능수능란한 운전 경력이 컴퓨터 자동차 게임이라는 것이 문제입니다. 이 아이는 자신이 자동차 게임에서도 운전을 잘하니 어디서도 잘할 것이라고 여겼습니까, 겁도 없이? 실물 자동차로 실세계를 운전하는 것도 잘할 것이라. 그러나 게임과 실제는 같습니까, 다릅니까? 달라도 너무 다릅니다. 신앙생활도 마찬가지 아니겠습니까?

칼뱅은 "하나님의 방식은 사탄과 다르다. 사탄은 멸망시키고, 저주하고, 욕하고, 넘어뜨리기 위해 시험(유혹)한다. 그러나 하나님께서는 그의 자녀들을 증명하고 연단하기 위해 시험하신다. … 하나님은 시험 주실 때에는 피할 길도 주셔서, 자기 백성이 하나님께로부터 오는 그 모든 것들을 꾸준히 참아낼 수 있도록 하신다."라고 했습니다.[3] 또 베드로 사도는 "주께서 경건한 자는 시험에서 건지실 줄 아시고 불의한 자는 형벌 아래에 두어 심판 날까지 지키시며 특별히 육체를 따라 더러운 정욕 가운데서 행하며 주관하는 이를 멸시하는 자들에게는 형벌할 줄 아시느니라"(벧후 2:9-10a)라고 했습니다.

다윗은 이렇게 기도했습니다. "하나님이여 나를 살피사 내 마음을 아시며 나를 시험하사 내 뜻을 아옵소서 내게 무슨 악한 행위가 있나 보시고 나를 영원한 길로 인도하소서"(시 139:23-24). 다윗이 내 뜻을 알아달라

---

3 존 칼빈, 『기독교강요 초판』, 양낙흥 옮김 (고양: 크리스챤다이제스트, 2001), 177.

고 하나님께 어떻게 표현했습니까? 가슴을 열어서 보여 줄 수는 없고, 그렇다고 200자 원고지 30매로 빽빽하게 쓴 것도 아니었습니다. 바로 "나를 시험하사"입니다. 억울하게 죄를 뒤집어쓴 사람이 수사관에게 이렇게 무죄를 항변하며 말합니다. 뭐라도 받겠다고요? 거짓말 탐지기 검사라도 받겠다. 다윗의 이 기도는 거짓말 탐지기 정도와는 비교할 수 없을 정도로 엄청난 것입니다. "나를 시험하사 내 뜻을 아옵소서"이니까 말입니다.

시험 없이 하나님을 섬길 수 있는 곳은 없다

예수님께서 마귀에게 시험받으시기 전 상황을 꼭 알아야 합니다. 그래야 이 시험의 의미가 더 분명해집니다. 이 앞 상황에서 예수님은 세례를 받으시고 하늘에서 "이는 내 사랑하는 아들이요 내 기뻐하는 자라"(마 3:17; 막 1:11; 눅 3:22)라는 음성을 들으십니다. 그리고나서? 예수님은 황금 왕관을 머리에 쓰시고, 백마를 타고, 보좌에 올라앉으셨나요? 천군 천사들은 나팔을 울려 대고, 화동들이 꽃을 뿌리고, 여인들은 화음을 넣어 가며 '하나님의 아들 예수시여 만만세'를 외쳐 댔나요? 아니요. 다만 예수님은 성령에 이끌려 광야로 나가셔서 40일을 금식하시고, 마귀에게 시험을 받으셨습니다. 그 시험은 번민이나 고난 없이도, 즉 십자가 없이도 왕국을 세울 수 있다는 유혹으로 다가왔습니다.

이를 우리에게로 옮겨 왔을 때, "영접하는 자 곧 그 이름을 믿는 자들에게는 하나님의 자녀가 되는 권세를 주셨으니"(요 1:12), "너희가 아들이므로 하나님이 그 아들의 영을 우리 마음 가운데 보내사 아빠 아버지라 부르게 "(갈 4:6) 하셨다, 그다음은 무엇이겠습니까? 즉시 주님의 오른편, 왼편에 쪽 도열해 앉아서 천하만국을 호령하는 삶을 사는 것이겠습니까?

그렇지 않다는 것을 우리는 너무도 잘 알고 있습니다. 시험은 우리로 예수님께서 하나님의 아들 되셨음을 의심하게 만듭니다. 그리고 정말 우리가 그 아들을 믿음으로 구원에 이르게 되었다고 확신하고 있는지 끊임없이 그 증명을 요구합니다.

이스라엘은 애굽에서 구원받은 후 안락한 곳에서 여가를 즐기지 않았습니다. 홍해에 유람선, 크루즈 선을 띄우고, 횟집을 차려 먹고 마시며, 여흥을 즐기느라 해 떨어지는 삶을 살지 않았습니다. 이스라엘 백성이 들어간 곳은 광야입니다. 이스라엘 백성은 광야에서 자기가 다 드러납니다. 말뿐 아니라 삶으로 증명되는 곳이 광야입니다. 그렇게 이스라엘은 므리바와 맛사에서 하나님을 시험함으로 자신들의 신앙 수준을 드러냅니다. 이스라엘 자신들의 불신으로 적반하장(賊反荷杖)하여, 오히려 하나님을 시험하려 들었던 것입니다. 하나님 쪽에서 자기를 더 증명해야 하는 것이 아니라 도리어 이스라엘이 증거를 보여 줘야 하는 데도 말입니다.

예수님은 광야에서 시험을 받으실 때 마귀에게 "주 너의 하나님을 시험하지 말라"고 단호하게 말씀하셨습니다. 따라서 시험받을 때, 하나님께서 증명하셔야 하는 것이 아니라, 우리 쪽에서 실력을 증명해야 하는 것입니다. 하지만 그럼에도 불구하고 거꾸로 하는 이들이 적지 않습니다. 만약 그렇다면, 그것은 오늘날 여전히 므리바와 맛사의 사건이 재현되는 것입니다.

예수님께서 대적 마귀에게는 "주 너의 하나님을 시험하지 말라"고 하셨지만, 우리에게는 "우리를 시험에 들게 하지 마시옵고"라고 기도하라고 가르쳐 주십니다. 우리도 아담과 같이, 또는 이스라엘과 같이 동일한 잘못을 저지르지 않아야 하기 때문입니다.

이 세상에서 시험이 없이 하나님을 섬길 수 있는 곳은 아무 데도 없습니다. 지금 우리에게는 순종하거나 불순종할 수 있는 여건과 여지가 있습니다. 하나님은 대신 먹어 주고, 대신 학교에 가 주고, 대신 책 읽어 주고, 대신 싸워 주고, 대신 시험 쳐 주고, 그렇게 해서 자녀가 발육하고 성장하고 성숙하는 기회마저 주지 않는 과잉보호 만능주의 아버지가 아니십니다. 영적인 전족(纏足)을 행하셔서 옴짝달싹도 못하게 하시는 분도 아니십니다. 존 웨슬리는 그의 설교 〈시험에 대하여〉에서 이렇게 말합니다.

> 그러므로 우리는 하나님을 두려워하고 사랑하는 사람들은 시험을 당하지 않는다고 생각해서는 안 됩니다. 그리고 하나님을 사랑하는 사람들이 하나님을 알지 못하는 사람들보다 더 큰 시험을 우리에게 가져다준다 해도 결코 놀라서는 안 됩니다. … "그리스도께서 자유케 하려고 주신 자유 안에서 굳세게 선" 사람들, 진실로 사랑 안에서 온전케 된 사람들도 당신에게 시험의 기회가 될 것입니다. 왜냐하면 그들도 여전히 연약하기 때문입니다.[4]

우리가 육체를 가지고 살아가는 한, 악마는 시험과 유혹으로 우리를 에워쌉니다. 이것은 누구도 피할 수가 없습니다. 이 때문에 우리는 시련당하고 고통받을 수밖에 없습니다. 그러나 마르틴 루터는, 우리가 기도해야 할 것은 시험에 빠져 질식당하지 않도록 간구하는 것[5] 이라고 말하면서, "우리를 시험에 들게 하지 마시옵고"라는 구절은 하나님으로부터 오는 힘과 능력을 구하는 기도이며, 이 힘은 시련에 맞서 싸워 이기게 만든다고 말합니다.

우리가 하나님의 자녀로서 마땅히 고학년으로 올라가면 올라갈수록

---

4 존 웨슬리, 『웨슬리 설교전집 6』, 한국웨슬리학회 편역 (서울: 대한기독교서회, 2015), 314-315.
5 마르틴 루터, 『마르틴 루터 대교리문답』, 최주훈 옮김 (서울: 복 있는 사람, 2020), 277-278.

시험의 난이도는 더욱더 높아질 것입니다. 마르틴 루터는 이렇게 표현합니다.

> 시련당하는 것(느낌)과 시련에 동의하고 굴복하는 것은 엄연히 차원이 다릅니다. 시련은 누구나 당합니다. 그러나 사람마다 종류와 정도의 차이가 존재합니다. 이를테면 청소년은 육의 시험을 크게 느끼고, 성인과 노인은 세상의 시험을 크게 느낍니다. 또한 신앙 깊은 그리스도인처럼 영적인 일에 관여하고 있는 사람이라면, 악마의 시험을 크게 느낍니다.[6]

시험은 밀물과 썰물

시험이 없어지거나 면제될 수는 없습니다. 다만 이를 통해 우리가 하나님 자녀 됨의 성취감과 자존감이 더더욱 높아질 뿐입니다. 하지만 마귀도 쉽게 포기하는 법이 없습니다. 마귀는 예수님께서 시험에 들지 않자, 예수님을 떠납니다. 그런데 아주 떠난 것은 아니었습니다. "마귀가 모든 시험을 다 한 후에 얼마 동안 떠나니라"(눅 4:15). 마르틴 루터는, 그러므로 우리 그리스도인들은 항상 시험에 대비하여 무장하고 깨어 있어야 한다고 말합니다.

> 누구도 악마가 우리에게 멀리 떨어졌다고 말하지 마십시오, 안전하다고 확신하며 안심할 수 있는 이는 아무도 없습니다. 오히려 우리는 악마의 활시위를 대비해야 합니다. 지금 내가 정결하고 인내심도 있고 친절하며 확고한 믿음 가운

---

6   위의 책, 278.

데 있다 하더라도, 악마는 급작스레 내 심장을 과녁으로 삼아 활시위를 당길 것이고, 그러면 나는 그 자리에 더 이상 서 있지 못하게 될 것입니다. 악마는 결코 멈추거나 지치지 않는 원수입니다. 하나의 시련이 그치면 곧바로 또 다른 시련을 만들어냅니다.[7]

마귀의 시험은 썰물처럼 잠시 물러갈 뿐, 이내 밀물처럼 다시 옵니다. 그러나 그렇다고 우리가 오금이 저릴 것까지는 없습니다. 왜냐하면 하나님은 신실하셔서 우리가 감당할 수 없는 시험 당함을 허락하지 않으시고, 시험 당할 때 피할 길을 내셔서 능히 감당하게 하시기 때문입니다(고전 10:13). 하나님은 우리를 악에서 구원하시는 구원자이십니다.

시험과 상관없는 삶은 없다

시험에 들지 않게 해 달라는 기도는 시험과 상관없이 살게 해 달라는 기도가 아닙니다. 우리가 시험에 들지 않게 해 달라는 기도는, 시험을 피하거나 시험과는 아무 상관없는 삶을 살게 해 달라는 것이 아니라, 시험에 걸려 넘어지지 않게 해 달라고 기도하라는 말입니다. 아예 시험에서 헤어 나오지 못하고 허우적거리거나, 신앙마저 포기하는 일이 없도록 기도하라는 것입니다. 마귀가 주는 유혹에 넘어가지 않게 해 달라는 기도인 것이죠.

'시험'(πειρασμον, 페이라스몬)이라는 말은 '시험하다'의 의미인 페이라조(πειράζω)의 명사형으로 히브리어 '마사'(הסמ)의 번역어입니다(신 4:34; 7:19; 29:3). 유혹 혹은 시험의 의미입니다. 시험과 유혹은 믿음을 흔듭니다. 죄

---

7 위의 책, 279.

에 빠지게도 합니다. 주님은 마귀의 유혹을 전제하고 있습니다. 마귀의 유혹이 실제가 아니라면, 이것이 가상이라면 이 기도를 가르쳐 주실 이유가 없습니다. 게다가 주님은 우리에게 그 마귀의 유혹을 이겨낼 힘이 없다는 것을 전제하고 계십니다. 만약 사람인 누군가가 이길 힘이 있거나 합심하여 몰아낼 수 있는 가능성이 있다면, 주님은 이 기도를 주실 이유가 없었을 것입니다.

예수님도 지상에서 시험과는 뗄래야 뗄 수 없는 삶을 사셨는데, 제자인 우리가 어찌 시험을 받지 않을 수 있겠습니까. 그리스도인의 삶은 폭풍과 격랑과 고단함으로부터 안전한 포구에 정박해 있지 않습니다. 바다한가운데 있는 것과 방불합니다. 바람이 없어 노를 젓느라 고되고, 바람이 거세서 위험과 위협을 극복하느라 고됩니다. 바다는 초년에게나 숙련자에게나 고되기는 마찬가지인 것처럼, 신앙의 초보자도 신앙의 경륜자도 삶이 고되기는 마찬가지입니다.

그렇다면 예수님께서 받으신 시험을 통해 우리가 받을 시험도 어떤 성질의 것인지를 살펴볼 수 있습니다. 주님께서 당하신 시험도 근본적으로는 '하나님을 시험'해 보라는 요구입니다. 대놓고 하나님을 욕하라는 것이 아닙니다. 마귀는 첫 시험과 두 번째 시험에서 "네가 만일 하나님의 아들이어든"(마 4:3, 6)이라고 치고 들어갑니다. 예수님은 마귀의 의도를 정확히 꿰뚫어 보셨습니다. 그래서 "주 너의 하나님을 시험하지 말라"(마 4:7)고 말씀하셨습니다. 마귀에게도 하나님은 주인이십니다. 종이 감히 주인을 시험하는 것은 능멸하는 것이며, 악한 것입니다. 예수님의 이 대답은 신명기 말씀(신 6:16)을 그대로 인용하신 것인데, 이로써 신명기의 내용적 의미를 함축하셨습니다.

마귀는 마지막으로 부귀와 명예를 줄 테니 절하라고 합니다. 부와 명예와 권세를 얻기 위해 '우상숭배'하라는 것입니다. 예수님은 "하나님만 경배하고 섬기라"고 딱 잘라 말씀하셨습니다.

바울 사도는 "사람이 감당할 시험 밖에는 너희가 당한 것이 없나니 오직 하나님은 미쁘사 너희가 감당하지 못할 시험 당함을 허락하지 아니하시고 시험 당할 즈음에 또한 피할 길을 내사 너희로 능히 감당하게 하시느니라"(고전 10:13)고 말합니다. 그런데, 그 시험을 말할 때(고전 10:13) 앞 절은 "그런즉 선 줄로 생각하는 자는 넘어질까 조심하라"(고전 10:12)이고, 뒷 절은 "그런즉 내 사랑하는 자들아 우상 숭배하는 일을 피하라"(고전 10:14)입니다.

우리는 과연 어느 때 시험에 들거나 빠지기 쉬울까요? 자기가 선 줄로 생각하고 교만할 때, 우상 숭배할 때, 즉 욕심과 욕망에 사로잡힐 때입니다. 야고보 사도는 "오직 각 사람이 시험을 받는 것은 자기 욕심에 끌려 미혹됨이니"(약 1:14)라고 말합니다.

깨어 있어야 무얼 하지

따라서 예수님은 말씀하십니다. "시험에 들지 않게 깨어 기도하라 마음에는 원이로되 육신이 약하도다"(마 26:41). 혹시 '삼전도의 굴욕'을 아십니까? 1636년 병자년 12월 9일 청나라 군대가 압록강을 건넙니다. '병자호란' 전란의 서막입니다. 1637년 2월 24일(인조15년 1월30일)에 조선의 왕 인조는 청나라 군이 한양에까지 침입해 오자 궁을 버리고 남한산성으로 들어가 청나라에게 대항하지만, 청나라 군의 공격을 버텨내지 못하고 항복하고 맙니다. 그래서 청나라와 굴욕적인 강화를 맺은 사건을 '삼전도의 굴욕'이라고 합니다.

이때 인조 임금은 왕의 옷인 곤룡포가 아니라 평민 복장인 남염의(藍染衣)를 입었습니다. 죄인이라 용포를 입을 수 없다는 용골대의 횡포도 있었고, 용포는 사실 명나라에서 하사받은 것이기 때문에 청나라 용골대 입장에서는 좋을 리가 없었을 것입니다. 인조 임금은 죄인이 되어 삼전도에서 청나라 태종을 향하여 절하면서 머리를 바닥에 여러 차례 찧어 이마에서 피가 흐르는 '삼궤구고두례'라는 생소한 치욕까지 당합니다. 씻을 수 없는 치욕을 당한 것이죠. 인조 개인의 문제가 아니라 조선 전체의 수욕이었습니다. 그런데 이 처참한 삼전도의 현실이 1592년 4월 13일 임진왜란이 일어난 후 45년 만에 일입니다. 임진왜란이 7년 전쟁이니까, 병자호란은 임진왜란이 끝난 후 38년 만에 이 땅에서 벌어진 참극인 것이었습니다. 한 세대가 채 지나기도 전에 다시 벌어진 전란입니다.

임진왜란 후 유성룡은 〈징비록(懲毖錄)〉을 써서 다시는 조선에 이와 같은 비극이 벌어지지 않게 하자고 했으나, 그 경계의 소리는 전쟁이 끝나고 그저 권력을 잡으려는 당파의 소용돌이에 묻혀 버리고, 한 세대 만에 삼전도의 굴욕을 겪은 것입니다.

왕의 이마가 깨진 것이 큰 문제가 아닙니다. 국토가 유린되고, 민초들의 삶은 죽음과 황폐뿐이고, 반복되는 전란이 일어났습니다. 그리고 후에는 일제강점기까지 겪게 되었습니다. 시험에 들지 않기 위해 깨어 있지 않는다면 우리의 개인적 삶은 물론이거니와 우리 신앙도 마찬가지입니다. 우리는 제2차 세계 대전의 한복판에서 히틀러와 나치에 대항했던 헬무트 틸리케의 설교 말씀에 귀를 기울이면 좋겠습니다.

여러분에게 묻습니다. 삶에 존재하는 진짜 위험이 엄습하는 곳은 바로 이곳이 아닐까요? 우리 국민은 그런 위험을 눈치조차 채지 못했습니다. 그러다가 그 위험에 부딪혀 무시무시한 파멸을 맞이한 것입니다. 우리 국민이 위험한 삶을 한낱 운동 경기쯤으로 여기고 그 정도는 스스로 감당할 수 있다고 생각하던 바로 그 몇 해 동안 우리는 파멸을 맞이했습니다. 웃으면서 삶을 긍정하고 기쁨이 주는 힘에 취하여 진정 무서운 위험을 잊어버린 세계관이 세워지던 바로 그 시절에, 우리 국민은 파멸을 당한 것입니다. 마귀라는 것이 존재한다는 것, 그것이 곧 무서운 위험입니다.[8]

나를 더 사랑하느냐

마귀의 전략은 어떤 것일까요? 아주 오래된 전략이지만 여전히 잘 먹히는 전략 가운데 하나는 '사랑하는 것을 인질로 잡거나 협박하는 방식'입니다. 좀 더 설명하자면, 종교개혁자 마르틴 루터의 찬송 〈내 주는 강한 성이요〉에서 볼 수 있듯이, 하나님 나라에 가장 위협적인 것은 정욕, 질투, 증오 혹은 악덕이 아니라. 나에게 가장 크고 사랑스러운 것, 즉 재산, 명예, 자녀 혹은 아내입니다. 바로 이것 때문에 우리는 유혹과 시험에 들게 됩니다. 부활하신 예수님께서 디베랴 바닷가에서 베드로에게 말씀하신 "나를 더 사랑하느냐"(요 21:15)가 바로 그것입니다.

수많은 독일 교회 목회자들은 히틀러가 잘못되었음에도, 유대인 학살과 장애인과 집시를 학살하는 짓이 악독임에도, 자신의 아내와 자녀와 재산, 그리고 알량한 명예를 지키느라 히틀러와 맞서기를 포기했습니다. 우리나라에서 일제의 신사 참배에 신학적 명분을 제공하고, 성도들을 신사참배에 독려하고, 교단 자체에서 신사 참배가 우상 숭배가 아님을 선언

8 헬무트 틸리케, 『세계를 부둥켜안은 기도』, 박규태 옮김 (서울: 홍성사 2016), 210-211.

했던 것도 마찬가지 역사입니다.

바울은 믿음의 아들 디모데에게 "너는 그리스도 예수의 좋은 병사로 나와 함께 고난을 받으라 병사로 복무하는 자는 자기 생활에 얽매이는 자가 하나도 없나니 이는 병사로 모집한 자를 기쁘게 하려 함이라"(딤후 2:3-4)고 말합니다. 예수님도 "또 내 이름을 위하여 집이나 형제나 자매나 부모나 자식이나 전토를 버린 자마다 여러 배를 받고 또 영생을 상속하리라"(마 19:29), 그리고 "자기의 생명을 사랑하는 자는 잃어버릴 것이요 이 세상에서 자기의 생명을 미워하는 자는 영생하도록 보전하리라"(요 12:25)고 말씀하십니다. 계시록 12장 11절에서도 분명히 우리에게 계시하고 있습니다. "또 우리 형제들이 어린 양의 피와 자기들이 증언하는 말씀으로써 그를 이겼으니 그들은 죽기까지 자기들의 생명을 아끼지 아니하였도다".

바울은 에베소서 6장 10-13절에서 이렇게 말합니다. "끝으로 너희가 주 안에서와 그 힘의 능력으로 강건하여지고 마귀의 간계를 능히 대적하기 위하여 하나님의 전신 갑주를 입으라 우리의 씨름은 혈과 육을 상대하는 것이 아니요 통치자들과 권세들과 이 어둠의 세상 주관자들과 하늘에 있는 악의 영들을 상대함이라 그러므로 하나님의 전신 갑주를 취하라 이는 악한 날에 너희가 능히 대적하고 모든 일을 행한 후에 서기 위함이라". 마귀의 궤계를 능히 대적하려면 '전신갑주'를 언제 입어야 합니까? 군대에는 5분대기조가 있습니다. 다른 군인들이 편안하게 쉬고 있을 때라도, 5분대기조는 긴급 상황에 대처하기 위해 평시에도 완전 군장을 다 싸놓고, 쉴 때조차도 군화를 신고 있습니다. 그리고 비상이 걸리면 바로 군장을 메고 뛰어나갑니다.

느헤미야가 유다 백성들과 함께 예루살렘 성벽을 재건할 때, 이 5분대기조를 운영했었습니다. 왜냐면 산발랏과 도비야와 아라비아 사람들과 암몬 사람들과 아스돗 사람들이 재건 사업을 방해하려고 했기 때문입니다. 그때 짐을 나르는 이들은 한 손으로 짐을 나르고, 다른 한 손으로 무기를 잡았습니다. 성벽을 쌓는 이들은 저마다 허리에 칼을 차고서 일을 했고, 느헤미야도, 그의 형제들도, 함께하는 젊은이들, 경비병들 외에 어느 누구도 옷을 벗지 않았으며, 물 길으러 갈 때조차도 무기를 들고 다녔습니다(느 4:23).[9]

바로 그와 같습니다. '전신갑주'는 시험이 오면 그제야 주섬주섬 입는 것이 아닙니다. 평상시에 착용하고 만반의 준비를 하는 것입니다. 깨어 있는 것이죠. "시험에 들지 않게 깨어 있어 기도하라"(막 14:38).

---

9 [느 4:23] 나나 내 형제들이나 종자들이나 나를 따라 파수하는 사람들이나 우리가 다 우리의 옷을 벗지 아니하였으며 물을 길으러 갈 때에도 각각 병기를 잡았느니라

1. 우리의 신앙이 좋아지는 데 과연 상황과 환경이 얼마나 중요할까요? 절대적일까요? 신앙이 성숙하려면 무엇이 필요할까요?

2. 예수님은 하나님의 아들이심에도 사탄에게 시험을 받으셨습니다. 마태복음 4장에는 예수님께서 받으신 세 가지 시험이 기록되어 있습니다. 예수님께서 시험을 받으신 까닭은 무엇일까요?

3. 이 세상에서 우리가 시험 없이 하나님을 섬길 수 있는 곳이 있을까요? 우리 자신이 주로 시험에 심각하게 빠지게 되는 경우는 어느 때인가요? 그 시험을 이겨 내고 극복한 경우를 나누어 보세요.

4. 사탄은 예수님을 시험할 때, "네가 만약 하나님의 아들이라면"이라고 하죠. 역시 우리에게도 시험할 때, 우리가 하나님의 자녀인 것에 대해 의구심을 갖도록 애쓴다는 사실입니다. 내가 하나님의 자녀인가에 대해 깊이 흔들려 본 적이 있나요? 혹 그랬다면 당시 기분이 어땠나요? 그리고나서 하나님 아빠의 자녀라는 확신과 안정감을 다시 누리게 된 계기는 무엇인가요?

5. 우리 자신에게 가장 소중한 10가지 목록을 적어 보세요. 그리고 그중에서 꼭 버려야 한다면 버릴 수 있는 것을 하나씩 지워 보세요. 마지막 남은 하나는 무엇인가요? 왜 그 한 가지를 끝까지 붙들고 있었는지를 나누어 보세요.

제13강
다만 악에서 구하시옵소서

악에게 이기기

바울 사도는 "악에게 지지 말고 선으로 악을 이기라"(롬 12:21) 말합니다. 악에게 이긴다는 것은 무엇입니까? 또 악에게 진다는 것은 무엇입니까? 바울 사도는 악을 이기는 무기는 선이라고 말합니다. 그럼 선이란 무엇일까요? 선이란, "하나님이 보시기에 좋았더라"입니다. 하나님은 악과 함께 하실 수 없습니다. "모든 것이 합력하여 선을 이룬다"는 것은 하나님께서 보시기에 좋게 된다는 것입니다. 왜냐하면 하나님께서 지고(至高)의 선이시기 때문입니다. 헤르만 바빙크는 하나님만이 우리의 '최고선'이시라고 말합니다.

하나님이, 오직 하나님 한 분만이, 사람의 최고선(最高善)이시다. 일반적인 의미에서 하나님께서 그의 모든 피조물들의 최고선이시라고 말할 수 있을 것이다. 하나님이야말로 만물의 창조주시요 지탱자이시며, 모든 존재와 모든 생명의

근원이시요, 모든 것들의 풍성한 샘이시니 말이다.[1]

아담은 선악과를 먹고서 선악을 아는 일에 하나님과 같이 되려고 했습니다. 하나님과 같은 수준이 된다기보다, 선악을 판단하는 기준이 자기에게 있게 되는 줄로 여겼다는 것입니다. 바울 사도가 말한 악에게 진다는 것은 "악으로 악을 갚"는다는 말입니다. 악을 갚고 악에 보복하기 위해서 나도 악해지는 것입니다. 오른쪽 뺨을 맞으면 나도 오른쪽 뺨을 때리고 거기에 얹어 왼뺨도 올려붙여서, 상대보다 더 악해진다는 것이죠. 그런데 이것은 사실 "친히 원수 갚"음(롬 12:19), 즉 앙갚음을 하는 것이며, 주의 "진노하심에 맡기"지 못함입니다. 세속적 승패와 상관없이, 악에게 진 것입니다. 이렇게 생각해 봅시다.

누가 의기양양하게 말합니다. "내가 오늘 운전하는데 갑자기 끼어든 차가 있어서, 클랙슨을 엄청 누르고 옆에 가서 창문 내리고 욕 한 사발 해주고 왔거든, 지가 잘못한 게 있어서인지 찍소리도 못하더라." 이러면, 이긴 것입니까, 진 것입니까? 딱한 것입니다.

그럼 악에게 이기라는 말씀은 무엇입니까? "악으로 악을 갚지" 않음입니다. 이는 "친히 원수 갚지 않음"이며 "진노하심에 맡김"입니다. 그러나, 단지 주의 진노하심에만 맡기는 것만이 아니고, 보다 적극적으로 해야 함이 있습니다. 바로 "네 원수가 주리거든 먹이고 목마르거든 마시우라"(롬 12:20)입니다. 오른뺨을 때리면 왼뺨도 돌려대는 것이며, 누가 오리를 가자고 하면 십리를 가는 것입니다. "모든 사람 앞에서 선한 일을 도모하라 할 수 있거든 너희로서는 모든 사람과 더불어 화목"(롬 12:17-18)하는 것이며, 그것은 곧 "우리가 육신으로 행하나 육신에 따라 싸우지 아니하노

---

1   헤르만 바빙크, 『개혁교의학 개요』, 원광연 옮김 (고양: 크리스챤다이제스트 2004), 7.

니 우리의 싸우는 무기는 육신에 속한 것이 아니요 오직 어떤 견고한 진도 무너뜨리는 하나님의 능력이라 모든 이론을 무너뜨리며 하나님 아는 것을 대적하여 높아진 것을 다 무너뜨리고 모든 생각을 사로잡아 그리스도에게 복종하게"(고후 10:3-5) 함입니다.

세상의 견고한 진(개역개정), 견고한 요새(표준새번역), 견고한 성(공동번역), 마귀의 요새(현대인), 악마의 요새(현대어)를 무너뜨리고 승리하신 분이 누구십니까? 바로 예수 그리스도 아니십니까? 어떻게 이 싸움에서 승리하셨습니까? 도수장에 끌려가는 어린양과 같이 신음 소리조차 내지 않으시고 십자가에 달려 죽으심으로 이기셨습니다. 그리고 사망 권세를 깨뜨리시고 부활하심으로 옳다 함을 인정받으셨습니다. 모든 무릎을 예수 그리스도 앞에 꿇게 하셨습니다. 그것은 폭력이 아닌 자기희생이었습니다. 우리도 육체로 싸우는 것이 아니라 "그리스도께 복종케 함"이어야 합니다. 이것이 바로 세상이 이해할 수 없고 악에게 지지 않는 성도의 이기는 방식입니다.

참전해야 할 전쟁

영적 전쟁에서 하나님은 우리를 악과 대면하지 않도록 우리 눈을 가리시거나 숨기지 않으십니다. 마냥 숨기기만 하신다면 우리에게 왜 전신갑주를 입으라고 하겠습니까? 바울 사도는 "마귀의 간계를 능히 대적하기 위하여 하나님의 전신 갑주를 입으라"(엡 6:11)고 하며, "진리로 너희 허리띠를 띠고 의의 호심경을 붙이고 평안의 복음이 준비한 것으로 신을 신고 모든 것 위에 믿음의 방패를 가지고 이로써 능히 악한 자의 모든 불화살을 소멸하고 구원의 투구와 성령의 검 곧 하나님의 말씀을 가지라"(엡

6:14-17)고 말합니다.

보통 사람인 우리에게 세계 헤비급 복싱 챔피언과 링에서 싸워 이길 수 있을 만한 비법이나 무기가 있나요? 없습니다. 왜죠? 바울 사도가 우리에게 "입으라" 말하는 전신갑주는 육체적 싸움을 위해 입는 용도가 아니기 때문입니다(엡 6:12).[2]

히브리서 12장 4절은 너희가 죄와 싸우되 아직 피 흘리기까지는 대항치 아니한다고 합니다. 분명 우리는 참전해야 할 전쟁이 있다는 것이고, 심지어는 피를 흘리는 싸움까지도 해야만 한다는 것입니다. 하지만 이 전쟁에서 나만 홀로 싸우지는 않습니다. 이 혹독하고 맹렬한 싸움터에서 하나님이 우리 편 되어 주십니다. 가공할 최고 능력치 전투력의 '원군'인 셈입니다. 이럴 때 쓰는 네 글자가 있습니다. '천군만마(千軍萬馬)'. 마르틴 루터가 종교개혁의 한 참 중에 쓴 찬송을 우리 찬송가는 이렇게 번역하고 있습니다.

1 내 주는 강한 성이요 방패와 병기되시니 큰 환난에서 우리를 구하여 내시리로다 옛 원수 마귀는 이때도 힘을 써 모략과 권세로 무기를 삼으니 천하에 누가 당하랴

2 내 힘만 의지할 때는 피할 수밖에 없도다 힘 있는 장수 나와서 날 대신하여 싸우네 이 장수 누군가 주 예수 그리스도 만군의 주로다 당할 자 누구랴 반드시 이기리로다

3 이 땅에 마귀 들끓어 우리를 삼키려 하나 겁내지 말고 섰거라 진리로 이기리로다 친척과 제물과 명예와 생명을 다 빼앗긴대도 진리는 살아서 그 나라 영원

---

2 [엡 6:12] 우리의 씨름은 혈과 육을 상대하는 것이 아니요 통치자들과 권세들과 이 어둠의 세상 주관자들과 하늘에 있는 악의 영들을 상대함이라

내 주는 강한 성이요, 방패와 병기되시니, 이김과 승리는 떼어 놓은 당상이 아니겠습니까. 하나님 아버지는 우리가 악에게 지지 않도록 그렇게 우리를 도우신다는 것을 잊지 말아야 합니다. 그렇다고 우리는 뒷짐만 지고 강 건너 불구경하듯 하는 방관자가 되라는 의미는 아닙니다. 다윗이 골리앗과 싸운 일화가 좋은 예입니다. 하나님의 군대를 밤낮으로 능멸하는 블레셋 가드 출신 골리앗에게 사울부터 다윗 형들, 그리고 이스라엘 군대 전부가 두려워 어쩔 줄 몰라 할 때, 단지 아버지 이새의 심부름으로 그 현장을 찾았던 다윗만이 비분강개(悲憤慷慨)로 분연히 두 주먹을 불끈 쥐었습니다.

그러고서 다윗이 집으로 돌아간 게 아닙니다. 매끄러운 돌 다섯 개를 주어 들고, 막대기 하나 들고, 떡대가 어마 무시한 골리앗 앞에 나섭니다. 그럼 이제 누가 싸워야 하나요? 어리고 연약한 다윗, 사울 왕의 갑옷도 몸에 맞지 않고 사울 왕의 칼조차도 휘두르기 어려웠을 다윗입니다. 그를 대신해 만군의 여호와 하나님께서 '짜자잔!' 나타나시거나, 아니면 미가엘 천사를 보내셔서 골리앗을 단번에 제압하셔야 하지 않았을까요?

혼자인 듯 혼자가 아닌

어린 다윗이 골리앗의 먼발치에서나마 배포 좋게 큰소리를 쳤다 하더라도 대견한 것 아니겠습니까? 그 정도만 해도 충분한 것 아닐까요? '설마 하나님께서 다윗이 싸우도록 가만 두실까? 하나님께서 골리앗과 맞짱 뜨시겠지?' 라고 생각할 수 있지만, 하나님은 연약한 다윗 대신 돌격 앞으로 하지 않으십니다. "너는 칼과 창과 단창으로 내게 나아 오거니와 나는 만군의 여호와의 이름 곧 네가 모욕하는 이스라엘 군대의 하나님의 이름으로 네게 나아가노라"(삼상 17:45).

결국 누가 골리앗에게 나아가나요? 다윗입니다. 물매와 막대기를 든 다윗이 나아갑니다. 다윗은 체급과 경험치가 어마 무시한 골리앗 앞에 소리칩니다(삼상 17:46-47). 다윗은 실상 혼자인 듯 혼자가 아니었던 것입니다.[3] 시편 27편에서 다윗이 한 고백입니다. "여호와는 나의 빛이요 나의 구원이시니 내가 누구를 두려워하리요 여호와는 내 생명의 능력이시니 내가 누구를 무서워하리요 악인들이 내 살을 먹으려고 내게로 왔으나 나의 대적들, 나의 원수들인 그들은 실족하여 넘어졌도다 군대가 나를 대적하여 진 칠지라도 내 마음이 두렵지 아니하며 전쟁이 일어나 나를 치려할지라도 나는 여전히 태연하리로다"(시 27:1-3). 이처럼, 악과 대항하여 싸우는 영적 전쟁 가운데 하나님께서 우리에게도 이 말씀을 허락하십니다. "나는 만군의 여호와의 이름 곧 네가 모욕하는 이스라엘 군대의 하나님의 이름으로 네게 나아가노라"(삼상 17:45).

시편 18편 1절 위에 쓰여 있는 설명을 먼저 보십시오. "여호와의 종 다윗의 시, 영장으로 한 노래, 여호와께서 다윗을 그 모든 원수와 사울의 손에서 구원하신 날에 다윗이 이 노래의 말로 여호와께 아뢰어 가로되"입니다. 그리고 이제 1-2절을 보시면, "나의 힘이신 여호와여 내가 주를 사랑하나이다 여호와는 나의 반석이시요 나의 요새시요 나를 건지시는 이시요 나의 하나님이시요 내가 그 안에 피할 나의 바위시요 나의 방패시요

---

3 [삼상 17:46-47] 오늘 여호와께서 너를 내 손에 넘기시리니 내가 너를 쳐서 네 목을 베고 블레셋 군대의 시체를 오늘 공중의 새와 땅의 들짐승에게 주어 온 땅으로 이스라엘에 하나님이 계신 줄 알게 하겠고 또 여호와의 구원하심이 칼과 창에 있지 아니함을 이 무리에게 알게 하리라 전쟁은 여호와께 속한 것인즉 그가 너희를 우리 손에 넘기시리라

나의 구원의 뿔이시요 나의 산성이시로다". 이보다 더 좋을 수는 없습니다. 그리고 16-19절을 보십시오. 다윗에게 하나님은 확실한 구원자이십니다. "그가 높은 곳에서 손을 펴사 나를 붙잡아 주심이여 많은 물에서 나를 건져내셨도다 나를 강한 원수와 미워하는 자에게서 건지셨음이여 그들은 나보다 힘이 세기 때문이로다 그들이 나의 재앙의 날에 내게 이르렀으나 여호와께서 나의 의지가 되셨도다 나를 넓은 곳으로 인도하시고 나를 기뻐하시므로 나를 구원하셨도다".

그러므로 로마서 12장 성도의 실전 편에서 바울 사도는 이렇게 말하는 것입니다. "아무에게도 악을 악으로 갚지 말고 모든 사람 앞에서 선한 일을 도모하라 할 수 있거든 너희로서는 모든 사람과 더불어 화목하라 내 사랑하는 자들아 너희가 친히 원수를 갚지 말고 하나님의 진노하심에 맡기라 기록되었으되 원수 갚는 것이 내게 있으니 내가 갚으리라고 주께서 말씀하시니라 네 원수가 주리거든 먹이고 목마르거든 마시게 하라 그리함으로 네가 숯불을 그 머리에 쌓아 놓으리라 악에게 지지 말고 선으로 악을 이기라"(17-21).

졸 필요 없어요

마태복음 6장 13절에 '악한 자' 또는 '악'에 해당하는 헬라어 '토우 포네로우'(τοῦ πονηροῦ)는 '악으로부터 우리를 구출하여 주소서', 또는 '악한 자로부터 우리를 구출하여 주소서'라고 번역할 수 있습니다. 마태복음 13장 19절과 38절에서도 '악한 자'라는 말이 나오고, 누가복음 22장 28-32절에서의 '시험'이라는 말도 '사탄'과 연결되어 있습니다(눅 11:26 참조). 따라서 '토우 포네로우'는 사탄을 지칭하는 것입니다. 마르틴 루터는 그의 책 〈대교리문답〉에서 이렇게 설명하고 있습니다.

> 이 구절은 그리스어로 "못되고 악한 것들로부터 보호하고 구원하소서"라는 뜻
> 입니다. 주기도는 악마를 이 기도 전체의 주적으로 삼고 있습니다. 그래서 이
> 구절은 전체 내용을 포괄하는 소리로 들립니다. 왜냐하면 하나님의 이름과 그
> 이름을 높이는 것, 하나님 나라와 그분의 뜻, 일용할 양식, 기쁘고 선한 양심 등
> 을 위해 기도할 때마다 악마는 이 모든 것을 방해하기 때문입니다. [4]

악한 자, 즉 사탄으로부터의 보호 청원은 앞의 하나님 나라, 하나님
통치와 짝을 이루는 '인클루지오(inclusio, 수미쌍관)'입니다. 하나님 통치와
사탄의 통치는 대조를 이룹니다. 하나님의 통치는 우리에게 '왕 노릇'을
가져오지만, 사탄의 통치 아래서는 '종노릇', 즉 죄와 사망을 가져올 뿐입
니다.

적지 않은 종교꾼들은 '마, 사탄, 악령, 귀신 등'을 과도하게 강조하여
사람의 영을 시들고 파리하게 만듭니다. 그래서 금전적 착취와 사람들을
조정하려 듭니다. 우리는 이를 매우 조심하고 경계해야 합니다. 우리는
사탄을 무시해서도 안 되지만, 또 너무 과대한 망상을 가지지도 말아야
합니다. 적당한 긴장감이 아닌 과도한 집착은 우리의 영성에 도리어 해
로움을 줄 수 있습니다. 우리 예수 그리스도께서 승리하셨음을 믿으십시
오. 쫄 필요 없습니다. 당당하고 담대하시기를 바랍니다.

비무장 지대에 위치한 소초를 GP라고 합니다. GP는 보통 산맥 위에
자리하고 있고, 인접 부대가 드뭅니다. GP를 사수 진지라고도 하는데,
한 번 부대가 배치되면 다음번 교대하는 부대가 올 때까지 최소 6개월 동

4　마르틴 루터, 『마르틴 루터 대교리문답』, 최주훈 옮김 (서울: 복 있는 사람 2020), 280.

안은 한 진지를 계속 사수해야 하기 때문입니다. 저는 교회와 성도가 이 GP와 방불하다는 생각이 듭니다. 우리도 비무장 지대에 아군을 보호하는 GOP 경계 부대에 배치받고 GP에서 후퇴 없이 진지를 사수하는 것과 방불하다 여깁니다. 후세대가 우리 사명의 자리를, 예배의 자리를 이을 때까지 항상 같은 사명의 자리를 사수해야 합니다. 우리 앞에는 우는 사자와 같이 삼킬 자를 찾아다니는 원수 마귀가 호시탐탐 우리의 숨통을 노리고 있기 때문입니다. 우리에게도 살이 떨려야 하는 말은 '귀관은 전장에 있다. 적 GP가 가까이 있다.'입니다. 지금 남북의 관계는 정전이 아니라 휴전 상태이지만, 성도로서 우리는 정전도 아니고 휴전조차도 아닙니다. 지금은 전쟁 중입니다. 영적 전쟁의 한 가운데 있습니다. 그러므로 "술 취하지 말라 이는 방탕한 것이니 오직 성령으로 충만함을 받으라"(엡 5:18)는 말씀은 그냥 좋은 말이 아니라, 우리의 생사가 걸린 말씀입니다. 경계병이 술 취하고, 졸고, 방탕하면 전쟁은 위태로워지기 때문입니다.

사실 성도인 우리에게 전방과 후방의 개념이 따로 있지는 않습니다. 우리가 있는 곳 어디나 전방입니다. 원수 마귀가 유엔 교전 수칙, 제네바 협정 등을 지킬 리가 만무합니다. 우리는 GP 병사들과 비슷합니다. 사회적으로는 동질성이 거의 없습니다. 학력, 출신, 입대 전 환경, 성격, 정치적 성향 등. 하지만, 세워진 리더와 함께 이 지리한 싸움을 해 나가야만 합니다.

야고보 사도는 "그런즉 너희는 하나님께 복종할지어다 마귀를 대적하라 그리하면 너희를 피하리라"(약 4:7)라고 말씀합니다. 히브리서는 "이 자녀들은 피와 살을 가진 사람들이기에 그도, 역시 피와 살을 가지셨습니다. 그것은 그가 죽음을 겪으시고서, 죽음의 세력을 쥐고 있는 자 곧 악마를 멸하시고, 또 일생 동안 죽음의 공포 때문에 종노릇 하는 사람들을 해

방시키기 위함이었습니다."(히 2:14–15, 표준새번역)라고 분명히 말씀하십니다. 힘 있게 찬송해 보십시오. "나는 비록 약하나 예수 권세 많도다 날 사랑하심 날 사랑하심 날 사랑하심 성경에 써 있네"(찬송가, 예수 사랑하심은).

따라서 장 칼뱅은, 이 "다만 악에서 구하시옵소서"라고 하는 기도가 우리를 공격하는 모든 권세들에 대항하여 굳게 설 수 있도록 해 주시리라는 것임을 말합니다.

> 우리가 간구하는 바는 주님께서 시련들과 더불어 이 시련으로부터 빠져나올 수 있는 수단도 아울러 우리에게 주셔서 우리가 이 시련들에 의해 패배당하여 쓰러지지 않도록 해 주시리라는 것이며, 또한 우리가 그분의 능력으로 굳건해지고 강하여져서 우리를 공격하는 모든 권세들에 대항하여 굳게 설 수 있도록 해 주시리라는 것이다.
>
> 나아가 우리가 주님의 보호와 후원을 받고, 성령님의 은혜로 성화되며, 주님의 지도를 통해 다스림을 받게 된 후 이것을 넘어서서 악마와 죽음 그리고 지옥의 모든 책략들과 대항하여 불굴의 상태로 서 있게 해 달라고 하는 것이 여기서 드리는 우리의 간구이다. 이것이 바로 우리가 악으로부터 구원받는다는 것을 뜻한다.[5]

악의 평범함

사람들은 우리의 의지는 '자유 의지'라고 말하기를 즐겨 합니다. 하지만 실제는 '종속된 의지'입니다. 귀신에 사로잡힌 사람은 자기 의지대로

---

[5] 쟝 깔뱅, 『깔뱅의 요리문답』, 한인수 옮김 (전주: 경건, 1995), 83.

안 된다는 것을 압니다(막 5:1-5). 하지만 더 거대한 세력인 마귀에 대해서는 잘 인식하지 못합니다. 그러므로 베드로 사도는 "정신을 차리고 깨어 있으십시오. 여러분의 원수인 악마가 우는 사자와 같이 삼킬 자를 찾아 두루 다닙니다. 믿음에 굳게 서서 악마를 대적하십시오. 여러분이 아는 대로, 세상에 있는 여러분의 형제자매들도 다 같은 고난을 겪고 있습니다."(벧전 5:8-9 표준새번역)라고 말씀합니다.

제가 초등학교를 다닐 때만 해도 반공 포스터를 자주 그렸습니다. 반공 포스터 그리기 대회나 표어 대회도 적지 않게 열렸습니다. 그때 대부분의 아이들은 북한 사람을 붉은 빛깔로 칠하고, 머리에는 도깨비 같은 무시무시한 뿔을 그려 넣었습니다. 그런 모습을 실제로 본 적은 없지만 어린 우리 마음에 북한 사람, 공산당들은 그러했습니다. 그냥 딱 봐도 공산당이었습니다. 우리가 그린 북한 공산당은 평범한 외모가 아니었습니다. 비단 그런 영향은 아닐지라도, 우리가 가진 악에 대한 이미지가 크게 다르지 않은 것 같습니다.

그러나 에덴의 뱀이 그러했듯이, 악은 "나 악이요."라고 하면서 끔찍하거나 공포스러운 모습을 하고 접근하지는 않습니다. 악은 평범성을 가지고 우리에게 접근합니다. 이 악의 평범성에 대해서 깊이 고민한 사람이 있습니다. 앞에서 언급했던 '한나 아렌트'라는 학자입니다. 한나 아렌트는 《예루살렘의 아이히만》이라는 책을 썼는데, 이는 1961년 12월 예루살렘에서 열린, 유대인 학살 과정에서 중대한 역할을 했던 아돌프 아이히만의 재판 과정을 취재하면서 쓴 내용입니다.

사람들은 유대인을 학살한 인물이라면 보통 사람과는 다른 악마적인 사람일 것이라고 생각했습니다. 하지만 아렌트는 "'악의 평범성', 이는 단지 아주 사실적인 어떤 것, 엄청난 규모로 자행된 악행의 현상을 나타낼

뿐이다. 이 악행은 악행자의 어떤 특정한 약점이나 병리학적 측면, 또는 이데올로기적 확신으로 그 근원을 따질 수 없는 것으로, 그 악행자의 유일한 인격적 특징은 아마도 특별한 정도의 천박성이라고 할 수 있을 것이다. 그 행위가 아무리 괴물 같다고 해도 그 행위자는 괴물 같지도 또 악마적이지도 않았다."라고 말했습니다. 아렌트는 아돌프 아이히만을 관찰하면서 말과 생각의 무능력함이 타인의 입장에서 생각하는 무능력함과 깊이 연관되어 있다고 말하고 있습니다.

> 아르헨티나나 예루살렘에서 회고록을 쓸 때나 검찰에게 또는 법정에서 말할 때 그의 말은 언제나 동일했고, 똑같은 단어로 표현되었다. 그의 말을 오랫동안 들으면 들을수록, 그의 말하는 데 무능력함(inability to speak)은 그의 생각하는 데 무능력함(inability to think), 즉 타인의 입장에서 생각하는 데 무능력함과 매우 깊이 연관되어 있음이 점점 더 분명해진다. 그와는 어떠한 소통도 가능하지 않았다. 이는 그가 거짓말하기 때문이 아니라, 그가 말(the words)과 다른 사람들의 현존(the presence of others)을 막는, 따라서 현실 자체(reality as such)를 막는 튼튼한 벽으로 에워싸여 있었기 때문이다.[6]

타인의 입장을 생각함에 있어 무능력함이 이리도 끔찍한 현실을 초래할 수 있다니, 전율할 수밖에 없습니다. 그러니 악에서 벗어나려면, 악에 빠지지 않으려면 다른 사람이 보여야 합니다. 예수님은 "그러므로 무엇이든지 남에게 대접을 받고자 하는 대로 너희도 남을 대접하라 이것이 율법이요 선지자니라"(마 7:12)라고 말씀하셨습니다. 거반 죽어가는 사람을 보고도 멀리 지나쳐 가는 제사장과 레위인이 그렇습니다(눅 10:26-37). 그

---

6   한나 아렌트, 『예루살렘의 아이히만』, 김선욱 옮김 (서울: 한길사, 2017), 106.

들은 그 사람에게 강도 짓을 하지도 않았고, 죽도록 때리지도 않았습니다. 하지만 그들은 강도 만나 거반 죽어가는 사람을 그저 내버려 두었습니다. 제사장과 레위인은 좋은 가장일 수도 있고, 근면 성실한 성전 봉사자일 수도 있습니다. 하지만 그들은 거반 죽어가는 사람에게 이웃이 되어 주지 않음으로 하나님 앞에 악을 행했습니다. 우리는 예수님께서 작은 자에게 한 것이 곧 내게 한 것이라 말씀하셨음을 기억해야 합니다. 히틀러와 나치의 서슬이 퍼런 시절을 온몸으로 겪은 마르틴 니묄러(Martin Niemöller, 1892~1984)는 이런 글을 씁니다.

> 처음에 그들이 사회주의자들을 잡으러 왔을 때, 나는 할 말을 하지 않았다.
> 내가 사회주의자가 아니었으므로.
> 그런 다음 그들이 노조원들을 잡으러 왔을 때, 나는 할 말을 하지 않았다.
> 내가 노조원이 아니었으므로.
> 그런 다음 그들이 유대인을 잡으러 왔을 때, 나는 할 말을 하지 않았다.
> 내가 유대인이 아니었으므로.
> 그러고 나서 그들이 나를 잡으러 왔다.
> 남은 이들 중에는 나를 변호해줄 사람이 하나도 없었다.[7]

아돌프 아이히만은 자신이 하는 임무나 책임 완수가 옳은 것이라고 여겼습니다. 그리고 그 옳다고 여기는 것을 완수하기 위해서 그 일을 충실히 수행했습니다. 그러나 피터 엔즈(Peter Eric Enns, 1961~) 교수는 올바르고자 하는 필요성에 따라 행동하는 것은 다른 이들을 사랑하는 것보다 훨씬 쉽다고 말합니다.

---

7   에릭 메택시스, 『디트리히 본회퍼』, 김순현 옮김 (서울: 포이에마, 2011), 285-286.

올바르고자 하는 필요성에 따라 행동하는 것은 그 필요를 내려놓고 우리가 소중히 여기는 것들을 위태롭게 하는 것보다, 아무런 대가를 기대하지 않거나 하나님께 점수를 얻는다고 생각하지 않고 다른 이들을 사랑하는 것보다 훨씬 쉽다. 사랑은 우리의 느낌과는 관계없이 일어난다. 사랑은 행동이다. 이기심 없는 행동, 곧 우리가 자신을 생각하지 않고, 혹은 이 일로 우리가 어떻게 보일지 생각하지 않고 타인들을 위해 하는 행동이다. 남을 사랑하는 것은 우리가 할 수 있는 한 가장 많이 자신을 비우고, 자신을 부정하는 행위이다. 참 사랑은 다른 사람을 가장 높은 자리에 두는 것이기 때문이다.[8]

한나 아렌트는 아돌프 아이히만의 최후에 대해서 이렇게 적고 있습니다.

아돌프 아이히만은 아주 근엄한 태도로 교수대로 걸어갔다. 그는 붉은 포도주 한 병을 요구했고 그 절반을 마셨다. 그는 그에게 성서를 읽어 주겠다고 제안한 개신교 목사 윌리엄 헐 목사의 도움을 거절했다. 그는 두 시간밖에 더 살 수 없기 때문에 '낭비할 시간'이 없다고 했다. … 그는 자신이 신을 믿는 자라고 분명히 진술하면서 자기는 기독교인이 아니며 죽음 이후의 삶을 믿지 않는다는 점을 일반적인 나치스 식으로 표현하기 시작했다. 그러고는 그는 "잠시 후면, 여러분, 우리는 모두 다시 만날 것입니다. 이것이 모든 사람의 운명입니다. 독일 만세, 아르헨티나 만세, 오스트리아 만세. 나는 이들을 잊지 않을 것입니다."고 말했다. 죽음을 앞두고 그는 장례 연설에서 사용되는 상투어를 생각해 냈다. … 이는 마치 이 마지막 순간에 그가 인간의 연약함 속에서 이루어진 이 오랜 과정이 우리에게 가르쳐 준 교훈을 요약하고 있는 듯했다. 두려운 교훈, 즉 말과 사

---

8 피터 엔즈, 『확신의 죄』, 이지혜 옮김 (서울: 비아토르, 2018), 195.

고를 허용하지 않는 악의 평범성(banality of evil)을.[9]

사람의 본분

주기도에서 우리 자신에 대해 구하는 기도는 여기까지입니다. 구할 것
이 얼마나 많은데 벌써 끝인가 싶어 아쉬우신가요? 만일 주님께서 가르
쳐 주신 기도에 야베스의 기도를 덧붙인다면 어떨까요? 우리 성에는 더
찰 것 같아 보입니다. "야베스가 이스라엘 하나님께 아뢰어 이르되 주께
서 내게 복을 주시려거든 나의 지역을 넓히시고 주의 손으로 나를 도우사
나로 환난을 벗어나 내게 근심이 없게 하옵소서 하였더니 하나님이 그가
구하는 것을 허락하셨더라"(대상 4:10)

야베스의 기도가 한바탕 한국 교회를 휩쓸던 것도 우리의 신앙 정서와
잘 맞아떨어졌기 때문일는지도 모릅니다. 우리는 그냥 '복' 정도로는 안
돼서 '복에 복' 정도는 돼야 직성이 풀리는 것 같습니다. 야베스의 기도 자
체에 문제가 있다는 것은 아닙니다. 다만 야베스의 기도 내용 자체를 너
무 아전인수로 가져와 기복적인 것으로 매몰시켜 버린 안타까움이 있습
니다.

어쨌든 예수님은 여기서 요청 기도를 마무리 하십니다. 서운(?)하게도
말이죠. 하지만 역으로 생각해 보면 이 요청으로 마무리된다는 사실은 이
'악에서 구해 달라는 기도'가 아주 중요하다는 의미이기도 합니다. 사실
우리가 대부분 잘되길 바라는 삶은 이 땅에서입니다. 그런데 이 땅에서의
잘됨은 사실 '인생무상(人生無常)'이요. '일장춘몽(一場春夢)', 즉 한바탕 꾼

9   한나 아렌트, 『예루살렘의 아이히만』, 김선욱 옮김 (서울: 한길사, 2017), 348-349.

꿈과 같습니다.

　조선 시대는 유교를 통치이념으로 삼았습니다. '숭유억불(崇儒抑佛)'이 었죠. 그런 유교적 통치 이념 국가에서 왕들이 불교에 마음을 썼다는 사실은 부조화입니다. 이는 피의 권력일지라도 무상하다는 것을 깨닫기 때문입니다. 특히 수양 대군은 계유정난을 일으키고, 조카 단종을 영월로 유배, 김종서를 제거하고 피바람을 일으키며 권좌를 찬탈했지만, 나중에는 한양 한복판에 원각사라는 절을 세웠습니다. 그토록 원하던 왕좌에 오른 세조도 세월이 흐르며 죄의식과 무상함을 주체할 수 없었기 때문이 아니었을까 합니다. 유교가 통치 시스템은 될 수 있었으나 인생의 답을 주지는 못했기 때문입니다.

　이 땅의 삶은 아무리 잘돼도 무상(無常)할 뿐입니다. 권력을 쥐기 위해 평생 정치판에서 뛰었던 분들의 얘기도 결국 무상하다고 말합니다. 권력을 쥔 분들도 결국 무상입니다. 다윗은 노래합니다. "아, 슬프도다 사람은 입김이며 인생도 속임수이니 저울에 달면 그들은 입김보다 가벼우리로다"(시 62:9). 솔로몬도 "헛되고 헛되며 헛되고 헛되니 모든 것이 헛되도다 해 아래에서 수고하는 모든 수고가 사람에게 무엇이 유익한가 한 세대는 가고 한 세대는 오되 땅은 영원히 있도다"(전 1:2-4)라고 전합니다.

　이처럼, 무상을 깨닫는다는 것은 다만 삶의 의욕을 상실한 귀차니즘이나 허무주의가 아닙니다. 진정한 기쁨과 만족과 누림을 아는 것입니다. '산에 올라가면 뭐 해, 내려올 텐데.'라는 식은 허무주의지만, 누림은 산을 오르기 전의 설렘도, 산을 오르는 싱그러움도, 산 정상에서의 만족스러움도, 산에서 내려오는 여유로움까지 만끽하는 것입니다. 무상을 깨닫는 것은 무감각증과는 전혀 다릅니다. 그 인생무상을 뚫고 솔로몬은 이렇게 전도서를 마무리합니다.

"일의 결국을 다 들었으니 하나님을 경외하고 그의 명령들을 지킬지어다 이것이 모든 사람의 본분이니라 하나님은 모든 행위와 모든 은밀한 일을 선악 간에 심판하시리라"(전 12:13-14)

나눔을 위한 질문

1. 악에게 '이겼다, 졌다'는 판단은 누가 내리는 건가요? 그렇다면 악에게 이기기 위해서는 어떻게 해야 하나요?

2. 사도 바울이 우리에게 전신갑주를 입으라고 말씀합니다. 머리나 가슴만이 아니라 전신갑주로 온몸을 보호하라고 하신 이유가 무엇일까요? 그리고 결국 전신갑주는 무엇을 말하는 걸까요?

3. 다윗이 골리앗 앞에 섰을 때, 골리앗은 어처구니도 없고, 화도 났습니다. 자신을 상대하러 나온 사람이 장수가 아니라 일개 소년이었으니까요. 골리앗의 눈에는 누구만 보였을까요? 다윗에게는요? 그렇다면, 세상이 우리의 교회를 볼 때 무엇만 보일까요? 우리에게는요?

4. 다른 이들과 대화가 잘 이루어지지 않거나 언쟁을 벌인 적이 있나요? 그 까닭이 무엇이라고 생각하나요? 반대로 언제 상대방과 소통이 잘 이루어지고 있다고 느껴지나요? 그 까닭은 무엇이라고 생각하나요?

5. 주기도의 내용에 덧붙이고 싶은 기도의 내용이 있나요? 그렇다면 그 이유는 무엇인가요?

제14강

나라와 권세와 영광이

주를 향한 동일한 마음

아더 핑크의 말을 빌려 말하자면, 이것은(나라와 권세와 영광이 아버지께 있사옵나이다) 예배의 행위이며 찬미를 돌리는 것이고, 구원받은 자가 마음으로부터 구속하신 자에게 찬송을 드리는 것입니다. 그리스도인들은 그들의 역량과 재능이 천차만별이며 견해와 행동도 다릅니다. 그러나 이 점에 있어서만은 사도와 모두 함께하고 있습니다. 그리스도인들은 모두 실제적으로 그리스도에 대한 똑같은 견해와 그를 향한 똑같은 사랑을 지니고 있다는 것입니다.[1] 세상의 정치적 색깔이 다를지라도 "나라와 권세와 영광이 아버지께 영원히 있사옵나이다. 아멘"을 동일하게 고백합니다.

칼뱅은 마태복음 주석에서 이것이 여기에 덧붙여진 것은 하나님의 영광을 향해 우리 마음이 열정적으로 매진하도록 하며 우리의 모든 간구의 목표가 무엇인가 하는 점을 경고하려는 뜻에서일 뿐 아니라 우리를 위해 정해 놓은 기도의 모든 기초는 하나님뿐이요, 우리 자신의 공로에 비중을

---

1 아더 핑크, 『영적인 기도』, 지상우 옮김 (서울: 엠마오, 1997), 228.

둘 수 없다는 점을 알려 주기 위해서라고 말합니다.[2]

무궁한 그 나라

천사 가브리엘이 요셉과 정혼한 처녀 마리아에게 수태고지(受胎告知)를 합니다. "보라 네가 잉태하여 아들을 낳으리니 그 이름을 예수라 하라 그가 큰 자가 되고 지극히 높으신 이의 아들이라 일컬어질 것이요 주 하나님께서 그 조상 다윗의 왕위를 그에게 주시리니 영원히 야곱의 집을 왕으로 다스리실 것이며 그 나라가 무궁하리라"(눅 1:31-33). 이때 어린 처녀 마리아가 엘리사벳에게 가서 부른 노래, 일명 "마리아의 노래"는 가브리엘 천사의 말, 즉 하나님께서 행하시는 기막힌 일들에 대한 답가입니다.

> "내 마음이 주님을 찬양하며 내 영혼이 내 구주 하나님을 높임은
>
> 주께서 이 여종의 비천함을 돌보셨기 때문입니다.
>
> 이제부터는 모든 세대가 나를 행복하다 할 것입니다.
>
> 힘센 분이 내게 큰일을 하셨기 때문입니다.
>
> 주의 이름은 거룩하고, 그의 자비하심은,
>
> 그를 두려워하는 사람들에게 대대로 있을 것입니다.
>
> 주께서는 그 팔로 권능을 행하시고,
>
> 마음이 교만한 사람들을 흩으셨으니,
>
> 제왕들을 왕좌에서 끌어 내리시고 비천한 사람들을 높이셨습니다.
>
> 주린 사람들을 좋은 것으로 배부르게 하시고,
>
> 부한 사람들을 빈손으로 떠나보내셨습니다.

---

2 존 칼빈, 『칼빈 성경주석 16』 (서울: 성서원, 1999), 301.

주께서 자비를 기억하셔서, 당신의 종 이스라엘을 도우셨습니다.

우리 조상에게 말씀하신 대로 그 자비는

아브라함과 그 자손에게 영원토록 있을 것입니다."(눅 1:46-53, 표준새번역)

갈릴리 나사렛 촌 동네에 사는 어린 시골 처녀 마리아의 입에서 나오는 노래는 실로 엄청난 말들입니다. 제왕들을 왕좌에서 끌어내리시고, 부한 사람들을 빈손으로 떠나보내셨으며, 당신의 종 이스라엘을 도우셨다고 노래합니다.

마리아가 이 노래를 작사·작곡할 당시의 세상은 로마의 세상입니다. 나사렛 갈릴릴 시골 처녀도 뼈저리게 체감하고 있는 세상입니다. 이스라엘의 옛 영광을 찾겠다고 과격한 운동을 펼치지 않는 시골 처녀라도, 로마 황제가 신처럼 군림한다는 것을 아는 세상입니다. 그런데 마리아는 이런 노래를 지어 불렀습니다. 왜요? 가브리엘 천사의 말씀처럼 자기 태에 있는 아이가 "주 하나님께서 그 조상 다윗의 위를 저에게 주시리니 영원히 야곱의 집에서 왕 노릇하실 것이며 그 나라가 무궁"할 것을 믿었기 때문입니다.

존 하워드 요더(John Howard Yoder, 1927~1997)는 "누가는 자기 복음서 … 즉 데오빌로를 위해 복음서를 이야기를 편찬하던 그 무렵에 이르러서도, 그리고 그의 마음속에 그리스도인들이 정치적 폭도라는 인상을 주지 않으려는 변증적 의도가 있었음에도 불구하고, 누가에게서는 달리 선택의 여지가 없었다. 예수를 기다리는 경건한 소망들이란 이스라엘이 그 사회 정치적 현실 속에서 겪는 고통을 짚어내는 그런 소망들이며, 따라서 오실자의 사역 또한 그와 동일한 성격이 될 것이었다는 역사적 사실을 있는 그대로 보도할 수밖에 없었던 것이다."라고 밝힙니다. [3] 그러므로 시골 처녀 마리아의 노래는 시편 2편의 노래와도 같은 것입니다. 마리아의 노래와 비교해 보면서 묵상해 봐도 좋을 것 같습니다.

"어찌하여 뭇 나라가 공모하며, 어찌하여 뭇 민족이 헛된 일을 꾸미는가?
어찌하여 세상의 임금들이 나서고, 어찌하여 통치자들이 음모를 꾸며 주를 거역하고, 기름 부음 받은 분을 거역하면서 이르기를,
이 족쇄를 벗어 던지자. 동여맨 이 사슬을 끊어 버리자 하는가?
하늘 보좌에 앉으신 분이 웃으신다. 내 주께서 그들을 비웃으신다.
마침내 주께서 분을 내고, 진노하셔서, 그들에게 호령하시며, 이르시기를
내가 거룩한 산 시온 위에 나의 왕을 세웠다 하신다.
나 이제 주께서 내리신 칙령을 선포한다. 주께서 나에게 이르시기를 너는 내 아들, 내가 오늘 네 아버지가 되었다.
내게 청하여라. 뭇 나라를 유산으로 주겠다. 땅 이 끝에서 저 끝까지 네 것이 되게 하겠다.
네가 그들을 철퇴로 부술 때에, 질그릇 부수듯이 부술 것이다 하셨다.
그러므로 이제, 왕들아, 지혜를 배워라. 땅 위에 있는 통치자들아, 경고하는 이 말을 받아들여라.
두려운 마음으로 주를 섬기고, 떨리는 마음으로 주를 찬양하여라.
그의 아들에게 입 맞추어라. 그렇지 않으면, 그가 진노하실 것이니, 너희가, 걸어가는 그 길에서 망할 것이다. 그의 진노하심이 지체 없이 너희에게 이를 것이다. 주께로 피신하는 사람은 모두 복을 받을 것이다."(시 2:1–12, 표준새번역)

3 　존 하워드 요더, 『예수의 정치학』, 신원하, 권연경 옮김 (서울: IVP, 2007), 55-56.

세상이 자기중심으로 돌아가는 줄 아는 로마 황제에게는, 그리고 아무 것도 모른 채 자기 세상인 줄 알고 먹고 마시는 유대 왕 헤롯에게는 들리지 않았을 것입니다. 하지만 헤롯과 같은 이들에게 마리아의 노래는 마치 선전포고와도 같았을 것이고, 후에 동방박사들이 던진 한 마디는 헤롯의 심경에 큰 파란을 일으킵니다. "유대인의 왕으로 나신 이가 어디 계시뇨"(마 2:2). 이 한 마디에 헤롯 왕은 베들레헴과 그 모든 지경 안에 있는 두 살부터 그 아래로 다 죽이는 참극을 벌입니다(마 1:16). 피의 폭력을 동원해 자기가 통치하는 나라의 권력을 유지하기 위해서 이런 악행을 서슴없이 저질렀던 것입니다. 이런 행동이 다만 헤롯만은 아닐 것입니다. 고대든 현대든 폭력이라는 것은 어느 때나 있었습니다.

사울 왕은 자기가 죽이려 하는 다윗을 아히둡의 아들 제사장 아히멜렉이 도와 주었다는 이유로, 도엑에게 시켜 제사장들 팔십오 인을 죽이고, 놉이라는 성읍의 남녀와 아이들과 젖 먹는 자들, 소와 나귀와 양을 칼로 다 죽였습니다. 한 마을을 잔인하게 몰살시켜 버렸죠(삼상 22:18–19).

또 이성계는 요동 정벌의 명을 뒤로하고 불가론을 외치며 위화도 회군을 감행했습니다. 말머리를 돌리고는 나라의 실세인 최영을 제거하고, 온건파 신진 사대부 정몽주 등을 제거하며, 결국 조선이라는 나라를 세웠습니다. 고려를 폐하고 조선이라는 나라를 세우는 데 있어서 수많은 사람의 피를 흘리게 했습니다. 또한 태조 이성계의 아들 이방원은 자신이 왕이 되기 위해 개국공신 정도전과 이복 동생들을 죽였고, 이방원 또한 나라를 갖기 위해 많은 이들을 칼로 베어 버렸습니다. 그리고는 왕의 자리에 등극했습니다. 즉, 세상 나라는 칼의 나라요 피의 제국인 셈입니다. 그게 세상 나라이고 세상 권력의 속성입니다.

칼이 아닌 법은 어떤가요? 세상의 법도 칼만큼이나 폭력적입니다. 로

마는 법의 나라입니다. 로마인들은 이를 매우 자랑스럽게 여겼습니다. 하지만 우리가 알 듯 예수님은 로마의 법이 적용되는 곳에서 죄가 없으심에도 십자가 형을 받으시고 죽으셨습니다. 분명 빌라도는 예수님에게 유죄를 찾지 못했음에도 불구하고 말입니다.

이처럼, 세상의 법은 때때로 무법자가 칼을 쥔 것만큼이나 폭력적입니다. 세상의 정의라고 하는 것이 얼마나 형편없이 열악한 것인가를 보여줍니다. 전도서 3장 16절의 말씀을 보시면, "내가 해 아래에서 보건대 재판하는 곳 거기에도 악이 있고 정의를 행하는 곳 거기에도 악이 있도다"라고 했습니다. 그렇기에 하나님 나라는 칼로 세워지는 나라도 아니고, 세상 법으로 유지되는 나라도 아닙니다. 바로 믿음과 소망과 사랑으로 세워지는 나라입니다. 그중에 제일은 사랑, 바로 하나님은 사랑이시기 때문입니다.

이런 세상 나라를 주겠다며 예수님께 접근한 사기꾼 브로커가 있었습니다. 마귀입니다. 마귀는 예수님을 매우 높은 산으로 데려가서 "세상의 모든 나라와 그 영광을 보여 주며", "네가 나에게 엎드려서 절을 하면 이 모든 것을 네게 주겠다"라며 시험했습니다. 그때 예수님은 눈동자도 흔들리지 않고서, 고민과 갈등의 어떤 흔적도 없이 명백하게 말씀하십니다. "사단아 물러가라. 성경에 기록하기를 주 너의 하나님께 경배하고 그분만을 섬겨라 하였다"(마 4:10, 표준새번역).

칼뱅은 하나님 나라란 하나님께서 당신의 자녀들이 행하는 모든 사역들이 당신 자신의 선하심의 풍성함을 나타내 보이도록 당신의 자녀들을 통해 인도하시고 다스리심을 뜻하는 것이라고 말했습니다.[4] 그리고 노만 앤더슨(Sir J. Norman Anderson, 1908~1994)도 하나님 나라란 하나님의 왕권적

4　장 칼뱅, 『칼뱅의 요리문답』, 한인수 옮김 (전주: 경건, 1995), 78.

활동의 전 영역이라고 말했습니다.

> 하나님 나라는 교회에 한정되는 것이 아니다. 왜냐하면 하나님 나라는 하나님
> 의 왕권적인 활동의 전 영역을 포괄하기 때문이다(cf. 막 4:26-29). 그러나 "그의
> 아들의 영"을 받은 사람들만이 [아바, 아버지]라고 부르짖을 수 있는 것처럼 이
> 미 하나님의 왕권적인 통치를 받아들인 사람들만이 어느 날엔가 보편적인 것이
> 될 하나님 나라를 미리 맛보게 될 것이다. 결국 하나님 나라의 참된 시민들은
> 왕, 즉 "왕적인 제사장"이신 하나님의 아들들이다(계 1:6; 5:10). "아버지는 그들
> 에게 하나님 나라를 주시려고 그들을 선택하셨다"(눅 12:32)[5]

사랑으로

'세상 통치'를 인정하는 대표적인 행위는 '세금 납부'입니다. 그렇다면 '하나님의 통치'를 인정하는 방식은 무엇이겠습니까? 바로 '사랑'입니다. 예수님께서 유대인들에게 "하나님이 너희 아버지였으면 너희가 나를 사랑하였으리니 이는 내가 하나님께로부터 나와서 왔음이라 나는 스스로 온 것이 아니요 아버지께서 나를 보내신 것이니라"(요 8:42)라고 하셨습니다. 하지만 유대인들은 예수님을 사랑하지 않았습니다. 그렇기에 예수님은 그들에게 이렇게 말씀하셨습니다. "너희는 너희 아비 마귀에게서 났으니 너희 아비의 욕심대로 너희도 행하고자 하느니라"(요 8:44a). 예수님은 다만 세상 나라 갖겠다고, 그러기 위해서 군대가 필요하다고 장정 오천 명 앞에서 오병이어의 기적을 행사하지는 않으셨습니다. 사람들을 미

5 　노만 앤더슨, 『예수의 가르침』, 박영철 옮김 (서울: 요단, 1988), 254.

혹하여 자신의 야망을 성취하는 것으로 이용하려 들지 않았음도 당연합니다. 물론 그런 야욕이 애초에 없으셨습니다.

세상은 사람의 마음을 도둑질해서 자기 욕망을 이루려는 자들로 득실합니다. 그러나 예수님의 나라는 그런 세상 나라가 아닙니다. 그 나라는 아버지의 나라입니다. 예수님의 공생애 사역의 첫 일성(一聲)은 "때가 찼고 하나님 나라가 가까왔으니 회개하고 복음을 믿으라"(막 1:15)였습니다. 예수님과 하나님 나라는 떼려야 뗄 수가 없습니다.

예수님은 " 너희는 먼저 그의 나라와 그의 의를 구하라 그리하면 이 모든 것을 너희에게 더하시리라"(마 6:33) 말씀하셨습니다. 따라서 제자들에게 가르쳐 주신 기도는 우리 생활을 위한 기도가 우선이 아니라 "하늘에 계신 우리 아버지여 이름이 거룩히 여김을 받으시오며 나라가 임하시오며 뜻이 하늘에서 이룬 것같이 땅에서도 이루어지이다"일 수밖에 없는 것입니다. 예수님에게 먼저는 '하나님 나라'입니다. 이는 세상 나라 통치 방식과 다릅니다. 세상 나라는 정의와 법을 위해서라고 하며 수단과 방법을 가리지 않지만, 예수님은 수단과 방법을 가리십니다. 도리어 빈번하게 자신이 영광 받을 시간에 대해 말씀하십니다(요 7:39; 8:54; 12:16, 23; 13:31; 15:8; 21:19).

그런데 이 영광은 제자들이나 대중들의 생각과는 전혀 달랐습니다. 그 영광이 바로 '십자가'였기 때문입니다. 요한복음의 한 장면은 이 사실을 잘 보여 줍니다.

"지금 내 마음이 괴로우니, 내가 무슨 말을 하여야 할까? 아버지, 이때를 벗어나게 하여 주십시오 하고 말할까? 아니다. 내가 바로 이 일을 위하여 이때에 왔다. 아버지, 아버지의 이름을 영광되게 하여 주십시오." 그때에 하늘에서 소리

가 들려 왔다. "내가 이미 영광되게 하였고, 앞으로도 영광되게 하겠다." 거기
에 서서 듣고 있던 무리 가운데서, 더러는 천둥이 울렸다고 하고, 또 더러는 천
사가 그에게 말하였다고 하였다(요 12:27-29, 표준새번역).

그 영광이 피 흘리는 십자가로 정의되는 나라는 분명 특이하다 못해
이상한 나라입니다! 그래서 많은 사람들은 하늘에서 들려진 소리가 천둥
소리라고 하거나 천사 소리라고 했습니다. 그 소리를 분별할 수 있는 능
력이 없었기 때문입니다. 그러기에 증언자는 순교자일 수밖에 없었습니
다. 왜냐하면 수많은 헤롯들과 세상 권력 앞에서 하나님 나라를 말했기
때문입니다.

마리아의 노래를 곱씹어 보십시오. 세상은 자기 권세를 위협하는 의도
를 지극히 관습적이고 세상적인 방식, 강압과 폭력으로 다룹니다. 그러
나 순교자들은 그러한 세상의 폭력에 가장 비관습적인 방식으로 대응했
습니다. 그들은 폭력으로 악에 저항하는 대신 자신의 삶으로 하나님의 능
력을 증언하는 데 바쳤습니다. 자기방어를 위해 자기 힘에 의지하는 대
신 하나님을 신뢰했습니다. 그들은 죽임을 당하면서까지도 하나님의 손
에 자신을 의탁했고, 자신보다는 하나님 앞에 사는 삶에 의미를 두었습
니다. 그렇게 그들은 새로운 나라에 대한 자신의 충성을 보여 주었고, 그
렇게 새로운 나라를 몸으로 보여 주었습니다. 순교자들의 죽음은 세상의
눈에는 잘못된 신념, 광신, 미친 짓처럼 보이지만, 실상은 세상의 거짓과
세상의 폭력적 토대를 폭로함이었으며, 하나님 나라 통치 방식의 다름을
보여 줌이었습니다.

1. 우리가 교회 공동체로서 모여 예배하고 교제하며 섬길 수 있는 까닭은 무엇일까요?

2. 우리가 하나님 나라를 소망하고 하나님의 통치를 인정하는 방식에는 어떤 것들이 있을까요?

3. 역사 내내 그리스도인들은 예수 그리스도에 대한 고백과 견해가 같았을까요? 그렇다면 그 이유는 무엇일까요?

4. 세상 나라(고대, 현대)가 세워지는 방식과 하나님 나라가 세워지는 방식이 다른 점은 무엇일까요?

5. 우리 자신이 하나님의 통치를 일상에서 인정하는 예를 하나 들어 봅시다.

나라와 권세와 영광이

권세, 권능은 헬라어로 '두나미스'($\delta\acute{v}\nu\alpha\mu\iota\varsigma$)입니다. 폭발력 넘치는 힘을 말합니다. 세상에서 권세를 잡은 자는 그 권능을 정복하며 '제국'을 만드는 데 사용합니다. 그 제국은 '피의 제국', 다시 말해 누군가에게 '멸망, 종말, 죽음'을 의미합니다. 하지만 '복음의 나라'는 다릅니다. 예수님은 성령의 권능으로 생명을 살리는 데 사용하셨습니다(눅 5:17).[1] 그리고 예수님은 제자들을 전도 여행 보내시면서 모든 귀신을 제어하며 병을 고치는 능력과 권세를 주시고 하나님의 나라를 전파하여 앓는 자를 고치게 하시려고 내어 보내셨습니다(눅 9:1-2).[2] 그래서 제자들은 눈에 보이지 않고, 손에 잡히지 않는 능력과 권세로 나가서 각 촌에 두루 다니며 처처에 복음을 전하며 병을 고쳤습니다(눅 9:6).[3] 제자들만이 아닙니다. 70인의 전도대가 더 있었습니다. 그들이 돌아와 주께 보고합니다. "주여 주의 이름이면 귀신들도 우리에게 항복하더이다"(눅 10:17). 전도대가 가졌던 권세와 능력은

1   [눅 5:17] 하루는 가르치실 때에 갈릴리의 각 마을과 유대와 예루살렘에서 온 바리새인과 율법교사들이 앉았는데 병을 고치는 주의 능력이 예수와 함께 하더라
2   [눅 9:1-2] 예수께서 열두 제자를 불러 모으사 모든 귀신을 제어하며 병을 고치는 능력과 권위를 주시고 하나님의 나라를 전파하며 앓는 자를 고치게 하려고 내보내시며
3   [눅 9:6] 제자들이 나가 각 마을에 두루 다니며 곳곳에 복음을 전하며 병을 고치더라

주의 이름이었습니다.

부활하신 예수님은 제자들에게 "오직 성령이 너희에게 임하시면 너희가 권능을 받고 예루살렘과 온 유대와 사마리아와 땅 끝까지 이르러 내 증인이 되리라"(행 1:8)고 말씀하셨습니다. 권능(두나미스)을 받아 예수님의 증인이 된다는 것입니다. 여기에는 '피의 나라', '폭력의 나라'는 낄 새가 없습니다. 예수님께서 약속하신 성령이 임하고 권능을 받은 제자들은 '칼의 나라'가 아니라 '구원의 나라, 은혜의 나라, 생명의 나라'를 증거하는 삶을 살아 나갑니다. 칼을 들고 산을 넘고 바다를 건너는 것이 아니라, 복음의 심장을 가지고 산 넘고 물 건너는 전도자의 삶을 사는 것입니다. 이 삶은 오른뺨을 맞으면 왼뺨도 돌라대는 능력이기도 합니다.

총독 빌라도는 잡혀 온 예수님께 이렇게 말합니다. "내게 말하지 아니하느냐 내가 너를 놓을 권한도 있고 십자가에 못 박을 권한도 있는 줄 알지 못하느냐"(요 19:10). 빌라도는 대제국 로마의 황제로부터 파견된 권세자였습니다. 빌라도가 말한 것처럼 유대 땅에서는 그의 권세보다 더한 권세는 없었습니다. 그러니 빌라도가 자기 자신이 예수님을 놓을 권세도 십자가에 못 박을 권세도 있다고, 즉 생사여탈권을 가지고 있다고 말하는 것입니다.

하지만 예수님은 전혀 다른 말씀을 하십니다. "위에서 주지 아니하셨더라면 나를 해할 권한이 없었으리니"(요 19:11). 빌라도에게는 그럴 권세가 없다는 것입니다. 그저 부여받은 것일 뿐이지 실제 권세는 하나님 아버지께 있다는 말입니다. 즉, 실제 권세자는 빌라도 총독도 아니고, 빌라도를 유대 총독으로 파견한 로마 황제도 아니라, 하나님이신 것입니다. 권세는 하나님께 속한 것이기 때문입니다(시 62:11).[4]

4 [시 62:11] 하나님이 한두 번 하신 말씀을 내가 들었나니 권능은 하나님께 속하였다 하셨도다

예수님은 이미 자신을 잡으러 온 대제사장들과 성전의 군관들과 장로들에게 이렇게 말씀하셨습니다. "너희가 강도를 잡는 것 같이 검과 몽치를 가지고 나왔느냐 내가 날마다 너희와 함께 성전에 있을 때에 내게 손을 대지 아니하였도다 그러나 이제는 너희 때요 어둠의 권세로다"(눅 22:52-53).

그래서 다윗은 "너희 권능 있는 자들아 영광과 능력을 여호와께 돌리고 돌릴지어다"(시 29:1)라고 노래했습니다. 예수님도 "그날에 많은 사람이 나더러 이르되 주여 주여 우리가 주의 이름으로 선지자 노릇 하며 주의 이름으로 귀신을 쫓아 내며 주의 이름으로 많은 권능을 행하지 아니하였나이까 하리니 그 때에 내가 그들에게 밝히 말하되 내가 너희를 도무지 알지 못하니 불법을 행하는 자들아 내게서 떠나가라 하리라"(마 7:22-23)라고 말씀하셨습니다.

예수님은 빌라도를 만나기 훨씬 전에도 이렇게 말씀하셨습니다. "내가 내 목숨을 버리는 것은 그것을 내가 다시 얻기 위함이니 이로 말미암아 아버지께서 나를 사랑하시느니라 이를 내게서 빼앗는 자가 있는 것이 아니라 내가 스스로 버리노라 나는 버릴 권세도 있고 다시 얻을 권세도 있으니 이 계명은 내 아버지에게서 받았노라"(요 10:17-18). 권세, 권능은 하나님께로부터 예수님에게로 온 것입니다. 권능의 예수님은 열두 제자를 부르셔서 더러운 귀신을 쫓아내며 모든 병과 모든 약한 것을 고치는 권능을 주셨습니다(마 10:1).[5] 제자들은 그 받은 권능으로 하나님 나라를 전파하고 병든 자를 고치고 귀신 든 자에게 자유를 주는 역사를 일으킵니다. 그래서 바울 사도는 이렇게 말합니다. "하나님의 나라는 말에 있지 아

---

5 [마 10:1] 예수께서 그의 열두 제자를 부르사 더러운 귀신을 쫓아내며 모든 병과 모든 약한 것을 고치는 권능을 주시니라

니하고 오직 능력에 있음이라"(고전 4:20). 《사피엔스》의 저자 유발 하라리
(Yuval Noah Harari, 1976~)는 역사 내내 모든 힘이 실패했으나 오직 돈은 실
패하지 않았다고 말했습니다. 그러면서 돈은 어떻게 신과 왕이 실패한 곳
에서 성공할 수 있었는가 묻고 있습니다.

> 지난 3천 년간 사람들은 이런 지구적 비전을 실현하기 위해서 점점 더 야심 찬
> 시도를 했다. … 역사상 최대의 정복자, 극도의 관용과 융통성을 지녔으며 사람
> 들을 열렬한 사도로 만들었던 정복자에 대한 것이다.
>
> 이 정복자는 바로 돈이다. 같은 신을 믿거나 같은 왕에게 순종하지 않는 사람
> 들도 기꺼이 같은 돈을 사용하려 한다. … 돈은 어떻게 신과 왕이 실패한 곳에
> 서 성공할 수 있었을까?[6]

오사와 마사치(Masachi Osawa, 1958~)는 돈에 신비한 능력이 있어서가
아니라, 사람들이 돈을 받아들이고 돈을 욕망하는 행위에서 돈이 마치 가
치를 가진 실제처럼 취급하기 때문이라고 말했습니다.

> 화폐를 사용하는 사람들은 화폐의 어디에도 신비한 구석이 없다는 것, 화폐
> 가 사회적인 여러 관계의 표현에 지나지 않는다는 것을 잘 알고 있다. 즉 사람
> 들의 일상적인 관념 속에서 화폐는 사회적 산물의 일정 부분에 대한 청구권을
> 표시하는 기호에 불과하고, 완전히 편의상의 물건일 뿐이다. 그러나 중요한
> 것은 … 그래도—라기보다 바로 그렇기 때문에—상품의 물신성이 생겨난다는
> 사실이다. 왜냐하면 화폐의 신비성을 전혀 믿지 않는다고 해도, 즉 화폐에 대
> 해 완전히 시니컬하다고 해도, 화폐를 받아들이고 화폐를 욕망하는 행위에서

---

6   유발 하라리, 『사피엔스』, 조현욱 옮김 (서울: 김영사 2019), 247.

사람들은 화폐 자체를 마치 가치를 가지는 실제인 것처럼 취급하기 때문이다. 다시 말해 결국 사람들은 화폐에 대한 물신 숭배자와 마찬가지로 행동해 버리는 것이다.[7]

또, 하라리는 서로의 신앙에 동의할 수 없는 사람들도 돈에 대한 믿음에는 동의할 수 있다고 말합니다.

국경과 문화를 초월하는 단일 화폐 권역의 등장은 아프로아시아의 통일을 위한 기초, 결국에는 지구 전체를 단일 경제 정치 권역으로 통합하는 기초를 놓았다. 사람들은 예나 지금이나 서로 알아들을 수 없는 언어로 말했고, 각기 다른 통치자의 지배를 받았고, 각기 다른 신을 숭배했지만, 모두 금과 은, 금화와 은화를 신뢰했다.[8]

서로의 신앙에 동의할 수 없는 기독교인과 무슬림은 돈에 대한 믿음에는 동의할 수 있었다. 종교는 우리에게 무언가를 믿으라고 요구하는 반면에, 돈은 다른 사람들이 뭔가를 믿는다는 사실을 믿으라고 요구하기 때문이다.[9]

마사치는 그 문제에 대해서 이렇게 말하고 있습니다.

사람이 화폐를 수용하는 것, 즉 자신의 소유물을 파는 것은 그 화폐를 수용할 (팔 준비가 된) 타자가 존재하고 있다는 신뢰가 있기 때문이다(사실 이 신뢰에는 궁극적인 근거는 없다). 즉 화폐를 화폐이게 하는 것은 (그 화폐에 대한) 타자의 욕망이다. … 즉 타자가 화폐를 받는 것은, 그 외부에 역시 화폐를 받게 될 타자가 존재

7 오사와 마사치, 『연애의 불가능성에 대하여』, 송태욱 옮김 (서울: 그린비, 2005), 121-122.
8 유발 하라리, 『사피엔스』, 조현욱 옮김 (서울: 김영사 2019), 264.
9 유발 하라리, 앞의 책, 266.

하고 있(다고 믿고 있)기 때문이다. 따라서 화폐를 받을 수 있게 하는 것은 이 '타자의 타자'의 (화폐에 대한) 욕망이다. 그러므로 여기서는 당장 다음과 같은 결론을 얻게 될 것이다. 즉 화폐를 화폐로서 기능케 하는 것은 임의의 화폐 수취인(타자)에 대해 그 화폐를 받게 될 후속의 타자(타자의 타자)가 존재한다는 사실이다.[10]

그리고 아이젠스타인은 《신성한 경제학의 시대》라는 책에서 이러한 우려를 말하고 있습니다.

신성의 이러한 개념과 가장 닮은 한 가지를 지상에서 찾으려면 바로 돈이라는 사실은 대단히 아이러니하고 의미심장하다. 돈은 만물을 둘러싸고 이끌어 가는 보이지 않는 불멸의 힘이요, 세상을 움직인다고 얘기되는 전지전능한 '보이지 않는 손'이다. 그러나 오늘날 돈은 추상적으로 존재한다. 고작 종잇조각에 그려지고 대개는 컴퓨터에 입력되는 기호일 뿐, 실재성과 한참 동떨어진 영역에 존재한다. 따라서 자연의 가장 중요한 법칙으로부터 자유로운 돈은 세상 만물이 그러하듯 쇠락하지도 흙으로 되돌아가지도 않고 금고와 컴퓨터 파일 속에 변함없이 보존되며 오히려 시간이 지날수록 이자 덕분에 더 증가하기도 한다. … 우리가 지닌 신성의 개념이 그 개념에 꼭 들어맞는 신을 끌어들여 세상을 지배하게 만들었다는 것을 우리는 깨닫지 못하고 있다.[11]

또한, 게오르그 짐멜(Georg Simmel, 1858-1918)은 기독교의 신에 대한 열망과 화폐 경제에서의 돈에 대한 열망은 동일하게 영속적인 상태라고 말

10 오사와 마사치, 『연애의 불가능성에 대하여』, 송태욱 옮김 (서울: 그린비, 2005), 100.
11 찰스 아이젠스타인, 『신성한 경제학의 시대』, 정준형 옮김 (서울: 김영사, 2015), 7-9.

하고 있습니다.

슐라이허마허가 강조한 바에 따르면, 기독교는 경건함, 곧 신에 대한 열망을 인간 영혼의 항구적인 상태로 만든 최초의 종교이다. … 마찬가지 이치로, 돈에 대한 열망은 정착된 화폐 경제에서 인간의 영혼이 보여주는 항구적인 상태이다. 그래서 심리학자는 돈이 바로 우리 시대의 신이라고 사람들이 빈번히 탄식하는 모습을 주목하지 않을 수 없다. …존재의 모든 낯섦과 화해 불가능성은 신에서 통일성과 화해를 발견한다는 이 이념으로부터 평화, 안전 그리고 모든 것을 포괄할 정도로 풍부한 감정이 유래하는데, 이 감정은 신에 대한 표상 및 우리가 신을 소유한다는 표상과 결부된 것이다.

의심할 여지없이, 돈이 자극하는 감정들은 이것과 심리학적인 유사성을 지닌다. 돈은 점점 더 모든 가치를 충분하게 표현하는 등가물이 됨으로써 아주 추상적인 높이에서 객체들의 매우 광범위한 다양성을 초월하게 되며, 또는 아주 상반되고, 낯설며, 멀리 떨어져 있는 사물들이 자신들의 공통점을 발견하고 상호 접촉하는 중심이 된다. 이렇게 해서 돈은 우리에게 개별적인 것을 초월하도록 해주며, 돈이 지닌 전능을 마치 하나의 최고 원리가 지니는 전능인 양 신뢰하도록 하는데, 이 원리는 언제든지 개별적이고 비천한 것으로 전환될 수 있다. 따라서 돈의 소유가 허락해주는 안전과 평온의 감정, 그리고 돈에서 가치들이 교차한다는 확신은 순수하게 심리학적으로 보면– 이른바 형식적으로 보면 – 돈이 우리 시대의 신이라는 탄식에 대해 심층적인 근거를 제시해주는 방정식이다.[12]

짐멜은, 돈은 심리적으로 수단이 목적으로 상승하는 가장 두드러지고 완벽한 예라고 말하면서, 이러한 돈의 중요성은 수단과 목적의 관계를 보

---

12   게오르그 짐멜, 『짐멜의 모더니티 읽기』, 김덕영, 윤미애 옮김 (서울: 새물결, 2005), 27-28.

다 면밀히 살펴봐야 비로소 완전히 밝혀진다고 말합니다.[13]

무릇 사람들이 돈에 탐욕을 갖지 않았던 시대는 없었을 것이다. 그러나 확실히 말할 수 있는 것은, 개별적인 삶의 관심을 소박하게 충족시키는 자세와 현존재의 궁극적 목적으로서 종교적 절대성으로 고양하려는 이상이 그 힘을 잃어버린 시기들에 그러한 욕망이 가장 강력하고 광범위하게 나타났다는 것이다. 아닌 게 아니라 실제로 현대에는—그리스와 로마의 몰락기와 마찬가지로—비단 개인들의 내면적 상태뿐만 아니라 삶의 모든 측면, 인간들 서로 간의 관계 그리고 객관 문화까지도 금전적 관심으로 물들어 있다. 그 내용으로 우리에게 만족을 주는 궁극적인 삶의 목적이 위축되는 순간 단지 수단일 뿐 그 이상은 아무것도 아닌 가치가 고양되어 그 궁극적인 목적을 대신하고 그것의 형식을 띠게 되는 형상은, 역사 발전의 아이러니로 보일 수도 있다. 그러나 실제로는 절대적 수단이며 또한 그럼으로써 무수한 목적 계열의 통합점이 되는 돈이, 그 심리적 형식에서 신에 대한 표상과 의미심장한 관계를 맺고 있다.[14]

권능은 맘몬에서 나오지 않고, 맘몬 또한 '전지전능'한 것이 아니며, 오직 여호와 하나님 빛들의 아버지께만 있습니다. 각양 좋은 은사와 온전한 선물이 다 맘몬에게서 나오는 것이 아니라, 위로부터 빛들의 아버지에게서 내려오는 것입니다(약 1:17).

"그런즉 너희가 하나님을 누구와 같다 하겠으며 무슨 형상을 그에게 비기겠느냐"(사 40:18). 사람은 하나님과 맘몬을 겸하여 섬길 수 없고, 하나님은 사람의 영혼마저 멸하실 수 있는 분이십니다.

---

13   게오르그 짐멜, 『돈의 철학』, 김덕영 옮김 (서울: 길, 2013), 385.
14   위의 책, 387-388.

나눔을 위한 질문

1. 우리가 성령의 능력을 받는다는 것은 무슨 의미일까요? 또 성령 받은 능력은 어떻게 나타날까요?

2. 돈에 대한 욕망과 하나님 신앙의 차이가 무엇일까요?

3. 유발 하라리 교수는 신과 왕이 실패한 곳에서 오직 돈만이 역사상 최대의 정복자라고 말합니다. 그 까닭이 무엇일까요? 그 말에 대해 어떻게 생각하나요? 하나님도 실패하신 걸까요?

4. 지금 나 자신의 마음을 가장 많이 차지하고 있는 단어나 문장은 무엇인가요?

제16강

나라와 권세와 영광이

사도행전 12장은 특이한 내용이 기록되어 있습니다. 분봉 왕 헤롯이 급사한 사건입니다. 헤롯이 왕복을 입고 왕좌에 앉아서 백성들에게 일장 연설을 하는데, 백성들의 반응과 호응이 대단했습니다. 급기야는 군중들이 흥분해서 큰소리로 외치기 시작했습니다. "이것은 신의 소리요 사람의 소리가 아니라"(행 12:22). 헤롯은 기분이 날아갈 듯이 좋았으나 여기까지만 좋았는데, 그 길로 저 세상 사람이 되고 말았습니다. "주의 사자가 곧 치니 벌레에게 먹혀" 죽습니다(행 12:23). 그 까닭은 헤롯이 백성들로부터 이런 분에 차고 넘치는 환호를 받고도 영광을 하나님께로 돌리지 않았기 때문입니다.

사실 분봉 왕 헤롯의 경우는 그리 특별한 사례가 아닙니다. 바벨론의 느부갓네살 왕도 한때 정신 못 차리고서 교만하고 경솔하기 이를 때가 없었습니다. "이 큰 바벨론은 내가 능력과 권세로 건설하여 나의 도성으로 삼고 이것으로 내 위엄의 영광을 나타낸 것이 아니냐"(단 4:30). 이 말이 아직 느부갓네살 왕의 입에서 맴돌 때, 하늘에서 소리가 납니다. "느부갓네살 왕아 네게 말하노니 나라의 왕위가 네게서 떠났느니라 네가 사람에게서 쫓겨나서 들짐승과 함께 살면서 소처럼 풀을 먹을 것이요 이와 같이 일곱 때를 지내서 지극히 높으신 이가 사람의 나라를 다스리시며 자기의 뜻대로 그것을 누구에게든지 주시는 줄을 알기까지 이르리라"(단 4:31–32). 그리고 나서 즉시 느부갓네살은 그 보위에서 쫓겨나고 들짐승 같은 세월을 보내게 되는데, 느부갓네살이 정신을 차린 후에 이렇게 고백합니다. "그 기한이 차매 나 느부갓네살이 하늘을 우러러 보았더니 내 총명이 다시 내게로 돌아온지라 이에 내가 지극히 높으신 이에게 감사하며 영생하시는 이를 찬양하고 경배하였나니 그 권세는 영원한 권세요 그 나라는 대대에 이르리로다 땅의 모든 사람들을 없는 것 같이 여기시며 하늘의 군대에게든지 땅의 사람에게든지 그는 자기 뜻대로 행하시나니 그의 손을 금하든지 혹시 이르기를 네가 무엇을 하느냐고 할 자가 아무도 없도다 그때에 내 총명이 내게로 돌아왔고 또 내 나라의 영광에 대하여도 내 위엄과 광명이 내게로 돌아왔고 또 나의 모사들과 관원들이 내게 찾아오니 내가 내 나라에서 다시 세움을 받고 또 지극한 위세가 내게 더하였느니라 그러므로 지금 나 느부갓네살은 하늘의 왕을 찬양하며 칭송하며 경배하노니 그의 일이 다 진실하고 그의 행하심이 의로우시므로 교만하게 행하는 자를 그가 능히 낮추심이라"(단 4:34–37)

칼뱅은, 올바른 기도의 첫 번째 규칙은 우리가 자기 영광에 대한 모든 생각을 버려야 하고, 우리 자신의 가치에 대한 모든 지각을 던져 버려야 하고, 우리의 자기 확신을 모두 내버려야 한다고 말하면서, 다음과 같이 두렵고도 겸비한 자세로 영광을 주님께 돌려야 한다고 말합니다.[1] "나의 하나님이여 귀를 기울여 들으시며 눈을 떠서 우리의 황폐한 상황과 주의 이름으로 일컫는 성을 보옵소서 우리가 주 앞에 간구하옵는 것은 우리의

---

1   존 칼빈, 『기독교강요 초판』, 양낙흥 옮김 (고양: 크리스챤다이제스트, 2001), 155.

공의를 의지하여 하는 것이 아니요 주의 큰 긍휼을 의지하여 함이니이다 주여 들으소서 주여 용서하소서 주여 귀를 기울이시고 행하소서 지체하지 마옵소서 나의 하나님이여 주 자신을 위하여 하시옵소서 이는 주의 성과 주의 백성이 주의 이름으로 일컫는 바 됨이니이다"(단 9:18-19)

분봉왕 헤롯처럼, 바벨론 느부갓네살 왕처럼 대부분의 사람이 행하는 원리에는 하나님의 영광을 위하여 행함이 없습니다. "하나님을 위하여!"라고 힘차게 외쳤던 십자군마저도, 예루살렘 탈환도 하나님의 영광을 위하여가 원동력은 아니었으니 말입니다. 빛 좋은 개살구도 아닌, 그저 말하기 좋은 명분 내세우기의 구호와 선동 용어일 뿐입니다.

사사 기드온 시대를 통해서도 살펴볼 수 있습니다. 미디안의 침공으로 인해 기드온은 이스라엘의 군대를 모았습니다. 이때 모인 장정의 수는 3만하고도 2천 명이었습니다. 고대 시대에 이 수가 분명 적은 수는 아니었지만, 미디안의 수에 비하면 그렇게 많은 숫자는 아니었습니다. 성경은 그들이 얼마나 중다했는지를 이렇게 묘사하고 있습니다. "때에 미디안 사람과 아말렉 사람과 동방 사람들이 다 모여 요단을 건너와서 이스르엘 골짜기에 진을 친지라"(삿 6:33).

전쟁에서는 군인의 숫자가 매우 중요합니다. 고대의 전쟁은 말할 것도 없습니다. 많으면 많을수록 유리합니다. 그런데 하나님은 뜻밖에도 기드온에게 이렇게 말씀하십니다. "너를 좇은 백성이 너무 많은즉 내가 그들의 손에 미디안 사람을 붙이지 아니하리니 이는 이스라엘이 나를 거스려 자긍하기를 내 손이 나를 구원하였다 할까 함이니라"(삿 7:2). 두려워서 떠는 자를 돌려보내고, 물가에서 무릎을 꿇고 먹는 자도 돌려보내고, 남은 자 300명으로 적진을 치게 됩니다. 하나님은 왜 30,000명이 아니라, 300명이셨을까요? 그 까닭은, 이스라엘 백성이 자긍할까 봐서입니다. 여기서 자긍은 하나님께서 인정하실 수 없는 것입니다. 왜냐하면 이 전쟁의 승리를 하나님께서 이스라엘의 손에 붙이시기 때문입니다. 사람 숫자와 하등의 상관이 없기 때문입니다. 사람에게 달린 것이 아니죠. 그러므로 이스라엘이 "내 손이 나를 구원하였다"고 자긍하지 않기 위함인 것입니다. 여기서의 자긍은 단지 스스로를 자랑하고 뻐기는 정도가 아니라, 스스로 영화롭게 하려는 행위입니다. 히브리어로 '파아르'(אַרָ)는 '영화롭게 하다', '아름답게 하다'의 의미입니다.

모세는 하나님께서 이스라엘 백성을 약속의 땅 가나안 땅에 이르게 하셔서 하나님께서 하신 일들과 이스라엘 백성에게 주신 모든 것을 잊고, "내 능과 내 손의 힘으로"(신 8:17) 모든 것을 이루었다고 여길까 두렵다고 말씀합니다. 이스라엘 백성들이 스스로를 영화롭게 여길까봐서요. 만약 그렇게 은혜를 망각하고서 스스로를 높이고 영화롭게 하면, "너희가 정녕히 멸망할 것이라"(신 8:19)고 말씀합니다. 신실하신 하나님께서 기드온과 이스라엘 백성들이 스스로를 높이지 않도록, 영화롭게 하지 않도록 31,700명을 돌려보내고 300명만으로 싸우게 하신 것입니다.

우리가 '내 손으로'라고 말하거나 그렇게 여기는 것은 하나님의 은혜와 하나님의 일하심에 무지함을 드러내는 것과 같습니다. 영광과 존귀는 하나님 아버지께서 받으심이 마땅한 것입니다. 아무리 강조해도 지나치지 않습니다. 아담의 타락 이후 인류는 항상 자신을 높이려고 안달해 왔기 때문입니다. 사람이 자기 손으로 영광을 취하려고 하지만 그 영광은 사실 그림자의 영광도 되지 않습니다. 영광은 오로지 하나님 아버지께만 있을 따름입니다. 우리는 그 하나님의 영광 안에서만 영광을 누릴 수 있습니다. 내 것이 아닌 하나님의 영광을 도적질할 수도 없을 뿐만 아니라, 마땅히 하나님께 영광을 돌려야 합니다. 하나님을 하나님으로 인정해야 합니다. 물이 바다를 덮음같이 여호와를 아는 지식이 온 세상에 편만해지는 것, 아더 핑크는 아버지 나라에서 하나님의 영광이 충만하고 완전하게 우리의 영혼에 비춰, 우리 몸을 뚫고 발산할 것이라고 말합니다.

"우리를 부르사 자기의 영원한 영광에 들어가게 하신" 하나님께서는 은혜의 상태, 즉 "우리가 서 있는 이 은혜"의 상태로 우리를 부르셨을 뿐만 아니라 그의 영원한 영광의 상태로 우리를 부르셨기 때문에, 우리는 "하나님의 영광을 바라고 즐거워한다"(롬 5:2). 이 두 가지 것들은 서로 불가분의 관계에 있다. 즉, "여호와께서는 그 은혜와 영화를 주실 것이다"(시 84:11). 우리가 비록 은혜로 말미암아 영화롭게 된 자들이긴 하지만 우리에게 부어지는 것은 바로 하나님의 영광인 것이다. …… 하나님의 영광은 하늘에서 최후에 나타나실 것이다. 자기의 신성이 지니고 있는 바로 그러한 존귀와 말로 다 할 수 없는 광채와 함께 나타날 것이다. 우리는 영원한 영광을 보게 될 뿐만 아니라 그 영광이 우리에게 전달될 것이다. "그때 의인들은 자기 아버지 나라에서 해와 같이 빛나리라"(마 13:43). 하나님의 영광이 너무도 충만하게 그리고 완전하게 우리의 영혼을 비추어 줄 것이므로 그 영광이 우리의 몸을 뚫고 발산할 것이다.[2]

---

2 아더 핑크, 『영적인 기도』, 지상우 옮김 (서울: 엠마오, 1997), 141-142.

1. 나 자신이 자랑스럽고 뿌듯하고 기특할 때가 언제였나요?

2. 내 삶에서 '하나님의 손'을 절감한 일이 있었다면 나누어 봅시다.

3. 우리 자신의 이름을 세상에 내는 것과 하나님께 영광을 돌린다는 것은 어떤 차이가 있을까요? 세상에서 칭찬받고 박수받고 싶은 우리가 진정 얻을 수 있는 영광의 성질은 어떤 것일까요?

제17강

아버지께 영원히 있사옵나이다

나라와 권세와 영광이, 아버지에게로! 다른 누구도 아닙니다. 나도 아니고 우리도 아닙니다. 신학자 김재준의 글입니다.

'우리', '우리'!

퍽이나 정다운 말입니다.

그러나 '우리'를 그리스도의 옥좌에 앉히고

그리스도 대신에 '우리'를 내세우면

결국 '우리'는 폭군이요

'우리'의 행사는 악정(惡政)이 되고 맙니다.

다만 복음의 선포, 사랑의 행실을 위한 '우리',

섬기기 위한 '우리'만 있게 하옵시고

권리를 잡기 위한, 신앙 통제를 위한 '우리'는

결코 생기지 말게 하옵소서.

그리하여

주님이

모든 일을 직접 주관하시며

모든 권세와 영광은

주님의 것으로만 있게 하옵소서.

- 김재준, 〈주님을 위한 '우리'만이〉[1]

영원은 유한과 상관없습니다. 태초부터 지금까지의 기간도 영원에 비하면 찰나(刹那)일 뿐입니다. 바울 사도는 "우리가 잠시 받는 환난의 경한 것이 지극히 크고 영원한 영광의 중한 것을 우리에게 이루게 함이니 우리가 주목하는 것은 보이는 것이 아니요 보이지 않는 것이니 보이는 것은 잠깐이요 보이지 않는 것은 영원함이라"(고후 4:17-18)고 말씀합니다. 우리가 영원한 영광에 거하기 위해서는, 하나님 나라에 들어가기까지는, 많은 환난과 고난을 받아야 한다는 것입니다(행 14:22; 롬 8:17).[2] 그러나 그 많은 환난과 고난도 유통 기한(?)은 있습니다.

'영원히'라는 것은 무한 반복을 의미하거나 무수히 반복되는 시간에 갇혀 버린다는 의미가 아닙니다. 시간도 엄밀히 말하면 하나님의 창조이기 때문입니다. 굳이 말하자면, 영원은 '하나님의 시간'입니다. 즉 하나님은 측량 불가한 분이시므로 하나님의 시간 또한 측정 불가 아니겠습니까.

'나라와 권세와 영광'이 '아버지께 영원히' 있으려면, 기본적으로 두 가지가 충족되어야 합니다. 하나는 '나라와 권세와 영광'이 유한하지 않고 영원해야 합니다. 일시적이라면 '아버지께 영원히 있사오니'는 성립되지 않습니다. 그러니 이 기도에는 당연히 '나라'도 '권세'도 '영광'도 영원한

---

1 김영봉, 『사귐의 기도를 위한 선집』 (서울: IVP, 2013), 111.

2 [행 14:22] 제자들의 마음을 굳게 하여 이 믿음에 머물러 있으라 권하고 또 우리가 하나님의 나라에 들어가려면 많은 환난을 겪어야 할 것이라 하고
   [롬 8:17] 자녀이면 또한 상속자 곧 하나님의 상속자요 그리스도와 함께 한 상속자니 우리가 그와 함께 영광을 받기 위하여 고난도 함께 받아야 할 것이니라

성질의 것입니다. 또 다른 하나, '나라와 권세와 영광'이 영원하다 하더라도 아버지가 영원하시지 않다면, '아버지께 영원히 있사옵나이다'라는 기도는 애시당초 성립이 안 되는 허망한 기도가 된다는 것입니다. 그러므로 '나라와 권세와 영광'이 '영원히 아버지께' 있다는 것은 아버지가 영원하시니 아버지의 나라도, 아버지의 권세도, 아버지의 영광도 당연히 영원할 수밖에 없다는 것입니다. 그 영원함에 연결된다는 것은 아주 영화로운 것입니다. 예수님께서는 미래적 부활 소망만을 말하는 마르다에게 말씀하셨습니다.

> "나는 부활이요 생명이니 나를 믿는 자는 죽어도 살겠고 무릇 살아서 나를 믿는
> 자는 영원히 죽지 아니하리니 이것을 네가 믿느냐"(요 11:25-26).

아버지께 영원히 있다는 것은 과거의 어느 한 지점이나 기간은 빠진다든지, 오늘과 지금은 제외된다는 것이 아닙니다. 이 모든 것을 아우르는 것이 '영원히'입니다. 그러므로, 부활도 다만 인간의 시간적, 한계적, 제한적 의미로서만이 아닌 아버지의 영원 속에서 발견될 수 있습니다.

1. "나라와 권세와 영광이" 아버지께만 영원히 있다는 것은 무엇을 전제하는 기도일까요?

2. '우리'가 주님의 것으로만 있게 된다는 것은 무슨 의미일까요?

3. 영원은 무시간성을 말하는 것일까요? 아니면 영원은 계속되는 시간성을 말하는 것일까요?

4. 하나님의 영원 안에 머문다는 것, 연결된다는 것을 이 땅에서 어떻게 경험할 수 있을까요?

제18강
아멘

창세기의 시작은 "태초에 하나님이 천지를 창조하시니라"(창 1:1)입니다. 그리고 계시록의 마지막은 "이것들을 증언하신 이가 이르시되 내가 진실로 속히 오리라 하시거늘 아멘 주 예수여 오시옵소서"(계 22:20)입니다. 예수님의 "속히 오리라"는 말에 어떻게 화답했나요? "아멘"으로 화답했습니다.

그렇습니다. 아멘은 우리의 응답입니다. 반응입니다. 믿음과 소망이기도 합니다. 그렇기에 우리는 말씀이 떨어질 때마다 유불리를 떠나 '아멘'합니다. 내 뜻과 내 계획에서 어긋난다고 할지라도 말입니다. 프랑스 신부 미셸 끄와(Michel Quoist, 1918~1997)의 글을 읽어 보십시오.

주여, 나는 "네" 하기가 두렵습니다.

주님은 나를 어디로 데려가시려는 겁니까?

나는 허탕 칠까 두렵습니다.

나는 덮어놓고 계약서에 도장을 찍기가 두렵습니다.

나는 한 번뿐 아니라 자꾸 "네" 해야 할 것이 두렵습니다.

......

주여, 나는 기분이 과히 좋지 않습니다.

내 마음대로 되는 것이 하나도 없기 때문입니다.

내가 꺾은 꽃은 내 손아귀에서 이내 시들고

나의 웃음도 입가에서 맴돌다 사라집니다.

내가 추는 춤도 내 마음을 슬픔으로 울먹이게 합니다.

모든 것이 허무해 보이고 모든 것이 속절없어 보입니다.

주님은 내 주위에 사막을 만드셔서

나는 배고픕니다, 나는 목마릅니다.

그렇지만 이 세상은 나를 먹여 주고 만족시킬 수는 없습니다.[1]

주님께서 "내가 진실로 속히 오리라" 하시니까, "주여 우리는 여기가 좋사오니, 지금 이대로가 딱 좋사오니, 속히 오지 마시고 나중에 오소서"가 아닙니다. 하나님의 "때가 차매"를 마치 내가 아직 때가 되지 않았다고 손을 내저으며 항변하는 꼴입니다. 그것은 아멘이 아닙니다. 아무리 나는 초막 셋을 짓고 싶어도(막 9:5), 내 마음이 주를 향한 애틋한 마음이어도 주님께서 내려가자고 하시면 내려가는 것입니다. 그것이 아멘입니다.

하나님께서 아브라함을 부르십니다. 본토 친척 아비 집을 떠나라. 하나님은 후사가 없는 아브라함에게 하늘의 별과 같이, 그리고 바다의 모래같이 후사를 주겠다고 약속하십니다. 이미 75세가 훌쩍 넘었는데 말입니다. 그럼에도 아브라함은 여호와를 믿습니다(창 15:6). 여기서 "믿으니"는 히브리어로 '아만, אמן'입니다. 이 '아만', 즉 믿는다는 말이 바로 아멘인 것입니다. 하나님의 약속, 말씀에 응답하는 기도입니다.

---

1   위의 책, 330-331.

마르틴 루터는 '아멘'을 말하는 것이 아주 좋은 일이라고 강조했습니다. "아멘"이라는 말은 "그렇게 되기를!"을 의미하기 때문입니다. 기도는 우연에 내맡기는 시도가 아니며, 미지의 세계를 향한 여행도 아닙니다. 따라서 기도는 시작과 마찬가지로 이런 확신으로 마쳐야 합니다. "맞습니다. 그렇게 이루어질 것입니다!"[2] 우리는 기도할 때 의심을 배우는 것이 아니라 믿음을 배우기 때문입니다. 마르틴 루터는 기도에 대해 아주 확실한 어조로 말합니다.

> 그래서 성 야고보는 이렇게 가르칩니다. "오직 믿음으로 구하고 조금도 의심하지 말라 의심하는 자는 마치 바람에 밀려 요동하는 바다 물결 같으니 이런 사람은 무엇이든지 주께 얻기를 생각하지 말라"(약 1:6-7)
>
> 보십시오! 이것이 바로 하나님의 마음입니다. 그러므로 확신을 가지고 기도하십시오. 기도는 헛되지 않습니다. 그 어떤 경우라도 우리의 기도를 우습게 여기지 마십시오![3]

아멘은 입술로 하는 것이지만 입술로 멈추어서는 안 됩니다. 마음으로 믿어 의에 이르고 입술로 고백하여 구원에 이른다고 하셨습니다(롬 10:10). 행함이 없는 믿음은 죽은 믿음이라고도 하셨고 말입니다(약 2:26).

에덴동산에서 아담은 하나님께서 먹지 말라 하신 선악을 알게 하는 나무의 실과를 주저 없이 먹어 버렸습니다. 핑계와 이유가 어찌 되었든 간에 아담은 하나님께서 먹지 말라 하신 선악과를 먹어 버렸습니다. 아담은 하나님의 말씀에 순종하지 않았습니다. 즉, 아멘 하지 않은 것입니다.

---

2 마르틴 루터, 『마르틴 루터 대교리문답』, 최주훈 옮김 (서울: 복있는 사람, 2020), 282-283.
3 위의 책, 284.

이같이, 아멘은 말로만이 아닌, 행함과 짝을 이루는 법입니다.

아멘의 다른 의미는 '인정함'입니다. 아멘은 하나님을 하나님으로 인정함이며, 하나님의 일하심에 순응함을 표하는 방편입니다. 아더 핑크는 시편 72편 19절을 들어 아멘의 의미를 전합니다. "그 영화로운 이름을 영원히 찬송할지어다 온 땅에 그의 영광이 충만할지어다 아멘 아멘". 곧 하나님의 일이 이루어진다는 것은 하나님 자신이 누구에게도 간섭받지 않으시고 자신의 결정으로 이루어짐에 대한 아멘이라고 했습니다.[4] 그 하나님의 일하심과 그 일이 이루어지는 것이 우리 자신이 진정 바라는 소망 자체가 되어 '아멘'을 고백한다는 것입니다. 이 기도가 우리 몸에 체화되는 것보다 더 중요한 것이 있을까요?[5] 아멘은 기도입니다. 아멘이야말로 단순하고 짧은 중언부언하지 않는 기도입니다. 주기도의 마지막, 오직 "나라와 권세와 영광이 아버지께 영원히 있사옵나이다"에 '아멘'입니다. 거기에 어떤 존재도 피조물도 어떤 세력도 끼어들거나 탐할 수가 없다는 것입니다. 오롯이 하나님 아버지께만 있습니다.

그리고 우리의 아멘에는 '반드시 이루어지리라'는 열망이 담겨져 있습니다. 장 칼뱅은 그의 책 《기독교강요》에서 이렇게 말합니다.

끝에 가서 "아멘"이란 말이 첨가되었다. 이 말은 하나님께 구한 것을 얻고 싶다는 열의를 표명한다. 그리고 이런 일들은 이미 실현되었고, 속이실 수 없는 하나님께서 약속하셨음으로 앞으로도 반드시 모두 실현되리라는 우리의 소망이 강화된다. 또 이런 소망은 우리가 전에 제시한 기도 형식과 일치한다. "우리의 의를 의지하는 것이 아니요 주의 큰 긍휼을 의지하여 함이오니 … 주 자신을 위

---

4 아더 핑크, 『예수님의 기도와 여덟 가지 축복』, 유관재 옮김 (서울: 누가, 2004), 212.
5 스탠리 하우어워스, 윌리엄 윌리몬, 『주여, 기도를 가르쳐 주소서』, 이종태 옮김 (서울: 복 있는 사람, 2015), 183-184.

하여 하시옵소서"(단 9:18-19)[6]

스탠리 하우어스는 제2차 세계 대전 당시, 한 포로수용소에서 있었던 감격적이며 가슴이 뜨거워지는 웅장한 한 이야기를 들려줍니다.

어느 춥고 어두운 저녁, 여러 차례 얻어맞은 수백 명의 포로들이 한 시간에 걸쳐 수용소 지휘관의 일장 연설을 듣고 행진한 후에, 어두침침한 막사로 돌아와서는 남은 시간 내내 침묵할 것을 명령받았다. 그때 어느 막사에서 누군가가 주기도를 하기 시작했다. 옆자리에 누워있던 동료 포로 몇몇이 그 기도에 함께했다. 기도 소리는 옆 막사의 포로들에게도 전해졌고, 그들도 그 기도에 합세했다. 막사 하나하나가 그 기도에 동참했고, 마침내 "나라와 권세와 영광이 아버지께 영원히 있사옵나이다"로 기도가 끝날 때는 수백 명의 포로들이 도전적이고 우렁찬 목소리로 "아멘!"을 외쳤다.

그리고 캠프는 다시 조용해졌다. 그러나 포로들은, 승리한 아군들에게 구조되기 전에 자신들을 묶고 있는 족쇄를 이미 벗어 버렸던 것이다. 그들은 새로운 세상을 목도하고 표현했던 것이다.[7]

이 가슴 뭉클해지는 이야기를 아더 핑크의 말을 빌려 표현해 보자면, 이것은 예배의 행위이며 찬미를 돌리는 것이고, 구원받은 자가 마음으로부터 구속하신 자에게 찬송을 드리는 것입니다. 그리스도인들은 각각의 역량과 재능이 천차만별이며, 견해도 다르고, 행동도 다릅니다. 그러나 이 점에 있어서만큼은 사도와 모두 함께하고 있습니다. 그리스도인들은

---

6 존 칼빈, 『기독교강요(中)』, 김종흡 외 옮김 (서울: 생명의 말씀사, 2001), 493.
7 스탠리 하우어스, 윌리엄 윌리몬, 『주여, 기도를 가르쳐 주소서』, 이종태 옮김 (서울: 복 있는 사람, 2015), 281-182.

모두 실제적으로 그리스도에 대한 동일한 견해와 그를 향한 동일한 사랑을 지니고 있습니다.[8]

바울 사도는 말합니다. "하나님의 약속은 얼마든지 그리스도 안에서 예가 되니 그런즉 그로 말미암아 우리가 아멘 하여 하나님께 영광을 돌리게 되느니라"(고후 1:20). 그리스도 안에서 "예"는 헬라어로 '나이'(Ναί)이며, 강한 긍정을 의미합니다. 마치 두 주먹 불끈 쥐고 힘주어 "Yes!" 라고 하는 것과 같습니다. 하나님의 약속이 그리스도 안에서 예스가 되는 것을 바울 사도는 이렇게 고백합니다. "그는 근본 하나님의 본체시나 하나님과 동등됨을 취할 것으로 여기지 아니하시고 오히려 자기를 비워 종의 형체를 가지사 사람들과 같이 되셨고 사람의 모양으로 나타나사 자기를 낮추시고 죽기까지 복종하셨으니 곧 십자가에 죽으심이라"(빌 2:6-8).

예수님은 모든 성도의 아멘의 형상이십니다. 예수님의 강렬한 아멘 안에서 우리도 아멘으로 하나님께 영광을 돌립니다. 그러므로 아멘 없이 독자적으로 하나님을 기쁘시게 하고 영광스럽게 하려 한다면 온전한 궤도를 심하게 벗어난 것일 수밖에 없습니다. 마가렛 막달렌은 《예수의 기도》(*Jesus, Man of Prayer*)라는 책에서 다음과 같이 말합니다.

> 수년 전에 알란 엑클스토운(Alan Ecclestone)이 "하나님께 '예'라고 하는 대답"(Yes to God)이라는 책을 썼다. 예수님 자신은 하나님께 대한 살아 있는 '예'였으며, 완전한 순종의 '예', 하나님의 아들 됨의 '예' 그리고 아버지의 뜻대로 하고자 했던 '예'였다. 리차드 로울(Richard Rolle)의 다음과 같은 말은 예수님 자신의 말씀을 생각나게 하는 것이다. "나의 모든 소원은 오직 하나뿐이요 그것은 오직 당신을 위한 것일세"

"당신의 뜻이 이루어지이다"라고 한 것은 '사랑의 순전한 기도'라고 불려 왔으며 그가 하는 기도 중 가장 위대하고 가장 완전한 기도였다. 그것은 그의 마지막 고뇌 속에서 행한 생의 절정기의 기도였을 뿐만 아니라 일생 동안의 끊임없는 열망이었다.[9]

성도가 모든 은혜의 풍성함을 누리는 것은 예수 그리스도의 '아멘'으로 말미암아 누리는 혜택과 복락입니다. 예수 그리스도는 하나님 아버지 앞에서 인격과 삶의 모든 것을 '예'로 화답하셔서 우리에게 선물을 주십니다. 따라서 '아멘'은 주님께서 가르쳐 주신 기도의 모든 내용을 한 보자기 안에 담고 쫌매는 것과 같습니다. 어느 내용 한 톨이라도 흘리지 않고, 빠뜨리지 않고 담아 하나님 아버지께로 올리는 견고한 매듭인 것입니다. "그러므로 내가 너희에게 말하노니 무엇이든지 기도하고 구하는 것은 받은 줄로 믿으라 그리하면 너희에게 그대로 되리라"(막 11:24). 누군가가 우루과이 어느 성당 벽에 써놓았다는 기도문입니다. "주님의 기도를 바칠 때".

"하늘에 계신" 하지 마라.

세상 일에만 관심을 두고 있다면.

"우리" 하지 마라.

너 혼자만 생각하며 살아가면서.

"아버지" 하지 마라.

아들딸로 살지 않으면서.

"아버지의 이름이 거룩히 빛나시며" 하지 마라.

---

9 마가렛 막달렌, 『예수의 기도』, 이석철 옮김 (서울: 요단출판사, 1999), 17.

자기 이름을 빛내기 위해 안간힘을 쓰면서.

"아버지의 나라가 오시며" 하지 마라.

물질 만능의 나라를 원하면서.

"아버지의 뜻이 하늘에서와 같이 땅에서도 이루어지소서" 하지 마라.

네 뜻대로 되기를 기도하면서.

"오늘 우리에게 일용할 양식을 주시고" 하지 마라.

가난한 이들을 본체만체하면서.

"우리에게 잘못한 이를 우리가 용서하오니 우리 죄를 용서하시고" 하지 마라.

누구에겐가 아직도 앙심을 품고 있으면서.

"우리를 유혹에 빠지지 않게 하시고" 하지 마라.

죄지을 기회를 찾아다니면서.

"악에서 구하소서" 하지 마라.

악을 보고도 아무런 양심의 소리를 듣지 않으면서.

"아멘" 하지 마라.

주님의 기도를 진정 너의 기도로 바치지 않으면서.[10]

주님께서 가르쳐 주신 주기도가 우리 몸에 체득되고 체화되는 것보다 우리 삶을 잘 마무리하는 더 나은 길이 있을까요? 주기도가 우리 자신 안에서 영글었으면 좋겠습니다. 이상문 시인의 동시 〈뒷정리 잘하는 꽃〉을 천천히 긴 호흡으로 읽어 보십시오.

질 때는 뒷정리를 잘하는 꽃

---

10 최현정, 「'반성하는 주의 기도문' 네티즌 화제 만발」, 동아일보, 2004년 11월 17일자, https://www.donga.com/news/article/all/20041117/8129158/1

당번 활동 끝내고

꼭 짜놓은 물걸레처럼

꽉 오므리고 떨어지는 꽃

하루 내내

분필가루 날리던 칠판

깨끗이 닦아내고

내일 쓸 분필 하나 올려놓듯

뒷정리 잘하는 꽃

잘 여문 씨앗 하나 두고 간다[11]

바울 사도는 말합니다 "나는 여러분을 생각할 때마다, 나의 하나님께 감사를 드립니다. 나는 기도할 때마다, 항상 여러분 모두를 마음에 두고 기쁨으로 간구합니다. … 여러분 가운데서 선한 일을 시작하신 분이, 그리스도 예수의 날까지 그 일을 완성하실 것입니다. 나는 이것을 확신합니다"(빌 1:3, 4, 6, 표준새번역).

주기도의 시작은 아빠 아버지로 시작해서 아빠 아버지로 마무리 됩니다. 아빠 아버지를 부름으로 시작해서 아빠 아버지께 대한 송영으로 마무리합니다. 바울 사도는 말합니다. "이는 만물이 주에게서 나오고 주로 말미암고 주에게로 돌아감이라 그에게 영광이 세세에 있을지어다 아멘"(롬 11:36). 우리의 기도는 마땅히 아빠 아버지가 중심이며, 그 아빠 아버지께 영광을 돌림이 영원한 우리의 즐거움임에 틀림없습니다. 할렐루야!

---

11 이상문, 『이상문 동시선집』 (서울: 지식을 만드는 지식, 2015)

1. 아멘은 입으로만이 아니라 몸, 즉 삶으로도 해야 합니다. 우리 자신이 하나님 말씀에 '아멘'하지 못했던 때가 혹 있었나요? 어느 때 아멘이 힘들었나요? 결국 아멘으로 화답했을 때 어떤 일들이 일어났는지 말해 봅시다.

2. 우리의 삶에서 '아멘'이 빠진다면, 우리 자신은 여전히 무얼 의지한다는 말일까요? 우리에게 '아멘'이 꼭 필요한가요? 필요하다면 그 이유는 무엇일까요?

3. 예수님의 이 땅에서의 생애를 한 단어로 표현한다면, '아멘'이라고 할 수 있겠습니다. 그렇다면 예수님의 '아멘'으로 말미암아 우리가 누리게 된 복된 혜택과 기쁨에 대해 말해 봅시다.

마무리하며

지금 여기가 맨 앞

"일의 결국을 다 들었으니" 끝이 아니라 시작입니다. 주기도를 말함은 다만 주기도에 대한 지식을 넓히고자 함이 아닙니다. 주기도를 가르쳐 주신 예수님의 마음을 알고, 주님의 마음을 우리 안에 담아서 실제로 주기도로 사는 데 있습니다. 이문재 시인의 시 〈지금 여기가 맨 앞〉을 찬찬히 보십시오.

나무는 끝이 시작이다.
언제나 끝에서 시작한다.
실뿌리에서 잔가지 우듬지
새순에서 꽃 열매에 이르기까지
나무는 전부 끝이 시작이다.

지금 여기가 맨 끝이다.
나무 땅 물 바람 햇빛도

저마다 모두 맨 끝이어서 맨 앞이다.

기억 그리움 고독 절망 눈물 분노도

꿈 희망 공감 연민 연대도 사랑도

역사 시대 문명 진화 지구 우주도 지금 여기가 맨 앞이다

지금 여기 내가 정면이다.[1]

저녁이 되며 아침이 되니 이는 둘째 날이고, 저녁이 되며 아침이 되니 이는 셋째 날입니다. 둘째 날의 끝은 셋째 날의 시작이며, 일곱째 날은 창조의 마지막 날이자 새날의 시작입니다. 이렇듯 주님의 승천은 또한 재림의 시작입니다. 이 세상의 끝은 또한 영원한 나라의 시작입니다. 그러므로 항상 '끝'은 '시작'입니다. 한 알의 겨자씨가 썩는 것은 한 알로서는 끝이지만 나무로서는 시작입니다. 은밀함의 끝이지만 위대함의 시작입니다. 아멘도 역시 주기도의 끝이지만 실은 이제 주기도로 살아내는 하나님 아버지의 자녀로서의 삶의 시작일 뿐입니다.

헨리 나우웬은 로마에서 자신의 관심을 사로잡았던 것은 로마의 경치나 고적들이 아니라고 했습니다. 초등학교를 중퇴한 아이들, 노인들과 함께 시간을 '낭비'하는 산에지디오 공동체의 학생들 몇 명, 밤중에 거리에서 술 취한 사람들을 데려와 그들에게 침대와 음식을 내주는 젊은 남녀였습니다. 헨리 나우웬은 자신의 삶을 다른 이들에게 아낌없이 내어 주는 거룩한 남녀들을 만났다고 말합니다. "나는 현란한 재주로 우리의 시선을 잡아 두려는 사자 조련사와 공중곡예사가 가득한 로마의 거대한 서커스 장에서 참되고 진실한 이야기를 하는 사람들은 어릿광대일 수밖에 없

---

1   이문재, 『지금 여기가 맨 앞』 (파주: 문학동네, 2014), 142.

음을 차츰 깨닫기 시작했다."[2]

탐 사인(Tom Sine, 1936~)은 이야기의 마지막 장을 쓰도록 예정된 사람들은 '높이 매달린 줄을 타고 곡예를 하는' 지구촌의 부자와 권력자들이 아니라고 합니다. 또 어릿광대들은 노숙자들과 함께 춤을 춘다고, '진짜 이야기'를 들려줄 사람들은 당신과 나의 공동체 안에 있는 겨자씨들이라고 말합니다.[3] 그렇습니다. 공동체 안에 겨자씨들인 우리. 주기도, 은밀하고 위대하게. 지금 여기서 시작입니다.

2 탐 사인, 『하나님 나라의 모략』, 박세혁 옮김 (서울: IVP, 2014), 263.
3 위의 책, 263.

참고 문헌

갈리, 마크. 《성 프란체스코》. 이은재 옮김. 서울: 예경, 2006.

깔뱅, 쟝. 《깔뱅의 요리문답》. 한인수 옮김. 전주: 경건, 1995.

구달, 제인. 《인간의 그늘에서》. 최재천·이상임 옮김. 서울: 사이언북스, 2017.

김세윤. 《주기도문 강해》. 서울: 두란노, 2000.

김영봉. 《가장 위험한 기도, 주기도》. 서울: IVP, 2013.

_____ . 《사귐의 기도를 위한 선집》. 서울: IVP, 2013.

김용규. 《철학카페에서 시 읽기》. 서울: 웅진 지식하우스, 2017.

_____ 《철학카페에서 작가를 만나다 1》. 서울: 웅진 지식하우스, 2016.

김의환 편역. 《개혁주의 신앙고백》. 서울: 대한예수교장로회총회, 2003.

김춘수. 《꽃을 위한 서시》. 서울: 미래사, 1998.

김현진. 《공동체 신학》. 서울: 예영커뮤니케이션, 1999.

나우웬, 헨리. 《상처 입은 치유자》. 최원준 옮김. 서울: 두란노, 2001.

_____ . 《모든 것을 새롭게》. 윤종석 옮김. 서울: 두란노, 2017.

_____ . 《세상의 길, 그리스도의 길》. 편집부 옮김. 서울: IVP, 2003.

니콜스, 스티븐. 《본회퍼가 말하는 그리스도인의 삶》. 김광남 옮김. 서울: 아바서원, 2014.

다이아몬드, 재레드. 《총·균·쇠》. 김진준 옮김. 파주: 문학사상, 2010.

도종환. 《해인으로 가는 길》. 파주: 문학동네, 2014.

도킨스, 리처드. 《만들어진 신》. 이한음 옮김. 서울: 김영사, 2009.

디스데일, 샐리. 《인생의 마지막 순간에서》. 박미경 옮김. 서울: 로크미디어, 2019.

루터, 마르틴. 《마르틴 루터 대교리문답》. 최주훈 옮김. 서울: 복있는 사람, 2020.

_____ . 《마르틴 루터의 단순한 기도》. 김기석 옮김. 노종문 해설. 서울: IVP, 2020.

루이스, C. S. 《기적》. 이종태 옮김. 서울: 홍성사, 2008.

_____ . 《스크루테이프의 편지》. 김선형 옮김. 서울: 홍성사, 2018.

마사치, 오사와. 《연애의 불가능성에 대하여》. 송태욱 옮김. 서울: 그린비, 2005.

마이어, 에른스트. 《이것이 생물학이다》. 최재천 옮김. 서울: 바다출판사, 2016.

막달렌, 마가렛. 《예수의 기도》. 이석철 옮김. 서울: 요단, 1999.

매닝, 브레넌.《아바의 자녀》. 윤종석 옮김. 서울: 복있는 사람, 2012.

매든, 토마스 F.《십자군》. 권영주 옮김. 서울: 루비박스, 2010.

맥그라스, 알리스터 & 맥그라스, 조애나.《도킨스의 망상》. 전성민 옮김. 서울: 살림, 2008.

맥나이트, 스캇.《배제의 시대 포용의 은혜》. 박세혁 옮김. 서울: 아바서원, 2013.

메택시스, 에릭.《디트리히 본회퍼》. 김순현 옮김. 서울: 포이에마, 2011.

메이, 제랄드.《영혼의 어두운 밤》. 신선명 · 신현복 옮김. 서울: 아침영성지도연구원, 2006.

모리스, 데즈먼드.《털 없는 원숭이》. 김석희 옮김. 서울: 문예춘추사, 2006.

모스, 마르셀.《증여론》. 이상률 옮김. 서울: 한길사, 2007.

미글리오리, 다니엘 L.《조직신학 입문》. 이정배 옮김. 서울: 나단, 1994.

바르트, 칼.《기도》. 오성현 옮김. 서울: 복 있는 사람, 2017.

바빙크, 헤르만.《개혁교의학 개》요. 원광연 옮김. 고양: 크리스챤다이제스트, 2004.

_____ .《믿음의 확신》. 임경근 옮김. 고양: 크리스챤다이제스트, 2020.

박찬일.《나는 푸른 트럭을 탔다》. 서울: 민음사, 2002.

벌코프, 루이스.《조직신학(상)》. 권수경 · 이상원 옮김. 서울: 크리스챤다이제스트, 2000.

베리, 웬델.《온 삶을 먹다》. 이한중 옮김. 서울: 낮은산, 2011.

보드리야르, 장.《암호》. 맹영달 옮김. 서울: 동문선, 2006.

부르디외, 삐에르.《구별짓기(하)》. 최종철 옮김. 서울: 새물결플러스, 2006.

부버, 마르틴.《나와 너》. 표재명 옮김. 서울: 문예출판사, 2018.

빈센트, 토마스.《성경 소요리문답》. 홍병창 옮김. 서울: 여수룬, 2004.

비슬리-머리, G. R.《예수와 하나님 나라》. 권성수 옮김. 고양: 크리스챤다이제스트, 1998.

사인, 탐.《하나님 나라의 모략》. 박세혁 옮김. 서울: IVP, 2014.

삭스, 제프리 D.《빈곤의 종말》. 김현구 옮김. 서울: 21세기북스, 2007.

성동혁.《6》. 서울: 민음사, 2018.

슈우조우,《쿠키, 우연이란 무엇인가》. 김성룡 옮김. 서울: 이희문화사, 2000.

쉐퍼, 프란시스.《기독교 교회관》. 김재권 옮김. 서울: 생명의 말씀사, 2006.

스토트, 존.《제자도》. 김명희 옮김. 서울: IVP, 2016.

싯처, 제럴드 L.《하나님의 뜻》. 윤종석 옮김. 서울: 성서유니온선교회, 2002.

아렌트, 한나.《예루살렘의 아이히만》. 김선욱 옮김. 서울: 한길사, 2017.

_____ .《전체주의의 기원》. 이진우 · 박미애 옮김. 서울: 한길사, 2017.

_____ .《인간의 조건》. 이진우 옮김. 서울: 한길사, 2017.

아이젠스타인, 찰스.《신성한 경제학의 시대》. 정준형 옮김. 서울: 김영사, 2015.

앤더슨, 노먼.《예수의 가르침》. 박영철 옮김. 서울: 요단, 1988.

에드거, 윌리엄.《쉐퍼가 말하는 그리스도인의 삶》. 김광남 옮김. 서울: 아바서원, 2015.

에크먼, 폴.《텔링 라이즈》. 황상민 옮김. 서울: 한국경제신문, 2017.

엔즈, 피터.《확신의 죄》. 이지혜 옮김. 서울: 비아토르, 2018.

엘룰, 쟈크.《인간 예수》. 박건택 옮김. 서울: 엠마오, 1993.

예레미아스, 요아킴.《신약신학》. 정광욱 옮김. 서울: 엠마오, 1992.

오웬, 존.《성령이 도우시는 기도》. 박홍규 옮김. 서울: 지평서원, 2010.

윤동주. 《하늘과 바람과 별과 시》. 서울: 미래사, 1997.

웨슬리, 존. 《웨슬리 설교전집 2》. 한국웨슬리학회 편역. 서울: 대한기독교서회, 2015.

_____ . 《웨슬리 설교전집 4》. 한국웨슬리학회 편역. 서울: 대한기독교서회, 2015.

_____ . 《웨슬리 설교전집 6》. 한국웨슬리학회 편역. 서울: 대한기독교서회, 2015.

윌라드, 달라스. 《하나님의 모략》. 윤종석 옮김. 서울: 복있는 사람, 2012.

윌리암슨, G. I. 《소교리문답 강해》. 최덕성 옮김. 서울: 개혁주의신행협회, 1997.

윙크, 월터. 《예수와 비폭력 저항》. 김준우 옮김. 서울: 한국기독교연구소, 2003.

이문재. 《지금 여기가 맨 앞》. 파주: 문학동네, 2014.

이상문. 《이상문 동시선집》. 서울: 지식을 만드는 지식, 2015.

자마니, 스테파노. 《인류 최악의 미덕 탐욕》. 윤종국 옮김. 서울: 북돋움, 2014.

정용섭. 《주기도란 무엇인가》. 서울: 홍성사, 2011.

정지용. 《향수》. 서울: 미래사, 1996.

제서니, 스카이. 《종교에 죽고 예수와 살다》. 정성묵 옮김. 서울: 두란노, 2019.

_____ . 《하나님을 팝니다?》. 이대은 옮김. 서울: 죠이선교회, 2015.

지라르, 르네. 《희생양》. 김진석 옮김. 서울: 민음사, 2018.

짐멜, 게오르그. 《짐멜의 모더니티 읽기》. 김덕영 · 윤미애 옮김. 서울: 새물결플러스, 2005.

_____ . 《돈의 철학》. 김덕영 옮김. 서울: 길, 2013.

천상병. 《아름다운 이 세상 소풍 끝내는 날》. 서울: 미래사, 1997.

칼빈, 존. 《기독교강요 中》. 서울: 생명의 말씀사, 2000.

_____ . 《기독교강요 초판》. 양낙흥 옮김. 고양: 크리스챤다이제스트, 2001.

_____ . 《칼빈 성경주석 16》. 서울: 성서원, 1999.

콜린스, 프랜시스 S. 《신의 언어》. 이창신 옮김. 서울: 김영사, 2015.

투르니에, 미셸. 《방드르디 태평양의 끝》. 김화영 옮김. 서울: 민음사, 2017.

투르니에, 폴. 《모험으로 사는 인생》. 박영민 옮김. 서울: IVP, 2000.

틸리케, 헬무트. 《세계를 부둥켜안은 기도》. 박규태 옮김. 서울: 홍성사, 2016.

파스칼, 블레즈. 《팡세》. 이환 옮김. 서울: 민음사, 2017.

프레이저, 에번 D. G. & 리마스, 앤드루. 《음식의 제국》. 유영훈 옮김. 서울: 알에이치코리아, 2016.

핑크, 아더. 《영적인 기도》. 지상우 옮김. 서울: 엠마오, 1997.

_____ . 《예수님의 기도와 여덟 가지 축복》. 유관재 · 최영희 옮김. 서울: 누가, 2004.

_____ . 《하나님의 주권》. 임원주 옮김. 서울: 예루살렘, 2007.

_____ . 《산상수훈 강해》. 지상우 옮김. 고양: 크리스챤다이제스트, 2018.

하라리, 유발. 《사피엔스》. 조현욱 옮김. 서울: 김영사 2019.

_____ . 《호모 데우스》. 김명주 옮김. 서울: 김영사, 2019.

하우어워스, 스탠리 & 윌리몬, 윌리엄. 《주여, 기도를 가르쳐 주소서》. 이종태 옮김. 서울: 복있는 사람, 2015.

하워드, 존. 요더. 《예수의 정치학》. 신원하 · 권연경 옮김. 서울: IVP, 2007.

황지우. 《구반포 상가를 걸어가는 낙타》. 서울: 미래사, 1995.